錢玄同評傳

總　序

中華學術，源遠流長。春秋戰國時期，諸子並起，百家爭鳴，呈現了學術思想的高度繁榮。兩漢時代，經學成為正統；魏晉之世，玄學稱盛；隋唐時代，儒釋道三教並尊；到宋代而理學興起；迨及清世，樸學蔚為主流。各個時代的學術各有特色。綜觀周秦以來至於近代，可以說有三次思想活躍的時期。第一次為春秋戰國時期，諸子競勝。第二次為北宋時代，張程關洛之學、荊公新學、蘇氏蜀學，同時並興，理論思維達到新的高度。第三次為近代時期，晚清以來，中國遭受列強的凌侵，出現了空前的民族危機，於是志士仁人、英才俊傑莫不殫精積思，探索救亡之道，各自立說，期於救國，形成中國學術思想史上的第三次眾說競勝的高潮。

試觀中國近代的學風，有一顯著的傾向，即融會中西。近代以來，西學東漸，對於中國學人影響漸深。深識之士，莫不資西學以立論。初期或止於淺嘗，漸進乃達於深解。同時這些學者又具有深厚的舊學根柢，有較高的鑑別能力，故能在傳統學術的基礎之上汲取西方的智慧，從而達到較高的成就。

試以梁任公（啟超）、章太炎（炳麟）、王靜安（國維）、陳寅恪四家為例，說明中國近代學術融會中西的學風。梁任公先生嘗評論自

己的學術云：「康有為、梁啟超、譚嗣同輩……欲以構成一種不中不西即中即西之新學派……蓋固有之舊思想既根深蒂固，而外來之新思想又來源淺觳，汲而易竭，其支絀滅裂，固宜然矣。」（《清代學術概論》）所謂「不中不西即中即西」正表現了融合中西的傾向，不過梁氏對西學的了解不夠深切而已。梁氏自稱「適成為清代思想史之結束人物」，這未免過謙，事實上梁氏是近代中國的一個重要的啟蒙思想家，誠如他自己所說「為《新民叢報》、《新小說》等諸雜誌……二十年來學子之思想頗蒙其影響……其文條理明晰，筆鋒常帶感情，對於讀者別有一種魔力焉」。梁氏雖未能提出自己的學說體系，但其影響是深巨的。他的許多學術史著作今日讀之仍能受益。

　　章太炎先生在《菿漢微言》中自述思想遷變之跡說：「少時治經，謹守樸學……及囚系上海，三歲不覿，專修慈氏世親之書……乃達大乘深趣……既出獄，東走日本，盡瘁光復之業，靮掌餘間，旁覽彼土所譯希臘德意志哲人之書……凡古近政俗之消息、社會都野之情狀，華梵聖哲之義諦、東西學人之所說……操齊物以解紛，明天倪以為量，割制大理，莫不孫順。」這是講他兼明華梵以及西哲之說。有清一代，漢宋之學爭論不休，章氏加以評論云：「世故有疏通知遠、

好為玄談者，亦有言理密察、實事求是者，及夫主靜主敬、皆足澄心……苟外能利物，內以遣憂，亦各從其志爾！漢宋爭執，焉用調人？喻以四民各勤其業，瑕纇何為而不息乎？」這是表示，章氏之學已超越了漢學和宋學了。太炎更自讚云：「自揣平生學術，始則轉俗成真，終乃回真向俗……秦漢以來，依違於彼是之間，侷促於一曲之內，蓋未嘗睹是也。乃若昔人所謂專志精微，反致陸沉；窮研訓詁，遂成無用者，余雖無腆，固足以雪斯恥。」太炎自負甚高，梁任公引此曾加評論云：「其所自述，殆非溢美。」章氏博通華梵及西哲之書，可謂超越前哲，但在哲學上建樹亦不甚高，晚歲又回到樸學的道路上了。

王靜安先生早年研習西方哲學美學，深造有得，用西方美學的觀點考察中國文學，獨闢蹊徑，達到空前的成就。中年以後，專治經史，對於殷墟甲骨研究深細，發明了「二重證據法」，以出土文物與古代史傳相互參證，達到了精確的論斷，澄清了殷周史的許多問題。靜安雖以遺老自居，但治學方法卻完全是近代的科學方法，因而取得卓越的學術成就，受到學術界的廣泛稱讚。

陳寅恪先生博通多國的語言文字，以外文資料與中土舊籍相參

證，多所創獲。陳氏對於思想史更有深切的睿見，他在對於馮友蘭《中國哲學史》的《審查報告》中論儒佛思想云：「佛教學說，能於吾國思想史上發生重大久遠之影響者，皆經國人吸收改造之過程。其忠實輸入不改本來面目者，若玄奘唯識之學，雖震動一時之人心，而卒歸於消沉歇絕……在吾國思想史上……其真能於思想上自成系統，有所創獲者，必須一方面吸收輸入外來之學說，一方面不忘本來民族之地位。」這實在是精闢之論，發人深思。陳氏自稱「平生為不古不今之學，思想囿於咸豐同治之世，議論近乎曾湘鄉張南皮之間」，但是他的學術成就確實達到了時代的高度。

此外，如胡適之在文化問題上傾向於「全盤西化論」，而在整理國故方面作出了多方面的貢獻。馮友蘭先生既對於中國哲學史進行了系統的闡述，又於40年代所著《貞元六書》中提出了自己的融會中西的哲學體系，晚年努力學習馬克思主義，表現了熱愛真理的哲人風度。

胡適之欣賞龔定庵的詩句：「但開風氣不為師。」熊十力先生則以師道自居。熊氏戛戛獨造，自成一家之言，讚揚辯證法，但不肯接受唯物論。馮友蘭早年擬接續程朱之說，晚歲歸依馬克思主義唯物

論。這些大師都表現了各自的特點。這正是學術繁榮，思想活躍的表現。

　　百花洲文藝出版社有鑒於中國近現代國學大師輩出，群星燦爛，構成中國思想史上第三次思想活躍的時代，決定編印《國學大師叢書》，以表現近代中西文明衝撞交融的繁盛景況，以表現一代人有一代人之學術的豐富內容，試圖評述近現代著名學者的生平及其學術貢獻，凡在文史哲任一領域開風氣之先者皆可入選。規模宏大，意義深遠。編輯部同仁建議我寫一篇總序，於是略述中國近現代學術的特點，供讀者參考。

張岱年

1992年元月，序於北京大學

重寫近代諸子春秋

《國學大師叢書》在各方面的關懷和支持下，就要陸續與海內外讀者見面了。

當叢書組編伊始（1990年冬）便有不少朋友一再詢問：為什麼要組編這套叢書？該叢書的學術意義何在？按過去理解，「國學」是一個很窄的概念，你們對它有何新解？「國學大師」又如何劃分？……作為組織編輯者，這些問題無疑是必須回答的。當然，回答可以是不完備的，但應該是明確的。現謹在此聊備一說，以就其事，兼謝諸友。

一、一種闡述：諸子百家三代說

中華學術，博大精深；中華學子，向以自強不息、厚德載物之精神著稱於世。在源遠流長的中國學術文化史上，出現過三個廣開風氣、大師群起的「諸子百家時代」。

第一個諸子百家時代，出現在先秦時期。那時，中華本土文化歷經兩千餘年的演進，已漸趨成熟，老莊、孔孟、楊墨、孫韓……卓然穎出，共同為中華學術奠定了長足發展的基脈。此後的千餘年間，漢儒乖僻、佛入中土、道教蘗生，中華學術於發展中漸顯雜陳。宋明時

期，程朱、陸王⋯⋯排漢儒之乖、融佛道之粹、倡先秦之脈、興義理心性之學，於是，諸子百家時代再現。降及近代，西學東漸，中華學術周遭衝擊，文化基脈遇空前挑戰。然於險象環生之際，又一批中華學子，本其良知、素養，關注文化、世運，而攘臂前行，以其生命踐信。正所謂「鐵肩擔道義，妙手著文章」，康有為、章太炎、嚴復、梁啟超、王國維、胡適、魯迅、黃侃、陳寅恪、錢穆、馮友蘭⋯⋯他們振民族之睿智，汲異域之精華，在文、史、哲領域篳路藍縷，於會通和合中廣立範式，重開新風而成績斐然。第三個諸子百家時代遂傲然世出！

　　《國學大師叢書》組編者基於此，意在整體地重現「第三個諸子百家時代」之盛況，為「第三代」中華學子作人傳、立學案。叢書所選對象，皆為海內外公認的學術大師，他們對經、史、子、集博學宏通，但治學之法已有創新；他們的西學造詣令人仰止，但立術之本在我中華從而廣開現代風氣之先。他們各具鮮明的學術個性、獨具魅力的人品文章，皆為不同學科的宗師（既為「經」師，又為人師），但無疑地，他們的思想認識和學術理論又具有其時代的共性。以往有過一些對他們進行個案或專題研究的書籍面世，但從沒有對他們及其業

績進行過集中的、整體的研究和整理，尤其未把他們作為一代學術宗師的群體（作為一個「大師群」）進行研究和整理。這批學術大師多已作古，其學術時代也成過去，但他們的成就惠及當今而遠未過時。甚至，他們的一些學術思想，我們至今仍未達其深度，某些理論我們竟會覺得陌生。正如第一代、第二代「諸子百家」一樣，他們已是中華學術文化傳統的一部分，研究他們，也就是研究中國文化本身。

對於「第三代諸子百家」及其學術成就的研究整理，我們恐怕還不能說已經充分展開。《國學大師叢書》的組織編輯，是一種嘗試。

二、一種觀念：一代人有一代人之學術

縱觀歷史，悉察中外，大凡學術的進步不能離開本土文化基脈。但每一代後起學子所面臨的問題殊異，他們勢必要或假古人以立言、或賦新思於舊事，以便建構出無愧於自己時代的學術。這正是「自強不息、厚德載物」之精神在每一代學子身上的最好體現。以上「三代」百家諸子，莫不如是。《國學大師叢書》所沿用之「國學」概念，亦當「賦新思於舊事」而涵注現時代之新義。

明末清初，王（夫之）、顧（炎武）、黃（宗羲）、顏（元）四傑

繼起，矯道統，斥宋儒，首倡「回到漢代」，以表其「實學實行實用之天下」的樸實學風，有清一代，學界遂始認「漢學」為地道之國學。以今言之，此僅限「國學」於方法論，即將「國學」一詞限於文字釋義（以訓詁、考據釋古文獻之義）之範疇。

《國學大師叢書》的組編者以為，所謂國學就其內容而言，系指近代中學與西學接觸後之中國學術，此其一；其次，既是中國學術便只限於中國學子所為；再次，既是中國學子所為之中國學術，其方式方法就不僅僅限於文字（考據）釋義，義理（哲學）釋義便也是題中應有之義。綜合起來，今之所謂國學，起碼應拓寬為：近代中國學子用考據和義理之法研究中國古代文獻之學術。這些文獻，按清代《四庫全書總目》的劃分，為經、史、子、集四部。經部為經學（即「六經」，實只五經）及文字訓詁學；史部為史志及地理志；子部為諸子及兵、醫、農、曆算、技藝、小說以及佛、道典籍；集部為詩、文。由此視之，所謂「國學家」當是通才。而經史子集會通和合、造詣精深者，則可稱為大師，即「國學大師」。

但是，以上所述仍嫌遺漏太多，而且與近現代學術文化史實不相吻合。國學，既是「與西學接觸後的中國學術」，那麼，這國學在內

涵上就不可能，也不必限於純之又純的中國本土文化範圍。尤其在學術思想、學術理論的建構方式上，第三代百家諸子中那些學貫中西的大師們，事實上都借用了西學，特別是邏輯分析和推理，以及與考據學有異曲同工之妙的實證方法，還有實驗方法、歷史方法，乃至考古手段……而這些學術鉅子和合中西之目的，又多半是「賦新思於舊事」，旨在建構新的學術思想體系，創立新的學術範式。正是他們，完成了中國學術從傳統到現代的轉型。我們今天使用語言的方式、思考問題的方式……乃得之於斯！如果在我們的「國學觀念」中，將他們及其學術業績排除在外，那將是不可理喻的。

至此，《國學大師叢書》之「國學」概念，實指：近代以降中國學術的總稱。「國學大師」乃「近現代中國有學問的大宗師」之意。因之，以訓詁考據為特徵的「漢學」，固為國學，以探究義理心性為特徵的「宋學」及兼擅漢宋者，亦為國學（前者如康有為、章太炎、劉師培、黃侃，後者如陳寅恪、馬一浮、柳詒徵）；而以中學（包括經史子集）為依傍、以西學為鏡鑒，旨在會通和合建構新的學術思想體系者（如梁啟超、王國維、胡適、熊十力、馮友蘭、錢穆等），當為更具時代特色之國學。我們生活在90年代，當取「一代人有一代人

之學術」（國學）的觀念。

《國學大師叢書》由是得之，故其「作人傳、立學案」之對象的選擇標準便相對寬泛。凡所學宏通中西而立術之本在我中華，並在文、史、哲任一領域開現代風氣之先以及首創新型範式者皆在入選之列。所幸，此舉已得到越來越多的當今學界老前輩的同情和支援。

三、一個命題：歷史不會跨過我們這一代

中西文明大潮的衝撞與交融，在今天仍是巨大的歷史課題。如今，我們這一代學人業已開始自己的學術歷程，經過80年代的改革開放和規模空前的學術文化積累（其表徵為：各式樣的叢書大量問世，以及紛至遝來名目繁多的學術熱點的出現），應當說，我們這代學人無論就學術視野，抑或就學術環境而言，都是前輩學子所無法企及的。但平心而論，我們的學術功底尚遠不足以承擔時代所賦予的重任。我們仍往往陷於眼花繚亂的被動選擇和迫不及待的學術功利之中難以自拔，而對自己真正的學術道路則缺乏明確的認識和了悟。我們至今尚未創建出無愧於時代的學術成就。基於此，《國學大師叢書》的組編者以為，我們有必要先「回到近現代」—回到首先親歷中西文

化急劇衝撞而又作出了創造性反應的第三代百家諸子那裡去！

　　經過一段時間的困惑與浮躁，我們也該著實潛下心來，去重新瞭解和領悟這一代宗師的學術生涯、為學風範和人生及心靈歷程（大師們以其獨特的理智靈感對自身際遇作出反應的閱歷），全面評價和把握他們的學術成就及其傳承脈絡。唯其貫通近代諸子，我們這代學人方能於曙色熹微之中，認清中華學術的發展道路，了悟世界文化的大趨勢，從而真正找到自己的學術位置。我們應當深信，歷史是不會跨過我們這一代的，90年代的學人必定會有自己的學術建樹。

　　我們將在溫情與敬意中汲取，從和合與揚棄中把握，於沉潛與深思中奮起，去創建有中國特色的社會主義新文化。這便是組織編輯《國學大師叢書》的出版宗旨。當我們這代學人站在前輩學術鉅子們肩上的時候，便可望伸開雙臂去擁抱那即將到冰的中華學術新時代！

錢宏（執筆）

1991年春初稿

1992年春修定

序

　　吳銳先生專著《錢玄同評傳》完稿我很高興，但作者要我寫序時我卻躊躇了。這本書的序應該由一位更有研究的專家來寫，不該由我來寫。不過，我又極願意把作者介紹給讀者諸君。

　　1989年吳銳先生從中南民族學院來到西北大學學習中國思想史，使我得與這位土家族青年相識。他給我的第一印象是謙和而文弱，並不外露才華。接著讀了他的幾篇文稿，便給我留下了深刻印象。他熟悉古史，才思敏捷，討論古史問題時不但能自如地引用經史諸子，還能熟練地運用考古學和人類學的資料，提出自己的新穎見解，這在我接觸過的碩士研究生中是獨一無二的。後來，我們倆合編《諸子選注》，由於時限較緊，我擔心不能如期完成，向吳銳先生說：「你的業務水準我瞭解，但工作作風還不很瞭解。」結果他很快作完了注釋，注文詳略適宜、釋意準確，還對一些選目提出了增刪意見，該書已由湖南出版社出版。

　　吳銳先生在西北大學學習三年，專心致志於上古社會與思想研究。他的樂趣就是讀書，每每在一間借用的房子裡讀書到午夜，相見時他談的都是讀書心得。他的唯一業餘愛好是音樂。他帶著二胡去西安音樂學院拜了一位元老師，每週去請教一兩次。平時讀書累了，拉

幾首二胡曲，接著繼續讀書。於學問如此專注，於俗務如此恬淡，如今實不多見。我不知道這對於他個人利弊如何，卻以為這種精神對中華民族優秀文化傳統的繼承和發揚是需要且可貴的。

幾年來，我們切磋學問，交流思想，建立起深厚的友誼。現在吳銳先生取得了博士學位，在學業之餘又寫出了專著，可見他的學問進步很快，也可知他從學之刻苦努力。祝願他不斷有新成果問世！

至於本書所研究的錢玄同，是近代國學的一員健將，無須多說。這裡只想提及一點，錢玄同是一位與時俱進的學者。他雖英年早逝，只活了53歲，而他的思想發展卻反映著一個時代。他接受過章太炎的影響，又推崇過康有為、崔適，而在「五四」時期不但打破今、古文經學的「家法」，而且沖出經學，投入《新青年》宣導的文學革命與思想革命，與陳獨秀、胡適、李大釗一起成為新文化運動的揭幕人，後來又在古史辨營壘中成為中堅。他的學術方向發展與思想認識深化分不開。辛亥革命前後，他曾認為排除滿族政權、推翻帝制、建立民國，就是大功告成，接著恢復漢族的古代文化便可達到理想境界。到了「五四」時期，卻認識到理想不能在復古中，必須在前進中尋求。錢玄同的一生沒有離開國學，而他晚年的著作集中於國學的文字音韻

方面，大約可以表明他對國學價值所在的一種看法吧。

　　這本《錢玄同評傳》，在近代國學發展和啟蒙運動的背景下評述了錢氏的生平事業，給予讀者的當不只是對於一位元國學家的認識，更是對一個時代文化發展的認識。至於書中的精到見解和歷史反思，相信讀者會自有明鑒，亦毋庸贅言。

劉寶才

1994年10月3日

英文提要

Qian Xuantong came from a typical Chinese intellectual family in the end of the last feudal dynasties. Having receptived to traditional Chinese culture from childhood, he worshiped Qing Dynasty and traditional Chinese culture for a long time. In 1913, he came to Beijing and taught in many universities. His academic life matured his thought. In 1917, he began to contribute articles to 「New Youth」 to support Literary Revolution. He proposed the slogan 「Down with Selected Works School and Tongcheng School」 and reverberate through the whole country. He became one of the editors of 「New Youth」 and one of the leaders of New Culture Movement. From then on he began to attack traditional Chinese culture very fi ercely. He argued only Mr. Democracy, Mr.Science and Ms Moral could save China from backward situation. Furthermore, he thought reforming Chinese people's thought was the most important thing. In 1921, 「New Youth」 faled the crisis of stopping publication. This year he wrote to Hushi and Gu Jiegang to discuss collecting and compiling articles on distinguishing false books and false history of past dynasties. He especially paid great attention to articles which distinguished false Confucian classics. Their discussing directly caused The Movement of Distinguishing History, then he became one of the pioneers of this movement. At the same time, he published many articles about Xiao Xue (study of ancient forms phonology and meaning of writing language) ，Confucian Classics, ancient Chinese history, many views were valuable even up to now. As the radicalest representive of fighting tradition, he even choosed「Doubting the Ancient」as his alias.

Qian Xuantong devoted his life to educating young men and arousing the masses of the people. He worked earnestly for「the greatest majority」 to get「the largest happiness」like he always says. The concrete work he did was Guo Yu (Modern Chinese). He was one of the chief commanders of 「Guo Yu Movement」. All in all, he was not only a great master of Chinese Studies, but also an enlightening thinker.

Qian Xuantong once said what he researched were Xiao Xue and Confucian Classics. He was not interested in political affairs. Under chaotic circumstances of all his life, this upright scholar investigated the origin of China's misfortune, he found Chinese people's thought were too old to keep with the time, so he made up his mind to arouse the people. His aspiration seems hard to bring to fruition even up to now.

目　錄

C O N T E N T S —————————————————— —

引
論

在中國歷史上，每到存亡關頭，就有人出來總結社會的變遷，表達對新時代的願望，而且他們通常使用「三分法」。例如荀子就說過，「有以德兼人者，有以力兼人者，有以富兼人者」，這實際上暗示了社會發展的三個階段；《商君書‧開塞》明確地把社會的演進區分為「三世」，說「上世親親而愛私，中世上賢而說仁，下世貴貴而尊官」。西漢董仲舒首先提出「春秋分十二世以為三等：有見，有聞，有傳聞」，並比附於「三統說」，像後來的《白虎通》，還依舊在黑、白、赤三統上兜圈子，這實際上是一種典型的歷史循環論。東漢末年何休則集今文經學之大成，直接將董生「有見、有聞、有傳聞」發展為「三世」說，即「於所傳聞之世，見治起於衰亂之中，用心尚粗粗，故內其國而外諸夏」；「於所聞之世，見治所升平，內諸夏而外夷狄」；「至所見之世，著治太平，夷狄進至於爵，天下遠近大小若一」。這種「非常異義可怪之論」，過了1000多年竟死灰復燃，特別是經康有為淋漓盡致地發揮，並與西方政治思想結合，引起了思想界的極大震動。《公羊傳》所描繪的「南夷與北夷交，中國不絕如線」的危機竟奇妙地成為晚清國勢的寫照，為存國保種計，有戊戌變法的曇花一現，有西學與中學的鬥爭，有今文經學與古文經學的較量……晚清有一位自稱好「天地東西南北之學」的思想家龔自珍，自云「少年尊隱有高文」，在他寫的《尊隱》中，他托言「古史氏」，把歷史變遷分為三期，第一期、第二期相當於早時午時，君子生此時際，樂看「京師」之繁榮，人民是尚能安於野的。然而到了第三期「夕時」則不然，那是一番「日之將夕，悲風驟至，人思燈燭，慘慘月光，吸飲莫氣，與夢為鄰，未即於床」的慘景，而且「京師」之日短，「山中」之日將要漫長，「俄焉寂然，燈燭無光，不聞餘音，但聞鼾聲，

夜之漫漫，鶂旦不鳴，則『山中』之民，有大音聲起，天地為之鐘鼓，神人為之波濤矣！」

本書所要評述的錢玄同其人，正出生於龔自珍所說的「夕時」，具體說來，是光緒十三年，即西元1887年。第二年，康有為第一次上書皇上，建議變法，但為頑固派所阻，未能上達；過了7年，便有康有為等人的「公車上書」；再過了3年，發生戊戌變法運動；同一年，天津《國聞報》刊出嚴復翻譯的《天演論》，不久，單行本問世，風靡全國；1898年蔡錫勇、王炳耀、沈學等人積極提倡改造漢字；隔了兩年，八國聯軍攻陷天津、北京，義和團運動失敗，西太后與光緒帝倉皇出逃。那些反對改革的保守派，動輒叫喊變祖宗成法將「國將不國」，現在尚未進行改革，中國真要「國將不國」了！對於激蕩紛紜的外面的世界，16歲的錢玄同沒有受到任何衝擊，他仍在接受傳統的小學、經學教育，準備完成父親的遺願，考中舉人，光宗耀祖，他對清王朝完全是毫無條件地尊崇。第二年（1903）他17歲，借閱了章太炎的《駁康有為論革命書》、鄒容的《革命軍》，思想大變，立志反清排滿。1906年，他赴日本東京留學，拜見古文經學大師章太炎並尊之為師，認識了經學大師劉師培，還結識了許多章門弟子。1911年2月，他拜見今文經學的殿軍崔適，乃專宗今文。10月10日，爆發辛亥革命，推翻了2000多年的帝制，對傳統文化眷念極深的錢玄同，以為異族既已打倒，光復漢族舊物的時候到了，於是他依據古代禮制，作《深衣冠服說》，並照做了一身，後來穿著到浙江教育司上班，遭到大家的嘲笑，朋友們以此傳為笑柄。1913年他來到北京，開始了他一生的大學教學生涯，第二年尊崔適為師。1917年，他的思想完全成

熟，在經學上打破家法，奠定了對經學進行批判總結的基礎。也就是在這一年，他向《新青年》雜誌投稿贊助「文學革命」，並成為新文化運動的健將。1934年，國難日深，錢玄同已經病體纏身，這一年正值周作人五十壽辰，周作人自己作了兩首打油詩，有沈尹默、劉半農、林語堂、蔡元培、沈兼士、錢玄同等人相和，錢玄同的和詩是：

但樂無家不出家，不皈佛法沒袈裟。
腐心桐選誅邪鬼，切齒綱倫打毒蛇。
讀史敢言無舜禹，談音尚欲析遮麻。
寒宵凜冽懷三友，蜜橘酥糖普洱茶。

第三句和第四句，錢玄同後來改為「推翻桐選驅邪鬼，打倒綱倫斬毒蛇」，他給周作人寫信，說這首詩也是自嘲，火氣太大，不像詩而像標語。中間四句大致可以概括錢玄同的一生，但也漏掉了兩件大事，一是他自己所說的「撥除最厚最黑的雲霧」，即對經學的總結批判；二是國語運動，用他自己的話說就是「喚醒民眾」，為了「最大多數人的最大幸福」，研究方法就是「致用務求其適」，與此相聯繫的還有「考古務求其真」。錢玄同自述他研究的學問是經學和小學，從這一點來看，他無疑屬於典型的國學家。國學，按章太炎的解釋，即中國之學，中國所以立國之學。1910年，章氏在日本出過一本《國故論衡》，以發揚國學傳統為宗旨，上卷論小學，中卷論文學，下卷論諸子學，其中不少篇章曾在《國粹學報》上發表過，《國粹學報》是「以發明國學，保存國粹為宗旨」的。章太炎是最看重歷史的，他認為中國有3000年的歷史，假如歷史不亡，則中國還有復興之望，更

何況在當時強調國學，還可起到激發民眾反清的熱情的作用。章太炎之後，胡適提出國故學就是指用考辨史料的方法來研究中國的歷史文化，他反對將國故學世俗化，為現實服務。他說「中國的一切過去的文化歷史，都是我們的『國故』；研究這一切過去的歷史文化的學問，就是『國故學』，省稱為『國學』」，「『國故學』的性質不外乎要懂得國故，這是人類求知的天性所要求的」，「研究學術史的人更當用『為真理而求真理』的標準去批評各家的學術」。錢玄同不贊成「國學」、「經學」這些名詞，更反對將它們神聖化，他認為國故不過是些史料，是真是偽，還有待於仔細辨別，他對傳統國學的懷疑與批判都是極為大膽的。他又認為治古學，實治社會學，不能再單靠考據的方法或簡單地區分為好與壞，他說，若要研究「國學」，尤其非懂得科學方法不行，這還是說「起碼」的話，其實不懂得現代的新文學，絕不配整理中國的舊文學；不懂得歷史學，絕不配整理中國的經、史；其他類推。要做到這一點必須大膽吸收現代世界文化。一般人所謂「西洋文化」，實在是現代的世界文化，並非西洋的私產，不過西洋人做到先知先覺罷了。中國人要不甘於「自外生成」，則應該急起直追，研究現代的科學、哲學等等。我們今後對於「國學」，只應該做「整理國故」的事業，絕對不應該再講那什麼「保存國粹」、「宣揚國光」這類廢話了。[1]有了這樣的胸懷，錢玄同在國學研究中很富有創新的精神。例如他是小學大師，但又積極推行國語運動並成為主將，雖遭到舊式小學家黃侃的詰難卻不退縮，他說，「我們要使中國人都受現代世界文化的洗禮，要使現代世界文化之光普照於中國，

1　錢玄同：《漢字革命》，《國語月刊》一卷七期，1923年。

要使中國人都可以看現代的科學、哲學、文學等等書籍，則非將它們用國語或編述不可」[2]。它是關係到「喚醒民眾」的大事，他為這一目標奮鬥終生，最後，竟病逝於日本帝國主義鐵蹄下的北平。他從尊清、復古轉變為新文化運動和國語運動的健將，認識到改造中國人的思想為第一要務，成為一個啟蒙思想家，同時在國學研究中獨樹一幟，卓然成一代大師，其深刻的思想，豐富的學識，偉大的人格，即使在今天，也是難能可貴的，很有研究的必要。

2　錢玄同：《漢字革命》，《國語月刊》一卷七期，1923年。

第一章

少遭綱倫之厄

錢玄同生於清朝光緒十三年（1887）9月12日，原籍浙江吳興（清湖州府歸安縣），世居湖州南門外之鮑山。錢玄同的父親錢振常和伯父錢振倫都很有名，錢振常為清同治間舉人，曾任禮部主事，任紹興書院山長時，蔡元培就讀於此。錢振常晚年又為江蘇揚州、蘇州的書院山長，年62才生錢玄同於蘇州，母親周氏為四川人。兄錢恂，字念劬，是清末外交家，歷任清朝駐日、英、法、德、俄、荷蘭、義大利等國使館參贊或公使。錢玄同與錢恂同父異母，比錢恂小34歲，與錢恂的兒子錢稻孫年歲相同，不過月份在前罷了。錢玄同原名師黃，取意不明，大概是推崇黃宗羲之意；字德潛，更無法推測其含義了。在他6歲的時候，住在常熟的伯母去世，要發訃文，不知他叫什麼名字，因為他的老兄名叫「恂」，所以就替他起了一個豎心旁的名字叫錢怡，就這樣刊了出來。這個是他的而又不是他的名字，就這樣擱著，一直到1906年錢玄同到日本東京留學時才復活，因為進的是洋學堂，照例不用本名，須得另起一個，這回便廢物利用了。在東京時期，他已接受民族革命的思想，立志排滿，自己起了一個號曰漢一，後改名曰夏，取其與「漢一」之意相關。[1]他還有一個別號叫中季，也稱季。五四運動前，改名玄同。在古史辨運動中，改名疑古玄同。

　　錢玄同從小接受的是典型的封建式教育，同時也打下了很好的國學底子。他4歲時開始上學，由老父親親自教讀。錢玄同整天站在書架前讀他父親親自書寫貼在書架上的一條條的《爾雅》詞義。因為站得太久，兩腿僵直，傍晚經常走不回去，須由人抱他回內室去。錢玄

1　　周作人：《錢玄同的復古與反覆古》，中國人民政治協商會議全國委員會文史和學習委員會編：《文史資料選輯》第94輯，北京文史出版社，1984年。

同一生身體很差，大概也與此有關。他到了晚年，還對他的朋友、學生談起，他的雙腿沒有力量，害怕走路，全是小時候念書站壞了。他還回憶說：「我在10歲左右（1896年頃），就知道寫清朝皇帝的名字應該改變原字底字形，什麼『玄』字要缺末點，『寧』字要借用『甯』，『頤』字要割去『頁』字的兩隻腳，『琰』字要改第二個『火』字作『又』，這些鬼玩意兒是記得很熟的，還有什麼『國朝』、『昭代』、『睿裁』、『聖斷』、『芝殿』、『瑤階』等等瘟臭字樣，某也單抬，某也雙抬，某也三抬，這些屁款式，我那時雖還沒有資格做這些字樣的文章，但卻認為這是我們讀『聖賢書』的『士人』應該知道的，所以也很留意。」[2]這種奴化教育，反而成為後來錢玄同反清排滿的種子，但那時對清朝皇帝的尊崇無法動搖。12歲（1898年）時他在教師的書桌上看見一本日本人做的書，好像是《萬國史記》，有「清世祖福臨」、「清高宗弘曆」這些字樣，又不抬頭寫，那時看了，真覺得難過。[3]因此，任何反對清朝皇帝的議論他都是不能接受的，對於康有為、梁啟超的保皇論卻極為贊同，他回憶說：

我16歲那年，梁任公先生底《新民叢報》出版。這年的《新民叢報》，不僅提倡民權政治，鼓吹思想革新，而且隱隱含有排滿之意。前此譚複生先生的《仁學》也在那時印出，它底下昌言排滿，其言曰：「……有茹痛數百年不敢言不敢紀者，不愈益悲乎！明季稗史中之《揚州十日記》、《嘉定屠城紀略》，略舉一二事。當時既縱焚掠之

2　錢玄同：《三十年來我對於滿清的態度的變遷》，《語絲》第八期，1925年1月5日。

3　錢玄同：《三十年來我對於滿清的態度的變遷》，《語絲》第八期，1925年1月5日。

第一章・少遭綱倫之厄　　009

軍，又嚴薙發之令，所至屠殺擄掠，莫不如是。即被『准部』，方數千里，一大種族也，遂無復乾隆以前之舊籍，其殘暴為何如矣！亦有號為『令主』者焉。及觀《南巡錄》所載，淫擄無賴，與隋煬、明武不少異，不徒『鳥獸行』者之顯著《大義覺迷錄》也。臺灣者東海之孤島，于中原非有害也，鄭氏據之，亦徒存前明之空號，乃無故貪其土地，據為己有。據為己有，猶之可也；乃既竭其200餘年之民力，一旦苟以自救，則舉而贈之於人。其視華人之身家，曾弄具之不若！噫！以若所為，臺灣固無傷耳。尚有18省之華人宛轉於刀砧之下，瑟縮於販賣之手，方命之曰：『此食毛踐土之分然也。』夫果誰食誰之毛，誰踐誰之土！久假不歸，烏知非有？人縱不言，己甯不愧於心乎！吾願華人勿夢複夢，謬引以為同類也！」

　　我當時看了這類的議論，很是生氣，曾經撕毀過一本《仁學》！同時，在《新民叢報》底廣告中知道它底前身是《清議報》，設法買到幾本殘缺的《清議報全編》，得讀梁任公先生在戊戌、己亥時倡「保皇論」的文章，於是大悅。至今還記得《愛國論》中有這樣一段：「怪哉！我皇上也……有君如此，其國之休歟，其民之福歟！而乃房州慘黷，吊形影於瀛台；髀肉蹉跎，寄牧芻於籠鴿。田橫安在？海外庶識尊親；霍義不生，天下寧無男子！……」那時，我看了這種文章，真要五體投地，時時要將它高聲朗讀的。

　　1903年，也就是錢玄同17歲的時候，發生了著名的反清政治案件。當時的上海《蘇報》聘請章士釗為主筆，章太炎、蔡元培等為撰稿人，報導各地的學生運動，發表推薦鄒容《革命軍》和章炳麟駁斥康有為改良主義政見的論文，鼓吹革命。章炳麟直斥光緒皇帝為「載

涊小丑，未辨菽麥」，真是一語驚人。清政府以「痛恨政府，心懷叵測，謀為不軌」的罪名查封了《蘇報》，逮捕了章炳麟，並將激於義憤而自動投案的鄒容關進獄中迫害致死，這就是震驚中外的「蘇報案」，引起國內對清政府的廣泛抨擊。這時的錢玄同仍無動於衷，他回憶說：

> 17歲（1903）底夏天，上海「蘇報案」發生，清廷做了原告，向上海租界中「帝國主義者」底會審公堂控訴中國底革命黨，於是章（太炎）、鄒（慰丹）被逮，蔡（子民）、吳（稚暉）出亡……我當時那種「尊崇本朝」底心理，仍與前此相同，未有絲毫改變，所以極不以章、鄒、蔡、吳底主張為然……
>
> 那時，我底尊清思想，實在是因為對於載湉個人有特別之好感，而對於那拉氏則已經不承認伊是皇太后，而且以為伊是該殺的。伊正是漢之呂後、唐之武后一流人物。（按：當錢玄同兩歲的時候，也即1889年，西太后那拉氏宣佈還政于光緒皇帝，實則仍大權在握）蓋我彼時之思想，完全受『保皇論』之支配也……

當時錢玄同住在湖州（吳興），看不到宣傳革命的報紙，所能看到的《中報》和《新聞報》，都是反對革命的，可以說錢玄同對外面的世界之瞭解是很片面的。就在錢玄同的少年時代，中國的局勢動盪不安。當錢玄同兩歲的時候，即1888年，正是康有為應試北京，第一次給皇帝上書建議變法的時候。5歲時，正值康有為寫成《孔子改制考》，為變法維新找依據之時。7歲時。梁啟超赴北京應試，宣傳變法維新，本年清朝在中日甲午戰爭中戰敗。第二年簽訂了喪權辱國的

《馬關條約》，雖有康有為等一班舉人的「公車上書」加以反對，也無濟於事，中國殖民化的程度進一步加深，此時錢玄同8歲。11歲時，正值戊戌百日維新遭到失敗。13歲時，義和團攻破天津、北京，義和團運動失敗。少年錢玄同仍在接受正統的封建教育，並準備參加科舉考試，但因本年母親病逝，須為母喪「守制」，沒有參加「童子試」。

然而處於當時那樣一種激蕩的時代，必然早晚要受些衝擊，何況錢玄同所居之湖州，離革命的中心之一——上海很近。就在錢玄同16歲那年，也即1902年，他的思想發生了巨變，關於此事，他有如下的回憶：

這年冬天某晚，我認識一位朋友方青箱先生，他送我兩部書：一部是章太炎先生底《駁康有為論革命書》，一部是鄒慰丹先生的《革命軍》，都是徐敬吾先生（綽號野雞大王）翻印的，用有光紙石印，字跡很小，白洋紙的封面，封面上印著紅色的書名。

一寸見方的三個紅字——《革命軍》觸我眼簾，我頓然起了一種不能言喻的異感……先將《革命軍》翻讀，看它底序中將「同胞」二字照屁款式中之「皇上」二字例抬頭寫它，末行是「皇漢民族亡國之二百六十年革命軍中馬前卒鄒容記」，本文第二行字「國制蜀人鄒容泣述」（這「制」字與穿孝的人底名片上底「制」字同義，「國制」是說漢族的國亡了，現在給它穿孝）。種種特別的款式和字句以及文中許多刺激的論調和名詞，看了之後，很使我受了一番大刺激，前此底尊清見解，竟為之根本動搖了。

再看章太炎先生底《駁康有為論革命書》，看到「堂子妖神，非郊丘之教；辮髮瓔珞，非弁冕之服；清書國語，非斯邈之文」數語，忽然覺得：對呀！這些野蠻的典禮、衣冠、文字，我們實在應反抗！再看下去，看到「向之崇拜《公羊》，誦法《繁露》，以為一字一句皆神聖不可侵犯者，今則並其所謂『復九世之仇』而亦議之」數語，更大大地佩服起來。因為我從十三四歲起，就很相信《春秋公羊傳》。《公羊》對於齊襄公滅紀，褒他能復九世之仇。這個意思，那時的我，是極以為不錯的。那麼清滅明，以漢族為奴隸，我們漢族正應該復九世之仇哇（說句弄巧的話，從福臨到載湉恰好是九世！）。復仇既然應該，則革命正是天經地義了。讀完太炎先生此書，方恍然大悟兩百年以來清廷之宰割漢人，無所不用其極……章、鄒底主張，實在是「有理呀有理」！一定非革命不可！

自此又陸續看了些《浙江潮》、《江蘇》、《漢聲》、《舊學》、《黃帝魂》、《警世鐘》、《訄書》、《攘書》之類，認定滿洲政府是我們唯一的仇敵，排滿是我們唯一的天職。

1904年，錢玄同18歲，他讀了章太炎的《訄書》、劉師培的《攘書》，更堅定了反清排滿的主意，他叫來一個剃頭匠，剪掉辮子，以表示「義不帝清」之意。同一年，他和幾個朋友辦了一種《湖州白話報》，封面上絕不肯寫「光緒三十年」，只寫「甲辰」年，本想寫「黃帝紀元四千六百零二年」，只因如果這樣寫，一定會被官方干涉，禁止發行，所以只好退一步而寫干支。這時候他借讀了梁啟超主辦的《新民叢報》，思想進一步解放，其中所載的梁啟超《論中國學術思想變遷之大勢》一文，於清初四大學者黃梨洲、顧亭林、王船山、顏

習齋外，特別舉出劉繼莊，說他「最足以豪於我學界者有二端，一曰造新字，二曰倡地文學」。錢玄同對劉氏之學很感興趣，因為劉繼莊字獻廷，錢玄同就自己改號為「掇獻」，取「掇拾劉獻廷之墜緒」之意。錢玄同原來的號叫「德潛」，而吳興話「德」與「掇」同音，「潛」與「獻」音近（潛為濁聲與平調，「獻」為清聲與去調），這樣「掇獻」的新號能與「德潛」的舊號相呼應。後來他終於沒有辜負當時的心願，在音韻學、國語等領域貢獻巨大，卓然成當代大師。

1906年錢玄同20歲，由兄長做主在上海與浙江紹興徐婠貞女士結婚，並赴日本東京留學，入早稻田大學師範科。當時國內形勢緊張，許多革命黨人亡命日本，不少學子也到日本求學。1905年孫中山等聯合興中會、華興會，成立中國同盟會，提出「驅逐韃虜，恢復中華，建立民國，平均地權」的綱領，其根據地就在東京。1906年章太炎從上海抵達東京後，就任同盟會機關報《民報》主筆。錢玄同對章太炎極端崇拜，覺得他是真正的楷模，他的議論天經地義，他的主張為「絕對之是而不容他人匡正」。但是章太炎對於國故，是想利用它來發揚種姓以光復舊物，並非以為它的本身都是好的，都可以使它復活。錢玄同後來回憶說，他那時的思想，比章太炎還要頑固得多，他說：

我以為保存國粹底目的不但要光復舊物；光復舊物告成以後，當將清底政制儀文一一推翻而復於古。不僅復於明，且將復於漢唐；不僅復於漢唐，並將複於三代。總而言之，一切文物制度，凡非漢族的都是要不得的；凡是漢族的，都是好的，非與政權同時恢復不可；而

同是漢族的之中，則愈古愈好──說到這裡，卻有應該說明的話：我那時復古的思想雖極熾烈，但有一樣「古」卻是主張絕對排斥的，便是「皇帝」。所以我那時對於一切「歐化」都持「忿忿然拒之」的態度，惟於共和政體卻認為天經地義，光復後必須採用它。

錢玄同痛恨清朝，志切光復，所以於1907年在章太炎的介紹下，加入了同盟會，並改名為「夏」，因為「夏」字，按《說文解字》的解釋是「中國之人也」，他後來回憶道：

那時，日本稱中國為「清國」，留學生們寫信回國，信封上總寫「清國某處」。我是絕不肯寫「清國」的，非寫「支那」不可，有人告訴我：日本人稱「清國」，比稱「支那」為尊重。我說：我寧可用他們為輕蔑的「支那」二字，因為我的的確確是支那國人，的的確確不是清國人。

1908年底冬天，載湉和那拉氏相繼死了。過了幾天，駐日本的「清國公使」胡維德發喪舉哀，我住的那個旅館主人，忽然給我們吃素，我詰問他，他竟用弔唁的口氣侮辱我，大意說：「因為貴國皇帝崩殂了，今天是貴國人民不幸的日子，所以⋯⋯」我哪裡受得住這樣的侮辱，不等他說完，即將素菜碗往外摔去。碗固摔破，而屋內的「榻榻米」上也弄得油湯淋漓。我的日本話是頭等蹩腳的，對於旅館主人底侮辱，只有向他瞪眼以出氣而已。過眼之後⋯⋯想往「支那料理店」去吃一頓肥魚大肉，不料這些支那昏百姓也與清國公使和日本旅館主人一樣的見解，竟休業一日以志哀。我只好買了一罐「豚肉之琉球煮」和一罐牛肉回來，將這冷豬肉、冷牛肉和已經冷了的飯胡亂

吃了這樣一頓「三冷席」。回來的時候，在路上遇見一個臂纏白布（此人的纏白布等於現在纏黑紗）的留學生，連聲罵他「ㄅㄚㄍㄚ」不置。

錢玄同對清廷的仇恨終於在他25歲時也即1911年有了結果，這年10月10日，武昌首義，辛亥革命爆發，2000多年的封建專制政體被推翻，這無疑是大快人心的事。錢玄同後來回憶說：

從1903年冬到1911年冬，這八年掛零之中，我仇恨滿廷之心日盛一日，那時不僅對於滿廷，實在是對於滿族全體。因仇視滿廷，便想到歷史上異族入寇的事。對於這些異族，也如滿廷為同樣之仇敵。那時做了一本《紀年檢查表》，於宋亡以後，徐壽輝起兵以前，均寫「宋亡後幾年」，而附注曰「偽元某某酋僭稱某某幾年」；于明亡以後，洪秀全起兵以前，均寫「明亡後幾年」，而附注曰「偽清某酋僭稱某某幾年」，于洪秀全亡以後，民國成立以前，均寫「太平天國亡後幾年」，附注同上。我這種寫法的主張，出於鄭思肖的《心史》，亡友陶煥卿先生深以為然。今日複視，頗自覺其過於迂謬，以其可以表示當年排滿之心理，故及之。

清廷的崩潰，錢玄同以為正是光復漢族舊物的時候了，於是他參考《禮記》書儀、家禮，及黃宗羲、任大椿、宋殷初、張惠言、黃以周諸家關於考證「深衣」之說，做了一部書，叫做《深衣冠服說》，並照所說的做了一身。1912年3月，他到浙江教育司中當一名小小的科員，曾經戴上「玄冠」，穿上「深衣」，繫上「大帶」上辦公所去，

贏得大家笑一場，朋友們從此傳為笑柄，他這種迂腐行為實在是因為當時仇滿太過，一切唯有漢族好，也就是還沒有絲毫反覆古的意識，相反是一味地想復古。據周作人先生回憶說，錢玄同與魯迅、周作人、許壽裳等在東京聽章太炎講課，他年輕氣盛，每當章太炎講完閒談的時候，就開始他的「話匣子」—這是後來朋友們送他的一個別號，形容他話多而急的樣子，而且指手畫腳，仿佛是在坐席上亂爬，所以魯迅和許壽裳便給他起了「爬來爬去」的雅號，或稱之為「爬翁」。他有時和章太炎談論，在大家散了之後仍舊不走，談到晚上便留在《民報》社裡住宿，接著談論。談些什麼呢？說來是很可笑的，無非是討論怎樣復古罷了。大概當時民族主義革命思想的主張是光復舊物，多少是復古思想，這從《國粹學報》開始，後來的《民報》也是往這條路上發展。當時玄同的老兄念劬與《中國古代史》的作者夏穗卿在日本，常一同上街，看見店鋪的招牌和店面，輒嘖嘖稱歎，說有唐代遺風，即此可以想見一斑了。《民報》上登載過一篇《五朝法律索隱》，力說古法律的幾點好處，使人看了很受影響。至於當時在《民報》社所反覆討論的，大約不是這種問題，只是關於文字語言的罷了。這就是說名物雲謂，凡字必須求其「本字」，並且應該用最正確的字體把它寫出來。這字體問題因為當時甲骨文還未發現，鐘鼎文又是太炎所不相信的，那麼只好用小篆了。而小篆見於《說文》的字數太少，又照例不能用偏旁湊合自己來創造，那麼這就技窮了，便是「老夫子」也沒有辦法，玄同於文字復古的問題上面，留下了三種痕跡，證明他的歸根失敗。其一是在民國初年，寫過一部周文之（沐潤）的《說文窺管》，這個寫本在浙江圖書館，原文後面有館員陸祖穀的校記，末云：「錢君中季錄此卷，用小篆精寫，意欲備刊，顧其

中猶有闕字未補，誤字未正，蓋當時厥功未竟而中輟者，茲特摘出記于右方，冀他日中季複來，足成之雲。丁卯七月陸祖穀記。」其所以厥功未竟的緣故雖然不詳，但小篆的不夠用總是最大的障礙吧。其二是章氏叢書裡的四卷《小學問答》，也是浙江圖書館出版的，是玄同所寫，系依照小篆用楷書筆勢寫之，寫起來並不難看，雖然不大好認，圓筆變方了，反而面生，一也；改正訛俗，須用本字，一見難識，如「認」之作「刃」，二也；但經過苦心研究，終於寫成了。其三是已經隔了二十年後，在北京的弟子們醵資刻章氏叢書續篇，由他和吳緘齋主持其事，其中有《新出三體石經考》一書，是他所手書的，寫法又有些變化了，太炎特手書題跋其後云：

吳興錢夏，前為余寫《小學問答》，字體依附正篆，裁別至嚴，勝於張力臣之寫《音學五書》。忽忽20餘歲，又為余書是考。時事遷蛻，今茲學者能識正篆者漸希，於是降從開成石經，去其泰甚，勒成一編，斯亦酌古准今，得其中道者矣。稿本尚有數事未諦，夏複為余考核，就稿更正，故喜而識之。夏今名玄同云。

這是文字復古的經驗，從極右的寫小篆起手，經過種種實驗，終於歸結到利用今隸、俗字簡體，其極左的反動則是疑古，主張破壞過去的一切，即是線裝書扔進毛廁坑，40歲的人應該槍斃等說[4]。

錢玄同的復古思想很快受到衝擊，因為專制政府雖然推翻了，但並不意味著革命勢力會一帆風順，事實上，當時的北京仍是反動保守

4　周作人：《錢玄同的復古與反覆古》，《文史資料選輯》第94輯。

勢力的巢穴，實力非常強大。錢玄同後來回憶說：「1912年1月1日，中華民國成立於南京，臨時大總統孫中山先生就職。我那時在故鄉吳興底浙江第三中學校做教員，天天希望義師北伐，直搗燕京，剿滅清廷，以復280年來攘竊我政權、殘殺我漢人之大仇。而事實上卻是由袁世凱耍了一套王莽到趙匡胤耍厭了的老把戲，請溥儀退位。溥儀退位，總是事實，所以當時大家都不再作進一步之解決。我對於清廷的怨恨雖然消滅了些，不過優待條件我是很反對的……我這個見解，從1912年2月12日溥儀退位之日起，並未變動。」

溥儀雖然被迫退位，但袁世凱早已對空著的皇帝寶座虎視眈眈，終於在1912年3月10日取代了孫中山，竊據臨時大總統之位，南京革命臨時政府參議院也決議把政府遷到北京。第二年，袁世凱頒佈《通令尊孔聖文》。康有為在《不忍》雜誌上發表文章，反對共和，主張保存「國粹」，宣揚孔子為「中國之教主」，掀起一股尊孔讀經的逆流，為專制政權尋找理論依據，意在為袁世凱陰謀復辟帝制大造輿論。1915年12月12日，袁世凱宣告恢復帝制，復活幾千年以來的封建專制統治，改中華民國為「中華帝國」，並設大典籌備處，宣佈改次年為洪憲元年，激起全國人民的義憤。這種明目張膽地復活古制的行徑，使錢玄同開始反思以前他自己的復古主張，正如他自己所說：「玄同自丙辰春夏以來，目睹洪憲皇帝之返古復辟，倒行逆施，卒致敗亡也；於是大受刺激，得了一種極明確的教訓，知道凡事是前進，絕無倒退之理。」就在袁世凱稱帝前不久，錢玄同去探視被袁世凱監禁的章太炎，章太炎以南宋心學大師陸象山的語錄贈之：「激厲奮迅，決破羅網，焚燒荊棘，蕩夷汙澤」。事實證明，後來的錢玄同從

復古轉到反古，成了一位不折不扣的在寂寞中奮進的勇士。幾十年後，章太炎最後一次到北平，錢玄同請求章氏替他寫這四句話以自勉，此時的章太炎已趨保守，認為這四句話太激烈，不肯寫。魏建功先生說，他想起這件事就聯想到先生立身處世、待人接物何等和平謙虛，而與這四句話表面不相像，但在另一方面正顯示著先生光明自由的精神：

激厲奮迅，決破羅網，焚燒荊棘，蕩夷汙澤！[5]

袁世凱只當了83天的皇帝，在全國的憤怒聲討中，不得不於1916年3月22日取消帝制，廢止洪憲年號，不久就在唾罵聲中死去。接踵而至的段祺瑞與黎元洪的「府院之爭」的權力鬥爭，竟導致軍閥張勳率領「辮子軍」進入北京，於1917年7月1日擁戴溥儀復辟帝制，雖然這幕醜劇只演了12天就宣告失敗，但足以說明反動腐朽勢力之強大，這不能不使錢玄同反思所謂國粹，也就是封建主義制度及其文化。誠如周作人先生指出，錢玄同思想的轉折，導源於民國初年的政教的反動空氣，事實上表現出來的是民國四年（1915年）的洪憲帝制，民國六年（1917年）的復辟鬧劇。經過兩件事情的轟擊，所有復古的空氣乃全然歸於消滅，結果發生了反覆古。這裡表面上是兩條路，即一是文學革命，主張用白話；一是思想革命，主張反孔教，而歸結於毀滅古舊的偶像這一點上，因為覺得一切的惡都是從這裡發生的[6]。

5　　魏建功：《回憶敬愛的老師錢玄同先生》。
6　　周作人：《錢玄同的復古與反覆古》。

錢玄同不僅親眼目睹了古制、國粹帶給國家人民的深重災難，而且自己深有體驗。錢玄同從小受父親的管教極嚴，他父親總盼望他能考上舉人，這完全是封建科舉時代要求「正途」出身的思想。錢玄同的長兄錢恂比他大34歲，十幾歲就考中了秀才，考了好多場也沒有考上舉人，因此年老的父親把兒子中舉的希望完全寄託在錢玄同身上，從5歲起就讓他讀經書，絕不許看閒書。有一次，錢玄同偷看《桃花扇》，被塾師發現，一戒尺打來，眉心上永遠留下了一個疤痕。他在11歲時失去了父親，15歲時失去了母親，失怙的打擊，使他面對自立自強之路；一旦沒有了嚴厲的家教，他就可能接觸外面的世界，思想上逐漸起了變化。他的後代回憶說，父親年輕時有過這樣一段親身感受和經歷，所以對「三綱」這種封建禮教的教條是切齒痛恨的。他說：「『三綱』像三條麻繩，纏在我們的頭上，祖纏父，父纏子，子纏孫，一代代纏下去，纏了2000年。『新文化』運動起，大呼解放，解放這頭上纏的三條麻繩。我們以後絕對不許再把這三條麻繩纏在孩子們身上！可是我們頭上的麻繩不要解下來，至少『新文化』運動者不要解下來，反對『新文化』維持『舊禮教』的人，就要說我們之所以大呼解放，為的是自私自利。如果借著提倡『新文化』來自私自利，『新文化』還有什麼信用？還有什麼效力？還有什麼價值？所以我自己拼著犧牲，只救青年，只救孩子！」[7]他經常引用譚嗣同《仁學序》中的話：「少遭綱倫之厄」，常要刻一枚印章：「綱倫下的犧牲者」，晚年在和周作人50歲壽辰詩中還有「切齒綱倫斬毒蛇」之句，可見小時候的經歷對他一生的影響。1910年，24歲的錢玄同從日本回

7　秉雄等：《回憶我們的父親──錢玄同》，《新文學史料》第3輯，北京：人民文學出版社，1979年。

國，在浙江省海甯中學堂任國文教員，第二年春，任浙江省嘉興中學堂國文教員。暑假後，回到家鄉吳興，任浙江第三中學國文教員。1912年3月到浙江教育司當科員。那時的教育司相當於後來的省屬教育廳。當時在浙江教育司任職的，大多是原光復會會員，章太炎、蔡元培的門徒，除錢玄同外，還有沈兼士、朱宗萊、朱希祖等人，後來都到了北京任教。1913年9月，錢玄同任北京高等師範學校歷史地理部及附屬中學國文、經學教員，這是他執教於北京師範大學的開始。不久，兼任北京大學預科文字學教員。1915年，北京高等師範學校增設國文部，錢玄同任國文部教授，兼北京大學文字學教授。1916年，他開始用「玄同」這個名字，此時他剛好30歲。古人說，三十而立。就在第二年，錢玄同向《新青年》雜誌投稿，提倡支持「文學革命」，參加「國語研究會」，奠定了他在新文化運動中的重要地位。

第二章

推翻桐選驅邪鬼

辛亥革命雖然推翻了幾千年的封建專制統治，但是經過袁世凱稱帝、張勳復辟，中國的政局十分混亂，思想界仍然是暮氣深重。但是不管保守勢力怎樣掙紮，共和制度深入人心，已經不可能再走回頭路，袁世凱、張勳可恥的失敗就是明證。如果說辛亥革命前，全國上下以推翻清政權為首要任務，那麼辛亥革命破壞了幾千年的「古制」以後，接下來破壞「國粹」，即一切封建傳統文化，已是思想介面臨的首要課題。在這方面，龔自珍、譚嗣同、梁啟超等人已開風氣之先。到了民國初年，畢竟出現了一些新氣象。領導這種新潮流的就是蔡元培。早在民國元年（1912年）蔡元培就任南京臨時政府教育總長時，首先停止「祭孔」，民國六年（1917）1月他就任北京大學校長後，決心「仿世界各大學通例，循思想自由原則，取相容並包主義」，號召學生研究高深學問，不要追求升官發財。提倡科學、民主，反對舊思想、舊禮教，使北大成為自由思想的發源地，他辦大學，對學術研究主張遵循「思想自由」的原則，聘任教員，「以學詣為主」，他指出：「人才至為難得，苟求全責備，則學校殆難成立。」他所在的北大的教員，既有革新派，也有「拖長辮而持復辟論者」，更有「籌安會之發起人」。[1]蔡元培聘請陳獨秀到北大作文科學長（文學院長），增強了革新派的力量。陳獨秀1915年在上海創辦並主編的《青年雜誌》，後改名《新青年》，成為宣傳新文化運動的重要陣地。《青年雜誌》創辦之初，陳獨秀就對青年一代寄予了很大的希望，他指出「國勢凌夷，道衰學敝，後來責任，端在青年」，並在發刊詞《敬告青年》中希望青年們除舊佈新，具體來講，有六項標準，即

1　蔡元培：《答林君琴南函》，1919年3月21日《北京大學日刊》。

「自主的而非奴隸的」、「進取的而非退隱的」、「世界的而非鎖國的」、「實利的而非虛義的」、「科學的而非想像的」。[2]1917年1月陳獨秀把胡適的《文學改良芻議》刊登在《新青年》第二卷第五號上。胡適認為從事「文學改良」，必須從八件事入手，這八件事是：

一曰，須言之有物。
二曰，不摹仿古人。
三曰，須講求文法。
四曰，不作無病之呻吟。
五曰，務去濫調套語。
六曰，不用典。
七曰，不講對仗。
八曰，不避俗字俗語。

胡適認為「此八事皆文學之根本問題，一一有研究價值」，希望引起討論。胡適謹慎地用了「文學改良」、「芻議」等字眼，陳獨秀則鮮明地提出「文學革命」的口號。1917年2月1日《新青年》二卷六號刊登了陳獨秀《文學革命論》一文。他指出，今日莊嚴燦爛的歐洲文明，都是革命的結果。革命，指的是革故更新，與中國所謂朝代鼎革絕不相類。所以自文藝復興以來，政治界有革命，宗教界也有革命，倫理道德也有革命，文學藝術，亦莫不有革命，莫不因革命而新興而進化，近代歐洲文明史，應該稱作革命史。可是中國苟偷庸懦的國民，「畏革命如蛇蠍」，在政治界雖然經歷了三次革命，但依舊一

2　陳獨秀：《敬告青年》，《獨秀文存》，合肥：安徽人民出版社，1987年。

團漆黑，是什麼原因呢？小部分是因為，三次革命都是虎頭蛇尾，未能充分以鮮血洗淨舊汙。大部分則是「盤踞吾人精神界根深蒂固之倫理道德文學藝術諸端，莫不黑幕層張，垢汙深積，並此虎頭蛇尾之革命而未有焉」。可見單是政治革命，並不能改變整個社會。歸根結底，乃是國人仇視革命，不知它是開發文明的利器。他接著說：

孔教問題，方喧呶於國中。此倫理道德革命之先聲也。文學革命之氣運，醞釀已非一日。其首舉義旗之急先鋒，則為吾友胡適。余甘冒全國學究之敵，高張「文學革命」大旗，以為吾友之聲援。

……今欲革新政治，勢不得不革新盤踞於運用此政治者精神界之文學……

歐洲文化，受賜於政治科學者固多，受賜于文學者亦不少……予願拖四十二生的大炮，為之前驅。

重視文學這種思想的載體對革新社會的巨大作用，是陳獨秀的卓識，李大釗在1916年8月15日《晨鐘報》創刊號上著文也有類似的論述，他說：

由來新文明之誕生，必有新文藝為之先聲，而新文藝之勃興，尤必賴有一二哲人，犯當世之不韙，發揮其理想，振其自我之權威，為自我覺醒絕叫，而後為時有眾之沉夢，賴以驚破……以視吾之文壇，墮落於男女獸欲之鬼窟，而罔克自拔，柔靡豔麗，驅青年于婦人醇酒之中者，蓋有人禽之殊，天淵之別矣。記者不敏，未擅海聶（涅）諸子之才，竊慕青年德意志之運動，海內青年，其有聞風起者乎？甚願

執鞭以從之矣。

胡適、陳獨秀就是這種「犯當世之不韙」、「聞風興起者」。陳獨秀明確地提出「文學革命軍」的三大主義：一是推倒雕琢的阿諛的貴族文學，建設平易的抒情的國民文學；二是推倒陳腐的鋪張的古典文學，建設新鮮的立誠的寫實文學；三是推倒迂晦的艱澀的山林文學，建設明了的通俗的社會文學。與《文學革命論》同時發表的還有錢玄同的信，贊成胡適「改良文藝」的主張，並提出「選學妖孽」和「桐城謬種」的戰鬥口號。他說：

頃見六號（按：應是五號）《新青年》胡適之先生《文學改良芻議》，極為佩服。其斥駢文不通之句及主張白話體文學，說最精闢，進而言改良文藝，其結果必佳良無疑，惟「選學妖孽」、「桐城謬種」，又不知若何咒罵。

在《新青年》三卷一號「通信」欄裡，發表有錢玄同致陳獨秀的信，繼續討論新文學問題。錢玄同認為，胡君「不用典」之論最精，實足祛千年來腐臭文學之積弊。齊梁以前的文學，如《詩經》、《楚辭》及漢魏之歌詩、樂府等，從無用典者，短的如《箜篌引》：「公無渡河，公竟渡河，墮河而死，當奈公何」，長的如《焦仲卿妻詩》，都是純為白描，不用一典，而作詩者之情感，詩中人之狀況，都像一一活現於紙上。《焦仲卿妻詩》尤與白話之體無別，雖然1700年過去了，今天讀它，猶如作詩之人與我面談，這樣的優美文學，哪裡是後世用典者所能夢見！後世的文人沒有鑄造新詞之才力，於是競相趨

於用典，以欺世人，沒有學問的人對此很震驚，以淵博相稱譽，於是習非成是，一旦文章不用典，即當作沒有學問的象徵，這是文學窳敗的一大原因。文學之文用典，已為下乘；若普通應用之文，尤須老老實實講話，使老太太也能理解，如有妄用典故，以表像語代事實者，尤為惡劣。古代文學，最為樸實真摯。始壞於東漢，因為它浮詞多而真意少。齊梁逐漸多用典故，其弊愈盛。唐宋四六，除用典外，別無他事，實為文學中之最下劣者。至於近世，《燕山外史》、《聊齋志異》、《淞隱漫錄》諸書，可謂全篇不通。戲曲、小說，為近代文學之正宗：小說因多用白話之故，用典之病也少，白話中罕有用者。胡君主張採用白話，不僅以今人操今語，於理為順，就是為驅除用典來考慮，也應以用白話為宜。他很贊同胡適採用白話的觀點。

錢玄同指出，與用典之弊相似的還有人的稱謂，人之有名，不過一種記號，夏殷以前，每人只有一個名字，與當今西方之人相同，自從周世尚文，於是有「幼名，冠字，五十以伯仲，死諡」種種繁稱。六朝重門第，爭標郡望。唐宋之後，「峰，泉，溪，橋，樓，亭，軒，館」，別號日繁。近時以行，更可駭怪，如「湘鄉」，「合肥」，「南海」，「新會」，「項城」，「黃陂」，「善化」，「河間」等等，專以地名稱呼人，實在不合情理，因此錢玄同主張今後文學，凡稱人，全部用其姓名，不可再以郡望別號地名等等相攝代。他的這種主張後來都變成了現實。

錢玄同還主張一文之中，有駢有散，都應順其自然。凡是寫文章，想要句句相對與想要句句不相對一樣，都是錯誤的。關於文法，不但今人多不講求，古書中也多此病，不勝枚舉，必須加以革除。語

錄以白話說理，詞曲以白話為美文，這是文章的進化，實為今後文白一致的起點。這樣的白話文章，其價值遠在所謂「桐城派之文」、「江西派之詩」之上。至於當世，所謂桐城鉅子，能作散文，選學名家，能作駢文，作詩填詞，必用陳套語，自命典贍古雅，鄙夷戲曲小說，以為猥俗不登大雅之堂，其實不過是「高等八股」而已，或者應叫做「變形之八股」。談到現代文學之革新，錢玄同認為梁啟超是開創者。雖然梁氏政論諸作，因時變遷，不能得到全體國人的贊同，即其文章，也未能盡脫帖括蹊徑，然而他輸入日本新體文學，以新名詞及俗語入文，視戲曲小說與論記之文平等，這都是他的識力過人之處。

1917年8月，在《新青年》三卷六號通信欄中，發表了錢玄同7月2日寫給胡適的信。胡適曾於4月9日寫信給陳獨秀，說「吾輩已張革命之旗，雖不容退縮，亦絕不敢以吾輩所主張者必是而不容他人之匡正也」。針對這點，錢玄同的立場更加激進，他說：「對於迂謬不化之選學妖孽與桐城謬種……尚有何種商量文學之話可說乎！」再次提出「選學妖孽」和「桐城謬種」的口號。他還直率地批評胡適的白話詩，未能脫盡文言窠臼，並聲明這不是故意吹毛求疵，而是因為同抱文學革命之志，故不憚逐一商酌。錢玄同說，他自從讀了胡適《文學改良芻議》之後，就想寫《論應用之文急待改良》，因為教學任務太重，忙於編講義，幾次提筆而最終擱起。他先寫信給陳獨秀，將改革之大綱中的十三件事函告。十三件事中，首列以「國語」寫文章，這是根本上的改革。他又注意第六事，即「絕對不用典」，他說，我們之所以知道這些典故的來歷，是因為我們從小讀過「四書」、「五經」，以及什麼《古文觀止》、《唐詩三百首》、爛八股、試帖詩或者

還讀過《龍文鞭影》、《幼學瓊林》，所以裝滿了一腦子的典故，覺得此典用得工功，彼典用得纖巧。今後童子入學，讀的是教科書，其中材料，不外乎歷史上重大事件，科學上切要之智識，以及共和國民對於國家之觀念，政治法律之大概而已。即使是國文一科，雖可選讀古人文章，亦必取其說理精粹，行文平易者。那些古奧的周秦文、堂皇的兩漢文（原注：「堂皇」二字，用得不切。兩漢文章，動輒引經，或抬出孔夫子來嚇人，只可稱為「擺架子」而已）、淫靡六朝文，以及搖頭擺尾之唐宋八大家文，當然不必選讀。當然，這不過言其大概，周秦兩漢六朝唐宋文中說理精粹，行文平易的，當然可以選。那麼他們腦中所裝的東西，當然與我們大異，豈能以我們腐臭的舊腦子中所裝之（簡妙）典故，輸入給那些清潔的新腦子呢？不但不能，而且不可。今後的新國民，自應使其豐富於20世紀之新智識，即所謂群經、諸子、《史記》、《漢書》，種種高等書籍，非進了大學文科專門研究者，尚不必讀。何況《佩文韻府》等等惡爛腐朽之書，難道我們自己被他累得還嫌不夠，還要去轉而害今後的新國民嗎？如果人稍有絲毫智識，稍有絲毫良心，略略懂得幾分戊戌改舊法，辛亥建民國，丙辰踣帝制之道理者，必不再至請新國民去研究《佩文韻府》等等。

錢玄同反對一幫騙子教授典故，撈取青年的錢財。他在文學革命中一貫反對文章用典。那麼是不是應該絕對排斥呢？也不是。因為許多成語和譬喻與典故有關。他說，有人說典故雖然不該用，但是成語和譬喻似乎可以沿用。其實這也不能如此籠統說，有些成語和譬喻，如胡適之先生所舉的「捨本逐末」「無病呻吟」之類，原可以用得；但也不必限於「古已有之」的，就是現在口語裡常用的，和今人新造

的，都可自由引用，如吳稚暉先生造的「鑿孔栽須」；至於與事實全然不合者，則絕不該沿用。如頭髮已經剪短了，還說「束髮受書」，晚上點的是電燈（Lamp），還說「挑燈夜讀」，女人不纏腳了，還說「蓮步跚跚」；行鞠躬或點頭的禮，還說「頓首」「再拜」；除下西洋式的帽子，還說「免冠」……更有甚者，在改陽曆以後寫「夏正」，稱現在的歐美諸國為「大秦」。照此類推，則吃煎炒蒸燴的菜，該說「茹毛飲血」；穿綢緞呢布的衣，該說「衣其羽皮」；住高樓大廳，該說「穴居野處」；買地營葬死人，該說「委之於壑」；製造輪船的，該說「刳木為舟，剡木為楫」了。這些都是成語，但是請問，文章可以這樣做嗎？可見成語有可用者，有不可用者，斷斷不能籠統說是「可以沿用」的。譬喻也是如此。[3]直到今天，文人學士仍以用幾個典故附庸風雅，成語、譬喻更是滿天飛，諸如「七月流火」之類，現在夏季尤為流行，並不明「火」字所指，他認為還要規定語法之詞序；小學課本、新聞紙旁注注音字母；文章加標點符號；用阿拉伯碼號和算式書寫數目字；用西元紀事；書寫方式改右行直下為左行橫迤，這些都是很中肯的建議。例如，關於改直行為橫寫書寫，錢玄同指出，如果要寫一句漢語的西文譯句在直行書寫的漢字中間，須將本子直過來，橫過去，搬到四次之多，未免又生一種不便利，那麼應當用什麼辦法解決這種麻煩呢？那就是改用左行橫迤，像西文的寫法一樣。人的眼睛左右相並，而非上下相重。例如在屋子裡，若橫視左右，則很省力；若縱視上下，則一仰一俯，頗為費力。可見橫行比直行好看。再說右手寫字，本來就是自左至右，無論漢文西文，一字筆勢，罕有

3　《新青年》卷一號。

自右至左者，可是漢文右行，方法實在很笨拙。若仿以西文寫法，自左至右，橫迤而書，則無一不便，希望今後新教科書從小學起一律改用橫寫，不必專限於算學、理化、唱歌教本。既用橫寫，則直過來橫過去之病可以免矣。《新青年》三卷五號以前，提倡「文學革命」的論文，其本身還都是用文言文做的，並沒有用白話；還都是用舊式圈點，並沒有用新式標點符號。《新青年》用新式標點符號，是從民國七年（1918年）四卷一號開始的，這是中國直行漢字而用新式標點符號排印的第一本書，出版時，許多人一見就哈哈大笑，以為怪物。第一篇近於白話的論學書，就是錢玄同與陳獨秀論文字元號和小說的信。錢玄同寫白話文，還可以追溯得更早，在他清末留學日本時，與章太炎辦了一種《教育今語雜誌》，出了6期停刊，宗旨是灌輸文字歷史等國學常識給一般失學的人，內中也帶有提倡種族革命的意味，篇篇都是白話文，錢玄同自己有個筆名，叫「渾然」，但凡署名「章太炎」的名篇，實際上也都是他做的。後來坊間匯印成一本《章太炎的白話文》，其實應該叫做《錢玄同的白話文》，這種白話學術論文的出世，還比《新青年》早10年左右，不過那時還沒有「文學革命」意識，這種刊物還只能算是一種高等通俗雜誌，「今語」是對俗人用的，還不能算在胡適所謂「有意的主張白話文學」的範圍。他回國後，在浙江也辦過通俗白話報，可知錢玄同對於「文學革命」不但是革命的激烈提倡者，更是革命的首先實踐者。到民國七年（1918年）《新青年》第四卷出版，大家就完全用白話做文章了。黎錦熙先生說，文學革命的歷史價值，在於把2000年所謂士大夫的風氣轉變了，從前士大夫雖也欣賞些宋詞元曲明清小說用近代白話的作品，但自民國七年（1918年）提倡「文學革命」以後，知識階級的人，才膽敢用

白話來作正式的應用文，才放心做一個文學家或者學者也不必要古文做得好。

1918年7月，有一位學生來信向錢玄同請教文學革命與文法問題，錢玄同在1919年回信時說，來信所論中國人對於本國文字，應該講求文法，這話很對，《馬氏文通》這部書，雖然不能說它盡善盡美，但是在中國近年的出版界上，實可稱為「空前的好書」。在清廷未亡之時，一班所謂教育家者，雖然不懂什麼叫做文法，卻還不敢反對講文法，自己已嫌《文通》太深看不懂，也還看看日本兒島獻吉郎所著的《漢文典》之類；所以如章行嚴的《中等國文法典》和戴懋哉的《國文典》之類，也還出了一兩種。不料民國成立以來，因為他們所謂「暴徒」也者偶然吃了幾個月的安逸飯，以致一班遺老、遺少、名士、國粹家、大文豪，氣得「三屍神炸，七竅生煙」，大倡復古之論，恨不得立時三刻把戊戌到辛亥15年間發生的一點「新」萌芽「芟夷蘊崇，勿使能殖」，方才遂了他們的心，出了他們的氣。首先復古的東西便是文學，所以什麼樓的「文鈔」，什麼書的「文萃」，什麼書的「精華」之類，層出不窮。但是教育部所定的中學課程，卻有「文法」和「修辭學」，於是他們又想出一個「拔彼趙幟，宏我漢京」的辦法，刻《文學津梁》等書，拿什麼「神理氣味」之類算做文法，足下學國文而能燭其隱，斥其謬，我願足下的同學也一樣來研究適用於現代的新國文，不要再為3000年來的舊國文所惑，這便是我的大希望！至於白話文學，自從《新青年》提倡以來，還沒有見到多大的效果，這自然是實情。但我以為可以不必悲觀；多大的效果雖沒有見到，但小小的感動，也不能說絕無。就使絕無絲毫影響，我們還是要

竭力推行。我們但本於自己所見到的真理，盡力鼓吹，盡力建設，用「愚公移山」的方法去做，必有達到目的之一日。不要自餒！不要灰心！人家殺我，是殺不了的；自餒、灰心便是自殺，自殺便完了。所以我希望《新青年》同人不要自餒、灰心，更希望足下不要自餒、灰心！[4]

就在錢玄同討論應用文改良的文章中，他敏銳地看出了舊文學與舊體制、舊思想的關係。他說，那獨夫民賊，最喜歡擺架子。無論什麼事情，總要和平民兩樣，才可以使那野蠻的體制尊崇起來。對於文字方面，也用這個主義，好叫那些富於奴性的人可以震驚讚歎。凡是做到文章上，尊貴對於卑賤，必須裝出許多妄自尊大看不起人的口吻；卑賤對於尊貴，又必須裝出許多彎腰屈膝、脅肩諂笑的口吻，其實這些所謂尊貴卑賤的人，當面講白話，究竟彼此亦沒有什麼大分別；只做到文章，便可以實行那「驕」「諂」兩個字。若沒有有「驕」「諂」的文章，這些獨夫民賊的架子便擺不起來了，所以他們最反對那質樸的白話文的。還有一些「文妖」若用白話文做文章，那麼會做文章的人必定漸多，這些「文妖」就失去了他那會做文章的名貴身份，這是他們最不願意的。錢玄同的這些議論，自覺地把文學革命與新文化革命聯繫起來，富有遠見。正如黎錦熙先生所指出的，「新文化運動」，可以說是與「文學革命」運動「一而二，二而一」的，因為文學有形式（文字與文體），有內容（意識），用白話打倒文言，看來不過是文學形式的革命，但既提倡「新文學」，則舊文學的內容，當然也要大受影響；何況中國向來是「文以載道」的，文不變道

4　《新青年》六卷二號。

亦不變，道將變故文必先變，勢所必至，理有固然也。錢先生參加「文學革命」，同時對於「新文化運動」，卻更有特別的功勞，不僅僅是這種文學上的「形式」「內容」相因而至的自然趨勢；因為他是「古文經學」大家章太炎先生的高足，「古文」經學與「今文」經學，到清末成了極嚴重的鬥爭，而焦點就在對於孔子的態度：「今文」大師康南海（有為）先生，要把孔教當作宗教，把孔子當作「教主」來崇拜，說一切真的經書都是孔子創作的—其實這種觀念，已是中國千餘年來的「既成事實」，康先生在清末要作政治上的維新運動，故根據「今文」公羊家言，擴大孔子以便翻新罷了。而「古文」大師章太炎先生則只把孔子當作一個「史學家」看待，頂多再帶了些「教育家」的臭味，孔子的最大成績是整理了許多故書舊史（經）。他有《駁建立孔教為國教議》，唯讀了這篇就可知道，錢先生在這點上，受他老師的影響最深，所以到了民國七年（1918年），就一拳打倒「孔家店」—這不是說孔子要不得，乃是說2000年來借著孔子的招牌來開店做買賣的就非打翻不可，其意義也就等於反對「崇拜偶像」，所以當時北大文科學長陳獨秀先生定的國學的功課，是孔丘、李耳、孟軻、荀況等等都稱姓名的一律平等排列下去。北大校長蔡先生也是向來反對什麼「孔教」的，他在民國元年（1912年）做第一任教育總長時，首先下令廢除祀孔，國定的教育宗旨中從此就永遠取消了「尊孔」字樣了—反對吃人的禮教（也不是說禮教都要不得，乃是說，在2000年來「封建的」勢力之下，用「禮教」「名教」「名分」「綱常」等等名義來壓迫人家的就等於「吃人」），反對「包辦式買賣式的婚姻」，反對雇一群叫花子扛著「肅靜」「回避」的牌匾送葬，如此等等，也說不盡，這就是五四運動前夕的新文化啟蒙運動。在《新青年》上，

唯有錢先生的說話，最不怕，最痛快淋漓，最使人興奮，所以要推他為新文化運動揭幕的一人。有些道理，到現在真是平凡無奇，成了老生常談了，須知在那時卻是驚人的怪論呢！其實呢，新文化運動最重要的觀念，是把2000年來一切舊的東西「重新估定價值」（胡適語），那麼當然，那些舊東西都是有「歷史」價值的，但要適於現代，就不能不有所因革損益，而建設偏重「西化」的「新文化」了。這和2000年前大「史學家」孔丘的眼光見地，還不是差不多嗎？不過當啟蒙運動初揭幕時，總要說得特別激烈些，才有「革命」的力量罷了[5]。

陳獨秀將胡適「文學改良」的主張上升到「文學革命」的主題，一開始就得到錢玄同的支持，確實很不平常。當時執教於北京大學的學者，很多是章太炎的門生或故交，實力雄厚，以治學嚴謹著稱於世。錢玄同作為古代語言文化的專家，入室操戈來反對舊文學舊文化，影響非同一般。錢玄同當時已是知名人士，他支持當時年紀很輕、在學術界默默無聞的胡適，表現了追求真理的執著精神。錢玄同在1917年的幾封通信，陳獨秀、胡適非常重視，陳獨秀在一封通信後面的複語中說：「以先生之聲韻訓詁學大家而提倡通俗的新文學，何憂全國之不景從也。可為文學界浮一大白。」胡適後來在《新文學的建設理論》一文中說，「這時候，我們一班朋友聚在一處，獨秀、玄同、半農諸人都和我站在一條路線上，我們的自信心更強了」，他特別指出，「選學妖孽」、「桐城謬種」這兩個名詞是錢玄同首創的。胡適晚年在回顧文學革命時還說，錢玄同「原為國學大師章太炎的門人。他對這篇由一位留學生執筆討論中國文學改良問題的文章，大為

5　黎錦熙：《錢玄同先生傳》。

賞識，倒使我受寵若驚」。他還說，「錢教授是位古文大家，他居然也對我們有如此同情的反應，實在使我們聲勢一振」。黎錦熙先生在《錢玄同先生傳》中也說，在《新青年》的編輯人中，只有錢先生是舊文學大師章太炎先生的高足，「學有本源，語多『行話』，振臂一呼，影響更大」。周作人在《中國新文學的源流》一書中說：「《新青年》雜誌上的文章，意見還很簡單，只是想將文體改變一下，不用文言而用白話，別的再沒有高深的道理。」當時他們的文章也還都是用文言作的，「其後錢玄同、劉半農參加進去，『文學運動』、『白話文學』等旗幟口號才明顯地提出來」，這不僅是文體上的改革，它所帶來的思想震動不久就顯示出來，錢玄同認為只能用新文體表達新思想，是他的卓見。

正當《新青年》提倡文學革命時，沉悶的中國思想界，既沒有多少人贊同，也沒有多少人反對。新舊思想沒有正面交鋒，不利於把新文化運動推向前進，於是錢玄同化名王敬軒，給《新青年》的編者寫了一封信，把自己裝扮成反對新文化運動的頑固派，歷數新文化運動的罪狀加以攻擊；劉半農寫了《覆王敬軒書》，針鋒相對地逐一加以駁斥，實際上是錢、劉二人籌畫的「雙簧戲」，把要討論的問題擬議好，故意造成一場論戰，以便引蛇出洞，不怕頑固派的反撲，把討論引向深入，喚起社會上的注意，關於這段新文學史上的佳話，鄭振鐸先生後來回憶說：

這面「文學革命」的大旗的豎立是完全出於舊文人們的意料之外的。他們始而漠然無所睹，繼而鄙夷若不屑與辯，終而卻不能不憤怒

而詛咒著了。

在《新青年》的四卷三號（按：時間是1918年3月）上同時刊出了王敬軒給《新青年》編者的一封信和劉復（半農）《覆王敬軒書》。王敬軒原是亡是公、烏有先生一流人物。托為王敬軒寫的那一封信乃是《新青年》社的同人錢玄同的手筆。

為什麼他們要演出這一出「苦肉計」呢？

從他們打起了「文學革命」的大旗以來，始終不曾遇到過一個有力的敵人。他們「目桐城為謬種，選學為妖孽」，而所謂「桐城、選學」也者，卻始終置之不理，因之，有許多見解他們便不能發揮盡致，舊文人們的反抗言論既然無聞，他們便好像是盡在空中揮拳，不能不有寂寞之感。

所謂王敬軒的那封信，便是要把舊文人們的許多見解歸納在一起，而給以痛痛快快的致命的一擊的……不久，真正有力的反抗運動也便來了。[6]

這封化名王敬軒致《新青年》編輯部的信刊登在《新青年》四卷三號（1918年3月），原信只用舊式的圈點，沒有新式標點，全文如下：

新青年諸君子大鑒。

6　《中國新文學大系・文學爭論集・導言》，上海：上海文藝出版社，1981年影印本。

某在辛丑壬寅之際。有感於朝政不綱。強鄰虎視。以為非採用西法。不足以救亡。嘗負笈扶桑。就梅謙博士講習法政之學。歸國以後。見士氣囂張。人心浮動。道德敗壞。一落千丈。青年學子。動輒詆毀先聖。蔑棄儒書。倡家庭革命之邪說。馴至父子倫亡。夫婦道苦。其在婦女。則一入學堂。尤喜摭拾新學之口頭禪語。以賢母良妻為不足學。以自由戀愛為正理。以再嫁失節為當然。甚至剪髮髻。曳革履。高視闊步。恬不知恥。鄙人觀此。乃知提倡新學。流弊甚多。遂噤不敢聲。辛亥國變以還。紀綱掃地。名教淪胥。率獸食人。人將相食。有識之士。蠱焉心傷。某雖具愚公移山之志。奈無魯陽揮戈之能。遁跡黃冠者。已五年矣。日者過友人案頭。見有貴報。顏曰新青年。以為或有扶持大教。昌明聖道之論。能拯青年於陷溺。回狂瀾於既倒乎。因亟假讀。則與鄙見所期。一一皆得其反。噫。貴報諸子。豈猶以青年之淪於夷狄為未足。必欲使之違禽獸不遠乎。貴報排斥孔子。廢滅綱常之論。稍有識者慮無不指發。且狂大之談。固無傷於日月。初無待鄙人之駁斥。又觀貴報對於西教。從不排斥。以是知貴報諸子殆多西教信徒。各是其是。亦不必置辯。惟貴報又大倡文學革命之論。權輿於二卷之末。三卷中乃大放厥詞。幾於無冊無之。四卷一號更以白話行文。且用種種奇形怪狀之鉤挑以代圈點。貴報諸子。工於媚外。惟強是從。常謂西洋文明勝於中國。中國宜亟起效法。此等鉤挑。想亦是效法西洋文明之一。但就此形式而論。其不逮中國圈點之美觀。已不待言。中國文字。字字勻整。故可於每字之旁施以圈點。西洋文字長短不齊。於是不得不於斷句之處志以符號。於符號之形式遂不能不多變。其在句中之重要之處。只可以二鉤記其上下。或亦用密點。乃志於一句之後。拙劣如此。而貴報乃不惜舍己以從之。

甚矣其惑也。貴報對於中國文豪。專事醜詆。其尤可駭怪者。於古人。則神聖施耐庵曹雪芹而土芥歸震川方望溪。於近人。則崇拜李伯元吳趼人而排斥林琴南陳伯嚴。甚至用一網打盡之計。目桐城為謬種。選學為妖孽。對於易哭庵、樊雲門諸公之詩文。竟曰爛汙筆墨。曰斯文奴隸。曰喪卻人格。半錢不值。嗚呼。如貴報者。雖欲不謂之小人而無忌憚。蓋不可得矣。今亦無暇一一辯駁。第略論其一二。以明貴報之偏謬而已。貴報三卷三號胡君通信。以林琴南先生而方姚卒不之踣之之字為不通。曆引古人之文。謂之字為止詞。而踣字是內動詞。不當有止詞。貴報固排斥舊文學者。乃於此處因欲駁林先生之故。不惜自貶聲價。意乞靈於孔經。已足令識者齒冷。至於內動詞止詞諸說。則是拾馬氏文通之唾餘。馬氏強以西文律中文。削趾適履。其書本不足道。昔人有言。文成法立。又曰。文無定法。此中國之言文法。與西人分名動。講起止。別內外之文法相較。其靈活與板滯。本不可以道裡計。胡君謂林先生此文可言而方姚卒不踣。亦可言方姚卒不因之而踣。卻不可言方姚卒不之踣。不知此處兩句。起首皆有而字。皆承上文論文者獨數方姚一句。兩句緊相銜接。文氣甚勁。若依胡君改為而方姚卒不踣。則句太短促。不成音節。若改為而方姚卒不因之而踣。則文氣又近懈矣。貴報於古文三昧。全未探討。乃率爾肆譏。無乃不可乎。林先生為當代文豪。善能以唐代小說之神韻。迻譯外洋小說。所敘者皆西人之事也。而用筆措詞。全是國文風度。使閱者幾忘其為西事。是豈尋常文人所能企及。而貴報乃以不通相詆。是真出人意外。以某觀之。若貴報四卷一號中周君所譯陀思之小說。則真可當不通二字之批評。某不能西文。未知陀思原文如何。若原文亦是如此不通。由其書本不足譯。必欲譯之。亦當達以通順之國文。烏

可一遵原文迻譯。至今斷斷續續。文氣不貫。無從諷誦乎。噫。貴報休矣。林先生淵懿之古文。則目為不通。周君蹇澀之譯筆。則為之登載。真所謂棄周鼎而寶康瓠者矣。林先生所譯小說。無慮百種。不特譯筆雅健。即所定書名。亦往往斟酌盡善盡美。如雲吟邊燕語。雲香鉤情眼。此可謂有句皆香。無字不豔。香鉤情眼之名。若依貴報所主張。殆必改為革履情眼而後可。試問尚複求何說話。又貴報之白話詩。則尤堪發噱。其中有數首。若以舊日之詩體達之。或尚可成句。如兩個黃蝴蝶改為雙蝶。飛天上改為淩霄。不知為什麼改為底事。則辭氣雅潔。遠乎鄙倍矣。此外如胡君之他。通首用他字押韻。沈君之月夜。通首用著字葉韻。以及劉君之相隔一層紙。竟以老爺二字入詩。則真可謂前無古人。後無來者。吾意作者下筆之時。恐亦不免顏。不過既欲主張新文學。則必異想天開。取舊文學中所絕無者而強以湊入耳。此等妙詩。恐亦非西洋所有也。貴報之文。什九皆嵌入西洋字句。某意貴報諸子必多留學西洋。沐浴歐化。於祖國文學。本非所知。深恐為人恥笑。於是先發制人。攻踣之不遺餘力。而後可以自便。某迂儒也。生平以保存國粹為當務之急。居恒研究小學。知中國文字製作最精。（如人字左筆為男。男為陽為天。故此筆之末。尖其鋒以示輕清上浮之意。右筆為女。女為陰為地。故此筆之末。頓其鋒以示重濁下凝之意。又如暑字中從土。上從日。謂日曬地上也。下又從日。謂夕陽西下之後日入地下也。土之上下皆有日。斯則暑氣大盛也。中以丿貫其上下二日。以見二日仍是一日。古人造字之精如此）字義含蘊既富。字形又至為整齊。少至一畫。多或四五十畫。書於方寸之地。大小可以停勻。（如一字不覺其扁。鸞字不覺其長）古人造字之妙。豈西人所能夢見。其對偶之工。尤為巧不可階。故楹聯之

文。亦為文學中之一體。西字長短無定。其楹聯恐未能逮我。不但楹聯。如賦如頌如箴如銘。皆中國國粹之美者。然言西洋文學者。未嘗稱道及此。即貴報專以提倡西洋文學為事。亦只及詩與小說二種。而尤偏重小說。嗟夫。論文學而以小說為正宗。其文學之荒傖幼稚。尚何待論。此等文學。居然蒙貴報諸子之崇拜。且不惜舉祖國文學而一網打盡。西人固應感激貴報矣。特未識貴報同人捫心自問。亦覺內疚神明否耶。今請正告諸子。文有駢散。各極其妙。惟中國能之。駢體對仗工整，屬句麗辭。不同凡響。引用故實。採擷辭藻。非終身寢饋于文選諸書者不能工也。（胡錢諸君皆反對用典。胡君斥王漁洋秋柳詩。謂無不可作幾樣說法。錢君斥佩文韻府為惡爛腐朽之書。此等論調。正是二公自暴其儉學。以後望少說此等笑話。免致貽譏通人）散體則起伏照應。章法至為謹嚴。其曲折達意之處。多作波瀾。不用平筆。令讀者一唱三歎。能得弦外餘音。非深明桐城義法者。又不能工也。選學之文。宜於抒情。桐城之文。宜於論議。悉心研求。終身受用不窮。與西人之白話詩文。豈可同日而語。顧乃斥之曰妖孽。曰謬種。恐是夫子自道耳。某意今之真能倡新文學者。實推嚴幾道林琴南兩先生。林先生之文。已如上述。若嚴先生者。不特能以周秦諸子之文筆。達西人發明之新理。且能以中國古訓。補西說之未備。如論理學譯為名學。不特可證西人論理。即公孫龍惠施之術。且名教名分名節之義。非西人論理學所有。譯以名學。則諸義皆備矣。中性譯為罔兩。假異獸之名。以明無二之義。理想國譯為烏托邦。則烏有與寄託二義皆大顯明。其尤妙者。譯音之字。亦複兼義。如名學曰邏輯。邏蓋指演繹法。輯蓋指歸納法。銀行曰板克。大板謂之業。克。勝也。板克者。言營業操勝算也。精妙如此。信非他人所能幾及。與貴報諸

子之技窮不譯。徑以西字嵌入華文中者相較。其優劣何如。望平心思之。鄙人非反對新文學者。不過反對貴報諸子之排斥舊文學而言新文學耳。鄙人以為能罵於舊學者。始能兼采新知。若得新忘舊。是乃蕩婦所為。願貴報諸子慎勿蹈之也。自海禁大開以還。中國固不可不講求新學。然講求可也。採用亦可也。采彼而棄我。則大不可也。況中國為5000年文物禮義之邦。精神文明。夐非西人所能企及。（即物質文明。亦盡有勝於西者。以醫學而論。中醫神妙之處甚多。如最近山西之鼠疫。西人對之。束手無策。近見有戴子光君發明之治鼠疫神效湯。謂在東三省已治癒多人。功效極速。云云。又如白喉一症。前有白喉忌表抉微一書。論症擬方。皆極精當。西人則除用血清外。別無他法。於此可見西醫之不逮中醫）惟工藝技巧。彼勝於我。我則擇取焉可耳。總之中學為體。西學為用。則西學無流弊。若專恃西學而蔑棄中學。則國本即隳。焉能五稔。以上所言。知必非貴報諸子所樂聞。鄙人此書。不免有失言之怨。然心所謂危。不敢不掬誠相告。知我罪我。聽諸國人之公論而已。嗚呼。見披髮于伊川。知百年之將戎。辛有之歎。不圖於吾生親見之矣。哀哉哀哉。率布不盡。順頌撰安。

戊午夏曆新正二日王敬軒躬

總的說來，「王敬軒」是反對新道德、新文學，「以保存國粹為當務之急」。劉半農以《新青年》身份，針對此信，用白話寫了《覆王敬軒書》，對王敬軒的來信進行了逐段駁斥。文章說：

來信「大放厥詞」，把記者等狠狠地教訓了一頓。照先生的口氣

看來，幸而記者等不與先生見面；萬一見了面，先生定要揮起「巨靈之掌」，把記者等一個嘴巴打得不敢開口，兩個嘴巴打得牙齒縫裡出血，而後快！然而記者等在逐段答覆來信之前，應先向先生說聲「謝謝」。這因為人類相見，照例要有一句表示敬意的話；而且記者等自從提倡新文學以來，頗以不能聽見反抗的言論為憾，現在居然有你老先生「出馬」，這也是極應歡迎，極應感謝的。

以下是答覆先生的話：

第一段（原信「某在辛丑壬寅之際……各是其是，亦不必置辯。」）

原來先生是個留學日本速成法政的學生，又是個「遯跡黃冠」的遺老，失敬失敬。然而《新青年》雜誌社，並非督撫衙門，先生把這項履歷背了出來，還是在從前「聽鼓省垣」，「聽候差遣」時在「手版」上寫慣了，流露於不知不覺呢？—還是要拿出老前輩的官威來，恐嚇記者等呢？

先生以為「提倡新學，流弊甚多」，又如此這般的說了一大串，幾乎要把「上下五千年，縱橫幾萬里」的一切罪惡，完全歸到一個「新」字上。然而我要問問：「辛丑壬寅」以前，「扶持大教，昌明聖道」的那套老曲子，已唱了2000多年，始終沒有什麼「洋鬼子」—這個名目，是先生聽了很歡喜的—「新法」去打攪他，為什麼要弄到「朝政不綱，強鄰虎視」呢？

本志排斥孔丘，自有排斥孔丘的理由。先生如有正當的理由，盡可切切實實寫封信來，與本志辯駁，本志果然到了理由不能存立的時候，不待先生督責，就可在《新青年》雜誌社中，設起香案，供起

「至聖先師大成孔子」的牌位來！如先生對於本志所登排斥孔教的議論，尚未完全讀過；或讀了之後，不能瞭解或竟能瞭解了，卻沒有正當的理由來辯駁；只用那「孔子之道，如日月經天，江河行地」的空話來搪塞；或用那「豈猶以青年之淪于夷狄為未足，必欲使之違禽獸不遠乎」的村嫗口吻來罵人：則本志便要把先生所說的「狂吠之談，固無傷於日月」兩句話，回敬先生了。

本志記者，並非西教信徒；其所以「對於西教，不加排斥」者，因西教之在中國，不若孔教之流毒無窮；在比較上，尚可暫從緩議。至於根本上，陳獨秀先生，早說了「以科學解決宇宙之謎」的一句話，蔡孑民先生，又發表過了「以美育代宗教」的一篇文章：難道先生竟沒有看見麼？若要本志記者，聽了先生的話，替孔教徒做那「攻乎異端」的事業—哼哼！—恐怕你這位「道人」，也在韓愈所說的「火其書，人其人，廬其居」之列罷！

第二段（原文「惟貴報又大倡文學革命之論……甚矣其惑也。」）

濃圈密點，本科場惡習，以曾國藩之頑固，尚且知之；而先生竟認為「形式美觀」，且在來信之上，大圈特圈，大點特點……初不知記者等雖然主張新文學，舊派的好文章，卻也讀過不少；像先生這篇文章，恐怕即使起有清三百年來之主考文宗於地下，也未必能給你這麼許多圈點罷！

閒話少說。句讀之學，中國向來就有的；本志採用西式句讀符號，是因為中國原有的符號不敷用，樂得把人家已造成的借來用用。先生不知「鉤挑」有辨別句讀的功用，卻說他是代替圈點的；又說引號（「」）是表示「句中重要之外」，不盡號（……）是把「密點」移在「一句之後」，知識如此鄙陋，記者惟有敬請先生去讀了三年外

國書，再來同記者說話；如先生以為讀外國書是「工於媚外，惟強是從」，不願下這工夫，那麼，先生！便到了你「墓木拱矣」的時候，還是個不明白！

第三段（原文「貴報對於中國文豪……無乃不可乎。」）

先生所說的「神聖施曹而土芥歸方……目桐城為謬種，選學為妖孽」，本志早將理由披露，不必重辯……

林琴南「而方姚卒不之踣之」一句的不通，已由胡適之先生論證得很明白；先生果然要替林先生翻案，應當引出古人成句，將他證明才是。若無法證明，只把「不成音節」、「文氣近懈」的話頭來敷衍：是先生意中，以為文句盡可不通；音節文氣，卻不得不講；請問天下有這道理沒有？胡先生「曆引古人之文」，正是為一般頑固黨說法，以為非用此「以子之矛，攻子之盾」的辦法，不能折服一般老朽之心；若對略解文法之人—只須高小學程度—說話，本不必「自貶身價」，「乞靈孔經」。不料先生連這點兒用意都不明白，胡先生唯有自歎不能做那能使「頑石點頭」的生公，竟做了個「對牛彈琴」的笨伯了！

《馬氏文通》一書，究竟有無價值，天下自有公論，不必多辯；唯先生引了「文成法立」，「文無定法」兩句話，證明文法之不必講求，實在是大錯大錯！因為我們所說的文法，是在通與不通上著想的「句法」；古人所說的文法，是在文辭結構上著想的「章法」。「章法」之不應死守前人窠臼，半農《我之文學改良觀》一文，「破除迷信」項下，已說得很明白。這章法句法，面目之不同，有如先生之與記者；先生竟把他並作一談，足見昏瞶！

第四段（原文「林先生為當代文豪……恐亦非西洋所有也。」）

林先生所譯的小說，若以看「閒書」的眼光去看他，亦尚在不必攻擊之列；因為他所譯的「哈氏叢書」之類，比到《眉語鶯花雜誌》，總還「差勝一籌」，我們何必苦苦的「鑿他背皮」。若要用文學的眼光去評論他，那就要說句老實話：便是林先生的著作，由「無慮百種」進而為「無慮千種」，還是半點兒文學的意味也沒有！何以呢？因為他所譯的書：第一是原稿選擇得不精，往往把外國極沒有價值的著作，也譯了出來；真正的好著作，卻未嘗─或者是沒有程度─過問；先生所說的「棄周鼎而寶康瓠」，正是林先生譯書的絕妙評語。第二是謬誤太多：把譯本和原本對照，刪的刪，改的改，「精神全失，面目皆非」。第三是林先生之所以能成其為「當代文豪」，先生之所以崇拜林先生，都因為他「能以唐代小說之神韻，迻譯外洋小說」；不知這件事，實在是林先生最大的病根！林先生譯書雖多，記者等始終只承認他為「閒書」，而不承認他為有文學意味者，也便是為了這件事。當知譯書與著書不同，著書以本身為主體，譯書應以原文為體；所以譯書的文筆，只能把本國文字去湊就外國文，絕不能把外國文字的意義神韻硬改了來湊就本國文。即如我國古代譯學史上最有名的兩部著作，一部是後秦鳩摩羅什大師的《金剛經》，一部是唐玄奘大師的《心經》：這兩人，本身生在古代，若要在譯文中用些晉唐文筆，眼前風光，俯拾即是，豈不比林先生仿造2000年以前的古董，容易得許多？然而他們只是實事求是，用極曲折極縝密的筆墨，把原文精義達出，既沒有自己增損原義一字，也始終沒有把冬烘先生的臭調子打到《經》裡去；所以直到現在，凡是讀這兩部《經》的，心目中總覺這種文章是西域來的文章，絕不是「先生不知何許人也」的晉文，也絕不是「龍噓氣成雲」的唐文：此種輸入外國文學使中國

文學界中別闢一個新境界的能力，豈一般「沒世窮年，不免為陋儒」的人所能夢見！然而鳩摩羅什大師，還虛心得很，說譯書像「嚼飯哺人」，轉了轉手，便要失去真義；所以他譯了一世的經，沒有自稱為「文豪」，也沒有自稱為「譯經大家」，更沒有在他所譯的三百多卷《經論》上面，加上一個什麼《鳩譯叢經》的總名目！若《吟邊燕語》本來是部英國的戲劇，林先生於「詩」「戲」兩項，尚未辨明，其知識實在比「不辨菽麥」高不了許多；而先生竟稱之曰「所定書名……斟酌盡善盡美」……《香鉤情眼》，原書未為記者所見，所以不知道原名是什麼；然就情理上推測起來，這「香鉤情眼」，本來是刁劉氏的伎倆；外國小說雖然也有淫蕩的，恐怕還未必把這等肉麻字樣來做書名；果然如此，則刁劉氏在天之靈，免不了輕展秋波，微微笑曰，「吾道其西！」況且外國女人並不纏腳，「鉤」於何有；而「鉤」之香與不香，尤非林先生所能知道；難道林先生之於書中人，竟實行了沈佩貞大鬧醒春居時候的故事麼？又先生「有句皆香」四字，似有語病；因為上面說的是書名，並沒有「句」：先生要做文章，還要請在此等處注意一點。

先生所說「陀思之小說」，不知是否指敝志所登「陀思妥夫斯奇之小說」而言？如其然也，先生又鬧了笑話了。因為陀思妥夫斯奇，是此人的姓，在俄文只有一個字；並不是他尊姓是陀，雅篆是思；也不是複姓陀思，大名妥夫，表字斯奇，照譯名的通例，應該把這「陀思妥夫斯奇」的姓完全寫出，或簡作「陀氏」，也還勉強可以……如先生以為陀氏的原文不好，則陀氏為近代之世界的文豪，以全世界所公認的文豪，而猶不免為先生所詬病，記者對於先生，尚有何話可說？然使先生以不作林先生「淵懿之古文」，為周先生病，則記者等

無論如何不敢領教。周先生的文章，大約先生只看過這一篇。如先生的國文程度—此「程度」二字是指先生所說的「淵懿」「雅健」說，並非新文學中之所謂程度只能以林先生的文章為文學止境，不能再看林先生以上的文章，那就不用說；萬一先生在舊文學上所用的功夫較深，竟能看得比林先生分外高古的著作，那就要請先生費些功夫，把周先生10年前抱復古主義時代所譯的《域外小說集》看看。看了之後，亦許先生腦筋之中，竟能放出一線靈光，自言自語道，「哦！原來如此。這位周先生，古文工夫本來是很深的；現在改做那一路新派文章，究竟為著什麼呢？難道是全無意識的麼？」

第五段（原文「貴報之文，什九皆嵌入西洋字句⋯⋯亦覺內疚神明否耶。」）

文字是一種表示思想學術的符號，是世界的公器，並沒有國籍，也絕不能彼此互分界限—這話太高了，恐怕先生更不明白—所以作文的時候，但求行文之便與不便，適當之與不適當，不能限定只用那一種文字：如文章的本體是漢文，講到法國的東西，在非用法文不能解說明白，便盡可把法文嵌進去；其餘英文俄文日文之類，亦是如此。

你也配說「研究小學」⋯⋯中國文字，在製作上自有可以研究之處；然「人」字篆文作「入」，是個象形字，《說文》說他是「象臂脛之形」，極為明白；先生把它改作會意字，又扭扭捏捏說出許多可笑的理由，把這一個「人」，說成了個兩性兼具的「雌雄人」：這種以楷書角度說形體的方法，真可謂5000年來文字學中的大發明了。「暑」字篆文作「暑」，是個形聲字，《說文》說他「從日，者聲。」—凡從「者」聲的字，古音都在「模」韻，就是羅馬字母中「U」的一個母音：「渚」「楮」「煮」「豬」四字，是從「水」「木」「火」「豕」

四個偏旁上取的形與義。從「者」字上取的聲；即「者」字本身，古音也是讀作「Tu」字的音；因為「者」字的篆文，從「ㄠ」，「ㄠ」同「自」，即古「旅」字。所以先生硬把「暑」字的形聲字改作會意字，在楷書上是可以說得過去；若依照篆文，把他分為「日」、「旅」、「自」三字，先生便再去拜了一萬個「拆字先生」做老師，還是不行不行又不行。

文字這樣東西，以適於實用為唯一要義，並不是專講美觀的陳設品。我們中國的文字，語尾不能變化，調轉又不靈便：要把這種極簡單的文字，應付今後的科學世界之種種實用，已覺左支右絀，萬分為難；推求其故，總是單音字的製作不好。先生既不知今後的世界是怎麼樣一個世界，那裡再配把「今後世界中應用何種文字？」一個問題來同你討論。

至於賦、頌、箴、銘、楹聯、挽聯之類，在先生則視為「中國國粹之美者」；在記者等卻看得半錢不值。因為這些東西，都在字面上用工夫，骨子裡半點好處沒有；若把他用來敷陳獨夫民賊的功德，或把脅肩諂笑的功夫，用到死人的枯骨上去，「是乃蕩婦所為」，本志早已結結實實的罵過幾次了。西文中並無楹聯，先生說他「未能逮我」；想來已經研究過，比較過；這種全世界博物院裡搜羅不到的奇物，還請先生不吝賜教，錄示一二，使記者等可以廣廣眼界，增些見識！

先生搖頭歎曰，「嗟夫。論文學而以小說為正宗……」是先生對於小說，已抱了「一網打盡」的觀念，一般反對小說的狗頭道學家，「固應感激」先生「矣」；「特未識」先生對於大捧特捧的林先生，「捫心自問，亦覺內疚神明否耶？」

第六段（原文「今請正告諸子……恐是夫子自道。」）

敝志反對「桐城謬種」、「選學妖孽」，已將他們的弊病，逐次披露；先生還要無理取鬧，刺刺不休，似乎不必仔細申辯。今且把這兩種人所鬧的笑話，說幾種給先生聽聽—《文選》上有四句話，說「胡廣累世農夫，伯始致位卿相；黃憲牛醫之子，叔度名動京師」，這可謂不通已極。又《顏氏家訓》上說，「……陳思王《武帝誄》，『遂深永蟄之思』；潘嶽《悼亡賦》，『乃愴手澤之遺』：是方父于蟲，匹婦於考也。」又說，「《詩》云『孔懷兄弟』：孔，甚也；懷，思也；言甚可思也。陸機《與長沙顧母書》，述從祖弟士璜死，乃言『痛心拔腦，有如孔懷』；心既痛矣，即為甚思，何故言『有如』也？觀其此意，當謂親兄弟為『孔懷』；《詩》云『父母孔邇』，而呼二親為『孔邇』，於義通乎？」此等處，均是濫用典故，濫打調子的結果。到了後世，笑話愈鬧愈多：如《談苑》上說：「省試……《貴老為其近於親賦》云，『睹茲黃者之狀，類我嚴君之容』；試官大噱。」又《貴耳集》上說「余幹有王德者，僭竊90日為王；有一士人被執，作詔云，『兩條脛脡，馬趦不前；一部髭髯，蛇鑽不入。身坐銀鉸之椅，手執銅錘之。翡翠簾前，好似漢高之宜，鴛鴦殿上，有如秦始之皇。』」又相傳有兩句駢文道，「我生有也晚之悲，當局有者迷之歎。」……至於王漁洋的《秋柳詩》，但就文筆上說，毛病也不止胡先生所舉的一端：—因為他的詩，正如約翰生博士所說「只有些飾美力與敷陳力」（見本志三卷五號《詩與小說精神上之革新》之中），氣魄既不厚，意境也不高：宛然像個塗脂抹粉，搔首弄姿的蕩婦，絕不能「登大雅之堂」，—若說他別有用意，更不成話。我們做文人的，既要拿了筆做文章，就該有三分膽量；無論何事，敢說便說，不

敢說便罷！要是心中存了個要如何如何說法的念頭，筆頭上是半吞半吐；請問文人的價值何在？……

　　散體之文，如先生刻意求古，竟要摹擬《周誥》《殷盤》；則雖非「孺子可教」，也還值得一辯：今先生所崇拜的至於桐城而止，所主張的至於「多作波瀾，不用平筆」二語而止；記者又何必費了許多氣力與你駁，只須請章實齋先生來教訓教訓你。他在《文史通義》「古文十弊」一篇裡說：

　　「……夫古人之書，今不盡傳；其文見於史傳評選之家，多從史傳採錄；而史傳之例，往往刪節原文，以就隱括：故於文體所具，不盡全也。評選之家，不察其故，誤為原文如是，又從而為之辭焉：於引端不具，而截中徑起者，詡為發軔之離奇；于刊削余文，而遽入正傳者，詫為篇終之蘄峭。於是好奇而寡識者，轉相歎賞，刻意追摹；殆如左氏所雲，『非子之求，而蒲之覓』矣！有明中葉以來，一種不情不理，自命為古文者，起不知所自來，收不知所自往：專以此等出人思議，誇為奇特；於是坦蕩之途生荊棘矣……」

　　第七段（原文「某意今之真能倡新文學者……望平心思之。」）

　　譯名一事，正是現在一般學者再三討論而不能解決的難問題。記者等對於此事，將來另有論文─或談話─發表；現在暫時不與先生為理論上之研究，單就先生所舉的例，略略說一說。

　　西洋的Logic，與中國的《名學》與印度的《因明學》：這三種學問，性質雖然相似；而範圍的大小，與其精神特點，各有不同之處。所以印度既不能把Logic攫為己有，說他是原有的《因明學》；中國人亦絕不能把他硬當作《名學》。嚴先生譯《名學》二字，已犯了「削趾適履」的毛病；先生又把「名教，名分，名節」一箍腦兒拉了進

去，豈非西洋所有一種純粹學問，一到中國，便變了本《萬寶全書》，變了個大垃圾桶麼？要之，古學是古學，今學是今學；我們把他分別研究，各不相及，是可以的；分別研究之後，互相參證，互相發明，也是可以的。若並不仔細研究，只看了些皮毛，便把他附會拉攏，那便叫做「混帳」！

嚴先生譯「中性」為「罔兩」，是以「罔」字作「無」字解，「兩」字指「陰陽兩性」，意義甚顯；先生說他「假異獸之名，以明無二之義」，是一切「中性的名詞」，都變做了畜生了！先生如此附會，嚴先生知道了，定要從鴉片鋪上一躍而起，大罵「該死」！

「Utopia」譯為「烏托邦」，完全是譯音；若照先生所說，作為「烏有寄託」解，是變作「無寄託」了。以「邏輯」譯「Logic」也完全是取的音，因為「邏」字絕不能賅括演繹法，「輯」字也絕不能賅括歸納法；而且既要譯義，絕不能把這兩個連接不上的字放在一起……

第八段（原文「鄙人非反對新文學者……」）

先生說「能篤於舊學者，始能兼采新知」；記者則以為處於現在的時代，非富於新知，具有遠大眼光者，斷斷沒有研究舊學的資格。否則弄得好些：也不過造就出幾個「抱殘守缺」的學究來；弄得不好：便造就出許多「胡說亂道」，「七支八搭」的「混蛋」！把種種學問，鬧得非驢非馬，全無進境。此等人，錢玄同先生平時稱他為「古今中外黨」，半農稱他為「學願」……

……來信已逐句答畢；還有幾句罵人話，—如「見披髮于伊川，知百年之將戎」等，—均不必置辯。但有一語，忠告先生：先生既不喜新，似乎在舊學上，功夫還缺乏一點；倘能用上十年功，於《新青

年》出到第二十四卷的時候，再寫書信來與記者談談，記者一定「刮目相看」！否則記者等就要把「不學無術，頑固胡鬧」八個字送給先生「生為考語，死作墓銘！」（這兩句，是南社裡的出口，因為先生喜歡對句，所以特向專門製造這等對句的名廠裡，借來奉敬，想亦先生之所樂聞也！）又先生填了「戊午夏曆新正二日」的日期，似乎不如竟寫「宣統十年」，還爽快些！末了那個「躬」字，孔融、曹丕及韓愈、柳宗元等人的書箋裡，似乎未曾用過，不知當作何解；先生「居恒研究小學」，知「古人造字之妙」，還請有以語我來！余不白。

記者（半農）1918年2月19日[7]

劉半農的覆信嚴厲駁斥了「王敬軒」之流所尊奉的封建禮教，歷數選學派與桐城派的遺毒所造成的弊端，暴露了「王敬軒」之類的守舊派抵制新思想新文化的醜惡面目，由於王敬軒這個形象代表了一大批頑固守舊的遺老遺少，而劉半農的覆信就等於向他們宣戰。果然，經這麼一罵，引發了「文學革命之反響」，馬上有一位自稱「崇拜王敬軒者」來信指責《新青年》：

讀《新青年》，見奇怪之論，每欲通信辯駁，而苦於詞不達意。王敬軒先生所論，不禁浮一大白。王先生之崇論宏議，鄙人極為佩服。貴志記者對於王君議論，肆口侮罵，自由討論學理，固應如是乎！[8]

7　《新青年》四卷三號，1918年3月15日。
8　《新青年》四卷六號。

可見封建的遺老遺少一直在盼望一個能為他們出氣的人，王敬軒的「崇論宏議」，道出了他們早已想說的心聲。又有一位署名戴主的人也出來為桐城派曾國藩鳴不平，他說：

若曾國藩則沉埋地下，不知幾年矣，于諸君何忤，而亦以「頑固」加之？諸君之自視何尊，視人何卑？無乃肆無忌憚乎？是則諸君直狂徒耳，而以《新青年》自居，顏之厚矣。

針對這種咒罵，為了回擊頑固派對新文化深深的仇恨情緒，錢玄同以《新青年》記者身份寫了回信：

本志抨擊古人之處甚多，足下皆無異辭。獨至說了曾國藩為「頑固」，乃深為足下所不許。曾國藩果不頑固耶？本志同人自問，尚不至尊己而卑人。然同人雖無似，卻也不至於以「卑」自居。若對於什麼「為本朝平發逆之中興名將曾文正公」便欲自卑而尊之，則本志同人尚有腦筋，尚有良心，尚不敢這樣的下作無恥！9

經過這幾次交鋒，桐城派元老林紓跳出來力挽國粹，抵抗新知。劉半農的覆信揭露了林紓之流的食古不化，對西學一知半解，自然使林紓大為惱火。他寫了《論古文白話之相消長》等文章，眼看著這些歪理抵擋不住新文化前進的勢頭，這位誇大妄想狂不得不乞求用武力來撲滅這場運動，於是他做了一篇小說，名曰《荊生》，登在1919年

9　《新青年》五卷一號。

2月17日和18日的上海《新申報》上：

　　辛亥國變將兆，京城達官遷徙垂空。京師陶然亭，遊客絕稀。有荊生者，漢中之南鄭人，薄遊京師，下榻陶然亭之西廂，書一簏，銅簡一具，重十八斤，懸之壁間，寺僧不敢問其能運此簡與否，然鬚眉偉然，知為健男子也。亭當同光間，京僚恒置酒延涼於是，以亂故，寂然無複遊客。時為五月十八日，山下有小奚奴，肩蠻榼，載酒，其後轆轆三車，載三少年，一為皖人田其美，一為浙人金心異，一則狄莫，不知其為何許人。悉新歸自美洲，能哲學，而田生尤穎異，能發人所不發之議論，金生則能《說文》，三人稱莫逆，相約為山遊。既至，窺荊生室，頗輕蔑，以為武夫不知風雅，漠然不置念。呼僧掃榻，溫酒陳肴，坐而笑語，與荊生居處，但隔一客。田生中坐，歎曰：「中國亡矣，誤者均孔氏之學，何由堅言倫紀，且何謂倫紀者，外國且妻其從妹，何以能強？天下有人種，即有父母，父母于我又何恩者？」狄莫大笑曰：「惟文字誤人，所以至此。」田生以手抵幾曰：「死文字，安能生活學術，吾非去孔子滅倫常不可！」狄莫曰：「吾意宜先廢文字，以白話行之，俾天下通曉，亦可使人人咸窺深奧之學術，不為艱深文字所梗。唯金君何以默守《說文》，良不可解。」金生笑曰：「君知吾何姓，吾姓金耳。姓金者性亦嗜金，吾性但欲得金，其講《說文》者，愚不識字之人耳。正欲闡揚白話以佐君。」於是三人大歡，堅約為兄弟，力摧孔子。忽聞有巨聲，板壁傾矣，撲其食案，杯碗均碎。一偉丈夫足，超過破壁，指三人曰：「汝適何言？中國4000餘年，以倫紀立國，汝何為壞之！孔子何以為聖之時？時乎春秋，即重俎豆；時乎今日，亦重科學。譬叔梁紇病篤於山東，孔子

適在江南，聞耗，將以電話問疾，火車視疾耶？或仍以書附郵者，按站而行，抵山東且經月，俾不與死父相見，孔子肯如是耶？子之需父母，少乳哺，長教育耳。乳汝而成人，教汝而識字，汝今能嗥吠，非二親之力胡及此！譬如受人之財，或己命為人所拯，有心者尚且銜恩，汝非二親不舉，今乃為傷天害理之言。余四海無家，二親見背，思之痛絕。爾乃敢以禽獸之言，亂吾清聽！」田生尚欲抗辯，偉丈夫駢二指按其首，腦痛如被錐刺。更以足踐狄莫，狄莫腰痛欲斷。金生短視，丈夫取其眼鏡擲之，則怕死如猰，泥首不已。丈夫笑曰：「爾之發狂似李贄，直人間之怪物。今日吾當以香水沐吾手足，不應觸爾背天反常禽獸之軀幹。爾可鼠竄下山，勿汙吾簡。吾殺爾後，亦亡命走山澤耳。然不欲者，留爾以俟鬼誅。」三人相顧無言，斂具下山，回顧危闌之上，丈夫尚拊簡而俯視，作獰笑也。

在這篇臭名昭著的小說中，林紓以田其美影射陳獨秀，以金心異影射錢玄同，以狄莫影射胡適。他對這三位文學革命的領袖恨之入骨，盼望出現一位偉丈夫打倒這些破壞立國之「倫紀」的「禽獸」。他最後感歎：「如此混濁世界，亦但有田生狄生足以自豪耳，安有荊生？」於是他又從佛法中乞求神力，做了一篇小說《妖夢》，說陝西甘泉人鄭思康做了一個怪夢，向林紓請教：

周官太蔔，掌三兆三易三夢之法。三夢一曰致夢，二曰觭夢，三曰咸陟。注：致夢言夢之所至，夏後氏作焉；觭，得也，言夢之所得，殷人作焉；咸，皆也，陟，亦得也，言夢之皆得，周人作焉，實則皆足以占國家之吉凶。夫吉莫吉於人人皆知倫常，凶莫凶于士大夫

甘為禽獸，此妖夢之所以作也。有鄭思康者，陝西之甘泉人，執贄余門。一日謁余，忽曰，康夢不祥，意其死乎！余曰，何夢？吾為爾占之。鄭曰，十月之十七日，康被酒而臥，忽夢有長髯人，邀康往遊陰曹。康大驚曰，吾其死乎？髯曰，陰曹有大異事，姑招爾觀之，俾爾悟後，亦足以曉世人，知世人之所智能，鬼亦解之。康曰，何謂也。髯曰，凡不逞之徒，生而為惡，死亦不改，仍聚黨徒，張其頑焰。康曰，其人如何？髯曰，狂人也，已系二鬼馬於門外，遂引而登，沿路風沙，渺無人行。

尋入一城市，來往憧憧。遂並轡至一廣場之上，有高閣，大書曰：白話學堂。門外大書一聯云：白話通神，《紅樓夢》，《水滸》，真不可思議；古文討厭，歐陽修，韓愈，是甚麼東西。康觀之，汗出如濯。髯曰，校長元緒，教務長田恒，副教務長秦二世，皆鬼中之傑出者也，試入面之。遂投剌延見。入第二門，區上大書：斃孔堂。又一聯云：禽獸真自由，要這倫常何用；仁義太壞事，須從根本打消。康怒極，謂髯曰，世言有閻羅，閻羅又安在？髯曰，陽間無政府，陰間那得有閻羅。已而元緒出見，則謙謙一書生也。田恒二目如貓頭鷹，長喙如狗，秦二世似歐西之種，深目而高鼻。左右元緒而出。談次問名未竟，二世曰，足下思康，思鄭康成耶？孔丘尚是廢物，何況鄭玄。田恒曰，鄭玄作死文字，絕不及活文字，非我輩出而提倡，則中華將被此腐儒弄壞矣。而五倫五常，尤屬可恨，束縛至於無轉旋地步。

康不期發聲問曰：倫常既不可用，將用何人為期？田曰，武則天聖主也，馮道賢相也，卓文君賢女也。無馮道則世無通權達變之人；無文君，則女子無自由之權利；且不讀《水滸》，世間無英雄；不讀

《紅樓》，則家庭無樂事。汝以為何如者，時元緒點首稱賞不已⋯⋯忽見金光一道，遠射十數里，路人皆辟易，言羅睺羅阿修羅王至矣。金光濃處，見天身長十餘丈，張口圓徑可八尺，齒巉巉如林，直撲白話學堂，攫人而食。至已大下，積糞如丘，臭不可近。康竟霍然而醒⋯⋯

林紓這個桐城派老頑固「癡人說夢」地詛咒新文化運動的帶頭人，最終還是感到無濟於事，最後惡狠狠地但又無可奈何地說：「吾恨鄭生之夢不實。若果有噉月之羅睺羅王，吾將請其將此輩先嘗一臠也。」他在這篇小說中以元緒影射蔡元培，以田恒影射陳獨秀，以秦二世影射胡適，攻擊他們推崇白話文，並且破壞了倫常。

林紓的這兩篇小說是借荊生、羅　羅王發洩對新文化運動的仇恨，最後，林紓自己赤膊上陣，給蔡元培寫公開信，指責新文化運動「鏟孔孟，覆倫常」。這位清室舉人危言聳聽地說，「方今人心喪敝，已至無可挽救之時，更侈奇創之談，用以嘩眾」，還指責北京大學成了破壞舊道德的淵藪。針對這封《致蔡鶴卿書》，蔡元培寫了《答林君琴南函》，重申北京大學相容自由的辦學方針，並抄錄北京大學提倡新道德的一些約定，駁斥林紓的誣衊之詞。

林紓作為桐城派遺老，深感所謂「人心喪蔽，已在無可挽救之時」，他是多麼希望當時掌權的北洋軍閥嚴懲新文學運動的領袖，從他塑造的「荊生」、「羅睺羅王」形象中，已透露出騰騰殺氣，劉半農所藏星雲堂《初期白話詩稿序目》敘述當時的情形說：

黃侃先生還只是空口鬧鬧而已，衛道的林紓先生卻要於做文章之外借助於實力—就是他的「荊生將軍」，而我稱為小徐的徐樹錚，這樣，文字之獄的黑影，就漸漸向我們頭上壓迫而來，我們就無時無日不在危懼中過活。[10]

鄭振鐸指出：

當時是安福系當權執政，謠言異常的多，時常有人在散佈著有政治勢力來干涉北京大學的話，並不時有陳、胡被驅逐出北京之說。也許那謠言竟有實現的可能，假如不是「五四運動」的發生。[11]

鄭先生後來編輯《中國新文學大系》，把第二集《文學論爭集》的第二編標題題為《從王敬軒到林琴南》，意味深長地反映了文學革命的真實歷史。錢玄同與劉半農演的雙簧信，作為文學革命史上的佳話，推動了新文學、新文化的前進。劉半農逝世後，魯迅寫了紀念文章，稱讚這「雙簧信」的表演是一場「大仗」。他說：現在看起來，自然是瑣屑得很，但那是十多年以前，單是提倡新式標點，就會有一群人「若喪考妣」，恨不得「食肉寢皮」的時候，所以的確是「大仗」。他還指出，古之青年，心目中有了「劉半農」三個字，原因並不在他擅長音韻學，或是常作打油詩，是在他跳出鴛蝴派，罵倒王敬軒，為一個「文學革命」陣中的戰鬥者。

10　阮無名：《新文學初期的禁書》，轉引自《中國新文學大系・史料集》，上海：上海文藝出版社，1989年，第260頁。
11　《中國新文學大系・文學論爭集・導言》。

《新青年》登載錢玄同、劉半農的「雙簧信」不久，在四卷五號上發表了魯迅寫的中國第一篇白話小說—《狂人日記》。魯迅在《自敘傳略》中說：「初做小說是1918年，因為我的朋友錢玄同的勸告，做來登在《新青年》上的。這時才用『魯迅』的筆名。」他在《吶喊・自序》中有更詳細的描述：

　　S會館裡有三間屋，相傳是往昔曾在院子裡的槐樹上縊死過一個女人的，現在槐樹已經高不可攀了，而這屋還沒有人住；許多年，我便寓在這屋裡抄古碑。客中少有人來，古碑中也遇不到什麼問題和主義，而我的生命卻居然暗暗的消去了，這也就是我惟一的願望。夏夜，蚊子多了，便搖著蒲扇坐在槐樹下，從密葉縫裡看那一點一點的青天，隱出的槐蠶又每每冰冷的落在頭頸上。

　　那時偶然來談的一個老朋友金心異（按：即錢玄同），將手提的大皮夾放在破桌上，脫下長衫，對面坐下了，因為怕狗，似乎心房還在怦怦的跳動。

　　「你抄了這些有什麼用？」有一夜，他翻著我那古碑的抄本，發了研究的質問了。

　　「沒有什麼用。」

　　「那麼，你抄他是什麼意思呢？」

　　「沒有什麼意思。」

　　「我想，你可以做點文章……」

　　我懂得他的意思了，他們正辦《新青年》，然而那時仿佛不特沒有人來贊同，並且也還沒有人來反對。我想，他們許是感到寂寞了，但是說：

「假如一間鐵屋子，是絕無窗戶而萬難破毀的，裡面有許多熟睡的人們，不久都要悶死了，然而是從昏睡入死滅，並不感到就死的悲哀。現在你大嚷起來，驚起了較為清醒的幾個人，使這不幸的少數者來受無可挽救的臨終的苦楚，你倒以為對得起他們麼？」

「然而幾個人既然起來，你不能說絕沒有毀壞這鐵屋的希望。」

是的，我雖然自有我的確信，然而說到希望，卻是不能抹殺的，因為希望是在於將來，絕不能以我之必無的證明，來折服了他之所謂可有，於是我終於答應他也做文章了，這便是最初的一篇《狂人日記》，從此以後，便一發而不可收，每寫些小說模樣的文章，以敷衍朋友們的囑託，積久就有了十餘篇。

這裡的「Ｓ會館」是指北京宣武門外南半截胡同的紹興會館，這時錢玄同住在琉璃廠附近。周作人對錢玄同到紹興會館勸說魯迅寫文章也有記述，他說：

（魯迅）從前那麼隱默，現在卻動手寫起小說來，他明說是由於「金心異」（錢玄同的諢名）的勸駕，這也是復辟以後的事情。錢君從8月起，開始到會館來訪問，大抵是午後4時來，吃過晚飯，談到12點鐘回師大寄宿舍去。查舊日記8月中的9日、17日、27日來了三回，9月以後每月只來過一回。魯迅文章中所記談話，便是問抄碑有什麼用，是什麼意思，以及末了說，「我想你可以做一點文章」，這大概是在頭兩回所說的。「幾個人既然起來，你不能說絕沒有毀滅這鐵屋的希望」，這個結論承魯迅接受了，結果是那篇《狂人日記》，在《新青年》次年五月號發表，它的創作時期當在那年初春了。如眾周知，

這篇《狂人日記》不但是篇白話文，而且是攻擊吃人的禮教的第一炮，這便是魯迅、錢玄同所關心的思想革命問題，其重要超過於文學革命了。[12]

關於這件事，在魯迅逝世後，錢玄同有如下的回憶：

我認為周氏兄弟的思想是國內數一數二的，所謂竭力慫恿他們給《新青年》寫文章。7年1月起，就有啟明的文章。但豫才則尚無文章送來。我常到紹興會館去催促，於是他的《狂人日記》小說，居然做成，而登在第四卷第五號裡了，自此以後，豫才便常有文章送來，有論文、隨感錄、詩、譯稿等，直到《新青年》第九卷止。

白話小說《狂人日記》的寫作成功及發表，用嶄新的文學表現手法蘊載了嶄新的反封建的內容，而錢玄同鼓勵魯迅起來加入推倒鐵屋子的行列，表現了強烈的啟蒙意識。事實上，他一生都在身體力行，這也正是他的偉大之處。

1918年1月，《新青年》編輯部由上海遷到北京，錢玄同與陳獨秀、胡適、劉復、沈尹默、李大釗同為編輯，在錢玄同的宣傳鼓動下，《新青年》從第四卷一號開始完全用白話做文章。錢玄同在《新青年》上發表了許多文章，力主廢除漢字，採用拼音，把反對新文學的敵人都吸引過去了，反而推動了新文學的流行，魯迅曾經指出：

12　周作人：《知堂回想錄》之「一六六」。

但是，在中國，剛剛提起文學革新，就有反動了。不過白話文卻漸漸風行起來，不大受阻礙。這是怎麼一回事呢？就因為當時又有錢玄同先生提倡廢止漢字，用羅馬字母來代替，這本也不過是一種文字革新，很平常的，但被不喜歡改革的中國人聽見，就大得不得了了，於是便放過了比較平和的文學革命，而竭力來罵錢玄同。白話乘了這一個機會，居然減去了許多敵人，反而沒有阻礙，能夠流行了。[13]

關於這場「文學革命」，魯迅評論說：

五四運動前一年，胡適之先生所提倡的「文學革命」……卻沒有法國革命的「革命」那麼可怕，不過是革新，改換一個字，就很平和了，我們就稱為「文學革新」罷了……那大意也並不可怕，不過說，我們不必再去費盡心機，學說古代的死人的話，要說現代的活人的話；不要將文章作古董，要做容易懂得的白話的文章。

白話文的流行，又觸動到舊體詩詞──一向是文人墨客炫耀學問淵博而作無病呻吟的手段。胡適在1916年開始作白話詩，準備結集出版。1918年2月，錢玄同欣然為之作序，並刊登在《新青年》四卷二號上，1920年3月，胡適把自己在1916年以來所作的白話詩結集出版，取名《嘗試集》。「嘗試」二字，是胡適對南宋陸游「嘗試成功自古無」的觀點反其意而用之，既表示自己要做「嘗試千百回」的思想準備，又希望大家都來嘗試寫白話詩。錢玄同為《嘗試集》作的

13　《魯迅全集・三閑集・無聲的中國》。

《序》刊在卷首。他稱讚胡適「是現在第一個提倡新文學的人」。他說：「我以前看見他做的一篇《文學改良芻議》，主張用俗語俗字入文；現在又看見這本《嘗試集》，居然就採用俗語俗字，並且有通篇用白話做的。『知』了就『行』，以身作則，做社會的先導。我對於適之這番舉動，非常佩服，非常贊成。」由於《嘗試集》是中國現代文學史上第一部新詩集，所以在社會上引起了強烈的反響，3年之中印了4版，這在當時是不多見的。許多報刊對此展開討論，一時間，「胡適之體」的白話詩在文學愛好者中廣為流行。同時，錢玄同指出胡適的白話詩濃厚的文言詩痕跡，因為胡適還沒有拋棄那五言七言的格式，所以不能盡量表現白話的長處，經過錢玄同的批評建議，胡適才放開手腳去做那長短無定的白話詩。同時沈尹默、周作人、劉復等也加入白話詩的試驗。錢玄同在序言中用大量篇幅斥責「選學妖孽」「桐城謬種」給中國文學帶來的惡劣影響，措詞激烈。

在這篇序文中，錢玄同分析了為什麼現在要用白話作韻文，第一個原因是，用今語達今人的感情，最為自然。第二，為除舊佈新計，非把舊文的腔套全數刪除不可。至於各人所用的白話不能相同，方言不能盡去，這一層……是沒有什麼妨礙的，並且有時候非用方言不能傳神，不但方言，就是外來語，也可採用。接著，錢玄同斷言：

現在我們認定白話是文學的正宗，正是要用質樸的文章，去剷除階級制度裡的野蠻款式；正是要用老實的文章，去表明文章是人人會做的，做文章是直寫自己腦筋裡的思想，或直敘外面的事物，並沒有什麼一定的格式。對於那些腐臭的舊文學，應該極端驅除，淘汰淨

盡，才能使新基礎穩固。

這段話，簡直可以看作文學革命的宣言書。

是什麼原因把中國的文學弄得烏煙瘴氣呢？錢玄同認為一方面是讓獨夫民賊弄壞的，這幫傢夥總是喜歡擺臭架子，處處要顯示與眾不同，高人一等，即使用詞寫文章也是如此。另一方面則是讓文妖弄壞的。錢玄同系統地回顧了中國文學發展史，認為中國文學中許多優良傳統如質樸、簡明等，沒有得到發揚，反而讓「選學妖孽」、「桐城謬種」占了上風，使腐臭的文學大行其道。可見，錢玄同一貫重視把反對舊文學與反對舊體制、舊思想聯繫起來。

面對新詩這棵幼芽，錢玄同在序言中讚揚胡適嘗試用現代的白話作詩，表達自己的思想感情，不用古語，不抄襲前人詩裡說過的話，的確當得起「新文學」這個名詞，與一般的序文總是盲目吹捧相反，生性直率的錢玄同對胡適的詩提了許多重要的意見，主要是文言文的影響依然很強。例如，其中有幾首還是用「詞」的句調；有幾首詩因為被五言的字數所拘，似乎不能和語文恰合；至於所用的文字，有幾處似乎還嫌「太文」。錢玄同回憶說，他在1917年7月，與胡適還沒有見面時，就對胡適發表在《新青年》上的新詩提過意見，說宋詞的詞調到後來尋常所作，自「以不可歌者為多。既不可歌，則長短任意，仿古、新創，無所不可。至於可歌之韻文，則填之字，必須恰合音律，方為合格」。「詞之為物，在宋世本是可歌者，故各有調名。後世音律失傳，於是文士按前人所作之字數、平仄，一一照填，而云『調寄某某』，此等填詞，實與作不可歌之韻文無異；起古之知音者

于九原而示之，恐必有不合音節之字之句，就詢填詞之本人此調音節若何，亦必茫然無以為對。玄同之意，以為與其寫了『調寄某某』而不知其調，則何如直作不可歌之韻文乎？」為什麼一定要盡量擺脫舊物的束縛呢？因為「現在我們著手改革的初期，應當盡量用白話去作才是。倘使稍懷顧忌，對於『文』的一部分不能完全捨去，那麼，便不免存留舊汙，於進行方面，很有阻礙」。胡適對這些中肯的意見非常重視，認為「此等諍言，最不易得」，於是他後來在北京所作的白話詩，都不用文言了。錢玄同更稱讚胡適後來寫的白話詩，如《人力車夫》、《一念》和《老鴉》等，都用「長短無定」，極自然的句調。錢玄同認為所謂「白話」，所謂「詩」都是廣義的，他說：「今後當以『白話詩』為正體（此『白話』，是廣義的，凡近於語言之自然者皆是。此『詩』，亦是廣義的，凡韻文皆是），其他古體之詩、詞、曲偶一為之，固無不可，然不可以為韻文正宗也。」錢玄同與胡適多次通信，討論新詩，終於使這種新的文學體裁在中國站穩了腳跟。錢玄同逝世後，葉鼎彝有悼詩云，「一函推舊論，數箚建新詩」[14]，表彰的就是錢玄同支持白話詩的功勞。

　　這樣，白話文、白話詩、白話小說都石破天驚地應運而生。以前，文人士大夫恪守古文不鬆手，認為這是捍衛「精英文化」的手段，而白話不過是「大眾文化」中的一部分，為一般淺學無知的人所使用，不能登大雅之堂。文學革命提倡白話文學，摧毀了橫亘在「精英文化」與「大眾文化」之間一度被認為是不能逾越的壁壘，是啟發民智極為重要的成就。胡適曾經提出，晚清以降白話文有所發展，但

14　《錢玄同先生紀念集》鉛印本。

存在著毫不相關的兩幕：一幕是士大夫階級努力想用古文來應付一個新時代的需要，另一幕是士大夫中的明白人想創造一種拼音文字來教育那「芸芸億兆」的老百姓。這兩個潮流始終合不攏來。士大夫始終迷戀著古文字的殘骸，認為「宇宙古今之至美，無可以易吾文者」，但他們又哀憐老百姓無知無識，資質太笨，不配學那「宇宙古今之至美」的古文，所以他們想用一種「便民文學」來教育小孩子，來「開通」老百姓。他們把整個社會分成了兩個階級：上等人識漢字，念八股，作古文；下等人識字母，讀拼音文字的書報。從晚清20多年來，有提倡白話報的，有提倡白話書的，有提倡官話字母的，有提倡簡字字母的，這些人可以說是「有意的主張白話」，但不可以說是「有意的主張白話文學」。一邊是應該有白話文的「他們」，一邊是應該作古文古詩的「我們」，我們不妨仍舊吃肉，但他們下等社會不配吃肉，只好拋塊骨頭給他去吃。[15]

聯繫到錢玄同多次痛斥的「文妖」，他們便是死守住古文不放，生怕古文與「引車賣漿之徒」所操的白話相混淆，失去了尊嚴。白話文的崛起並上升到文學正宗的地位，有利於擺脫傳統的枷鎖，於開通民智、文學創作都是一條嶄新的路徑，確實值得大書特書，正如蔡元培在為《新文學大系‧建設理論集》所作的序言中指出，歐洲近代文化，都從復興時候演出；而這時代所復興的，為希臘羅馬的文化，是人人所公認的。我國周季文化，可與希臘羅馬比擬，也經過一種煩瑣哲學時期，與歐洲中古時期相埒，非有一種復興運動，不能振發起衰，五四運動的新文學運動，就是復興的開始。

15　胡適：《五十年來之中國文學》，《胡適文存》第二集卷一。

當時社會上的保守勢力依然十分強大。例如，1917年10月由俞復、陸費逵等人在盛德壇扶乩，公然組織靈學會。1918年活動更加猖獗，大肆刊行《靈學叢志》，宣揚迷信，提倡復古，錢玄同寫了《斥靈學叢志》（《新青年》四卷五號）、陳獨秀寫了《有鬼論質疑》（《新青年》四卷五號）予以駁斥。魯迅在《新青年》五卷二號上以唐俟的筆名發表《我之節烈觀》，他指出：「一班靈學派的人不知何以起了極古奧的思想，要想『孟聖矣乎』的鬼來畫策。陳百年、錢玄同、劉半農又道他胡說。」與此同時，錢玄同寫了《嗚呼！國可亡，種可奴，祖宗傳下來的國粹不可拋》（《新青年》五卷一號）、《痛斥國粹派》、《奉勸世人要虛心學習一切科學、哲學、文學、政治和道德》（五卷三號）迎頭痛擊。由於國粹派打著保存國粹，否則只有亡國滅種的聳人聽聞的旗號，對許多戀舊的人有不小的蠱惑力。中國自清朝中晚期以來，喪權辱國，受盡了西方列強的欺凌，不少人對西洋文化有一種本能的反感，他們轉而從國粹中尋找安慰劑，給自己打強心針。針對這種復古逆流，錢玄同在《新青年》五卷三號上發表《隨感錄》辛辣地諷刺道：

中華民國成立之後，有一班「大清國」的「伯夷叔齊」在中華民國的「首陽山」裡做那「義不食周粟」──他們確已食下民國之粟，而又不能無「義不食粟」之美名，所以我替他照著舊文，寫一個「周」字，可以含糊一點──的「遺老」。這原是聖朝「鼎革」以後的「譜」上寫明白的，當然應該如此，本不足怪。但是此外又有一班二三十歲的「遺少」大倡「保存國粹」之說。我且把他們保存國粹的成績隨便數他幾件出來：

垂辮，纏腳，吸鴉片煙；又麻雀，打撲克；磕頭，打拱，請安；「夏曆壬子年—戊午年」；「上巳修禊」；迎神，賽會，研究「靈學」，研究「丹田」，做駢文，「古文」，江西派的詩，臨什麼「黃太史」，「陸殿撰」的「館閣體」字；做「卿卿我我」派；想做什麼「老譚」「梅郎」的「話匣子」；提倡男人納妾，以符體制；提倡女人貞節，可以「猗歟盛矣」。

有人說，「朋友？你這話講得有些不對。辮髮，鴉片煙，撲克牌之類，難道是國粹嗎？」我說，「你知其一，未知其二。你要知道，凡是『大清國宣統三年』以前支那社會上所有的東西，都是國粹。你如不信，可以去請教那班『遺老』『遺少』，看我這話對不對。」

國粹何以要保存呢？聽說這是一國的根本命脈所在。「國於天地，必有與立」的，就是國粹。要是沒有了這國粹，但不像「大清國」的樣子，「大清國」就不能保存了。

那麼，我要請問先生們。先生們到今天還是如此保存國粹，想來在貴國「宣統三年」以前，先生們一定也是很保存國粹的了，但是中華民國元年2月12日那一天，先生們為什麼「獨使至尊憂社稷」，忍令貴國大皇帝做那「唐虞禪讓」的「盛德大業」，不應用這國粹來挽回貴國的「天命」呢？

這真是把國粹派禍國殃民的嘴臉刻畫得入木三分！蔡元培、周作人、林語堂都盛稱錢玄同善於寫白話文，這就是一個很好的例子。針對那些恬不知恥、以愛國者自居的騙子，錢玄同感歎說：我愛支那人的程度，自謂較今之所謂愛國諸公，尚略過之。惟其愛他，所以要替他想法，要剗除這種「昏亂」的「歷史，文字，思想」，不使複存於

將來子孫的心腦中；要「不長進的民族」變成了長進的民族，在20世紀的時代，算得一個文明人。要是現在自己不去想法剷除舊文字，則這種「不長進」的「中國人種」，循進化之公例，必有一天要給人家「滅絕」。（《答任鴻雋》，《新青年》五卷二號）

這種憂患意識，在他1917年討論改良應用文時，已經痛切地表現出來，他說：

玄同自丙辰春夏以來，目睹洪憲皇帝之反古復辟，倒行逆施，卒致敗亡也；於是大受刺激，得了一種極明確的教訓。知道凡事總是前進，絕無倒退之理。最粗淺的比例，如我今年31歲，明年便一定是32歲，絕無倒為30歲之理。故在1917年，便當幹1917年的事情。其1916年以前，皆所謂「已往種種譬如昨日之死」也。研究1916以前之歷史，道德政治文章，皆所謂「鑒既往以察來茲」，凡以明人群之進化而已。故治古學，實治社會學也。斷非可做「保存國粹」之招牌，以抵排新知，使人人褒衣博帶，做2000年前之古人。吾自有此心理，而一年以來，見社會上沈滯不進之狀態，乃無異於兩年前也，乃無異於七八年前也，乃無異於十七八年前也，乃無異於20年前也，質而言之，今日是戊戌以前之狀態而已，故此來憂心如焚，不敢不本吾良知，昌言道德文章之當改革。私懷所蓄，尚有多端，欲借「新青年」之餘幅，寫他出來，以祈正於國內明達君子……（《新青年》三卷五號）

面對當時暮氣深重的社會，錢玄同這樣一個性情急切的人更感

「憂心如焚」。1918年劉半農發表了長文《我之文學改良觀》，錢玄同寫了《論新文學與今韻問題》（《新青年》四卷一號）稱讚劉半農「造新韻」、「以今語作曲」為極有價值之論，主張徹底掃蕩一切假應酬文章，他說：

先生說「醒世之文，一時雖不能盡廢……」，我以為這些什麼「壽序」「祭文」「挽對」「墓誌」之類，是頂沒有價值的文章。我們提倡文學革新，別的還不過是改良；惟有這一類的文章，應該絕對的排斥消滅，「壽序」一類，就是選學家，桐城派也曉得不該做。至今「祭文」「墓誌」之類，因為中國人2000年來受了儒家祖宗教的毒，專門借了死人來表自己的假孝心，假厚道，以為這是不可少的，但是到了現在，總該有些覺悟，有些進步罷！章太炎先生說得好，「靡財於一奠者此謂賊，竭思于祝號者此謂諛。」又說：「封墓以為表識，藏志以防發掘，此猶隨山木，用記地望，本非文辭所施。」（均見《國故論衡》中，「正齋論」）我的意思，以為這一類為文章，Language（語文）和Literature（文學）裡面都放不進，只合和八股一律看待。新名詞這樣東西，我以為應該盡量採用。

就在錢玄同提倡盡量採用新名詞的同時，有人還在報紙上做廣告，函授典故，騙青年學生的錢，錢玄同對此寫了一篇隨感，發表在1919年《新青年》六卷一號上：

近見《上海時報》上有一個廣告，其標題為「通信教授典故」；其下云：「……蒐羅群書，編輯講義；用通信教授；每星期教授

一百，則每月可得四百餘；……每月只須納講義費大洋四角，預繳三月只收一元……」有個朋友和我說：「這樣一來，又不知道有多少青年學生的求學錢要被他們盤去了。」我答道：「一個月破四角錢的財，其害還小；要是買了他這本書來，竟把這四百多個典故熟讀牢記，裝滿了一腦子，以致已學的正當知識被典故驅除腦外；或腦中被典故盤踞滿了，容不下正當知識，這才是受害無窮哩！」

指出了這些騙子騙錢的本質，錢玄同更陳述了生吞活剝典故的毒害。究竟應怎樣對待典故呢？他接著說：

我要敬告青年學生：諸君是20世紀的「人」，不是古人的「話匣子」。我們所以要做文章，並不是因為古人不夠，要替他添上幾篇，是因為要把我們的意思寫他出來，所以應該用我們自己的話，寫成我們自己的文章；我們的話怎樣說，我們的文章就該怎樣做。有時讀那古人的文章，不過是拿他來做個參考，絕不是要句摹字擬，和古人之文做得一模一樣的。至於古人文中的所說當時的實事，和假說一事來表示一種意思者，在他的文章裡，原是很自然的，我們引了來當典故用，不是膚泛不切，就是索然寡味，或者竟是「驢頭不對馬嘴」，與事實全然不合。我們做文章，原是要表出我們的意思：記憶事實，已經耗去許多光陰；引用時的斟酌，又要煞費苦心，辛辛苦苦做成了，和我們的意思不相合—或竟全然相反。請問，這光陰不是白耗，苦心可不是白費，辛苦可不是白辛苦了嗎？唉，少年光陰，最可寶貴，努力求正當知識，還恐怕來不及，乃竟如此浪費，其結果，不但不能得絲毫之益，反而受害—不用典故做的文章，比用典故的要明白，所以

說反而受害─我替諸君想想，實在有些不值得！

如果說兜售典故，用意還主要在於騙錢的話，那麼這一時期頗為流行的「黑幕書」簡直是誨盜誨淫。一幫人編纂《中國黑幕大觀》，氣焰囂張。《新青年》六卷一號（1919年）刊登了1918年10月25日宋雲彬寫給錢玄同的一封信，報導「黑幕小說」日出不窮，銷路很廣。它們所敘的事實，頗與現在之惡社會相吻合，一般青年到了無聊的時候，便要去實行摹仿。所以黑幕小說，簡直可稱作殺人放火姦淫拐騙的講義，先生對於《靈學叢志》曾經大加指斥；對於這種流毒無窮的黑幕，何以尚無反對的表示呢？對此，錢玄同寫了《黑幕書》一文，揭露「黑幕」書的本質：

「黑幕」書之貽毒於青年，稍有識者皆能知之。然人人皆知「黑幕」書為一種不正當之書籍，其實與「黑幕」同類之書籍正複不少。如《豔情尺牘》、《香閨韻語》及「鴛鴦蝴蝶派的小說」等等，皆是。此等書籍，從1914年起盛行。4年以來，變過幾種面目；其實16兩還是1斤，內容之腐敗荒謬是一樣的。此種書籍盛行之原因，其初由於洪憲皇帝不許腐敗官僚以外之人談政，以致一班「學幹祿」的讀書人無門可進，乃做幾篇舊式的小說，賣幾個錢，聊以消遣；後來做做，成了習慣，愈做愈多。別人見其有利可圖，於是或剪《小時報》、《探海燈》之類，或抄舊書，或隨意胡謅，專揀那穢媟的事情來描寫，以博志行薄弱之青年一盼。適值政府屬行復古政策，社會上又排斥有用之科學，而會得做幾句駢文，用幾個典故的人，無論哪一方面都很歡迎，所以一切腐臭淫猥的舊詩舊賦舊小說複見盛行；研究的人於用此

來敷衍政府社會之餘暇，亦摹仿其筆墨，做些小說筆記之類。此所以貽毒於青年之書日見其多也，本志既以革新青年頭腦為目的，則排斥此類書籍，自是應盡之職務，此後尚著論及之，惟不欲專斥以「黑幕」為名之一種耳。自1913年袁皇帝專政以來，復古潮流一日千里；今距袁皇帝之死已2年有餘，而復古之風猶未有艾。「黑幕」書之類亦是一種復古，即所謂「淫書者」之嫡系。此外如算命書、看相書、風水書、中國醫書、萬年曆、用做八股試帖諸論詩文之書，層出不窮。以前爛版糙紙賣十幾個銅錢者，今改用洋紙鉛印賣幾毛錢或一二元，居然會有銷路，這也可見現在社會的知識了。清未亡時，國人尚有革新之思想，到了民國成立，反來提倡復古，袁政府以此愚民，國民不但不反抗，還要來推波助瀾，我真不解彼等是何居心。

　　錢玄同指出，中國人不僅喜歡復古，而且樂於描寫淫藝，實在是一種通病。遠的如《左傳》，詳述上烝，下報，旁淫，悖亂逆倫，極人世野蠻之奇觀；而敍陳靈公淫亂之事，君臣相謔之言，尤為淫藝之尤。（今之主張讀經者，欲令知識甫開之童子將此等文章朝夕諷誦，師長則細細講解。禮教國之教育，原來如是）近之如唐詩、宋詞，說淫話處亦不為少，唐代小說，描畫淫藝，稱道鬼怪，為輕薄文人浮豔之作，與紀昀、蒲松齡所著相同，於文學上實無大價值，斷不能與《水滸》《紅樓》《儒林外史》諸書相提並論。至於元明之曲，則有直敍肉欲之事者矣。到了近現代，這種惡習仍然不見消亡。「王敬軒」給《新青年》編輯部的信中曾稱讚林紓「能以唐代小說之神韻，迻譯外洋小說」，「不特譯筆雅建，即所定書名，亦往往斟酌盡善盡美，如云《吟邊燕語》，云《香鉤情眼》，此可謂有句皆香，無字不豔」。

可見不少人是很欣賞「香」「豔」之書的。劉半農在覆信中舉了當時的文人樊增祥、易順鼎兩人的詩詞予以嘲諷。他這樣寫道：

……至於樊易二人，筆墨究竟是否「爛汙」，且請先生看著——

「……你為我喝采時，震得人耳聾，你為我站班時，羞得人臉紅。不枉你風月情濃，至今朝枕衾才共；卸下了《珍珠衫》，做一場《蝴蝶夢》……這《小上墳》的祭品須豐，那《大劈棺》的斧頭休縱。今日個唱一齣《遊宮射雕》，明日裡還接演《遊龍戲鳳》。你不妨《三謁碧遊宮》，我還要《雙戲桃山洞》，我便是《縫裰膊》的小娘，你便是《賣胭脂》的朝奉……」——見樊增祥所著《琴樓夢》小說。

「……一字之評不愧『鮮』，生香活色女中仙。牡丹嫩蕊開春暮，螺碧新茶摘雨前。……玉蘭片亦稱珍味，不及靈芝分外鮮……佳人上吊本非真，惹得人人思上吊！……試聽喝采萬聲中，中有幾聲呼『要命』！兩年喝采聲慣聽，『要命』初聽第一聲。『不當若自其口出』，『忽獨與余兮目成！』我來喝采殊他法，但道『丁靈芝可殺！』喪盡良心害世人，古來瑣骨欺菩薩……」——見易順鼎《詠鮮靈芝詩》。

敬軒先生，你看這等著作怎麼樣？你是「扶持名教」的，卻「搖身一變」，替這兩個淫棍辯護起來，究竟是什麼道理呢？

但是有一些「淫書」，由於暴露了社會現實，也有值得重視研究的地方，錢玄同舉《金瓶梅》作例子。他說，《金瓶梅》一書，斷不可與一切專談淫猥之書同日而語。此書為一種驕奢淫逸不知禮義廉恥之腐敗社會寫照。現其書中所敘之人，無論官紳男女，面子上是老爺太太小姐，而一開口，一動作，無一非極下作極無恥之語言之行事，

正是今之積蓄不義財而專事「打撲克」,「逛窯子」,「討小老婆」者之真相,語其作意,實與《紅樓夢》相同(或謂《紅樓夢》即脫胎此書,蓋信),徒以描寫淫褻太甚,終不免有「淫書」之目。即我亦未敢直截痛快,徑以此書與《紅樓》《水滸》等齊列。小說實為近代文學之正宗,這是從文體上說,若論詞典小說諸箸(著)在文學上的價值,仍當以胡適「情感」「思想」兩項為標準。達不到這兩項標準,也與「桐城派之文」「江西派之詩」相等,如元人雜曲及《西廂記》《長生殿》《牡丹亭》《燕子箋》之類,詞句雖或可觀,然而因為沒有「高尚思想」、「真摯情感」,終覺沒有多大意義。至於小說,非誨淫誨盜之作,前者從略不舉,後者如《七俠五義》之類是也。《紅樓夢》斷非誨淫,實是寫驕侈家庭,澆漓薄俗,腐敗官僚,紈絝公子而已。《水滸》尤非誨盜之書,其書宗旨所在,不外「官逼民反」一義。施耐庵實有社會黨人的思想。神怪不經之談,如《西遊記》《封神傳》之類,要麼就是以迂謬之見,解前代之野史,如《三國演義》《說嶽》之類,是沒有價值的。所謂「小姐後花園贈衣物」、「落難公子中狀元」之類,千篇一律,不勝縷指。所以詞曲小說,固然是文章正宗,而關於詞曲小說之作,有價值的太少。那些文學家,都喜歡描寫男女情愛,此等筆墨,若用寫實派眼光去做,自有最高的價值。若出於一己之儇薄思想,以穢褻之文筆,表示其肉麻之風流,則無絲毫價值可言。前世文人,屬於前面那種情況的幾乎沒有,屬於後者的則滔滔皆是。傳奇之中,只有《桃花扇》最有價值。小說中有價值的,不過施耐庵的《水滸》,曹雪芹的《紅樓夢》,吳敬梓的《儒林外史》三書而已。今世小說,只有李伯元的《官場現形記》,吳趼人的《二十年目睹之怪現狀》,曾孟樸的《孽海花》三書為有價值。曼殊上人思想

高潔，所為小說，描寫人生真處，足為新文學之始基。但若與世界文學相比，錢玄同認為中國小說又不能評價很高。他寫信給陳獨秀說，我以前給先生和適之先生寫信說《水滸》《紅樓夢》《儒林外史》《西遊記》《金瓶梅》和近人李伯元、吳趼人的著作，都是有價值的小說。這原不過短中取長的意思，也因為現在那種的文學的謬見，把歐、曾、蘇、王、歸、方、姚、曾這些造劣等假古董的人看作大文學家，反說施耐庵、曹雪芹只會做小說，便把它排斥在文學以外，覺得小說是很下等的文章，所以我們不得不匡正他們的誤謬，表彰《水滸》《紅樓夢》那些書。其實若是拿19、20世紀的西洋新文學眼光去評判，就是施耐庵、曹雪芹、吳敬梓，也還不能算做第一等。因為他們三位的著作，雖然配得上「寫實體小說」，但是筆墨總嫌不乾淨。若是和西洋的Concourt、Mopassant、Tolstoi、Turgeneu諸人相比，便有些比不上。他分析這大概有兩個原因。一是中國小說家喜歡做長篇小說，動不動便是八十回，一百回，一定要把許多各色各樣的人寫在一處。人數既多，寫的時候，總有照顧不到的地方，於是寫某甲寫得很傳神，寫某乙便容或不能完全合拍。外國小說，專就一種社會，或一部分的人，細細體察，繪形繪聲，惟妙惟肖，不在乎字數多，篇幅長，在乎描寫得十分確切，這是勝過中國小說的地方。二是因為外國小說家把小說看作一種神聖的學問，或者自己思想見解很高，以具體的概念，寫一理想的世界—中國的陶淵明就很有這一種的意味—或者拿很透闢的眼光去觀察現在社會，用小說筆墨去暴露他的真相，自己總是立在「第三者」的地位。若是做的時候，寫到那男女戀愛、奸私和武人強盜顯示他特殊勢力那些地方，絕沒有自己忽然動心，寫上許多肉麻得意的句子。所以說意境既很高超，文筆也極乾淨。中國小說

則不然，可見思想內容是關鍵。

當時在社會上不僅存在著國粹、靈學、黑幕書，而且在風氣比較開明的北京大學也存在不少保守派，新舊兩派的人物同時在一個學校，甚至同在一個系，自然不能沒有鬥爭。錢玄同在回憶魯迅的文章中說：

6年（1917）蔡元培先生任北京大學校長，大事革新，聘陳仲甫（獨秀）為文科學長，胡適之（適）、劉半農（復）為教授，陳、胡、劉諸君正努力於新文化運動，主張文學革命，啟明（按：指周作人）亦同時被聘為北大教授。我因為我的理智告訴我，舊文化之不合理應該打倒，文章應該用白話做，所以我是十分贊同仲甫所辦的《新青年》雜誌，願意給他當一名搖旗吶喊的小卒。

錢玄同謙虛地稱自己不過是新文化運動的一名搖旗吶喊的小卒，事實上他是身體力行的帶頭人之一，對任何舊思想、舊人物毫不客氣，包括他自己。例如他早年深受梁啟超的思想和文筆的影響，推許梁氏為開創中國新文學的第一人，隨著他思想的成熟，他開始批判梁啟超的一些缺點。在1918年他與劉半農討論「新文學與今韻問題」時，認為梁啟超的文章已經背離了時代思潮。他說：

梁任公的文章，頗為一般篤舊者所不喜。據我看來，任公文章不好的地方，正在舊氣未盡滌除，八股詞太多，理想欠清晰耳，至於用新名詞，則毫無不合。（《新青年》四卷一號）

錢玄同執教的北京大學，日益成為傳播新思想的陣地，但也有不少保守派想把它變成國粹的博物館。執教於北大的經學大師劉師培等人準備復刊《國粹學報》及《國粹彙編》，錢玄同是極力反對的，雖然他與劉師培有世誼，在日本時就認識，《國粹學報》於光緒三十一年（1905）創辦於上海，1911年武昌起義後停刊，共出了82期，分社論、政篇、史篇、叢談、撰錄等欄目，具有強烈的反清排滿思想。作為主要撰稿人之一的劉師培是個激進的排滿分子，一度改名「光漢」，以示「攘除清廷，光復漢族」之志，他寫的《攘書》等著作曾風行一時，錢玄同在少年時代拜讀後極為傾服。劉師培後來成了一個無政府主義者，變節成為清廷兩江總督端方的幕僚，甚至參加「籌安會」，擁護袁世凱稱帝。蔡元培愛惜這個奇才，聘他到北大教書，這時他復興國粹，顯然是與新文化作對。魯迅在1918年7月5日給錢玄同寫了一封信，痛斥劉師培；後來錢玄同寫信給魯迅，痛斥國故和迷信。魯迅在7月5日的通信中說：

　　中國國粹，雖然等於放屁，而一群壞種，要編叢刊，卻也毫不足怪。該壞種等，不過還想吃人，而竟奉賣過人肉的偵心探龍做祭酒，大有自覺之意。即此一層，已足令敵人刮目相看，而狨歟盛哉，尚在其次也。敵人當袁朝時，曾戴了晃帽（出無名氏語錄），獻爵於至聖先師的老太爺之前，閱歷已多，無論何復古，如何國粹，都已不怕。但該壞種等之創刊屁志，系專對《新青年》而發，則略以為異，初不料《新青年》之于他們，竟如此其難過也。然既將刊之，則聽其刊之，且看其刊之，看其如何國法，如何粹法，如何發昏，如何放屁，如何做夢，如何探龍，亦一大快事也。國粹叢編萬歲！老小昏蟲萬

歲！

與劉師培互相呼應的是黃侃，這位章太炎的大弟子，對傳統國學—音韻學研究深湛，也在北大執教，思想很保守。1918年黃侃寫了《北海懷古》一詞，有「何時翠輦重歸」之句，《新青年》編輯認為有「復辟」之意，作詞者恐怕是遺老、遺少一類的人物。黃侃聽說後大怒，罵他們看不懂他的詞。錢玄同於是寫了一篇隨感，發表在《新青年》六卷三號上，不僅文筆出色，於不卑不亢中不失語重心長，全文說：

昨天在一本雜誌上，看見某先生填的一首詞，起頭幾句道：「故國頹陽，壞宮芳草，秋燕似客誰依？笳咽嚴城，漏停高閣，何年翠輦重歸？」

我是不研究文學的，這首詞裡有沒有什麼深遠的意思，我卻不管。不過照字面來看，這「故國頹陽，壞宮芳草」兩句，有點像「遺老」的口吻；「何年翠輦重歸」一句，似乎有希望「復辟」的意思。我和幾個朋友談起這話，他們都說我沒有猜錯。照這樣看來，填這首詞的人，大概總是「遺老」「遺少」一流人物了。

可是這話說得很不對，因為我認得填這首詞的某先生；某先生的確不是「遺老」「遺少」，並且還是同盟會裡的老革命黨。我還記得距今11年前，這位某先生的這一篇文章，其中有幾句道：

「借使皇天右漢，俾其克績舊服，斯為吾曹莫大之欣。」

當初希望「績舊服」，現在又來希望「翠輦重歸」，無論如何說法，這前後的議論，總該算是矛盾罷。

有人說：「大約這位某先生今昔的見解不同了。」我說，這話也不對。我知道這位某先生當初做革命黨的確是真的心；但是現在也的確沒有變節。不過他的眼界很高，對於一般創造民國的人，總不能滿意，常常要譏刺他們。他自己對於「選學」工夫又用得很深，因此對於我們這般主張國語文學的人，更是嫉之如仇。去年春天，我看他有幾句文章道：

「今世妄人，恥其不學。己既生而無目，遂乃憎人之明；己則陷於橫潦，因復援人入水；謂文以不典為宗，詞以通俗為貴；假於殊俗之論，以陵前古之師；無愧無慚，如羹如沸。此真庾子山所以為『驢鳴狗吠』，顏介所以為『強事飾辭』者也。」

但是這種嬉笑怒罵，都不過是名士應有的派頭。他絕非因為眷戀清廷，才來譏刺創民國的人；他更非附和林紓、樊增祥這班「文理不通的大文豪」，才來罵主張國語文學的人。我深曉得他近來的狀況，我敢保他現在的確是民國的國民，絕不是想做「遺老」，也絕不是抱住「遺老」的腿想做「遺少」。

那麼，何以這首詞裡有這樣的口氣呢？

這並不難懂。這個理由，簡單幾句就得明白的，就是中國舊文學的格局和用字之類，據說都有一定的「譜」的。做某派的文章，做某體的文章，必須按「譜」填寫，才能做得。像了，就好了。要是不像，那就憑你文情深厚，用字得當，聲調鏗鏘，還是不行，總以「旁門左道」「野狐禪」論。──所謂像者，是像什麼呢？原來是像這派文章的祖師，比如做駢文，一定要像《文選》；做桐城派的古文，一定要像唐宋八大家；學周秦諸子，一定要有幾個不認得的字，和佶屈聱牙很難讀的句子。要是做桐城派古文的人用上幾句《文選》的句調，

或做騈文的人用上幾句八大家的句調，那就不像了，不像，就不對了。──這位某先生就是很守這戒律的。所以他這首詞意的說明，是：「晚經五橋……因和夢窗『西湖先賢堂感舊』韻，以寫傷今懷往之情」，即當然要用「故國……」這些字樣才能像啊！

有人說：「像雖像了，但是和他所抱的宗旨不是相反對嗎？」我說：這是新文學和舊文學旨趣不同的緣故：新文學以真為要義，舊文學以像為要義。既然以像為要義，那便除了取消自己，求像古人，是沒有別的辦法了。比如現在有人要做鐘鼎，自非照那真鐘鼎上的古文「依樣畫葫蘆」不可。要是把現行的楷書行書草書刻上去，不是不像個鐘鼎了嗎？

更有甚者，有人再次抬出孔子這具僵屍，認為比西學高明，阻撓西學的傳播。錢玄同寫了《斥「大同是孔子發明的，民權議院是孟子發明的，飛機電機都是『古已有之』」的一類謬論》（《新青年》六卷二號），還寫了《中國人給「青天老爺」、「丘八大爺」弄死已不少，還有一班「功同良相」的「大夫」幫忙》、《中國人對身體構造和疾病的說法不合生理學》（同前），予以反駁。對於舊的戲劇，錢玄同的態度更為激進，他在雜感《要中國有真戲非把中國現在的戲館全數封閉不可》中說：

吾友某君常說道，「要中國有真戲，非把中國現在的戲館全數封閉不可」，我說這話真是不錯──有人不懂，問我「這話怎講？」我說，一點也不難懂。譬如要建設共和政府，自然應該推翻君主政府；要建設平民的通俗文學，自然該推翻貴族的艱深文學。那麼，如其要

中國有真戲，這真戲自然是西洋派的戲，絕不是那「臉譜」派的戲。要不把那扮不像人的人，說不像話的話，全數掃除，盡情推翻，真戲怎麼能推行呢？（《新青年》五卷一號）

談到舊戲的「臉譜」，他十分反對。他在與張厚載的通信中說：

我所謂「離奇」者，即指此「一定之臉譜」而言；臉而有譜，且又一定，實為覺得離奇得很。若云「隱寓褒貶」，則尤為可笑。朱熹做《綱目》，學孔老爹的筆削《春秋》，已為通人所譏訕；舊戲劇索性把這種「陽秋筆法」畫到臉上來了：這真和張家豬肆記畫形於豬鬣，李家馬坊烙圖印於馬蹄一樣的辦法。哈哈！此即中國戲之「真精神」乎？（《新青年》五卷三號）

錢玄同對胡適袒護頑固派張厚載（字謬子）很不滿，張厚載在1918年6月15日出版的《新青年》四卷六號發表了一篇《新文學及中國舊戲》，胡適在跋語中說：

謬子君以評戲見稱於時，為研究通俗文學之一人，其贊成本社改良文學之主張，固意中事。

對此，錢玄同寫了《今之所謂「評劇家」》，刊登在《新青年》五卷二號上。他說：

中國的戲，本來算不得什麼東西。我常說，這不過是《周禮》裡

「方相氏」的變相罷了，與文藝美術，不但是相去甚遠，簡直是「南轅北轍」，若以此為我輩所謂「通俗文學」，則無異「指鹿為馬」，適之前次答張鏐子信中，有「君以評戲見稱於時，為研究通俗文學之一人，其贊成本社改良文學之主張，固意中事」，這幾句話，我與適之的意見卻有點相反。我們做《新青年》的文章，是給純潔的青年看的，絕不求此輩「贊成」，此輩原欲保存「臉譜」，保存「對唱」、「亂打」等等「百獸率舞」的怪相，一天到晚，什麼「老譚」、「梅郎」的說個不了。聽見人家講了一句戲劇要改良，於是斷斷致辯，說「廢唱而歸於說白，乃絕對的不可能」、什麼「臉譜分別甚精，隱寓褒貶」，此實與一班非做奴才不可的遺老要保存辮髮，不拿女人當人的賤丈夫要保存小腳，同是一種心理。簡單說明之，即必須保存野蠻人之品物，斷不肯進化為文明人而已。我記得10年前上海某旬報中有一篇文章，題目叫做《尊屁篇》，文章的內容我是忘記了，但就題目斷章取義，實在可概括一班「鸚鵡派讀書人」的大見識大學問。

胡適對錢玄同的意見顯然不滿。1918年7月，在胡適的安排下，《新青年》五卷一號轉載了保守派文人汪懋祖發表於《國學季刊》上的一封給胡適的信，隱射錢玄同激進的言行。汪懋祖說：

革命之道，形式倘非所急，當先淘汰一切背理之語。今日甲黨與乙黨相掊擊，動曰「妖魔醜類」，曰「寢皮食肉」，其他兇暴之語，見於函電報章尤比比……至於兩黨討論是非，各有其所持之理由。不務以真理爭勝，而徒相目以妖，則是滔滔者妖滿國中也，豈特如尊論所雲之桐城派之為妖于文界哉！

文也者，含有無上美感之作用，貴報方事革新而大闡揚之；開卷一讀，乃如村嫗潑罵，似不容人以討論者，其何以折服人心……貴報固以提倡新文學自任者，似不宜以「妖孽」「惡魔」等名詞輸入青年之腦筋，以長其暴戾之習也。

胡適把他給汪的回信也同時發表，他說：

來書說：「兩黨討論是非，各有其所持之理由。不務以真理爭勝，而徒相目以妖，則是滔滔者妖滿國中也。」又說本報「如村嫗潑罵，似不容人以討論者，其何以折服人心？」此種諍言，具見足下之愛本報，故肯進此忠告。從前我在美國時，也曾寫信與獨秀先生，提及此理。那時獨秀先生答書說文學革命一事，是「天經地義」，不容更有異義。我如今想來，這話似乎太偏執了。我主張歡迎反對的言論，並非我不相信文學革命是「天經地義」……輿論家的手段，全在用明白的文字，充足的理由，誠懇的精神，要使那些反對我們的人不能不取消他們的「天經地義」，來信仰我們的「天經地義」。所以本報將來的政策：主張儘管趨於極端，議論定須平心靜氣，一切有理由的反對，本報一定歡迎，絕不至「不容人以討論」。

胡適在這裡，無疑是說陳獨秀、錢玄同太武斷，不容他人討論，事實上並非如此。就在錢玄同、劉半農二人的「雙簧信」發表不久，就有一位署名「崇拜王敬軒先生者」，給陳獨秀去信，說什麼「王先生之崇論宏議，鄙人極為佩服；貴志記者對於王君議論，肆口侮罵，自由討論學理，固應如是乎！」陳獨秀為此寫了回信，他說：

本志自發刊以來，對於反對之言論，非不歡迎；而答詞之敬慢，略分三等：立論精到，足以證社論之失者，記者理應虛心受教。其次則是非未定者，苟反對者能言之成理，記者雖未敢苟同，亦必尊重討論學理之自由虛心請益。其不屑與辯者，則為世界學者業已公同辯明之常識，妄人尚複閉眼胡說，則唯有痛罵之一法。討論學理之自由，乃神聖自由也；倘對於毫無學理毫無常識之妄言，而濫用此神聖自由，致是非不明，真理隱晦，是曰「學願」；「學願」者，真理之賊也。[16]

由此可見，陳獨秀並不像胡適後來回憶時所指責的那樣，總是以一種老革命黨的口吻，不給人以討論的餘地，錢玄同是贊同陳獨秀對三種不同性質言論的態度的。錢玄同認為張厚載對中國舊戲的觀點十分陳腐，是「汙我《新青年》」，因此他反對胡適向張厚載約稿，通信還可以，否則錢玄同表示他要脫離《新青年》，錢玄同寫信對胡適說：「我還要奉勸老兄一句話，老兄對於中國舊戲，很可以拿他和林琴南的文章、南社的詩一樣看待。老兄的思想，我原是很佩服的，然而我卻有一點不以為然之處：對於千年積腐的舊社會，未免太同他周旋了。平時對外的議論，很該旗幟鮮明，不必和那些腐臭的人去周旋，老兄可知道外面罵胡適之的人很多嗎？你無論如何敷衍他們，他們還是很罵你，又何必低首下心，去受他們的氣呢？」

總之，一向激進反對封建文化的錢玄同認為舊戲是保存野蠻人之品物，必須堅決摒棄，不容半點妥協。當時周作人也和錢玄同通信，

16　陳獨秀：《獨秀文存》，合肥：安徽人民出版社，1987年，第746頁。

力主廢除中國舊戲劇，認為舊戲有害於「世道人心」，「凡中國戲上的精華，在野蠻民族的戲中，無不全備」。這些言論在新文化運動時期，對於清除封建思想文化，是有進步意義的─雖然眼下舊戲最走紅。鄭振鐸、洪深在《中國新文學大系》中都摘引了錢玄同的這些觀點，肯定了他的戰鬥精神。鄭振鐸說，像錢玄同「這樣痛快的話，後來是很少人說的了」。他又說，錢玄同、周作人說的那些話，「對於當時的青年人都是極大的刺激，驚醒了他們的迷夢，把他們的眼光從『皮黃戲』和『昆劇』的舞臺離開而去尋求一處新的更合理的戲曲」。錢玄同承認戲劇像小說一樣，都是文學的正宗，以戲劇而論，南北曲及昆腔，雖然少有高尚之思想，而詞句尚斐然可現。像現在的京調戲，理想既無，文章又極惡劣不通，不能因為它是戲劇，就說它有文學上的價值，中國戲劇，專重唱工，所唱的文句，聽者本不求其解，而戲子打臉之離奇，舞臺設備之幼稚，無一足以動人情感，戲中扮演，本來是為了確能代表實人實事，只要看一看「優孟衣冠」一語，可知戲子扮演古人，當如優孟之像孫叔敖；如果不像，即與演劇之義不合，但為什麼今之戲子一點也不注意這點呢？戲劇本為高等文學，而中國之戲，編自市井無知之手，文人學士不屑過問，難怪拙劣惡濫，他曾經打過一個滑稽的比喻，說中國的舊戲像駢文，外國的新戲如白話小說，駢文外觀雖極炳烺，而叩其實質，實際上空無所有。即真敷引故實，泛填辭藻之處，若逐字逐句為之解釋，則事理文理不通者特別多。舊戲之僅以唱工見長，而扮相佈景，不合於實人實事，正同此例。新劇講究佈景，人物登場，語言神氣務求與真者酷肖，能使觀者幾乎忘掉它是舞臺扮演的才好。錢玄同除舊心切，攻擊得也屬害，也就是說不破不立，不過正則不能矯枉。正如他的學生梁若容在

追悼他的詩中所說：「離經畔道為蒼生，實大聲宏有定評。我侍康成餘六載，粗知矯枉即衡平。」錢玄同那些激進的言論，所包含的反封建的內容，即使在今天看來，也是值得重視的。

　　不管前進的阻力有多大，錢玄同抱著救世的熱忱，以一個正直的知識份子的良知，在努力破壞舊文化的約束，瞻望新文化的曙光。他在1918年為《北京高等師範學校十周年紀念錄》寫的序文，一開頭就說，「世界從古代到現在，從現在到將來，總是在進化的軌道上走的」，因此他希望本校同人從今以後，對於過去的，決然捨棄，不要顧戀；對於未來的，要努力前進，不可遲疑，喊出了「進！進！前進！」的口號。1919年5月4日，北京青年學生5000多人為反對北洋軍閥政府在巴黎《凡爾賽和約》上簽字，宣佈全市總罷課，要求「外爭主權，內懲國賊」，到天安門集會，舉行遊行示威，這就是震驚中外的「五四」運動。反動政府不僅不理睬學生們的正義要求，反而大施淫威，逮捕愛國學生1000多人，引起了全社會的極大憤慨。6月3日以後，上海等地的產業工人舉行罷工，聲援學生的愛國行動。五四運動的當天，沒有大學教授參加青年學生的遊行隊伍，「但表示同情，始終陪著學生走的也有，如錢玄同先生，即其中之一」[17]。

　　6月11日出版的《北京大學日刊》，有錢玄同與沈尹默、劉半農等聯名發表致本校全校教職員諸君函：「6月3日下午1時，本校法科被軍警圍占，教職員及學生多人被捕在內，公議於6月4日下午2時在理科大講堂特開教職員全體緊急大會，磋商辦法，伏希惠臨，不勝迫

17　周穀城：《五四運動與青年學生》，1959年5月4日《光明日報》。

切之至。專此，敬頌公祺！」

6月11日夜，陳獨秀被北洋政府逮捕，胡適為此寫了新詩《威權》，後收入《嘗試集》第二編中，錢玄同和《新青年》雜誌社同人前往探監。8月，陳獨秀、李大釗主辦的《每週評論》也被查封，直到9月16日，陳獨秀才出獄。

五四運動之後，在魯迅、錢玄同的支持下，孫伏園編輯的北京《國民公報》上，開闢了一個叫「寸鐵」的欄目，發錶針砭時政的雜感，文章多半是一事一議，形式短小精悍，是一些優秀的雜文。軍閥政府鎮壓五四愛國運動，給那些一貫仇視新文化的頑固分子撐了腰。8月間，安福系軍閥主辦的《公言報》上發表署名「思孟」、實際上是北京大學辭退的教員徐某化名的長文《息邪》，一名《北京大學鑄鼎錄》。作者採用的手法與五四運動前夕，林紓發表《荊生》的小說攻擊新文化運動的領導人差不多。「思孟」給蔡元培、沈尹默、陳獨秀、胡適、錢玄同、徐寶璜和劉半農作傳，進行惡意的中傷和無恥的攻擊，發洩對新文化運動的刻骨仇恨。魯迅、錢玄同、胡適、孫伏園都向《息邪》進行了反擊。魯迅署名「黃棘」，在《寸鐵》上發表了四篇短小的雜感。錢玄同署名「異」，在《寸鐵》上發表了十二篇短小的雜感[18]。因為林紓在《荊生》中以浙江人金心異影射錢玄同，所以錢玄同的筆名常自稱「異」。

由於反動政府的干涉，《新青年》雜誌辦下去越來越困難。1917

18　孫玉石、方錫法：《鋒銳的〈寸鐵〉光輝永在一讀新發現的四篇佚文》，《北京大學學報》（社會科學版），1980年第3期。

年錢玄同向《新青年》編輯部投稿，支持提倡「文學革命」，第二年初，《新青年》編輯部從上海遷到北京，組成編委會，由陳獨秀、錢玄同、高一涵、胡適、李大釗、沈尹默輪流編輯。1919年7月20日胡適在《每週評論》31期上發表《多研究些問題，少談些主義》，李大釗則不同意胡適的觀點，著文商榷，顯示了《新青年》編輯內部的分裂。在《新青年》編輯中，只有劉半農沒有留過學，又剛脫離鴛鴦蝴蝶派，胡適便看不起他。在1919年10月5日召開的編輯會議上，胡適反對集體輪編制，認為像劉半農這樣的人太淺薄，不配當編輯，劉半農一氣之下出國留學去了。1920年底胡適給《新青年》編輯部寫信，認為《新青年》的政治色彩太明顯，成了Soviet Russia（《蘇俄》）的漢譯本，同時，反動當局便不准許郵寄，進而封閉搜查，威脅到《新青年》的生存。1921年胡適給陳獨秀寫信，提出三個辦法：一、聽任《新青年》流為一種有特別色彩之雜誌，繼續辦下去，（《新青年》編輯部於1920年遷往上海，本由陳獨秀負責，陳獨秀因事到廣東去，已請陳望道、沈雁冰、李達、李漢俊加入編輯部）而另創一個哲學、文學雜誌，不帶政治色彩。二、將《新青年》編輯的事，自九卷一號移到北京來，由北京同人於九卷一號內發表一個新宣言，略根據七卷一號的宣言，而注重學術思想藝文的改造，聲明不談政治。三、按照陶孟和的意見，暫時停辦，胡適自己認為不如前兩法。胡適向《新青年》在北京的老編輯人員徵求意見。李大釗認為，《新青年》的團結，千萬不可不顧，主張把當時幾種比較進步的雜誌《新青年》、北大《新潮》、《每週評論》的人聯合起來。魯迅給胡適回信說：「我的意思是以為三個都可以的，但如北京同人一定要辦，便可用以上兩法，而第二個辦法更為順當，至於發表新宣言說明不談政治，我卻以

為不必，這固然小半在『不願示人以弱』，其實則凡《新青年》同人所作的作品，無論如何，官場總是頭痛，不會優容的，此後只要學術思想文藝的氣息濃厚起來─我所知道的幾個讀者，極希望《新青年》如此一就好了。」[19]錢玄同大致同意魯迅的觀點。錢玄同給胡適寫信說：「與其彼此隱忍遷就的合併，還是分裂好。要是移到北京來，大家感情都不傷，自然可移；要是比分裂更傷，還是不移而另辦為宜。」他表示絕對不贊成停辦，認為陶孟和不該這樣說。「因為《新青年》的結合，完全是彼此思想投契的結合，不是辦公司的結合。所以思想不投契了，盡可宣告退席，不可要求別人不辦。」他又說，即使《新青年》完全變成宣傳「蘇維埃俄羅斯」的雜誌，「我們也只可說陳獨秀等辦了一個『勞農化』的雜誌叫做《新青年》，我們和他們全不相干而已，斷斷不能要求他們停版」。錢玄同一生對政治不感興趣，但一向主張政治自由、思想自由，這從他對《新青年》的態度可以看得出來。不管怎樣，《新青年》還是在1922年停刊了，《新青年》的團體也解散了。1919年，錢玄同兼任教育部國語統一籌備會常駐幹事，「自是於國語，國音，注音符號，國語羅馬字，簡體字等的製作、推行，悉心參劃，亙二十年，其效甚溥」，「『五四』以後，他平時的議論漸歸平實，但若遇見或聽到有老頭子壓迫青年的事情，或者青年也有維持『舊禮教』的主張，以及一般『世道衰微，人心不古』的論調，他便要切齒痛恨，破口大罵的（他稱這種老頭子為『遺老』，這種青年為『遺少』）；他不喜歡學生們對他的態度言詞太拘謹了，更討厭青年人頭戴瓜皮小帽，說這種人有『遺少』氣」[20]。

19　《魯迅書信集》上冊，北京：人民文學出版社，1976年，第30頁。
20　黎錦熙：《錢玄同先生傳》。

五四運動以後，錢玄同對他曾經傾注很大精力的新舊文學仍然很關注，黎錦熙先生說：

　　「五四」運動後，錢先生漸專注「國語運動」的工作，而與我雅座表辨之際，也常研討新舊文學問題。他自謂對於新舊文學都是外行。當年「文學革命」的一幕，也不過搖旗吶喊而已。但他始終不喜歡駢體文和律體詩，尤不喜運用典故。他平常也愛看古人的詩文集，只歌頌其淋漓痛快，明白曉暢之作。例如杜甫，賞其《兵車行》、《自京赴奉先》之類，而不喜其《秋興八首》。又如宋詞，他深喜辛稼軒而痛恨吳夢窗，因其專運典故腴辭，所謂「七寶樓臺，拆下來不成片段」也。他主張高中以上的國文，作文應用白話，但要作得文法不誤；作文言文只可自由，但要作得「清真雅正」。各種古體詩文儘管講讀，但只是作一種歷史的研究和欣賞，不必仿作。所以他在師大國文系定的科目，凡辭賦、詩、詞、小說、戲曲「選」，多與各該本的「史」相連，因為許多老頭子或青年，能謅上幾首「歪詩」、「歪詞」，就算了不得，其實對於詩詞等等的源流以及文學史上時代的代表與其價值，一點也不知道，故力矯此弊也。他是「文學革命」的先驅者，但一生沒有做過一首新體詩，他認為「新詩」還未成體。[21]

　　在寫作上，正如錢玄同的學生任訪秋先生所說，錢玄同不是從事文學創作的，他只是一個文學革命的贊助者和吶喊者，不過他的散文，則是有他的獨特風格的。由於他平生對古人詩文，最喜淋漓痛

21　《錢玄同先生傳》。

快、明白曉暢之作，所以他的散文，黎劭西先生說他「其文言似梁任公的筆鋒常帶情感，發揮盡致，吐瀉無餘，而無一句含糊語」。同時，魯迅也說：「十分話只須說到八分，而玄同則必說到十二分。」又說：「其實暢達也有暢達的好處，正不必故意減縮（但繁冗的自應刪削）。例如玄同之文，即頗汪洋，而少含蓄，使讀者覽之了然，無所疑惑，故於表白意見，反為相宜，效力亦複很大。」這都說明了錢玄同散文的特點。[22]

錢玄同不僅極力主張文學革命，而且身體力行地寫白話文。1924年，面對反動軍閥政府查禁進步書報，取締新思想的嚴峻局勢，錢玄同在《晨報·副鐫》上發表了兩篇精煉的雜文，一篇是《雜感·零碎事情》，反映的是1922年冬北洋政府的國務會議通過一個取締新思想案，矛頭指向《新青年》和《每週評論》的成員，於1924年查禁《胡適文存》、《獨秀文存》、《自己的園地》等書，在這樣惡劣的形勢下，錢玄同在《晨報》副刊第一三八號上雜感欄裡發表了三條《零碎事情》，第一條就是揭露文字獄的黑影：

「《天風堂集》與《一月齋文鈔》忽於昌英之妼之日被禁了，這一句話是我從一個朋友給另一朋友的信中偷看來的，話雖然簡單，卻包含了四個謎語。《每週評論》及《努力》上有一位作者別署天風，又有一位別署隻眼，這兩部書大概是他們作的吧。禁止也許是禁止，我這從兩部的性質上推去，大概是不錯的。但什麼是「昌英之妼之日」呢？我連忙查看《康熙字典》，妼是什麼字。啊，有了！字典

<hr>

22　　《錢玄同論》，《藝潭》，1981年4期。

「妉」字條下明明注著，集韻，諸客切，音鐘，夫之足也。中國似有一位昌英女士，其夫曰端六先生，端六之先不是端午麼？如果我這個謎沒有猜錯，那麼謎底必為《胡適文存》與《獨秀文存》忽於端午日被禁止了。但我還沒聽見此項消息，可恨我這句話是偷看來的，不然我可以向那位收信或發信的朋友問一問，如果他們還在北京。

這條雜感署名「夏」，夏就是錢玄同的本名，謎語其實也是錢玄同自己的創造。唐弢先生分析當時的形勢說：

《新青年》於1920年5月被禁，在這之前，大約1919年8月，《每週評論》已經遭受查封的命運，一共出了37期。當時問題與主義的論爭正在展開，胡適的「四論」就發表在最後一期上，刊物被禁以後，論爭不得不宣告結束，大釗先生便沒有繼「再論」而寫出他的「五論」來。1922年冬，北洋政府的國務會議，進一步通過取締新思想案，決定以《新青年》和《每週評論》成員作為他們將要迫害的對象。消息流傳以後，胡適曾經竭力表白自己的溫和，提倡什麼好人政府，但還是被王懷慶輩指為過激派，主張捉將官裡去，嚇得他只好以檢查糖尿病為名，銷聲匿跡的躲了起來。正當這個時候，議員受賄的案件被揭發了，不久又發生國會違憲一案，鬧得全國譁然，內閣一再更易，取締新思想的決議，便暫時擱起，到了1924年，舊事重提，北洋政府禁止《獨秀文存》、《胡適文存》、《愛美的戲劇》、《愛的成年》、《自己的園地》等書，玄同為了揭發事實，故意轉彎抹角，掉弄筆頭，以引起社會的注意。胡適便據此四面活動，多方寫信。北洋政府一面否認有禁書的事情，說檢閱的書已經發還，一面卻查禁如

故。到了6月23日，《晨報副刊》第一四三號又登出給「夏」和胡適的通信，署名也是「夏」。

夏先生和胡適先生：

關於《天風堂》集與《一月齋文鈔》被禁止的事件，本月11日下午5時，我在成均遇見荍白先生，他的話和胡適先生一樣。但是昨天我到舊書攤上去問，據說還是不讓賣，幾十部書還在那邊呢。許是取不回來了吧。

夏日，（這個夏便是夏先生所說的寫信的那個朋友。夏先生和夏字有沒有關係，我不知道，我可是和夏字曾經發生過關係的，所以略仿小寫萬字的注解的筆法，加這幾句話）民國13年，6月20日。

所謂「略仿小寫萬字的注解的筆法」云云，意思就是萬即萬，夏即夏，後來只是一回事，一個人而已。這封通信後面還有一條畫龍點睛的尾巴：

「寫完這封信以後，拿起今天的《晨報》第六版來看，忽然看見《員警廳定期焚書》這樣一個標題，不禁打了一個寒噤，雖然我並不知道這許多敗壞風俗小說及一切違禁之印刷物是什麼名目。」可見當時不但禁過書，而且還焚過書，鬧了半天，原來都是事實。短文採取層層深入的辦法，我認為寫得極好。這是五四初期取締新思想的一點重要史料，敗壞風俗，本來有各種各樣解釋，魚目即混珠，玉石不免俱焚，從古代到近代，從外國到中國，敗壞風俗幾乎成為禁書焚書的共同口實，前乎北洋軍閥的統治階級利用過它，後乎北洋軍閥的統治階級也利用過它。若問敗的什麼風，壞的什麼俗，悠悠黃河，這就有

待於我們這一輩人的辨別了。[23]

　　周作人引用了晦庵的文章，並說：「這篇文章我也覺得寫的很好，它能夠從不正經的遊戲文章裡瞭解其真實的意義，得到有用的資料，極是難得的事。可惜能寫那種轉彎抹角，掉弄筆頭，詼諧諷刺的雜文的人已經沒有了，玄同去世雖已有24年，然而想起這件事來，卻是一個永久的損失。」[24]

　　1921年，由於內外形勢的逼迫，《新青年》很難辦下去了，《新青年》編輯集體面臨解散的趨勢。這一年，錢玄同35歲，就在這一年，錢玄同與顧頡剛通信，主張對經書、史書、子書都要進行辨偽，揭開了轟轟烈烈的古史辨運動的序幕，從這一年開始，他用「疑古」作為別號。

23　晦庵：《取締新思想》（書話），1962年2月19日《人民日報》。
24　周作人：《知堂回想錄》之一六四：北大感舊錄十之上。

第三章

讀史敢言無舜禹

中國有重視歷史的傳統，幾千年來不曾中斷過的文明，給中國留下了極為豐富的歷史史冊，用「浩如煙海」來形容，並不過分。錢玄同的老師章太炎尤其重視歷史，他認為中國只要歷史不亡，中國人就有希望。這種看法大概是針對當時滿族入主華夏，占人口絕大多數的漢族人竟成為被統治者，這對於漢族人的自尊心來說，是難以忍受的。更何況中國自古以來就有以「夏」變「夷」，而非「變於夷」的傳統，歷代少數民族政權都不被看作是正統。清光緒二十九年（1903）冬，17歲的錢玄同讀了章太炎的《駁康有為論革命書》、鄒容的《革命軍》，頑固的「尊崇本朝」的心理發生了根本的動搖，認定滿清政府是我們唯一的仇敵，排滿是我們唯一的天職。不僅剪掉辮子，以示「義不帝清」，而且不肯遵循清代的「正朔」，即用清朝皇帝紀年，很想用黃帝—傳說中漢民族的始祖來紀年。他在日本留學時，參加了不少反清活動，並加入同盟會。同盟會的機關報《民報》，就是採用黃帝紀年。不過，作為《民報》主筆的章太炎，畢竟是一位極為博學的歷史學家，他深知早在司馬遷的時代，已深感「百家言黃帝，其文不雅訓」，也就是說，黃帝不過是傳說中的一個偶像；若要追究中國的信史，則非從有可信的典冊可查的「周召共和」時代（西元前841年）算起不可，他曾給錢玄同寫信論及此事：

中國紀元之說，僅唯取共和為是。非直慕其美名，以年表於此造端，始有甲子可推也。近人多意遠推黃帝，既有顯揚祖德之美，故僕亦不加辯難，其實黃帝至今，年曆修短，人人異說，而又絕無證

據。[1]

　　章太炎雖然對近人頌揚黃帝睜一隻眼，閉一隻眼，但他以一個歷史學家的素養和良知，對黃帝其人之不可靠，在私人通信中說出實話。錢玄同在強烈的排滿氛圍中，主張共和紀元，於宣統二年（1910）撰有《共和紀年說》。雖然他也主張排滿，但認為學術應與政治分開。現在的祭祀黃帝、炎帝，各人動機自然有別，偏偏有不少學者大加考證，把這些傳說吹得神乎其神，人物、地點、時間等等，振振有詞，這大概是現代的春秋筆法吧。1911年，辛亥革命爆發，推翻了2000多年的帝制，建立了中華民國，國內政治空氣大為改觀。錢玄同尊今文大師崔適為師，後來對經學中的「今文」與「古文」兩派都有所懷疑批評，他的思想更加解放。特別是他親眼看見袁世凱在光天化日之下倒行逆施地復辟帝制，終至滅亡，錢玄同自稱「大受刺激」，確信凡事總是前進的，絕無倒退之理，所以在1917年，當幹1917年的事情；1916年以前，皆所謂已往種種，譬如昨日死。研究1916年以前的歷史、道德、政治、文章，皆所謂「鑒既往以察來茲」，凡以明人群之進化而已。「治古學，實治社會學」，斷非可張「保存國粹」之招牌，以抵排新知，使人人褒衣博帶，做2000年前之古人。面對社會上種種沉滯的現實，他深感「憂心如焚」，不敢不本著自己的「良知」，昌言道德文章之改革，這是1917年錢玄同與陳獨秀通信，提出改良應用之文時所寫的話。他明確指出，今後研究歷史，要有社會學的眼光，闡述歷史演變的規律。換句話說，再不能像

1　　原件藏魯迅博物館，引自《魯迅研究資料》第18輯，北京：中國文聯出版公司，1987年，第4頁。

舊學者一樣去編帝王將相的家譜，或是搞煩瑣的考證，而「保存國粹」的心理，必須首先根除。錢玄同提出「治古學，實治社會學」的主張，表明他積極支持提倡文學革命，參加新文化運動，不久他就成為這一運動的重要人物。這一運動的中心任務就是要在中國請來西洋文明中的「德先生」（民主）、「賽先生」（科學），「穆姑娘」（道德），大膽吸收外來文化。1919年錢玄同有專門的文章是論述中國當用世界西曆紀年的（《新青年》第六卷六號），就是以世界的眼光看問題。他指出，紀年問題很重要，是歷史一種很重要的符號。有了這種符號，才可由年代距離的遠近，考見文化的進退，事物的變遷。現在的中國，是世界的一部分；現在以後的中國人，是世界上人類的一部分。所以無論講時事，講古事，都和世界各國相關聯。時事不待言，以後研究中國歷史上的古事，絕不是再像從前研究《通鑑輯覽》的辦法，說堯舜怎樣的仁，桀紂怎樣的暴；劉備是正統，曹丕和孫權是僭偽；岳飛是忠臣，秦檜是奸臣。一定要用治社會學的方法，去研究自古至今中國民族文化變遷的真相。那麼，一定有和別國歷史比較的地方。既和別國歷史常有比較，則須和別國用同一的紀年，才覺便當。

可是中國歷史上的和當今的紀年辦法都有毛病。中國歷代以皇帝紀年，他們配不配拿來紀年且不說，單從一個皇帝改一次元來說，已經可以證明這種紀年在歷史上全無用處，何況一個皇帝還不止改一次元呢！例如武則天，在位21年，竟改元18次，還有的皇帝一年之中改兩三次的。距今20年前，中國的明白人看見西洋史上用基督紀年，覺得實在便利，於是也想改良。有人看見西洋人用基督紀年，就說：「這是用他們的教主紀年。我們中國也有一位孔大教主，我們應該拿

他來紀年。」於是有康有為一派的孔子紀年。有人看見日本人用神武天皇紀年，就說：「神武天皇是日本第一個皇帝，又是日本民族始祖，他們拿來紀年，卻很當於愛國保種的道理，我們漢族的始祖是黃帝，我們該學日本人的辦法，拿他來紀年。」於是就有《民報》一派的黃帝紀年，很富有排滿的意識。章太炎則主張用「周召共和」紀年，因為《史記·十二諸侯年表》是從「共和元年」起，自此以後，才有確實的年數，可以計算到現在。錢玄同以前也主張過。中華民國建立後，用民國紀年。他認為共和紀年、民國紀年都有一定道理，但不贊成拿孔子或黃帝紀年，因為不能強迫全國的人都信孔教，不能強迫全國的人都主張這種狹隘的民族主義，既然中國納入了世界的一部分，當然應爽爽快快地用世界西曆紀年。文章接著指出，用世界西曆紀年，不是崇洋媚外，更不會自亡其國。文章層層深入，抓住一些民族主義者的心理，很平和地加以剖析，很自然地提出了結論，顯示了他駕馭語言的能力。就像他的好友顧頡剛先生善於寫清新無比的論文一樣。

新文化運動的目的就在於除舊佈新，也就是說，一要破壞，二要建設，破壞是前提。尤其在那些國粹家動輒搖頭晃腦，以5000年文明自許的中國，破壞的任務尤其艱巨。幸好辛亥革命推翻了帝制，否則任何對古聖先王的懷疑和非議，隨時都足以招來殺身之禍。但辛亥革命後，國人思想嚴重脫節於共和民主政體的事實，暴露無遺，所以才使錢玄同「憂心如焚」。他熱情洋溢地歌頌西洋文明，號召中國人要老老實實地承認自己的落後，虛心向外國學習。對於許多人所津津樂道的國粹，錢玄同以他深厚的小學、經學功底，對傳統經典展開了批

判清理，直接影響了古史辨運動。黎錦熙先生說，錢先生的治學方法，只看他中年取劉知幾《史通》的篇名「疑古」為號就可知。他給人題字曾署「疑古玄同」，他從章太炎那裡接受了「六經皆史」之說，進一步就拿歷史的眼光來研究批判一切古籍，凡可疑的，都得重新考慮，所以自號「疑古」。「疑古」是反對「泥古」，可也不是「蔑古」。「泥古」是拘泥舊說，墨守前修；要不「泥古」才能運用自己的腦力，用科學的方法，就已有材料，考歷史的真相，這就是「疑古」的治學方法，錢先生一生得力就在這個方法上。一般人見他在《新青年》喊「打破舊禮教」，隨後又提倡「漢字革命」，又改姓「疑古」，就以為他是「蔑古」，蔑棄一切舊有東西，這是完全錯誤的。須知錢先生在民國五六年以前，曾著「深衣」，罵「國語」，也是一個「信古」的人，民國六七年才自己覺悟這樣的「信古」就不免於「泥古」，所以一變而為「疑古」。現在有許多人還不知道「信古」與「泥古」的區別，所以也就不知道「疑古」與「蔑古」的區別。「疑古」的具體事項，就是：（一）辨書史的真偽。他推重宋朱熹、明胡應麟、清姚際恒、閻若璩、崔述、康有為諸氏所用的方法。因為學者如果誤據偽書，儘管道理說得好，總失去了歷史的真相，總算外行，總是笑話。當然，偽書也有不全偽的，真書之中也有偽的，都應分別清楚。（二）訂舊訓的違失。（三）正傳寫的偽誤。關於這兩項，他也就是用清代學者如戴震、段玉裁、王念孫、王引之、俞樾、孫詒讓諸氏所用的方法。清代「樸學」家所用的，當然與科學的方法暗合。至於材料一層，他很注意新獲得的史料，與時賢之所訂補；批判一層，他也持守歷史上社會進化這個大原則，具通識，不拘曲，雖則他對於這個沒有做過專門的研究。他這種疑古的工作，對於群經、諸

子，都有些特別的見解，獨到的發明。錢玄同有兩句名言：「考古務求其真，致用務求其適。」他的知友黎錦熙十分推崇這兩句話，常舉以告學者。他之所以比專門「考古求真」的學者偉大些、宏通些，就在他還有這樣兩句；他對於這第二句的貢獻，就在「國語運動」，但「致用求適」，也須具有「考古求真」的本領才辦得到，所以「國語運動」的兩綱四目，「普及」與「不普及」是對立而統一的。[2]

錢玄同走上「考古求真」之路也經歷了一個曲折的過程。他11歲時讀完五經、《史記》、《漢書》，12歲時（1898年），在教師的書桌上看見一本日本人寫的書，好像是《萬國史記》，有「清世祖福臨」、「清高宗弘曆」這些字樣，又不抬頭寫以示尊敬，錢玄同當時看了，覺得很難過。15歲時讀莊存與、孔廣森、劉逢祿等研究《春秋》的著作，再一比較《春秋左傳》，深信《公羊》最得經意，《左傳》必有偽竄。「願為賣餅家，不作太官廚。」莊存與是中國近代今文經學的開創人，孔廣森是他的門人，劉逢祿則是莊存與的外孫，是將公羊學發揚光大的關鍵人物。錢玄同從十三四歲起，不很相信《春秋公羊傳》。《公羊》對於齊襄公滅紀，褒他能復九世之仇，錢玄同極為欣賞。不過這時錢玄同尊崇清廷的思想毫不動搖，一度忙於準備科舉考試，這是他已去世的父親的厚望。1903年，他17歲，讀了章太炎的《駁康有為論革命書》、鄒容的《革命軍》，才開始有排滿的思想。第二年又接觸到梁啟超的史學文章，對劉繼莊的印象特別深。1905年，他入上海南洋中學學習。課餘閱讀江蘇儀征劉氏春秋左氏學的傳人劉師培的許多關於經學、歷史方面的文章，如《國學發微》、《週末學

2　黎錦熙：《錢玄同先生傳》。

術史序》、《兩漢學術發微論》、《漢宋學術異同論》、《南北學派不同論》、《古政原始論》、《群經大義相通論》、《小學發微補》、《理學字義通釋》、《國學教科書》及其在《國粹學報》上的文章。還讀了夏曾佑《中國古代史》，此書原名《中學中國歷史教科書》，作者痛恨封建專制主義，具有維新思想，主張「民智決定論」，所以在這本書中，夏曾佑極力闡揚教育的作用，是近代中國嘗試用進化論研究中國歷史的第一部著作，多年後錢玄同還十分推崇此書。但是那時錢玄同狹隘的民族主義意識十分強烈，認為漢族的東西都是好的，而且除「皇帝制度」以外，愈古愈好，保存國粹的心理很強，以至鬧出考「深衣」並穿去上班的笑話。1911年2月，錢玄同在故鄉吳興拜見今文大師崔適「請業」，讀了他所著《史記探源》稿本，又從那裡借閱了康有為的《新學偽經考》。他從1909年至1917年，頗宗今文家言。自從看了這兩部書後，乃專宗今文。1909年細繹劉逢祿、龔自珍二人的著作，開始「背師」（章太炎專宗古文，痛詆今文）而宗今文家言。但那時惟對於《春秋》一經排斥左氏而已，比如《書》之馬，《詩》之毛，雖皆古文，卻不在排斥之列，而魯恭王得壁經一事，並不疑其為子虛烏有。故那時雖宗今文，尚未絕對排斥古文；自1911年讀了康崔二氏之書，乃始專宗今文，這是錢玄同1921年的回憶。可見這兩本書對他的深刻影響。

康氏之書，力辨秦始皇焚書並沒有燒毀官府博士所藏的六經，西漢立於學官的今文都是孔門足本，並無殘缺；西漢劉歆為了替王莽上臺製造理論根據，於是偽造了《周禮》、《禮記》、《毛詩》、《左氏春秋》、《易經》、《書經》，請立於學官，實際是一些「偽經」，完全湮

沒了孔子「微言大義」的精神，不過是新莽的陰謀，與孔子無涉，應稱作「新學」。因此清代所盛行的「漢學」實際上是「新代之學」，不配稱為「漢代之學」。此書於1891年（光緒十七年）初刊，流傳很廣，把懷疑儒家經典風氣推向頂點，從根本上動搖了統治階級所尊崇的意識形態，所以清政府曾兩次下令嚴禁。

崔適開始受學於漢學大師俞樾，治校勘訓詁之學，後受《新學偽經考》的影響，專宗今文經學，曾任教於北京大學。他的代表作之一《史記探源》，謂《史記》本屬今文經學，由劉歆竄亂，乃雜有古文說。又說劉歆偽造《左傳》，凡《史記》中出於《左傳》的內容，皆為劉歆的竄入。崔適雖不像康有為那樣熱衷政治，但此書也具有「非聖無法」的實際效果，因為此書認為後代奉為圭臬的儒家經典其實不過是些贗品，哪有尊崇的價值？朱祖謀在此書的序中，痛斥古文說與歷代專制統治狼狽為奸，而今文無此弊，於古今中外政理無所不通，可見此書的考證，「豈惟有功於史學，其有功於經學，政學何如哉！」施茂華在序中說，科學推崇改良，而中學的改良，應以經學為先。古文經把孔學弄得面目全非，而《史記探源》一出，才正本清源，應推之為「二千年來不可無一，不能有二之書」。於此足見，崔氏之書也像康氏之書一樣，有解放思想的作用。

1914年，錢玄同讀了康有為著的《孔子改制考》，進一步受今文家的影響，對於諸子（包括孔子）托古改制之說深信不疑。此書認為上古茫昧，「六經以前，無複書論」，而《六經》所載堯、舜、文王的誥命，假託古聖先王的言行，為宣傳自己的政治觀點和社會改革張本，這種托古改制的風氣，在週末諸子百家中很盛行。康有為對傳統

公羊學的「通三統」、「張三世」之說重新詮釋，演繹成維新變法的理論根據。康有為寫此書並沒有詆毀孔子的意思，相反，他把孔子尊為教主。他沒想到他的結論給儒學帶來了災難性的結果：既然一向被視為極其神聖的上古聖王代代相傳的心法，不過是孔子托古改制的工具，所謂存亡繼絕的道統從何談起？孔子以前的歷史，是孔子為救世改制而假託的宣傳品，茫昧無稽，中國歷史，到了秦漢方可考，這就動搖了中國人言必稱三代的陋習。

錢玄同在這一年（1914年）尊崔適為師，「以簡問安，自稱弟子」。民國以後，崔適在北京大學任教，1924年病死於湖州會館，錢玄同為之治喪。這樣，錢玄同的國故之學便有了兩個教師：一個是極端主古文的章太炎，一個是極端宗今文的崔適。像這樣尊極端對立的學派二人同時為師，在師承關係上是非常特殊的。錢玄同出入於兩大對立學派，洞曉其各自的優劣，所以他能在1917年改變思想，打破「家法」觀念，懷疑、批判經史。這一年也是他積極投身新文化運動的開始，在以後的幾年中，他以大膽、徹底地反國粹，提倡西洋文明而引起了全社會的注目。1921年，《新青年》很難再辦下去了。就在這一年，他與顧頡剛通信數次，後來分別以《論近人辨偽見解書》、《論今古文經學及〈辨偽叢書〉》、《論編纂經部辨偽文字書》為題，收入《古史辨》第一冊之中。這幾篇書信在學術界產生了巨大影響，直接引導了古史辨運動的產生，標誌著我國對中國歷史與思想的研究擺脫了封建時代研究方法和水準的侷限，對上古史進行了全新的清理。顧頡剛為「古史辨」派創始人，畢生致力於上古史的研究，成就最大，他自述自己的學術淵源：

我的《古史辨》的指導思想，從遠的來說就是起源於鄭（樵）、姚（際恒）、崔（述）三人的思想，從近的來說則是受了胡適、錢玄同二人的啟發和幫助。[3]

　　事情是這樣的：1920年，胡適要顧頡剛去找一下清姚際恒《九經通論》有何版本，稱讚姚際恒「亦是一個很大膽的人」，不久讓顧頡剛點讀一下《古今偽書考》──這是姚際恒的代表作之一。當時胡適不過想解決一下顧頡剛的經濟困難。顧頡剛馬上回信，表示願意承擔，還說這件事很容易，至慢也不過20天。此書顧頡剛早在1914年曾借抄過一本，標點工作雖未能如期完成，但顧頡剛發現更多的辨偽著作，主張將他合印，胡適常自稱有「考證癖」，很贊成顧頡剛的計畫。錢玄同給胡適寫信，說想把辨偽文字一起集出，辨偽書從王充起至崔適止。顧頡剛給錢玄同寫信，詢問辨偽工作專在「偽書」上，還是並及於「偽事」呢？錢玄同回信說，他主張二者兼及，而且辨「偽事」比辨「偽書」尤為重要。崔述、康有為、崔適師諸人考訂「偽書」之識見不為不精，只因被「偽事」所蔽，而且他們據以駁「偽書」的材料比「偽書」還要荒唐難信，錢玄同舉了三例子：

　　（1）康長素《孔子改制考》中攻擊劉歆所說孔子作六經之旨，而自己乃引偽書來說孔子作六經之旨。

　　（2）夏穗卿《中國歷史教科書》第二冊中明明說秦漢儒生糅合方士之言為非孔學之真，而反以桓譚、張衡之辟圖讖為非。

3　顧頡剛：《我是怎樣編寫〈古史辨〉的？》。

（3）崔觯甫師《春秋復始》斥左氏、穀梁傳後出，其事實不足信，顧反尊比左、穀更後出之何休之說（何休《公羊解詁》中臆測之史事，崔師皆信之）。

因此錢玄同認為辨「偽事」比辨「偽書」更為重要。比王充早的，如孟子之疑《武成》、《韓非子·顯學篇》所論皆是。若將此等「疑古」的材料收羅齊備，擇要擇善而校點印行，實在「有功藝林不淺」。他說：「近來我忽然想收集古今關於辨偽書的著作，把它們點校印行。我覺得前代學者真是可憐，他們的絕大多數都是日讀偽書，孳孳矻矻，死而不寤的；這偽書活坑了多少聰明人！近人則更有可笑者：曾見有人一面引閻百詩、惠定宇之說，說孔安國底《書傳》是偽書，而一面又把偽孔《書序》大引特引；又有人謂《大禹謨》等雖偽，而其中頗多善言，必不可廢。殊不知考辨真偽，目的本在於得到某人思想或某事始末之真相，與善惡是非全無關係。即以孔二先生而論：假使《禮運》是偽書，《春秋繁露》非孔學之真，則『大同』之義，『三世』之說，縱極精美，卻不可認為真孔學；假使《墨子·非儒篇》或《莊子·盜蹠篇》等不但非偽書，而且所記是實錄，則我們雖甚愛孔二先生，也不能替他遮掩剝人家衣裳的拆梢行徑和向土匪磕頭禮拜的醜態。」錢玄同又給胡適寫信，稱讚崔述的疑古精神，認為推倒漢人迂謬不通的經說，是宋儒；推倒秦漢以來傳記中靠不住的事實，是崔述；推倒劉歆以來偽造的古文經，是康有為。但他們也各有缺陷：宋儒推倒漢儒，自己取而代之，仍是「以暴易暴」，「猶吾大夫崔子」。崔述推倒傳記雜說，卻又信《尚書》《左傳》之事實為實錄。康有為推倒古文經，卻又尊信今文經，甚而至於尊信緯書。這都

未免知二五而不知一十了！或者竟是「明足以察秋毫之末而不見輿薪」，他鼓勵胡適「繼起而幹他們之蠱」，做上幾年「仿泰西新法，獨出心裁的新國故黨」，必將大有造於國故界。錢玄同給顧頡剛回信，強調說：「我並且以為不但歷史，一切『國故』要研究它們，總以辨偽為第一步。」前代學者和司馬遷、王充、劉知幾、顧炎武、崔述諸人，都有辨偽的眼光，所以都有特別的見識。可是前代學者的辨偽，都是自己作開山始祖，所以致力甚劬而所得甚少，咱們現在，席前人之成業，更用新眼光來辨偽，便可事半功倍。他特別重視辨經書的真偽，認為與辨諸子同等重要，甚或過之。因為諸子不為前人所看重，故治諸子者尚多取懷疑態度；而「經」則自來為學者所尊崇，無論講什麼，總要徵引它，信仰它，直到現在，還有人根據《周禮》來講周史的！因此他主張應馬上編纂《偽經辨證集說》。顧頡剛十分重視錢玄同這幾封信，他在《古史辨》第一冊自序中說：

　　玄同先生，我雖早在《新青年》上久讀他的文字，又同處在一校，可是沒有認識；自與適之先生計畫《辨偽叢刊》之後，始因他的表示贊同而相見面。在9年冬間，我初作辨偽工作的時候，原是專注目於偽史和偽書上；玄同先生卻屢屢說起經書的本身和注解中有許多應辨的地方，使我感到經部方面也有擴充的境界。

　　又說：

　　要是適之，玄同兩先生不提起我的編集辨偽材料的興趣，獎勵我的大膽的假設，我對於研究古史的進行也不會這般的快速。

古史辨一開始，影響最大的就是胡適、錢玄同、顧頡剛三人。胡適在1922年8月28日的日記中寫道：「與玄同在春華樓吃飯，談《詩經》甚久。玄同贊成我整理舊書的計畫，但我們都覺得此事不易做。現今能做此事者，大概只有玄同、頡剛和我三人。玄同懶於動手，頡剛正編書，我又太忙了，此種事正不知何時方有人來做。」過了3個多月，錢玄同給胡適寫信，談了他整理《習學記言》等書的打算，並談了他對中國歷史上幾個學派的看法，他說：

我日前當面對你說過，我有意標點《史通》。後來有人告我說，過先願標點這書，並謂他已向你說過，我想這也很好。過先對於史部舊籍搜討甚勤，所得甚富，整理《史通》他很適宜，我決意讓給他去幹好了。至於我自己打算在你所開列的以外，選幾種難得的書，先整理標點。我對於中國宋以來的學派，最佩服的有四派：一為宋之永嘉學派，二為清初顏李學派，三為清中葉之浙東學派（浙東派非始於清中葉，但至清中葉之章實齋出而此派始完全成立），四為歐陽修以來到康有為的疑古辨偽學派。此四學派之重要著作，我都願意擔任標點整理。我想我們雖抱定青年學子所讀的古書，應該是整理過了的古書，但著手的時候，似不妨先將難得的書整理而行，那習見的書，則暫且緩一下（注意：不過是暫且而已）。我現在打算從事整理的是：
一類之《習學記言》
二類之《顏氏學記》
四類之《新學偽經考》
均為難得之書，我於近代學者最喜顏習齋、李剛主、章實齋諸人，十餘年思想屢有改變，而對於他們諸人之敬禮未嘗少衰。近來受

了先生們的影響，對於玄學深惡痛絕，更覺「道不離器」，（章氏語），一類議論之可愛，因此讀顏李之書倍覺有興趣了。你愛費此度和章實齋，而不甚愛顏習齋，我則對於此三子最愛顏習齋，亦未嘗不愛費，此或吾二人見解小小不同之點。

　　錢玄同所稱讚的永嘉學派、顏李學派、浙東學派都以主張經世致用並身體力行著稱。顏元尤其注重實學，強調「習行」、「習動」、「踐形」，反對死讀書，對宋明理學空談理性攻擊尤烈，這與錢玄同的性格及主張很相投，所以最能引起他的共鳴。從歐陽修到康有為的疑古辨偽學派，不管他們的主觀願望如何，事實上是在沉悶的儒教統治下，放射出的理智之光，成為異端思想家或有這種傾向，錢玄同精於小學、經學，將這種疑古精神發揚光大，大膽向神聖的儒家經典挑戰。他在1921年引人注目地以「疑古」來作別號，「疑古」取自唐劉知己《史通・疑古》的篇名，《史通》還有一篇的篇名叫《惑經》，錢玄同尤其注重弄清經書的真偽。1923年2月作與顧頡剛《論〈詩〉說及群經辨偽書》，在這篇裡他表示，立志要搜集關於「群經」之辨偽文字。他說，不把「經」中有許多偽史這個意思說明，則周代—及其以前—的歷史永遠是講不好的。

　　顧頡剛收到這封信後，十分高興。因為自1922年由胡適介紹，他進上海商務印書館當編輯員。初到上海，熟人不多，星期天上午總是空閒的，他就利用這一段時間做古史和古籍的研究，把研究的結果寫給志同道合的朋友們共同討論，其中最主要的一位就是錢玄同。顧頡剛說，錢玄同是一個心直口快的人，有話絕不留在口頭，非說得暢快

不止。不過他有一個毛病，就是白天上課之外，專門尋朋友談天，晚上回到宿舍時便去看友人的信箚和新出版的書報，直到黎明才就枕，可是那時已接近上課時間了。因此，他看了書報想作些批評，總不得暇閑；朋友們去的信箚，往往一擱半年，或竟不覆。我在北京時，他也算我的一個座上客，給我很多的啟發；我到上海後就失去這個聯絡了。1922年，我寫了幾封信給他，總是杳無回音，但隔了一年，於1922年2月，他突然地來了一封長信，不但回答了我所提出的問題，而且也告訴我他所新得到的材料，我不禁大大地喜歡接受，就用一個星期日整整一天的工夫寫了一封答書，把半年來胸中積蓄的問題及其假設的解答都盡情地向他說了。回信呢？等候了兩個月，依然落了一個空。4月中，適之先生到上海來，他編輯的《讀書雜誌》需要稿件，囑我趕作一文。我想我答玄同先生的信已經寄了兩個月，還沒有得到回音，不知道他對於我的意見究竟作何批評，很想借此逼上一逼，就把我給他的信割去了上半篇講《詩經》的，留著下半篇論古史的，在《讀書雜誌》第九期上登出來了。果然第十期上就有他很長的回答：他贊同我的對於古史的意見，更把《六經》的真相和孔子與《六經》的關係說了許多從來未有的實話。在這半封題為《與錢玄同先生論古史書的》信中，顧頡剛提出了著名的「層累地造成的中國古史」觀。第一，可以說明「時代愈後，傳說的古史期愈長」。周代人心目中最古的人是禹，到孔子時有堯、舜，到戰國時有黃帝、神農，到秦有三皇，到漢以後有盤古等。第二，可以說明「時代愈後，傳說中的中心人物愈放愈大」。如舜，在孔子時只是一個「無為而治」的聖君，到《堯典》就成了一個「家齊而後國治」的聖人，到孟子時就成了一個孝子的模範了。第三，我們在這上，即使不能知道某一件事

的真確的狀況，但可以知道某一件事在傳說中的最早的狀況。我們即使不能知道東周時的東周史，也至少能知道戰國時的東周史；即使不能知道夏、商時的夏、商史，也至少能知道東周時的夏、商史。錢玄同在答書中稱讚「層累地造成的中國古史」觀精當絕倫，他說，我從前以為堯舜二人一定是「亡是公」，「烏有先生」。堯，高也；舜，借為「俊」，大也。「堯」「舜」的意義，就和「聖人」「賢人」「英雄」「豪傑」一樣，只是理想的人格之名稱而已，中國歷史應該從禹說起，各教都有「洪水」的傳說，想來是實有其事的，大概洪水以前便全無歷史可稽了。堯舜這兩個人，是周人想像洪水以前的情形而造出來的；大約起初是民間傳說，後來那班學者便利用這兩個假人來「托古改制」。今讀先生之論，證以《詩經》中《長發》和《宮》兩詩，方知連禹這個人也是很可疑的了。顧頡剛說，禹或是九鼎上鑄的一種動物。禹，《說文》云：蟲也，從㲋，象形」。㲋，《說文》云：「獸足蹂地也。」以蟲有足蹂地，大約是蜥蜴之類。他還引用了王伯祥認為禹或即是龍的觀點。錢玄同不同意這兩種說法，因為《說文》中從「㲋」的字，甲文金文中均不從「㲋」，如「禽」，「萬」，「獸」、「獸」諸字。那「象形，九聲」而義為「獸足蹂也」之「㲋」字，大概是漢人據訛文而杜撰的字。錢玄同還認為孔子無刪述或製作《六經》之事。《詩》、《書》、《禮》、《易》、《春秋》本是各不相干的五部書，《樂經》本無此書，《六經》的配成，當在戰國之末。對《六經》的注疏，歷代都未得其真相。一向被小學家奉為聖經的《說文解字》，錢玄同大膽地說它「是一部集偽古文偽古義偽古制和偽古說之大成的書」。

這兩篇信發表後，學術界立即展開了激烈的爭論，毀多於譽。按顧、錢兩人的觀點，堯、舜、禹這樣的遠古靠不住，尊孔者最有力的證據，就是說他製作了《六經》，其實也與孔子無關，這不是「非聖無法」嗎？所以後來就是查禁具有這種叛逆嫌疑的史學著作了。但是它引起的思想界的震動出人意料的大，用顧頡剛自己的話說，是「竟成了轟炸中國古史的一個原子彈」。各方面讀些古書的人頭腦裡向來受著「自從盤古開天地，三皇五帝到如今」的定型的教育，忽然聽到沒有盤古，沒有三皇五帝，大家都不禁譁然起來。當時就有劉扶藜、胡堇人、柳詒徵為代表的守舊派出面攻擊。針對劉、胡二人的言論，錢玄同寫了《研究國學應該首先知道的事》，登在1923年《讀書雜誌》第十三期。他提出的三件事是：（一）要注意前人辨偽的成績。（二）要敢於「疑古」。（三）治古史不可存「考信於《六藝》之見」。中國的偽書偽物很多，研究國學的第一步便是辨偽。胡堇人相信《岣嶁碑》是夏代之物，其實這是楊慎造的假古董。錢玄同還批評胡、劉二人的文章很有「信《經》的色彩」。柳詒徵的態度尤其傲慢，他說：「今之學者欲以文字研究古史，盍讀熟許書，潛心於清儒著述，然後再議疑古乎？」公然諷刺疑古學者連《說文解字》也看不懂。顧頡剛寫了《答柳翼謀先生》，並把此文給錢玄同看，錢玄同說：「他們看錯咱們啦。咱們對於一切古史，都只認為一種可參考的史料而已。對於史料的鑒別去取，全以自己的眼光與知識為衡，絕不願奉某書為唯一可信據的寶典。」他還比較了《說文》中的字與甲骨文、金文上的字，斷言其中必有不少偽古字。[4]這篇長文最初發表在《北京大學國

4　錢玄同：《論〈說文〉及壁中古文經書》，顧頡剛編：《古史辨》第1冊，上海：
　　上

學週刊》，寫作時間是1925年12月13日，署名「疑古玄同」。錢玄同的學生魏建功以《新史料與舊心理》為題，批判了柳詒徵的傲慢作風和文字觀。

顧頡剛晚年在《我是怎樣編寫〈古史辨〉的？》一文中十分重視錢玄同對他的啟發和幫助，他說：

> 錢玄同在日本學習時曾是章太炎的學生。章太炎也是一個敢於批評古人和古書的人，但膽量卻不如鄭、姚、崔三大家。章是經古文學家，談到古史問題時，總想迴護古文學家的說法。錢玄同回國後，又接受了崔適（懷瑾）的思想，崔適是一個經今文學家，恰恰和章太炎的說法對立。漢朝的今、古文是兩大類的學術思想，今文學家中還各立學派，這些經學思想的分裂一直沿續到近代，這是我少年時代為之困惑而百思不解的。從歷史上看，今文家先起，古文家後起。然而古文家經過一番修補，並不是真正的古文，乃是漢、魏、六朝時人用了他們自己的思想改造過來的。今文家則是從孔子的思想慢慢地演變而來，後來又與方士相結合，滿腦子是陰陽五行的相生相剋的想法。所以這兩大派是各有其優點和缺點的。錢玄同一身受了章太炎和崔適兩人相反的思想的影響，於今、古文家都不滿意，他常對我說這兩派對於整理古籍不實事求是，都犯了從主觀成見出發的錯誤。

胡適的態度則有了變化。1929年顧頡剛去看他時，胡適對他說：「我不疑古了，要信古了！」錢玄同則一如既往，尤其對今、古文經

海古籍出版社，1982年。

學都不滿意。顧頡剛說：

> 至於錢玄同，他態度沒有變，那時卻對我講了一個笑話。他說：在蒲留仙做的《聊齋志異》裡有一個桑生，獨居郊外讀書，忽然有一夜來了一個奔女，自稱姓李，他也接受了；她夜夜來，不久桑生就病倒了。蓮香來時看到他的病情，就明白這是受了女鬼的糾纏所致，囑咐他不要親近她。等李女來時，他把蓮香的話告訴她，李女說：「我原是愛你的，不會存心來害你。那先前來的蓮香，她才是狐狸精呢。」桑生聽了李女的話，仍同她交好，可是他的病情越來越惡化了。有一次蓮香來時，李女在室，不及躲避，蓮香數落她說：「我固然是狐，你卻真是鬼。我隔數天才來一次，原是為了使桑生恢復健康。你天天來纏他，卻真的要把他害死了。」桑生躺在床上，聽得這話，方才真正明白：蓮香是狐化的，李女是鬼化的。錢玄同講了這個故事，就對我說：「我們對於今古文問題，也常作如是觀。今文家好像蓮香，古文家好像李女，我們千萬不要上他們的當！」在這段話的啟發下，我就寫出了《五德終始說下的政治和歷史》一個長篇論文，又寫出了《秦漢的方士與儒生》這個通俗小冊子。

胡適、錢玄同、顧頡剛大倡辨經偽史，在社會上的影響相當大。正如錢穆在顧頡剛精心校點整理的《崔東壁遺書》序言中所說：「《古史辨》不脛走天下，疑禹為蟲，信與不信，交相傳述，三君者（按：指胡、錢、顧三人）或仰之如日星之懸中天，或畏之如洪水猛獸之氾濫縱橫於四野，要之凡識字之人幾乎無不知三君名。」魯迅則在1927年以嫉妒的口吻寫道：

《古今史疑大全》出版，有名人學者往來信箚函件批語頌辭共2500餘封，編者自傳250餘葉……[5]

不錯，《古史辨》剛出版時確有學者往來的信箚，但它們都是圍繞著學術問題展開討論，並非盲目地加些批語、頌辭，顧頡剛著名的「層累地造成的古史觀」就是在與錢玄同的通信中提出的。顧頡剛寫的長達6萬多字的自序，敘述了他走上疑古之路的過程，是研究現代學術史的寶貴資料。魯迅在《兩地書》中一再攻擊顧頡剛是胡適的黨羽，要排擠魯迅；甚至不惜人身攻擊，說顧頡剛本來就不口吃，只因心中總是蓄有陰謀，所以故意裝成結結巴巴的樣子。顧頡剛的同事、學生，許多人仍健在，顧先生從小口吃，在《古史辨》第一分冊自序中有明文。魯迅對他的攻擊不僅暴露了自己對上古史的極端無知，而且反映了自己極端褊狹的心理。

古史辨運動對中國歷史與思想的古文獻的清理，其卓著的貢獻，必將在中國現代史上寫下光輝的一頁。顧先生雖口吃，卻能寫一手極為流暢的學術論文，堪與韓非口吃而擅寫政論文相媲美，這本身就是對那些人身攻擊者很好的駁斥。疑古思想是中國現代史學擺脫天命歷史觀、帝王家譜觀的標誌，也是新史學家的共識。1920年，李大釗在《史學思想史講稿》中，批判了「神權的、精神的、個人的、退落的或循環的」舊歷史觀，提倡「人生的、物質的、社會的、進步的」新歷史觀，他說：

5　　魯迅：《而已集‧擬豫言—1929年出版的瑣事》。

中國自古昔聖哲，即習為托古之說，以自矜重。孔孟之徒，言必稱堯舜；老莊之徒，言必稱黃帝；墨翟之徒，言必稱大禹；許行之徒，言必稱神農。此風既倡，後世逸民高歌，詩人夢想，大抵慨念黃、農、虞、夏、無懷、葛天的黃金時代，以重寄其懷古的幽情，而退落的歷史觀，遂以隱中于人心。其或征誅誓誥，則稱帝命；衰亂行吟，則呼昊天；生逢不辰，遭時多故，則思王者，思英雄。而王者英雄之拯世救民，又皆為應運而生、天亶天縱的聰明聖智，而中國哲學家的歷史觀，遂全為循環的、神權的、偉人的歷史觀的結晶。一部整個的中國史，迄茲以前，遂全為是等史觀所支配，以潛入于人心，深固而不可拔除。時至今日，循環的、退落的、精神的、「唯心的」歷史，猶有復活反動的傾勢。吾儕治史學於今日的中國，新史觀的樹立，對於舊史觀的抗辯，其興味正自深切，其責任正自重大。吾願與斯學者共策勉之。[6]

李大釗所說的那種舊史觀，我們只需拿北京大學作一個例子，就可以知道全國的大概。北大號稱全國最高學府，蔡元培當校長後，又大加革新，但要除舊學之弊非是一朝一夕之功。1917年，顧頡剛在北大國學門聽陳漢章講中國哲學，陳漢章供給學生無數材料，從伏羲畫八卦講起，講了整整一年，才講到商朝箕子陳「洪範」，那時考古很不發達，他所用的資料無非是那些極不可靠的傳說，顯然不能把握中國歷史與思想的真實。

李大釗在1924年5月出版的《史學要論》中再次批判了天命歷史

---

6 李大釗：《李大釗選集》，北京：人民出版社，1959年，第289-291頁。

觀，他說：

舊歷史觀認歷史是神造的，是天命的，天生聖人則世遠昌明，天降鞠凶則喪亂無已。本著這種史觀所編的歷史，全把那皇帝王公侯爵這等特權階級放在神權保護之下，使一般人民對於所遭的喪亂，所受的艱難，是暴虐，是篡竊，是焚殺，是淫掠，不但不能反抗，抑且不敢怨恨。「臣罪當誅，天王明聖」，無論其所受的痛苦，慘酷到如何地步，亦只能感恩，只能頌德，只能發出「昊天不吊」的哀訴，「我生不辰」的悲吟而已。在這種歷史中，所能找出來的，只是些上帝、皇天、聖人、王者，絕找不到我們的自己。這種歷史全把人們的個性，消泯於麻木不仁的狀態中，只有老老實實的聽人宰割而已。新歷史觀及本著新歷史觀編成的歷史則不然，他教吾人以社會生活的動用，不在「赫赫」，「皇矣」的天神，不在「天亶」、「天縱」的聖哲，乃在社會的生存的本身，一個知識的發現，技術的發明，乃至把是等發現發明致之於實用，都是像我們一樣的社會上的人人勞作的結果，這種生活技術的進步，變動了社會的全生活，改進了歷史的階段。這種歷史觀，導引我們在歷史中發現了我們的世界，發現了我們的自己，使我們自覺我們的權威，知道過去的歷史，就是我們這樣的人人共同造出來的，現在乃至將來的歷史，亦還是如此。[7]

李大釗是中國馬克思主義史學篳路藍縷的開拓者，古史辨的宣導者不是走的這條道路，但是他們揭露經書的真偽，考證古史傳說中的

7　李大釗：《李大釗選集》，第506-507頁。

帝王由神演化為人的過程，起到了解放思想的作用。另一位馬克思主義史學家郭沫若1930年在他的名著《中國古代社會研究》中坦率地說，從前因為嗜好的不同，並多少夾以感情的作用，凡在胡適辦的《努力》報上所發表的文章，差不多都不曾讀過，[8]顧頡剛所提出的夏禹的問題，在前哄傳一時，我當時耳食之餘，不免還加以譏笑，到現在自己研究一番過來，覺得他的識見委實有先見之明。在現在新的史料並未充足之前，他的論辯自然並未能成為定論，不過在舊史料中凡作偽之點大體是被他道破了。因此，郭沫若稱讚「層累地造成的古史」的確是個卓見。郭沫若畢竟是個訓練有素的歷史學家，他不像魯迅那樣不懂專業卻偏要作無端的攻擊，而是敢於承認一時的偏見，肯定別人的貢獻。40年代，侯外廬在他的劃時代巨著《中國古代社會史》序言中自述他研究中國古代社會的三個原則，第二個原則便是「謹守辨偽的治學方法」。他說，要想得出斷案，必須勤懇虛心地吸取前人考據學方面的成果，再進一步改進或訂正他們的說法。他還批評今文學家「托古」、「影古射今」的毛病，指出研究古代史，不能有一絲一毫的渲染，以免差之毫釐，謬以千里。誠如白壽彝先生所說，20世紀20年代，李大釗先生的《史學要論》是馬克思主義在史學領域裡的發展的重要標誌，郭沫若先生的《中國古代社會研究》，代表30年代的理論成就。40年代，侯外廬先生的著作在當時馬克思主義史學著作中有他特殊的地位，貢獻最大，其代表作應推《中國古代社會史論》（按：原名《中國古代社會史》）。[9]這三位卓越的馬克思主

8　　《努力》、《讀書雜誌》都是胡適在北京辦的報紙，《努力》重政治，《讀書雜誌》則重學術，一個月一張，附在《努力》裡發行。

9　　《紀念侯外廬文集·外廬先生的學術成就》，西安：陝西人民教育出版社，1991年。

義史學家對考證辨偽的重視，對遠古聖王賢哲的批判，有助於我們正確估價古史辨運動，廓清上古社會與思想的不朽功勳。《古史辨》第一冊一出版，就印行了20版，這在當時的出版界是罕見的，也不是偶然的。古史辨運動也引起了國外史學界的注意，胡美爾（Hummel）1928年在美國史學聯合會上宣讀了一篇論文，題為《中國史學家研究中國古史的成績》，介紹了古史辨運動，文中還特別提到，這一運動的特色就是寧可以懷疑的態度，不可以相信的態度，直逼那些被人尊崇的最古經典，這種態度已是這樣普遍，以至北京大學一位熱心提倡自由批評的著名教授錢玄同，竟自己取了「疑古先生」（疑古玄同）這樣一個名字，並且經常用到現代的文壇上去。[10]

錢玄同是「疑古」而不是「蔑古」，他說：

若講偽書的價值，正未可一概而論。亂抄亂說的固然不少。至於《易》之象象繫辭傳，如小戴禮記中之《禮運》、《中庸》、《大學》諸篇，如《春秋》、《公羊傳》與《繁露》，如《周禮》，這都是極有價值的托古著作。但不能因其有價值，便說是姬旦、孔丘所作。也不能因其非姬旦、孔丘所作，便說是毫無價值。我很佩服姚際恒、崔述、康有為那樣的疑古求真的態度，很不佩服他們那樣一味痛罵偽書的衛道態度。

他強調辨古書的真偽與審史料的虛實應分開：

10　《古史辨》第2冊，第426—427頁。

辨古書的真偽是一件事，審史料的虛實，又是一件事，譬如《周禮》《列子》，雖然都是假書，但是《周禮》中也許埋藏著一部分周代的真制度，《列子》中也許埋藏著一部分周漢間道家思想，（這只是說說，非指《楊朱篇》而言，我也絕不相信《楊朱篇》思想是楊朱的思想，可以拿他來做楊朱學說的史料，我對於《楊朱篇》的思想，與蔡孑民先生所見全同，認為是「清談家之人生觀」，雖然我不同意蔡先生說周朝那個真的楊朱就是莊周）因為以前的人們總受著許多舊東西的束縛的，即使實心實意的想擺脫一切，獨闢新蹊，自成一家言，而「過去的幽靈」總是要時時奔赴腕下，驅之不肯去；所以無論發揮怎樣的新思想，而結果總不免有一部分做了前人的話匣子，那麼，成心造假古董的，所造的假古董裡面埋藏著一部分真古董─或將舊料鎔化了重鑄，或即取整塊的舊料嵌鑲進去─更是可有的事了。反過來說，一切真書，儘管是某人作的，但作者之中有的是迷於荒謬難稽的傳說，有的是成心假造，如所謂「托古改制」；有的是古籍無徵，憑臆推測。我們並不能因其為真書，就來一味相信它，這是咱們跟姚際恒、崔述、康有為及吾師崔觶甫、章太炎兩先生諸人不同的地方。[11]

錢氏這番話，可以看作他主張「考古務求其真」的注腳。

古史辨的一個重要貢獻，就是打破上古為黃金世界的觀念。諸子托古改制，把上古形容得像天堂一般，據說堯舜禹有相傳的16字心法：「人心惟危，道心惟微，惟精惟一，允執厥中。」到了宋明理

11　錢玄同：《論〈說文〉及壁中古文經書》，顧頡剛編：《古史辨》第1冊。

學，言必稱三代，對漢、唐這樣興盛的王朝斥為人欲流行，天道不彰，這是一種典型的退化歷史觀。錢玄同在1925年回覆林語堂的信中，批駁了這種退化的歷史觀。他相信「歷史的確是進化的」，就全體觀察，後代總是勝過前代，今人總是勝過古人，不能說「唐宋不如兩漢，兩漢不如週末」。對於一個時代的文化，要就全體觀察，不能專看幾位「正統派學者」而下斷語。他說，據他的研究，中國的歷史的確也是進化的。漢唐實勝於晚周，宋明實勝於漢唐。自然，從董道士（按：指董仲舒）罷黜百家獨尊儒術以後2000年中，思想被壓，不易發展。但聰明的人們仍能在腳鐐手銬之中拼命掙紮，留下許多活動的成績。藝術家不待言，學者之中，如王充、劉知幾、王安石、鄭樵、朱熹、陳亮、黃宗羲、顏元、戴震、章學誠、崔述這些人的思想，比孔丘、孟軻要精密得多。記得從前章太炎談過，荀況之學過於孔丘，這話也很對。拿《孟子》和《孟子字義疏證》比較，覺得孟軻還夠不上懂得戴震的話—這裡所說，乃是估這班死人在歷史上的價值，與現在無關。若談現在，則又進化了。[12]錢玄同在逝世前一年於病中搜集整理劉師培遺書。對於這位短命的天才，儘管在政治上弄得聲名狼藉，錢氏還是不否認他的歷史地位。錢氏在遺書序言中說，最近50年來為中國學術思想革新時代。第一期始於民元前28年甲申（1884），第二期始於民國六年丁巳（1917）。在此黎明運動之啟蒙人物最為卓特者，錢氏表彰了12位：南海康君長素（有為）、平陽宋君平子（衡）、瀏陽譚君壯飛（嗣同）、新會梁君任公（啟超）、閩侯嚴君幾道（複）、杭縣夏君穗卿（曾佑）、先師余杭章公太炎（炳麟）、

12　《語絲》1925年第25期。

裡安孫君籀廎（詒讓）、紹興蔡君孑民（元培）、先師吳興崔公觶甫（適）。

　　錢玄同很早就強調，治古學實治社會學，歷史自不能例外。他是文字學名家，據他的學生何樂夫先生的回憶，錢氏研究文字學是從研究古代歷史、研究社會的發展進化著眼。他說，從古文字可以看出人類社會歷史的演變，文字「從古到今，造義、造形、造音，都是有事實依據的，不是空洞的」[13]。著名上古史專家徐旭生特別佩服錢玄同對於考古方面認識的精銳。有一次錢氏對徐先生說：「太皞為東方氏族任、宿、須勾、顓臾的祖先，《左傳》上說的很清楚。就是炎帝，很古地就傳說他與黃帝戰於阪泉，也似乎真有這樣一個人或部族。但是伏羲同神農這兩個名字，太不對了；『伏』或作『宓』，作『虙』，有治的意思。犧是犧牲。伏犧似乎是指治犧牲的人民，換句話說，就是遊牧時代的人民。『神』字也有『治』字的意思。神農是指農業時代。此二詞是指古代相傳的兩個時代，並非人名，與太皞、炎帝絕無關係。黃帝，除了後代所堆垛的一部分以外，與炎帝及蚩尤的故事，傳說很古，像是有歷史的根源。顓頊一名，也太不對，似乎不像一個真人的名字。」（以下錢氏的解說，徐先生已記不起了）錢玄同是「讀史敢言無舜禹」的，這是指反對把他們打扮成道德功業完滿的聖人；就研究而論，則要透過那些可疑的傳說，探索傳說背後的史影，比舜禹時代更早的黃帝，錢玄同也肯定它有歷史的根源，這就是社會學的眼光。他認為伏羲、神農分別代表遊牧時代和農業時代，這種解釋十分新穎，也符合歷史演進的規律。他認為太皞為東方民族，這一點毫

13　轉引自《錢玄同年譜》。

無疑義。山東在中國文明起源上占極為重要的地位，以前只有王獻唐等少數人研究，現在山東豐富的考古成果，促使人們重新認識山東遠古文明，可惜錢玄同不重著書，在這方面的論述，保留下來的太少。

第四章

撥除最厚最黑的雲霧

錢玄同4歲開始讀《爾雅》，5歲開始讀《詩經》，他父親希望自己的兒子能考中舉人，光宗耀祖，所以督責甚嚴，他13歲時讀了《春秋左傳》，也讀了《春秋公羊傳》。前者屬古文經學，後者屬今文經學。從這時候起，他就很相信《春秋公羊傳》，後來讀了莊存與、孔廣森、劉逢祿等今文學家研究《春秋》的著作，深信《公羊》最得經意，《左傳》必有偽竄：「願為賣餅家，不作太官廚」，他後來有一個常用的別號叫「餅齋」，還曾讓周作人等人寫有關「餅」的文章，周作人說把陸機的《餅賦》翻了幾道，始終沒有交卷。1911年他在故鄉拜見崔適「請安」，讀其《史記探源》稿本，又從那裡借閱康有為的《新學偽經考》，從此專宗今文，後尊崔適為師，自稱弟子。1917年後，他開始打破古文、今文的家法，這一年也是他向《新青年》雜誌投稿贊成「文學革命」，參加「國語研究會」，成為新文化運動的領導人之一的一年，標誌著他的思想完全成熟。1921年他與胡適、顧頡剛通信，討論編集辨偽叢刊，當時顧頡剛還不注意辨別經書的真偽，錢玄同多次對他說起對今、古文經學都不滿意，這才引起顧頡剛的重視，對他一生的學術生涯起了直接的影響。1921年11月5日，錢玄同與顧頡剛通信專門討論了編纂經部辨偽文字的問題，認為此事刻不容緩，認為辨經書與辨子書同等重要甚至更重要。因為「經」是自來學者所尊崇的。1923年顧頡剛發表《與錢玄同先生論古史書》，提出轟動一時的「層累地造成的中國古史」觀，錢玄同在回信中極口稱讚，對六經提出了精闢的見解，他說：

　　我很喜歡研究所謂「經」也者，但也很「惑經」的。我在12年前看了康有為的《偽經考》和崔觶甫師的《史記探源》，知道所謂「古

文經」是劉歆這班人偽造的。後來看了康有為的《孔子改制考》，知道經中所記的事實，十有八九是儒家的「托古」，沒有信史的價值。近來看葉適的《習學記言》，萬斯同的《群書疑辨》，姚際恒的《詩經通論》和《禮記通論》（在杭世駿的《續禮記集說》中），崔述的《考信錄》等書，和其他書籍中關於「惑經」的種種議論，乃恍然大悟：知道「六經」固非姬旦的政典，亦非孔丘的「托古」的著作（但其中有後來的儒者「托古」的部分；《論語》中道及堯、舜，文王、周公，這都是孔丘的「托古」），「六經」的大部分固無信史的價值，亦無哲理和政論的價值。

　　錢玄同強調，治古史要敢於「疑古」，打破治古史「考信於六藝」的傳統見解，主張「離經畔道，非聖無法的《六經論》」[1]。他又強調，治古學，實治社會學，再不能像以前的學者那樣，單純搞考據。如果要研究中國的經史，除了掌握科學方法外，還要懂得歷史學。1923年，他在《漢字革命》一文中寫道：

　　一般人所謂「西洋文化」，實在是現代的世界文化，並非西洋人的私產，不過西洋人作了先知先覺罷了。中國人要是不甘於「自外生成」，則應該急起直追，研究現代的科學、哲學等等。若要研究「國學」，尤其非懂得科學方法不行（這還是說「起碼」的話。其實不懂得現代的新文學，絕不配整理中國的舊文學；不懂得歷史學，絕不配整理中國的經、史，其它類推）。我們今後對於「國學」，只應該做

1　　錢玄同：《研究國學應該知道的事》，《古史辨》第一冊。

「整理國故」的事業，絕對的不應該再講那什麼「保存國粹」、「宣揚國光」這類廢話了。

　　因此，不但經學家的「家法」要破，進一步，就連「經」的本身，也一律要「重新估定價值」。他認為一向被奉為神明的十三經不過是「不倫不類，雜七雜八的13部古書而已」。北師大國文系的科目有「經學史略」一門，他每年總要自己擔任，說怕人家把它弄得烏煙瘴氣的。他的同門吳承仕，與黃侃一樣走的完全是傳統小學家的路子，他在師大向來教的是一門「三禮名物」，1933年，作為國文系系主任的錢玄同一定要廢掉這門課，別人以為是兩人當時宗旨不合，其實錢玄同不過是不滿意吳承仕專據《三禮經疏》，不辨「古文家」說之疑偽而一律認為真實；吳承仕常說此門科目，可改稱為「封建時代的衣食住行」。錢玄同說還要加上幾個字叫做「封建時代『鄭孔賈所說』的衣食住行」。至於純舊式的淺陋經談，什麼「唐虞三代之隆」，「經明行修」，「讀經救國」等等，他聽見了一定要大罵的。總之，要以「史眼」窮經，錢玄同只承認都是「國故」，「國故」就是史料。他不贊成「國學」「經學」這些名詞，所以他也極留心於古今的「文獻」資料，他自從到北平，每年陰曆歲首半個月大逛廠甸，每天都有他，朋友們戲呼他為「廠甸巡閱使」。他當然是找舊版書，但卻不是講究古董式的版本之學，他是有目標的，除留心那些常見的文字音韻等書外，就是搜「文獻」。有幾年是專搜戊戌到辛亥間出版的雜書和殘本雜誌之類。逝世前幾年，他搜集整理劉師培遺書，除《國粹學報》，《左庵文集》等和直接向儀征劉家徵得的遺稿之外，大部分都是錢玄同舊時與逛廠甸陸續得來的材料。所編全書的目次，體例精

嚴，並編有《左庵年表》。為了印劉師培講《三禮》的遺稿，錢玄同翻閱《三禮》一類的書來校訂原稿上的錯誤，這位時常患高血壓的錢玄同，在情緒極端惡劣之下，還如此孜孜不倦！劉師培是四代家傳治《春秋左氏傳》的古文經學家，是清末的革命黨，又轉變為清臣端方的偵探，入民國又為擁袁為帝的六君子之一，正當五四運動時在北大教書時死去；是章太炎「道不同」的舊交，是黃侃「年相若」的老師，而錢玄同在病中還如此出力給這位有世誼的故交編校遺書，可見他分門戶，不計短長之純粹的「文獻」精神了。[2]

要將經書的神聖外衣剝掉，還原為可用可信的文獻，則非疑古不可，非疑經不可，錢玄同說：

我們研究的時候，應該常持懷疑的態度才是……我們要發現了一部書的可疑之點，便不該再去輕信它，尤其不應該替它設法彌縫……彌縫的緣故，便是不敢疑古，他們總覺得較後的書可疑，而高文典冊（尤其是經）不可疑；殊不知學術之有進步，全由於學者善疑，而贋鼎最多的國家裡，尤非用極熾熱的懷疑精神打掃一番不可。[3]

但以前的學者，無論如何大膽的疑古，總不免被成見所圍，先生說崔述著書的目的是要替古聖人揭出他們的聖道王功，辨偽只是目的手段，所以他們總要留下一團最厚最黑的雲霧，不肯使青天全見的。我們現在應該更進一步，將這團最厚最黑的雲霧盡力撥除。[4]

2　黎錦熙：《錢玄同先生傳》。
3　錢玄同：《研究國學應該先知道的事》，顧頡剛編：《古史辨》第一冊。
4　錢玄同：《答顧頡剛先生書》，顧頡剛編：《古史辨》第一冊。

而要撥除這團「最厚最黑的雲霧」，就不能不面對中國經學史上一大公案—今、古文經學。今文經是由戰國時學者師徒父子口頭相傳，至漢代使用當時流行的文字即隸書寫定。古文經系用秦以前的「古籀文字」寫成，與今文經的隸書寫法迥異，故名。古文學家宣稱，秦始皇焚書，使孔子所編「六經」殘缺不全。幾種重要典籍被藏於宅壁，或散佚民間，得以倖存，至漢代才陸續重新發現，主要有《古文尚書》、《周禮》、《春秋左傳》等。今、古文經在字體、字句、篇章、解釋等方面各有不同，對古代制度的記載也有差異。向漢武帝建議「罷黜百家，獨尊儒術」的董仲舒就是今文經師，從此今文學大興。東漢何休撰《春秋公羊解詁》，集今文學之大成。面對今文學的一統天下，古文學家不甘示弱，王莽篡權，建立新朝，大興復古之風，採用劉歆的建議，立古文經學博士，以排斥今文經學，兩派鬥爭十分激烈，「家法」森嚴。東漢鄭玄等人注經，兼採古、今文說，混淆了家法。今文經學在漢末式微，1000年後，在清朝乾嘉年間，今文學開始復興。在錢玄同的時代，就有康有為、廖平、崔適等今文學大師，並且崔適還是錢玄同的老師。錢玄同認為，近世今文經學和古文經學的兩個極端莫過於康有為和章太炎，他說：

　　過去學者凡研究經學的最大的缺點就是所謂家法師說。犯此病的，尤以漢人為甚。漢以後學者比較好一點，但依然不免也會有這種意味。雖以清儒之「實事求是」，亦有所不免。在清末有兩位學者，可以說集2000年來經學派別之大成，一是康有為，一是章太炎。他們兩位都是經學大師，但他們的見解是極端相反的。康偏於微言大義，而太炎先生則特別偏重於訓詁名物……

我曾經說過，劉逢祿、龔定庵是新今文學派。其實他們不過是康有為的先驅，而真正足以稱為新學派的，則唯康有為一人而已。他第一步不過闡明了經學的微言大義，但在第二步他借著微言大義，以發揮自己的理想。至於太炎先生，他恰與康相反，他特別尊信古文。在過去學者，只不過偏於古文，或偏於今文，絕沒有如康有為之專信今文，而認古文為全非；同時也絕沒有如太炎先生之專信古文，而認今文為全非者。所以他們兩個可以說是兩個極端。太炎先是極端推許劉歆的，竟至刻一圖章為「劉歆私淑弟子」，他之所以如此，也因為他的立場與康氏不同，康氏是想借微言大義，以抒發自己的政見。至於太炎先生是排滿的，所以特別看重自己的歷史。同時呢，劉歆是歷史的保存者，所以他就極端地佩服劉歆。關於章、康兩人對於經學的態度，我們可以由他們的兩句話中看出來，康氏在他的《孔子改制考》中有句話，即「六經皆孔子改制所作考」，這差不多是康氏的口號。至於太炎先生，在他的《原經》中有句話，即「六經皆史」，這也就是章先生的口號。章先生最看重歷史，他認為印度之所以如此，就因為他們太不看重歷史了。中國有3000年的歷史，假如歷史不亡，則中國還有復興之望。

他最後闡述了他自己對於經學的態度，是「站在歷史的立場上，來研究經的本來面目」[5]。所以儘管章太炎是極端反對「今文」經學的，錢玄同還是接受了今文學派的不少觀點。他曾舉《春秋繁露》中的說法問章老師，章太炎說：「你這是從姓崔的那裡聽來，不值得一

5　任訪秋：《錢玄同論》，《藝譚》1981年第4期。

駁的！」章太炎晚年在蘇州撰《制言》雜誌，《歲刊辭》開宗明義還是反對三樣東西，頭兩樣就是今文家言；而錢玄同則正在作重印《新學偽經考》的序，後來改題為《重論經今古文學問題》，[6]洋洋灑灑數萬言，當時日本人也就有人翻譯成日文去了。有人把他專拉作今文學家，說他可以「謝本師」，這是錯誤的，因為他並沒有偏祖今文經學，而是說它與古文經學一樣是一丘之貉。不過，他確實提請學術界注意今文學家已有的辨偽成績。他批評對今文學家的誤解：

　　近人或謂今文家言「微言大義」，古文家言「訓故名物」，這是兩家最不同之點。此實大謬不然。今文家何嘗不言訓故名物？《漢書・藝文志》於《詩》有《魯故》、《齊孫氏故》、《韓故》諸書，於《書》有大小夏侯解故諸書，都是言訓故名物的。（漢師說經，「解故」以外尚有「章句」。《書》之歐陽、大小夏侯，《易》之施、孟、梁丘、《春秋公羊傳》，《藝文志》皆著錄有章句之書。章句雖非專言訓故名物，然亦非絕不言訓故名物也）至於「微言」「大義」，本是兩詞，近人合為一詞，謂凡今文經說，專務發揮微言大義，而近代今文家亦多以發揮微言大義之責自承。其實此兩詞絕不見於西漢今文家的書中。最早用此兩詞的是古文家的始祖劉歆。他的《太常讓博士書》中有云：「夫子沒而微言絕，七十子終而大義乖」；又，《漢書・藝文志》為劉歆《七略》之要刪，其篇首即云：「昔仲尼沒而微言絕，七十子喪而大義乖。」是當以此兩詞歸之古文家，方為適當耳。若云微言大義即指《公羊傳》，《史記》、《春秋繁露》中言及《春秋》大

6　　以下凡引此篇均見《古史辨》第五冊。

義，皆無微言大義之稱。且古文家之劉歆亦曾造有偽《左》的「《春秋》之義」，即所謂「五十凡」等等是也。古文家何嘗不言微言大義乎？微言、大義兩詞既為古文家所創，則稱「五十凡」等等為微言大義，更為切合，大概劉歆亦正指此耳。

　　或又謂古文家言「六經皆史」，今文家言「六經皆孔子所作」。此則尤與事實不合。按此兩說，漢之今文家與古文家皆無之。對於經的來源及其與孔子的關係，《史記・孔子世家》及《儒林傳》所言為今文說，《漢書・藝文志》及《儒林傳》所言為古文說。兩說固不甚相同，然亦不甚相違，而皆與「六經皆史」及「六經皆孔子所作」之說不同。考「六經皆史」之說，始於宋之陳傅良、徐得之（《左氏國紀・序》），其後明之王守仁（《傳習錄》），清之袁枚（《史學例議序》），章學誠（《文史通義》），龔自珍（《古史鈎沉論二》），及章太炎師（《國故論衡》的《原經》）皆主此說。陳王袁章四氏，不但非古文家，且非經學家；龔氏則為經學家；惟章君為古文家耳。然則云「六經皆史」之說為古文家言者，非也。至於「六經皆孔子所作」之說，始於廖平（《知聖篇》），而康有為（《孔子改制考》的《六經皆孔子改制所作考》），皮錫瑞（《經學歷史》與《經學通論》）皆從之，三氏固為近代之今文家（廖氏議論數變，實不能稱為今文家，惟作《古學考》及《知聖篇》之時代尚可歸入今文家耳）。但前於三氏之今文家龔自珍即主「六經皆史」之說，後於三氏之崔觶甫師又反對康氏之說（《五經釋要》的《孔子述作五經之大綱》）。然則云「六經皆孔子所作」之說為今文家言者，又非也。

　　錢玄同認為，今古文之不同，最重要的是篇卷之多少，其次是文

字之差異。至於經學，則古文家與今文家正是一丘之貉。漢代的今文家與古文家，或墨守師說，或苟應異說，既無系統，又無見解，現在看來，可取者殊少。近代今文家如莊述祖、劉逢祿、龔自珍、魏源、康有為諸人，古文家如章太炎師（從鄭玄以下至章君以前，沒有一個古文家）。或目鄭學者與惠棟、戴震、段玉裁、王引之諸氏為古文家，則大誤。雖或宗今文，或宗古文，實則他們並非僅述舊說，很多自創的新解，其精神與唐之啖助、趙匡至清之姚際恒、崔適諸氏相類；所異者，啖、趙至姚、崔諸氏不宗一家，實事求是，其見解較之劉、莊諸氏及章君更進步而已。我們今後對於過去一切的箋、注、解、疏，不管它是今文說或古文說，漢儒說或宋儒說，或清儒說，正注或雜說，都可以作我們的參考或採取。例如《詩》說，不但漢劉歆之偽毛公《詩傳》可以採取，即使明豐坊之偽子貢《詩傳》與偽申培《詩說》也可以採取。又如《書》說，伏生之《大傳》，王肅之偽《孔安國傳》，蔡沈之《書集傳》，孫星衍之《尚書今古文注疏》，魏源之《書古微》等等都可以採取，不必存歧視之見。錢玄同稱讚俞樾「為學無常師，左右採獲，深嫉家法違實錄者」（章太炎語）的治學精神，並舉例說明，認為俞氏這種解經的態度，實在是我們的好榜樣。總而言之，我們今後解經，應該以「實事求是」為鵠的，而絕對破除「師說」「家法」這些分門別戶、是丹非素、出主入奴的陋見。

鑒於學界對今文學的成見，錢玄同熱情地讚揚100年來的今文學運動，是中國近代學術史上一件極光榮的事，它的成績有兩方面，一是思想的解放，二是偽經和偽史料的推翻。我們現在對於古書，應該多用懷疑的態度去研究，斷不可無條件地信任它們，認它們為真古

書，真事實，真典禮，真制度。與其過而信之，寧可過而疑之，這才是實事求是的治學精神，所以咱們對於朱晦庵、崔東壁諸人的考辨，不可因為他們是宋學者而不去理會它；對於劉申叔、康長素諸人的考辨，不可因為他們是今文學者而不去理會它。就是對於古文學者考辨今文的話，咱們也應該用同樣的態度來研究。豈獨宋學者、今文學者、古文學者等考辨古書之說應該研究，不可不理會，即使說部筆記之中，考辨古書，時有善言，同樣應該研究，不可不理會。善疑方可得真，輕信必至上當。

接著，錢玄同開始討論：近代的今文學者將古文經根本推翻，則他們自己解經是否一宗今文學說呢？這卻不盡然，他們對於《春秋》都是以公羊之說為宗（唯邵懿辰不言《春秋》），對於其它各經，獨崔觶甫師一人篤守漢之今文說，他人即不如此。他們對於古文經，但揭破其作偽之根源並刪削其偽造之部分而已；至於漢之古文說，則並非全不採用。他們對於今文經，但因其本子可靠，故依據之而已；至於他們自己解經，則並非專宗漢之今文說。所以他的解經的精神實在是「超今文」的，因此，近代今文學者的解經，其價值和漢唐宋明以來各派的解經是同等的。近代今文學者之中，有幾位都是有政治思想的，他們喜用「托古改制」的手段來說《春秋》，名為詮釋《公羊》古義，實則發揮自己政見。因為何休說《春秋》中有許多「非常異義可怪之論」，他們就利用這句話，往往發非常異義可怪之論，如龔自珍、康有為等人。同時有宋衡、夏曾佑、譚嗣同、蔡元培諸人，雖無說《春秋》之專書，而亦喜引《春秋》「三世」之義以言社會進化。像他們這樣利用《春秋》與王安石利用《周禮》是一樣的，與朱熹利

用《大學》作《格物補傳》，王陽明利用《大學》作《大學問》，其性質也是一樣的，總之，是「托古改制」而已。龔、康等人這種「托古改制」的《春秋》說，在晚清的思想變遷史上有很高的價值，但與《公羊》及董仲舒、何休之原義並不相同。那些「托古改制」的經說，應該和黃梨洲的《明夷待訪錄》、王船山的《噩夢》、顏習齋的《四存編》、唐鑄萬的《潛書》、馮林一的《校邠廬抗議》等書同樣看待，其價值也是同等的。至於他們考辨古文經的著作，規模宏大，論證精確，比得上它的唯有崔東壁的《考信錄》而已。關於幾部經的論解，將來甲骨刻辭及鐘鼎款識之學發達以後，一定有大變動的；近代今文學者所解與漢唐以來之舊解總不免要推翻許多，甚至根本推翻也說不定（他們「托古改制」的經說本與解經無關，當在思想史上占得一個重要的地位）。但是他們考辨偽經的成績，將來絕不會完全推翻的（部分的修正，當然會有）；豈獨不全推翻，一定還會更進一步，再推翻許多偽史料。[7]

錢玄同強調，凡治歷史科學，第一步必要的工作是「審查史料的真偽」。要不是經過這步工作，任何材料都可供採用，則結果盡可鬧到下筆千言，離題萬里。說得像煞有介事，其實滿不是那麼一回事。中國的偽書和偽史實在太多，所以辨偽的書籍和定論也不少，自宋以來，辨偽之學尤為發達。如明胡應麟的《四部正訛》，清姚際恒的《古今偽書考》等，都是辨偽的專書；清代官書《四庫提要》中辨偽的議論也很多，這些固然都是治國者的重要參考資料。但辨明一首偽詩，一篇偽文，一部偽筆記，一部偽雜史，雖然警告治學的人們對於

7　錢玄同：《左氏春秋考證書後》，顧頡剛編：《古史辨》第五冊。

那些偽材料不可信任，很有益處，究竟關係還小。若辨明幾部偽先秦子書，如《管子》、《商君書》、《尹文子》、《鶡冠子》、《列子》之類，自然較為重要了，但關係也還不算大。因為那些偽詩或偽筆記之流，大家本沒有怎樣看重它。有時候隨便採用了，你先警告他們：「那是偽的，採用不得！」他們也滿不在乎：「你既說採用不得，那就不採用好了。」講到偽先秦子書，就稍微有點問題了。因為若不採用《管子》或《列子》等書，豈非要拋棄一部分政治史料或思想史料嗎？他們自然覺得太可惜了。但這還不打緊，因為先秦子書，他們看起來究竟不過是可愛的古書罷了。子書是自來被認為「異端」的，只有《孟子》例外，連《荀子》也不能倖免，所以你說這是假的，他們還不至於怎樣生氣；稍微明白一點的人，也還肯說「某部子書是偽造的」這類話的。胡應麟、姚際恒之書和《四庫提要》中辨偽書的議論，都是屬於辨偽史、偽子、偽集的，惟姚書略涉於偽經，很簡略，但僅此已經使妄庸人顧實大大地生氣了！所以錢玄同覺得雖然也很有用，但還不是最重要的辨偽著作。最重要的應當是辨經。

　　過去的學術界，是被「宗經」的思想支配的。而自宋以來多數學者所宗之經，則更是雜湊之書，這就是流俗所謂「十三經」。所以無論治文學的，治歷史的，治政治的，乃至治其他種種國故的，無不宗經—宗十三經。他們儘管可以不信任「史」和「集」，甚至不信任「子」，但一定信任「經」。因為信任「經」的緣故，於是認為「經」中所有的一定是最真實的史料，一定可以採用的。譬如治文學的，對於《尚書》之《益稷》中的帝舜及皋陶之歌，認為真是虞代文學了；對於《五子之歌》，認為真是夏代文學了。又如治歷史的，什麼伏羲

八卦，什麼堯舜禪讓，什麼禹治洪水，認為是古代的真歷史了。又如治政治的，對於《周禮》，認為真是周代的官制；對於井田，認為古代真有那樣的田制。其他如風俗、禮儀、神話、聖跡，凡「經」中所有的，或解經的先生們所說過的，一一皆看作最可能的真史料，任意尋找，盡力採用。錢玄同說，這種情形，不但過去的學術界是這樣；現代新郵的書，關於國故方面的材料，除了一二種特別的，能根據甲骨刻辭，尊彝銘文，及新發掘得的古器物來講古史外，一般的《中國文學史》不是依然大談其《五子之歌》嗎？一般的《中國歷史》，不是依然談三皇五帝，談周公作《周禮》嗎？因此他認為我們現在對於治國故的人們，應該供給他們許多辨偽的材料；而辨偽「經」的材料，比辨偽「史」、偽「子」、偽「集」的材料，尤其應該特別注重。「經」是什麼？它是古代史料的一部分，有的是思想史料，有的是文學史料，有的是政治史料，有的是其他國故的史料，既是史料，就有審查它的真偽之必要。錢玄同讚揚章學誠「六經皆史」之說，更進一步，他認為「六經皆史料」，需加辨別才能據為信史。

直到現在，錢玄同所說的對今文學的兩種誤解仍未消除。其實，並非每個今文家都借經學議政，而今文家議政是一回事，他們的辨偽又是一回事。就像今文學在近代的復興者莊存與，就純粹是一個經師，此後今文學派的重要人物無不受其影響。莊存與除講公羊學外，也有關於《周禮》、《毛詩》等古文經傳的著述。章太炎一貫以反對今文著稱，對於劉逢祿的《春秋公羊經傳何氏釋例》，稱讚它「屬辭比事，類列彰較，亦不欲苟為恢詭；其辭義溫厚，能使覽者說釋」，不管今文學也好，古文學也好，一個不能回避的問題就是孔子與六經

的問題。古文家認為六經皆孔子所作，所載堯、舜、禹等聖人的事蹟都是真實的，這實際上是一種李大釗所說的「退化的歷史觀」；今文家也認為六經皆孔子所作，但若按康有為的說法，孔子作六經與諸子托古改制用意無別，這實際上貶低了儒學獨尊的地位，提高了諸子學的歷史價值。公羊學的核心「大一統」，「張三世」，闡述的是一種進化的歷史觀。錢玄同在《答顧頡剛先生書》中詳細論證了孔子無刪述或製作「六經」之事。六經中本無《樂經》，其它五經也各不相干，六經的配成當在戰國之末。到了劉歆等古文家出來，又在那五部書外加上一部《周禮》，至於《春秋三傳》、《小戴禮記》，以及《論語》、《孝經》、《爾雅》、《孟子》等書，自來皆認為「傳記」，故流俗所謂「七經」「九經」「十經」「十三經」，都可用「六經」之名概括。錢玄同論證孔子無刪述或製作六經之事，這是正確的。圍繞著《春秋》，形成了今古文經學派最明顯的分歧。錢玄同極為推重劉逢祿《左氏春秋考證》、康有為《新學偽經考》，認為他們揭發了劉歆造作偽經的事實，功不可沒。

所謂古文經，大體上可以分作三類：

（一）整部全是古文經，在它本身沒有今文、古文之分，如《左傳》、《周禮》。

（二）一部經書中有一部分是古文經，如《逸書》16篇、《逸禮》39篇等。

（三）傳授上的今古文之別，如《詩經》，齊、魯、韓三家是今文，毛詩則是古文；又如《論語》，《魯論》是今文，《古論》是古文。

第二類古文經現在已不可見，也就談不上真偽了，第三類古文經與今文經不過大同小異，只有第一類是異常突出的兩部，也是今古文學家爭論的焦點。為什麼在漢惠帝以後，大舉搜求遺經的時候，這兩部分量很大的書沒有經師傳授？而它偏偏又在今文學如日中天的時候受人表彰並要與今文學爭立博士？這樣的疑團最後都聚集在劉歆身上。王莽上臺後，立古文經博士，劉歆也當上了「國師」，加深了他造作古文經以媚莽的嫌疑，龔自珍曾詩云「姬周史統太銷沉，況複炎劉古學喑。崛起有人扶左氏，千秋功罪總劉歆。」矛頭直指劉歆。到了康有為，得到淋漓盡致的發揮。

　　錢玄同認為，六經中最不成東西的便是《春秋》。王安石說它是「斷爛朝報」，梁啟超說它像「流水帳簿」，都是極確當的批語。孟軻因為要借重孔丘，於是造出「《詩》亡然後《春秋》作」，「孔子成《春秋》而亂臣賊子懼」的話，就這部斷爛朝報，硬說它有「義」，硬說它是「天子之事」。一變而為《公羊傳》，再變而為董仲舒的《春秋繁露》，三變而為何休之《公羊解詁》，於是「非常異義可怪之論」愈加愈多了。到了劉歆，也要割裂《國語》，加以改編，加上什麼「五十凡」這類鬼話，算作《春秋》的傳。其實《春秋》是一部「托古改制」好書，它對於當時的諸侯各國，稱某某為公，某某為侯，某某為伯，某某為子，某某為男，用所謂「五等封爵」把他們都限定了，不能隨便亂叫。今取鐘鼎款識考察，知道全不是那麼一回事，原來「王、公、侯、伯、子、男」六個字都是國君的名稱，可以隨便使用。然則《春秋》中那樣一成不變的稱謂，一定是儒家的「托古改制」，特地改了來表示「大一統」和「正名」的理想的。又如「公子

慶父如齊，齊仲孫來」、「六朝于王所，天王狩于河陽」、「孟子卒」等等，都是用特殊的「書法」以明「義」，不是普通記載事實的態度。所以《春秋》的原本雖是魯國的真歷史，但既經「筆削」，則事實的真相一定改變了許多，斷不能全認定為史料。錢玄同極為佩服劉逢祿《左氏春秋考證》，常稱道不置。他認為劉氏的貢獻是：今之《春秋左氏傳》系劉歆將其原本增竄書法凡例及比年依經緣飾而成者，《漢書・劉歆傳》中所云「歆治《左氏》，引傳文以解經，轉相發明，由是章句義理備焉」者，即是他作偽的明證。康有為更指出《左傳》系劉歆割裂《國語》而成，崔適進而考明《左傳》中，「分野」、「少皞」、「劉累」、「劉氏」等等都是劉歆增竄的，非原本《國語》所有。崔適盛讚《新學偽經考》「字字精確，自漢以來未有能及之者」。錢玄同25歲時（1911年）拜見崔適，讀其所著《史記探源》稿本，又從崔氏借閱康有為的《新學偽經考》，從此深信「孔壁古文經」確是劉歆偽造的。他晚年又取殷之甲骨刻辭及殷周兩代之鐘鼎款識與《三體石經》中之「古文」相較，更了然於《孔壁古文經》中之字體（《三體石經》中之「古文」即系根據《孔壁古文經》），一部分是依傍小篆而略變其體勢，一部分是採取六國破體省寫之字，總之絕非殷周之真古字。由此更知「孔子書《六經》，左丘明述《春秋傳》，皆以古文」之為讕言；而《孔壁古文經》本無此物，全是劉歆所偽造，他認為實為顛撲不破之論。偽古文經這個大騙局把人家蒙了1800年，從劉申叔開始偵查，經了100年之久，到崔觶甫師，才把它完全破案。這一種推翻許多偽史料的工作，對於咱們的古代學術史、思想史、政治史、制度史是有永遠不朽的大功勞的！

錢玄同說，康有為《新學偽經考》這部極精審極重要的「辨偽」專著，於1891年刻成木板，一出版就有翻刻和石印的本子，但不久即遭禁毀。它雖然風行過兩三年，但那時讀書的人雖多，然懂得它的真價值的一定極少極少。最下的，大概是因為自翁（同龢）潘（祖蔭）當國以來，「公羊」之學成為一種時髦的東西，這書中的材料和議論可以作他們幹祿幸進的取資罷了。稍高的，大概是看了這書力翻2000年來的成案，覺得新奇可喜罷了。最上的，大概是因為當時國勢危殆，對於這位俊偉卓犖的康氏欲行變法維新之巨業，敬其人，並敬其書罷了。至於這書在考證上的價值，他們是不理會的；豈獨不理會，恐怕雖在政治主張上極佩服康氏的人，對於這書也許還要說它是憑意武斷呢。以皮錫瑞做個例子，皮氏是當時一位經學家，而且是一位經今文學家，而且在1897年（丁酉）到1898年（戊戌）的時候，人皆目之為「康黨」而大遭湖南的頑固黨葉德輝等所排斥反對的。他的經學著作如《經學歷史》、《經學通論》、《王制箋》等，雖有些地方也略採康氏之說，但他對於康氏「壁中古文經是劉歆偽造的」這個斷案，始終是抱著將信將疑不敢質言的態度。皮氏且然，何況他人！錢玄同認為，《新學偽經考》的重大貢獻有兩點：第一，證明秦焚《六經》未嘗亡缺；第二，河間獻王及魯恭王無得古文經之事。錢玄同補充了一些證據。他強調漢初經師所傳本也就是週末所受之本。我們可以說經中有戰國時增加的部分，然絕無秦漢間亡缺的部分；漢初的今文經固然未必與原始的經相同，但是一定與週末的經相同。這也就是說，經本來沒有亡缺，何待漢初經師來獻？而河間獻王及魯恭王無得古文經，那麼劉歆宣稱的《左傳》、《周禮》等書為偽經無疑。《左傳》瓜分《國語》的證據，錢玄同認為當然須有專書考證，他略舉了一些漏

洞：

一、《左傳》記周事頗略，故《國語・周語》所存春秋時的周事尚詳（但同於《左傳》的已有好幾條）。

二、《左傳》記魯事最詳，而殘餘之《魯語》，所記多半是瑣事，薄薄的兩卷中，關於公文伯的記載竟有8條之多。

三、《左傳》記齊桓公霸業最略，所說「管仲相桓公，霸諸侯，一匡天下」的政績竟全無記載，而《齊語》則專記此事。

四、《晉語》中同於《左傳》者最多，而關於霸業之犖犖大編，記載甚略，《左傳》則甚詳。

五、《鄭語》皆春秋以前事。

六、《楚語》同於《左傳》者亦多，關於大端的記載亦甚略。

七、《吳語》專記夫差伐越而卒亡國，《左傳》對於此事的記載又是異常簡略，與齊桓公霸業相同。

八、《越語》專記越滅吳的經過，《左傳》全無。

錢玄同認為，《左傳》與今本《國語》二書，此詳則彼略，彼詳則此略，這不是將一書瓜分為二的顯證嗎？至於彼此同記一事者，往往大體相同，而文辭則《國語》中有許多瑣屑的記載和枝蔓的議論，《左傳》大都沒有，這更露出刪改的痕跡來了。近來瑞典高本漢著《左傳真偽考》一書，從文法上研究，證明《左傳》的文法不是「魯

語」（他假定《論語》、《孟子》的語言為「魯語」），所以《史記》中「魯君子左丘明」這個稱謂是不對的。他的結論是：「在周秦和漢初書內，沒有一種和《左傳》完全相同的文法組織的，最接近的是《國語》。此外便沒有第二部書在文法上和《左傳》這麼相近的了。」錢玄同認為這也是《左傳》和《國語》本是一部書的一個很強有力的證據。

錢玄同認為《左傳》為劉歆偽造，當代學者大多不持這種觀點，因為擺在上古史研究者面前一個最現實的問題就是：離開了《左傳》，簡直無法做研究。但也有個別學者，如顧頡剛、徐仁甫，堅持《左傳》為劉歆偽竄的看法，對於《左傳》的史料價值，他們從不否認。顧頡剛是研究上古史成績最大者，他的觀點表明《左傳》的真偽值得人們注意。錢玄同當時就指出，有人說，既認今文學者推翻古文經為是，則幾部古文經當然不應該引用了；但古文經中含有古代典禮制度的材料甚多，不引用它，豈非要損失大部分的史料呢？現在有這種恐慌的人很多，我以為這是非常謬誤的見解。推翻古文經的理由，就因為它是偽書偽史；偽史中的偽典禮偽制度豈可認為史料而去引用它！因真史料太少而始取偽史料來補充，豈有此理！說到史料，不但古文經靠不住，即今文經中靠得住的史料，也就不多，因為其中摻雜了些儒家「托古改制」的文章。關於這一點，康有為最先發之。古文經傳雖為劉歆所偽造，但《春秋左氏傳》這部書，卻是靠左丘明的《國語》來竄改而成，所以它在偽古文中是比較可信的書，雖然它像《三國演義》之類的書一樣，小說成分多於歷史的成分，但漢以前的歷史著作，莫過於它了。

關於《穀梁傳》，崔適考證《穀梁傳》為古文經，《史記・儒林傳》末「瑕丘江生為《穀梁春秋》」一書，為劉歆所竄入，張西堂謂《穀梁》之義自相乖戾，文詞前後重累，暗襲《公羊》《左氏》，雜取《周禮》、《毛詩》，詳於瑣節，略於大義，必出《公羊》之後。錢玄同認為，《穀梁》為漢人所作之偽傳，得崔、張二君之考證，殆可成為定讞了。他推測《穀梁傳》乃是漢武帝、漢宣帝以後陋儒所作，取《公羊》而顛倒之，或刪削《公羊》大義，或故意與《公羊》相反，或明駁《公羊》之說，或陰襲《公羊》之義而變其文。《公羊傳》這個書名和「穀梁」這個姓，都是極可疑的。董仲舒以前稱《公羊傳》即謂之《春秋》，董仲舒始稱為《春秋傳》，從劉歆《七略》起乃改稱為《公羊傳》，其實只是傳中兩引「子公羊子曰」而已，怎麼可以說是一位公羊子做的呢？至於公羊氏之名曰高，及公羊高、公羊平、公羊地、公羊敢、公羊壽，這五代傳經的世系，更是東漢人所臆造，劉歆《七略》尚且沒有，與徐整、陸機二人所言《毛詩》傳授源流同樣是無稽之談，絕不足信。「穀梁」這個姓更古怪，「穀」與「公」是群紐雙聲而韻部又是屋、鐘對轉，「梁」與「羊」是陽部疊韻而聲紐又是來、定同紐，照假定的古音讀法，「公羊」是〔guŋdoŋ〕，「穀梁」是〔gukloŋ〕，他疑心「穀梁」這個姓就是從「公羊」兩字之音幻化出來的。

關於《周禮》，康有為說：「《王莽傳》所謂『發得《周禮》以明因鑒』，故與莽所更法立制略同，蓋劉歆所偽撰也。歆欲附和莽業而為此書。其偽群經，乃以證《周官》者。」錢玄同認為這是一針見血之論。他說，現在除墨守古文家言者，對於鄭玄要「頭面禮足」者，

以及認「一切古籍皆是真書」之淺人外，凡好學深思之士，對於《周禮》，皆不信其為周公之書。又有以為系晚周人所作者，如錢穆與郭沫若二氏皆有此說。錢氏撰《周官著作時代考》（載《燕京學報》第十一期），謂以何休所云「《周官》乃六國陰謀之書」之說為近情。郭氏撰《周官質疑》（見其所作《金文叢考》中），謂「《周官》一書，蓋趙人荀卿子之弟子所為，襲其師『爵名從周』之意，纂集遺聞佚志，參以己見而成一家言」。錢玄同認為從制度上看，云出於晚周，並無實據；云劉歆所作，則《王莽傳》恰是極有力之憑證，故乃認康氏之論為最確。即使讓一步說，承認《周禮》出於晚周，然劉歆利用此書以佐王莽，總是無可否認的事實。既利用矣，則大加竄改，或本無此書而為劉歆所創作，總之只能認為劉歆的理想政制而不能認為晚周某一學者的理想政制。若考周代之政制而引用周禮為史料，則尤為荒謬矣。（按：錢玄同認為《周禮》為劉歆偽造，這還不能視為定論。但《周禮》的成書一定不會很早，至少有部分篇章是漢代的產物）這種現象，大部分研究者將它解釋為編纂非一時，成書非一人，其實他們所持的理由與劉歆偽竄說一樣，並不充分。用金文材料來對比《周禮》中的官制等，多有不合，足證此書之晚出。

關於《詩經》，錢玄同肯定它是一部很可信據的史料，因為這三百零五篇確是西周的後半至東周的春秋前半時代的文學作品，是一部真古書。它只是一部最古的「總集」，與《文選》、《花間集》、《太平樂府》等書性質全同，與什麼「聖經」是風馬牛不相及的。這書的編纂，和孔子全不相干，不過他曾經讀過罷了。研究《詩經》，只應該從文章上去體會出來某詩是講的什麼。至於什麼「刺某王」、「美

某公」、「後妃之德」、「文王之化」等等話頭，即使讓一百步，說作詩者確有此等言外之意，但作者既未曾明明白白地告訴咱們，咱們也只好闕而不講，況且這些言外之意，和藝術本身無關，盡可不去理會它。他甚至欣賞一位朋友用蘇州口語意譯《野有死麕》之卒章。[8]《古史辨》第三冊下編全部是討論《詩經》的，弄清了不少真相。錢玄同稱讚康有為辨《詩經》的偽古文，以辨《毛詩》為最好。康氏不相信徐整和陸機說的兩種傳授源流，他不相信有《南陔》、《白華》、《華黍》、《由庚》、《崇丘》、《由儀》這六篇「笙詩」；他不相信《商頌》是商代的詩；他不相信有毛亨和毛萇兩個「毛公」，並且根本懷疑「毛公」之有無其人；他不相信河間獻王有得《毛詩》立博士這回事；他確認《毛詩序》為衛宏所作，錢玄同認為這些都是極精當的見解。

關於《尚書》，錢玄同認為《周書》19篇大多是可信據的史料。《商書》5篇就難說了，看《盤庚》諸篇的思想那樣野蠻，似乎是真史料，但文章恐已經周人潤色，商朝的文章似乎還未必能做到那樣的暢達，雖然很「佶屈聱牙」。至於《虞夏書》中的《堯典》、《皋陶謨》、《禹貢》三篇，則絕非真史料，《堯典》的政治思想與《孟子》、《大學》全同。此外如「置國之法」，如「三年之喪」，如雲「蠻夷猾夏」等等，都是非真古史的鐵證。《皋陶謨》中的「天聰明，自我民聰明，天明威，自我民明威」，這更明明是儒家的思想，比《盤庚》中那些專說鬼神降罰來恐嚇百姓的文告高明過了百倍，這當然不是真古史了。《禹貢》的版圖已及於荊州、揚州，貢物已有了鐵、鋼（鏤

8　錢玄同：《關於〈野有死麕〉之卒章》，顧頡剛編：《古史辨》第3冊。

即鋼），斷不是夏代的書。《虞夏書》中尚有一篇《甘誓》，似非偽史，但文中有「五行」「三正」兩詞，則也被儒家改竄了。所以《書經》中有史料，有非史料，錢玄同還指出，《史記》載入《書序》，絕非司馬遷原文所有，實為妄人所竄入，未必就是劉歆。我們看商代最真實的史料甲骨刻辭中的文句和社會狀況，可以斷定那時絕不會有《書序》所說的那一篇一篇的文章。劉歆偽造的《逸書》，共16篇，又把《九共》9篇分開，稱為24篇，其篇名、篇次及分合各點，列之如下（用一，二……記16篇，用1，2……記24篇）：

《舜典》一　　1
《汩作》二　　2
《九共》（9篇）三　　3，4，5，6，7，8，9，10，11
《大禹謨》四　　12
《棄稷》五　　13
《五子之歌》六　　14
《胤征》七　　15
《湯誥》八　　16
《咸有一德》九　　17
《典寶》十　　18
《伊訓》十一　　19
《肆命》十二　　20
《原命》十三　　21
《武成》十四　　22
《旅獒》十五　　23

《冏命》十六　24

按：錢玄同所指出的《書序》、《逸書》系偽作，經學者證明，毫無疑義，他對《尚書》中的《虞夏書》、《商書》、《周書》各篇的分析是審慎而正確的。

關於《三禮》，《周禮》已敘於前，《儀禮》，錢氏則認為當作於晚周，《五經》之中，當以《儀禮》為最晚出之書，批評康有為孔子制六經之說，但又指出「儀禮」本是孔門的主張，一部《儀禮》便是儒者們把古今南北種種習慣的儀文禮和節裳冠履，斟酌取捨，製成的「雜拌兒」。製成之後，常常扮演，如《史記・孔子世家》「諸儒亦講鄉飲大射於孔子塚」，又《儒林傳》「高皇帝誅項籍，舉兵圍魯，魯中諸儒尚講誦，習禮樂，弦歌之音不絕」；又，「漢興，然後諸儒始得終其經藝，講習大射鄉飲之禮」，又「魯徐生善為客」，皆是《儀禮》所記載的禮儀制度，絕非「大周通禮」，因而不能認作是周代的史料，錢玄同這一看法是正確的。近人根據書中的喪葬制度，結合其它器物考證，認為《儀禮》成書於戰國，經漢儒編定。我們只要翻一翻它那繁瑣不堪的禮儀制度，就可以知道中國古代的宗法等級社會，儒家扮演了什麼角色。《禮記》的性質與《儀禮》差不多，它是東漢人編定的，來源十分駁雜。

關於《易經》，錢玄同認為這是一部很可信據的史料。所謂「伏羲畫八卦、文王重卦，又作《卦辭》《爻辭》」之說雖不足信，但它確是西周時代的真古書。它所寫的生活是漁獵和牧畜時代的生活，所引的史事是商朝及周初之際的史事，可以證明它是作於西周的葡筮之

官。但未必是西周的蔔筮之官預先創作了這樣一部完完全全、整整齊齊的《易經》，而到蔔筮之時檢用的，似乎是蔔筮之時撰成的爻辭，所以有些句子都好像指一件事實而言，雖然我們現在無法知道它是怎麼一回事。後來的人收集了這許多彼此不相干的繇辭編纂為此書，又自己特撰了一部分，所以有些卦的六爻之意是一貫的，有些卦是各爻之意彼此沒有關係的。大概前者是編纂此書的人所特撰的，後者是他將舊繇卦雜湊而成的。解釋《易經》的《易傳》則不能認為真史料，它是儒家發揮其政治觀、人生觀、道德觀的文章，與《易經》無關，只是「托古」而已。關於《周易》經傳的篇數，錢玄同認為經過了這樣的變遷：在漢元帝京氏立學官以前，只有《上下經》及《彖》、《象》、《繫辭》、《文言》各傳，在此以後，則是《上下經》及《彖》、《象》、《繫辭》、《文言》、《說卦》、《序卦》、《雜卦》各傳，這七篇傳分成10篇，後來稱為《十翼》，經傳合作，共12篇，《繫辭傳》那一大段講古史的，說包犧氏、神農氏、黃帝、堯、舜等聖人的發明都是「觀象制器」，顧頡剛認為這一段系京氏易學者所竄入，錢玄同十分讚賞這一論斷。熹平石經為京氏易，除「剚」二字以外，當有一字更重要者，他認為即「坎」字作「欿」。《經典釋文》說京氏作「欿」，而石經正與京氏易符合，它為京氏易更無疑義。錢玄同批駁了康有為「孔子作《易經》」之說，他指出，孔子時代的生活斷不是那樣簡單，孔子自己的思想絕不會那樣野蠻，說孔子作卦爻辭，未免太看低他了。以此尊孔，適得其反。《論語・述而》云：「子曰，加我數年，五十以學《易》，可以無大過矣。」今本出鄭玄，鄭玄於此節從《古論》讀，而《魯論》則作「五十以學，亦可以無大過矣。」漢《高彪碑》「恬虛守約，五十以學」即從《魯論》。錢玄同認為《論語》原

文實是「亦」字，因秦漢以來有「孔子贊《易》」的話，故漢人改「亦」為「易」以圖附會。

關於《樂記》，錢玄同指出，「樂本無經」，邵懿辰《禮經通論》已持有這種觀點。那位13歲就瞎了眼（《漢書・藝文志》顏注引桓譚《新論》）而能活到二百五六十歲的竇老頭子來獻什麼「《周官》大宗伯之大司樂章」這件奇事，當然是造謊，不值得一駁。但古文家不但不以此事為可疑，且有更進一步，認「《周官》大宗伯之大司樂章」即是《樂經》，他的同門黃侃就篤信不疑，說「樂本有經，蓋《周官》大司樂『二十職』，《漢書・藝文志》說漢武帝時，河間獻王好儒，與毛生等共采《周官》及諸子言樂事者，以作《樂記》」，錢玄同認為，這都不能看作是《樂經》。他這一觀點是正確的。

關於《論語》，錢玄同認為，劉歆偽造的《古論語》，沒有多出什麼逸篇來，只是分《魯論》之20篇為21篇而已。但又分得不很高明，只把末了的一篇《堯曰》分成《堯曰》和《子張》兩篇，《魯論》的《堯曰》篇篇幅最少，本就只有《堯曰》和《子張》兩章，《古論》把《堯曰》一章就算一篇，在《子張》章後加「不知命」一章，把這兩章算成了《子張》篇，沒有想到篇名又與第19篇之《子張》篇重複。在內容的增竄上，自必有之，如「左丘明恥之，丘亦恥之」，「五十以學《易》」，「鳳鳥不至」之類。《論語》之出，後於《五經》，至漢宣帝時始有魯、齊二家之傳授。《魯論》只有20篇，《齊論》則有22篇，而《齊論》之20篇中，章句頗多於《魯論》。大概此書最初是曾子門人弟子所述孔子之言行，經過戰國以至秦漢，諸儒各記所聞，時有增益。其來源不一，故醇駁雜陳；本無一定之篇章，故寫定

時齊多於魯，像《堯曰》等篇，是很可疑的。

關於《孝經》，錢玄同指出，它是漢代教學童之書，用現在的話來說，是一部「小學修身教科書」，為漢代人所作。雖然《呂氏春秋·先識覽·察微》曾引用《孝經》，但高誘注《孝行覽》也引用過《孝經》，則《察微》篇所引《孝經》，也有可能注文誤入正文。不滿2000字的《孝經》分為18章，正與不滿2000字的《急就篇》而分為31章相同。《孝經》是一整篇文章而被切斷為18章，正與《急就篇》是一整篇文章而切斷為30章相同，這不但與《樂記》分篇之性質不同，也與《論語》分章之性質不同。

關於《爾雅》，康有為因漢平帝時征通知《逸禮》、《公羊》、《毛詩》、《周官》等等者詣京師，其中有《爾雅》一項，又《爾雅》有與《毛詩》、《周禮》相合處，謂《爾雅》亦劉歆所偽作。錢玄同認為，據此兩點，可證《爾雅》之中必有劉歆之流增益的部分，但康謂其書全為劉歆所作，則未必然。此書當是秦漢人編的一部「名物雜記」。《四庫提要》評此書曰：「今觀其文，大抵采諸書訓詁名物之同異以廣見聞，實自為一書，不附經義。」錢玄同認為，這種評論是正確的，並說《釋親》至《釋畜》16篇，或是原書所固有（也許有劉歆之流竄入的字句）；而《釋詁》、《釋言》、《釋訓》之篇，就大體上看，可稱為「《毛詩》訓詁雜抄」，這是劉歆之流所增益的。

錢玄同上述對經學及群經的看法，大部分體現在《重論今古文學問題》，原名《〈新學偽經考〉序》，改動後發表在《北大國學週刊》，改為現在的題目。後來他覺得這個題目不太確切，應改為《重印〈新

學偽經考〉序》或者《繼續劉申受康長素崔覲甫諸先生而辨偽經》，因為他覺得比較今文與古文之真偽，經學者考定，成為定案，已成過去，無須「重論」；至於「經今古文」這個詞的下面加上一個「學」，很不適合。因為不僅今文與古文有別，即使同為今文，同為古文，也各有各的說法，現在都應平等看待，不問今古，不問漢宋，擇善而從，無須是丹非素，出主入奴；今文與古文是一定要考證明白的，因為有真偽之別，在史料上關係甚大，但並無所謂兩家之「學」。

錢玄同在晚年時說，他所做的事是關於國語與國音的，所研究的學問是經學與小學，所反對的是遺老、遺少、讀經等，20年如一日，今後也還是如此。可見，經學是他研究的重要內容。他去世後，國立西北聯合大學國文系同人在祭文中表彰他「用歷史的眼光，結算2000年來的『經今古文』的糊塗賬」，「用考辨方法，釐定古書的真偽」。的確，經學是國故的大宗，在封建社會更是神聖不容置疑的聖經，漢朝時就有人拿《春秋》來斷案，宋朝用半部《論語》治天下。原始的五經在南朝一變為七經，到唐朝增加為九經，宋朝則增加到十三經。單是《四庫全書》收集的經部書就有1773部、20420卷。漢朝的經師就曾將《尚書》中的「曰若稽古」四個字訓詁成洋洋灑灑數萬字的長文，近世的例子，我們只要隨便翻一下正續《清經解》，就可知道經學的煩瑣，解經的荒唐，實在是一團「又厚又黑的雲霧」，一筆「糊塗賬」。即使到了現在，我們正處於一個文化復古的時代，而開這種風氣的急先鋒仍然是那些「經」。據統計，1992年全國各地辦的各種節，有580多種，有案可查的1600種，大概還不包括那些層出不窮的慎終追遠的盛典。黃帝更不用說要大祭特祭，就是一向不吃香的炎

帝，就有陝西、湖北、湖南等地拉他作當地的聞人，爭之唯恐不及，不僅有中央領導支持，而且也有地方政府的慷慨解囊，更有大批文人學士為本地出力，極盡考證之能事。他們所依據的無非是古史辨運動審查過的不可靠的傳說，大多出自經書本身或經書的注疏之中。又如《周易》，歷代解《易》之書，百分之九十九都是穿鑿附會，胡言亂語，現在的解《易》者不僅在《周易》中找到了算命、看相、測陰陽的方法，更發現現代科學思想就蘊含在其中。再如孔子，只要形勢稍有變動，善於揣摩的人就會發表與之相適應的孔子評論，像這樣的人至今活躍在大學講壇，許多人早已成為指導研究生、博士生的導師。至於需要作實證研究的經學，則由於知識份子生活環境的窘迫，則很少有人問津，這團最厚最黑的雲霧並沒有徹底撥除，這筆糊塗賬也沒有徹底清算，只能有待於將來了。

第五章

談音尚欲析遮麻——吳興學案

文字音韻之學，過去稱為「小學」，是相對「經學」而言。在傳統教育中，認為只有具備了紮實的語言文字功底，才能去研究經學這樣的大學問。近世漢學的開山祖師顧炎武有一句名言：「讀九經自考文始，考文自知音始。」正道出了小學與經學的密切關係。錢玄同自述他研究的學問是經學與小學，小學尤其是他中心的本行。他4歲開始上學，讀的就是《爾雅》，此書在唐宋時就已成為「十三經」之一，實際上是中國最早解詞釋義的專書。錢玄同8歲時開始讀《說文解字》，14歲時讀《說文》名家段玉裁、王筠、嚴可均等人研究《說文解字》的專著。他在日本東京留學時，尊小學大家章太炎為師，並與人一同聽章氏講學。章氏講段注《說文》，於轉注、假借舉例甚多；後來又講音韻學，謂音韻之繁簡遞嬗，違背進化原理。古音大約有23部（晚年主22部），至漢代則僅有六七部，至隋唐忽多至206部，唐以後變為107部，至今韻也是這樣；而方音僅與古音相類，不過20餘部。又北方紐正，南方韻正，漢口等處則當18省的中樞，故其紐韻均正。章氏又講《四聲切韻表》、《新方言》、《爾雅義疏》、《廣雅疏證》等。章太炎稱讚錢玄同長於小學。1909年，23歲的錢太炎書寫《小學問答》，用楷法寫小篆，字字合於《說文》，《說文》所無之字則參取今隸，極為精整名貴，章氏十分欣賞，說「字體依附正篆，裁別至嚴，勝於張力臣之寫《音學五書》」。1913年，27歲的錢玄同來到北京，任國立北京高等師範學校歷史地理部及附屬中學國文、經學教員，並兼任北京大學預科文字學教員，從此開始了文字音韻之學的教育和研究，終其一生，並「卓然成當代大師」（黎錦熙讚語）。羅常培先生認為錢玄同屬於「集成期」的古音學家，他說：

清代之考證周秦古音者，自顧炎武、江永、戴震、段玉裁、錢大昕以迄孔廣森、王念孫、江有誥、鄒漢勳等，對於韻部之分合，聲之異同，聲轉之條理，已十得八九。至章炳麟、黃侃、錢夏、曾運乾諸氏更集各家之大成，續有補匡。持舊術、因舊極以研究古音者，至此殆已臻極。

可是，錢玄同是一個不愛著書的人，關於音韻學的專著很少，論文也不多。他曾打算出一部文集，終究沒有成功，認為可存者太少，後來又認為「簡直全要不得」，黎錦熙評論說，這實因人太聰明，學識易進，前頭的既說到十二分，後來一看，自然更不滿足了。錢先生教授音韻學20年，參稽甚廣，剖析極精，酌古准今，日新月異，所以十餘年來，索性不編講義，只印幾種重要的表，以便隨時演述其所新獲與其創見；晚年連這些表也不用了，全憑口說，任人筆記。歷屆聽講的學生中，也有記得詳細的，整理後請他鑒定，他總覺得未盡其義。1915年至1916年，錢玄同與同門黃侃商量音韻，「最為契合」，黃氏治學嚴謹，也不輕易著書。1915年春，錢玄同手錄黃氏所著音學8種，並為之序。對黃氏《重定切韻韻類考》提出修訂意見42條，黃氏一一手批註明，表示接受。1917年錢玄同在北京大學講授音韻學，1919年編成兩大冊《音韻學講義》，主要是排比舊說，略加評按，後來節編為《文字學音篇》，有北大排印本。不久他對此書已不滿意，常說要大改一下才正式出版，但終於沒有動手。《文字學音篇》是中國高等學校漢語音韻學課最早的教材，簡明扼要，在當時影響很大。著名文字學家唐蘭早年著《中國文字學》，談到民國六年（1917年）時，北京大學的文字學，分別由兩位學者擔任，朱宗萊做了一本講

義，叫《文字學形義篇》，錢玄同做的是《文字學音篇》。後來，許多學者常採用這個方法，只講形義，避免了不太內行的音韻，漸漸音韻學獨立了，不再掛文字學的招牌，於是，只講文字學的形義篇，「就變成瘸子了」。直到現在，研究古文字學的人越來越多，專著、論文也不少，許多是從字形著手，不僅避開了不內行的音韻，而且也避開《說文解字》等書，又沒有文獻材料作印證，所以與漢朝的經師訓「曰若稽古」四個字長達數萬言沒有兩樣，但卻博得了社會上的一片喝彩。前幾年過「龍年」的時候，報紙、雜誌甚至學術刊物大興考「龍」之風，他們翻開《甲骨文編》和《金文編》，就字形發揮想像，有人說龍的字形像蛇，有的說像豬，有的說像閃電，文章的落腳點是說要發揮中華民族的精神，不知是發揮蛇的精神呢，還是豬的精神，抑或是閃電精神呢？不得而知。《甲骨文編》的作者孫海波說得好：

　　自朱宗萊氏之文字學專述形義，錢玄同先生之文字學刊為音篇，析形義、聲韻為二，各為專科，世之講音韻者，遂不復及形體，理文字者，則亦詳形義而略音韻。吾友聞宥言：古文字之學，亦與古語言之學相表裡，治古語言不得古文字為證，固無以為徵信之資，治古文字而不得古語言為據，尤無以為立說之本（《甲骨文編》卷首附書）。其說甚是。

　　將文字的形義與音韻分開講授，原不過是教學需要的分工，而學習、研究者各執一偏，自絕於形義或音韻之外，這樣是難以拿文字作治史之用的。錢玄同是書法名家，對漢字字形的演變瞭若指掌。在古史辨運動中，他不僅大膽懷疑指斥經書，對國故研究者奉為圭臬的

《說文解字》，也不輕易放過。1923年他在《答顧頡剛先生書》中，應顧頡剛的請求，簡單地談了他對《說文》的看法。他說，許慎是表彰「壁中古文經」文字的。「壁經」出於劉歆「向壁（孔壁）虛造」，經康有為和崔適的證明，毫無疑義了。壁經既偽，其文字亦偽。許慎所記篆文，所釋形體，大都與甲骨文金文不合，而《說文》中所謂「古文」，尤與甲骨文金文不合。依他的研究，甲文最古，金文次之，石鼓文及大篆又次之（石鼓文為秦文，從馬叔平說；大篆為秦文，從王靜安說），秦之金石刻及小篆又次之。《說文》所列小篆，已多為漢人傳訛之體；近見龔橙《理董許書》稿本，他說《說文》中小篆還不如漢隸的較為近古，極為有見。至於《說文》中所謂「古文」，所謂「奇字」，乃是劉歆輩依仿傳誤的小篆而偽造的，故與甲文金文的形體相去最遠。因為小篆是傳誤的，「古文」是偽造的，所以說是「偽古字」。「偽古義」如「告，牛觸人，角著橫木，所以告人也」，「射，弓弩發於身而中於遠也」之類。「偽古說」，如「楚莊王曰，止戈為武」，「孔子曰，一貫三為王」之類。至於「偽古禮」和「偽古制」，這是從偽經上來的，若將偽經推翻，則《說文》中這兩部分便不攻而自倒了。他在本年前幾個月說，許慎的《說文解字》是一部集偽古字偽古義偽古禮和偽古說之大成的書。他引孔丘的話，絕不可以為真是孔丘的話，但絕可信為真是漢儒的話，1925年，針對柳詒徵譏諷古史辨學者看不懂《說文》，錢玄同寫了《論〈說文〉及壁中古文經書》。他指出，甲骨與鐘鼎上的文字，現在還未經整理，但據王筠、吳大澂、孫詒讓、羅振玉、王國維、容庚諸人所釋，足以訂正許書之違失的已經不少；今後用更新方法去研究整理，可以預斷，許老爹的胡說八道，瞎三話四，一定還可以揭穿出許許多多來。

《說文》所列的文字，不合於古的很不少，這是為什麼呢？一般的說法，總以為《說文》根據的是小篆，小篆是秦時李斯所改作的，故不合于古。古文與籀文是合於古了，可惜又太少，這話是很錯誤的。小篆雖不可以道古，但它確從真古文中變來，所以拿它跟甲骨鐘鼎的真古文比勘，可以探得輾轉變遷之跡。對於小篆的形體而望文生訓固然不對，但它是自然演變的，不是向壁虛造的，所以還是真字。要是《說文》所列都是小篆，雖不足以窮文字之本，而這本書自有它的價值，跟《漢隸字原》、《隸辨》、《隸篇》、《楷法溯源》、《草字彙》等書一樣，是文字變遷史上一段信實的史料。可惜許老爹既沒有歷史的眼光，又沒有辨偽的識力，竟把不全的《史籀篇》中的大篆，《倉頡篇》等書中的小篆，跟劉歆他們「向壁虛造」的偽經中的古文摻在一處，做成一味「雜拌」，於是今字跟古字，真字跟假字，混淆雜糅，不可理析，不但不可以道古，就是小篆也給他攪亂了，所以《說文》中所列的文字，其價值還比不上《隸辨》、《楷法溯源》、《草字彙》等，只堪與《汗簡》跟《古文四聲韻》相比。

《說文序》中有「今敘篆文，合以古籀」二語，段玉裁、鄭知同、王國維三人有不同的解說，錢玄同認為王氏的觀點是正確的。王氏說：

《說文解字》實合古文、籀文、篆文為一書：凡正字中，其引《詩》《書》《禮》《春秋》以說解者，可知其為古文；其引《史篇》者，可知其為籀文，引杜林、司馬相如、楊雄說者，當出《倉頡》、《凡將》、《訓纂》諸篇，可知其為篆文。《說文》諸字中有此標識者

十不逮一，然可得其大略。昔人或以《說文》正字皆篆文，而古文籀文惟見於重文中者，殆不然矣。

又說：

漢代鼎彝所出無多，《說文》古文又自成一系，與殷周古文截然有別。其全書中正字及重文中之古文，當無出壁中書及《春秋左氏傳》以外者。

王氏說《說文》中之古文無出壁中書及《春秋左氏傳》以外者，錢玄同說，他從各方面研究，知道這話極對。壁中書等既是偽書，這種古文也就不是真古文了。《說文》中的小篆，近於鐘鼎，鐘鼎近於甲骨，而《說文》中的古文則與鐘鼎甲骨均極相遠，而且有些字顯然是依傍小篆而改變者。這一點，羅振玉、王國維也早已獻疑，羅振玉說：

（甲骨）刻辭中文字，同於篆文者十五六，而合於許書所載之古籀乃十無一二。蓋相斯所罷者皆列國詭更正文之文字，所存多倉史之舊文。秦之初雖僻在西戎，然密邇西周之舊都，豐、岐文化流風未沫，其文字應勝於列國也。

他又說：

而由（甲骨）文字之可識者觀之，其與許書篆文合者十三四，且

有合於許書之或體者焉，有合於今隸者焉；顧與許書所出之古籀則不合者十八九，其僅合者又與籀文合者多而與古文合者寡。以是知大篆者蓋因商周文字之舊，小篆者又因大篆之舊，非大篆創於史籀，小篆創於相斯也……至許書所出之古文僅據壁中書，所出之籀文乃據《史籀篇》，一為晚周文字，一則亡佚過半之書，其不能翻合于商周間文字之舊固其宜矣；至於篆文，本出古籀，故與蔔辭合者頗多。

錢玄同認為，商代的甲骨文能合於秦漢的小篆跟隸書，反而不能合于《說文》所錄出於壁中書之古文，則壁中古文為後人偽造，非真古字，即此已足證明。但羅氏是絕不敢大膽地說，「壁中書是假造的，它所用的古文也是假造的」，於是乃曲為之說，論文以壁中書的古文是「晚周文字」，是「列國詭更正文之文字」，此說不但無證，且用舊說而與舊說又不合。他所謂「列國詭更正文之文字」，這是根據《說文序》，那上面說：「其後（段玉裁以為指孔丘死後）諸侯力政，不統于王，惡禮樂之害己而皆去其典籍，分為七國，田疇異畝，車途異軌，律令異法，衣冠異制，言語異聲，文字異形。」這是說，戰國七雄毀壞舊章，改易新法連言語文字都改變了。其實哪有這回事！周代舊章的毀壞非伊朝夕矣，不統于王亦不自戰國始；並且周天子的政令是否曾經統一全國過，實在很是疑問。各國的制度不同於周，彼此也不相同，這種狀況絕非始於戰國。至於言語文字，豈能在短時間之內要改就改，有這樣容易的？還有一層，七雄之中，政俗一物最特別，最有它自己的特殊的面目的，就是秦國，羅氏說別國文字都變古，反是這秦文與周為一系，並不足信。

《說文序》又說：「孔子書六經，左丘明述《春秋傳》，皆以古文」，「壁中書者，魯恭王壞孔子宅，而得《禮》、《禮記》、《尚書》、《春秋》、《論語》、《孝經》，又北平侯張蒼獻《春秋左氏傳》」。這是說，孔子用古文寫了《六經》，藏在他府上的牆壁裡，後來給魯恭王挖了出來；左丘明用古文寫了《左傳》（不知藏在哪兒），後來給張蒼獻了出來，所以若認這古文是真的，那就應該承認是孔、左兩公所寫的。那兩公所寫的古文，至遲也只能是春秋時候的文字（照《說文序》的口氣看來，這古文應是周宣王在史籀著《大篆》十五篇以前的文字），絕不能是晚周文字。若是晚周文字，則非請孟軻、荀況之流重抄不可。但即使請孟、荀用晚周的文字重抄《六經》，還是不能與壁中書及張蒼所獻的《左傳》並為一談，既然相信張蒼獻傳跟魯恭王得經是真事實，則非相信這古文是周宣王以前的真古文不可。此用舊說而與是說又不相合。

王國維也知道壁中古文與殷周古文不合，但他又造出「戰國時秦用籀文，六國用古文」之說，他說：

司馬子長曰：「秦撥去古文。」揚子云曰：「秦鏟滅古文。」許叔重曰：「古文由秦絕」。案，秦滅古文，史無明文，有之惟有「一文字」與「焚《詩》《書》」二事。六藝之書，行於齊魯；爰及趙魏，而罕流布于秦（原注：猶《史籀篇》之不行于東方諸國），其書皆以東方文字書之，漢人以其用以書《六經》，謂之「古文」，而秦人所罷之文與所焚之書皆此種文字，是六國文字即古文也。現秦書八體中有大篆，無古文，而孔子壁中書與《春秋左氏傳》凡東土之書用古文

不用大篆，是可識矣。故古文籒文者，乃戰國時東西二土文字之異名，其源皆出於殷周古文，而秦居宗周故地，其文字猶有豐鎬之遺，故籒文與自籒文出之篆文，其去殷周古文反較東方文字（原注：即漢世所謂古文）為近。自秦滅六國，乘百戰之威，行嚴峻之法，以同一文字，凡六國文字之存於古籍者已焚燒鏟滅，而民間用文字又非秦文不得行用，觀傳世秦權量等，始皇廿六年詔後多刻二世元年詔，雖亡國一二年中而秦法之行如此，則當日同文字之效可知矣。故自秦來六國以至楚漢之際十餘年間，六國文字遂過而不行。漢人以《六藝》之書皆用此種文字，又其文字為當日所已廢，故謂之「古文」；此語降用既久，遂若六國之古文即殷周古文，而籒篆皆在其後，如許叔重《說文序》所雲者，蓋循名而失其實矣。

王氏「東西二土文字」說，即「戰國時秦用籒文，六國用古文」，錢玄同並不同意。他認為秦之「同一文字」，其性質正與現在「統一國語」相似，竭力推行，務期普及，用的是專制的手腕，所以要「罷其不與秦文合者」罷了。秦所要「罷」的，專指形式「不與秦文合者」而言，大不合的固然要罷，小不合的也是要罷，因為目的在於使文字統一。六國的文字究竟比秦文差了多少，這個我們固然不能臆斷，但就現在的鐘鼎看來（連秦國的），則可以籠統地說大同小異而已。若區為「東土」「西土」兩種文字，則為進退失據之論。更何況今所存齊、魯諸國的鐘鼎文字跟壁中古文距離之遠，正與秦文跟壁中古文距離之遠一樣呢！

錢玄同接著說，咱們既認為孔子沒有寫過什麼《六經》，則對於

漢朝突然發現的壁中書本已不能相信；何況年代跟傳授處處露出作偽的馬腳來，如康有為、崔適所云，文字與商周的真古文差得最遠，如羅振玉、王國維所云，尚有什麼絲毫可信的價值呢？《說文》中古文甚多，而這古文便是來自壁中書，則《說文》不是一部「偽字舉要」嗎？「偽字舉要」自然也有它的用處，但不能認作真的。古字則毫無疑義，壁經的偽字，《說文》所錄僅可以稱為「舉要」，不能稱為「大全」。《三體石經》、《古文四聲韻》、《汗簡》、《書古文訓》中保存著《說文》所未錄的壁經偽字少，不過輾轉傳寫，失其本真，偽字又須加「誤」銜了。不曾晉加「誤」銜的，便是最近發現的《三體石經》。錢玄同覺得《三體石經》中的古文，有好些字明明白白看得出是依傍小篆而偽造的；有好些字是古文本有其體，作偽者未之見，因杜撰一體以當之的，自然也有好些字與真古文相合的，這與《周禮》中可以埋藏著周代的真制度之理相同，他表示將來要寫專文論述，很遺憾又是「有說無書」。他在1931年寫的《左氏春秋考證書後》一文中重申了這一觀點。第二年在《重論經今古文學問題》的長文中，最後一部分是專門討論小學的，他讚揚康有為的文字觀的「顛撲不破之名論」，康氏說：

文字之流變，皆因自然，非有人造之也，南北地隔則音殊，古今時隔則音亦殊，蓋無時不變，無地不變，此天理也。然為其時地相接，則轉變之漸可考焉。文字亦然。

但他批評康有為認為尊彝銘文也出於劉歆的偽造，其實它們都是周代的真古字。要打倒劉歆的偽古字，尊彝銘文實在是最有效的武

器。

關於「古文」的來源，王國維有精確的直證，他說：

……近世所出，如六國兵器，數幾逾百；其餘若貨幣，若璽印、若陶器，其數乃以千計；而《魏石經》及《說文解字》所出之壁中古文，亦為當時齊魯間書：此數種文字皆自相似，然並偽別簡率，上不合殷周古文，下不合小篆，不能以六書求之。而同時秦之文字則頗與之異。傳世秦器作於此時者，若《大良造鞅銅量》（秦孝公十八年作），若《大良造鞅戟》，若《相邦呂不韋戈》（秦始皇五年作），石刻若《詛楚文》（宋王厚之考為秦惠王后十二年作），皆秦未并天下時所作，其文字什九與篆文同，其什一與籀文同；其去殷周古文，較之六國文字為近。

是什麼原因造成這些差異呢？王氏認為：「其上不合殷周古文，下不合秦篆者，時不同也；中不合秦文者，地不同也；其訛別草率，亦如北朝文字上與魏晉，下與隋唐，中與江左不同。其中璽印、陶器，可比北朝碑碣；兵器、貨幣，則幾于魏齊小銅造像之鑿款矣。」他得出結論說：

余謂治壁中古文，不當繩以殷周古文，而當于周時之兵器、陶器、璽印、貨幣求之。惜此數種文字，世尚未有專攻之者。以餘之不敏，又所見實物譜錄至為狹陋，然就所見者言之，已是知此四種文字自為一系，又與昔人所傳之壁中書為一系。

錢玄同說，王氏的考證明明白白告訴我們三件重要的事實：

1. 壁中古文經的文字，與殷、周、秦的文字都不相合。
2. 這種文字與六國的兵器、陶器、璽印、貨幣四種文字為一系。
3. 這種文字的字體訛別簡率，不能以六書求之。

據此可證，「孔子用古文寫六經」之說確為偽造，是為康有為辨偽經加一重要證據。劉歆偽造古文經，當然要用古字來寫，那時甲骨固未發現，尊彝也極少極少；而六國的兵器、陶器、璽印、貨幣、時代即近，當時必有留存者。這些東西上面的文字，則自秦始皇「書同文字」以來悉被廢除，常人本多不識，雖本是六國異體，大可冒充為「倉頡文字」；更妙在字體訛別簡率，奇詭難識，拿它來寫偽古文經，是很合適的，所以壁中古文經就得拿這種「古文」來寫了。

有的人或許會說：壁中古文經既是用六國文字寫的，則經雖可目為劉歆之偽經，然字卻不可目為劉歆之偽字，錢玄同不同意這種看法，因為劉歆的「古文」雖源出於六國的兵器、陶器、璽印、貨幣上的文字，但那些東西上的文字，為數一定很少，拿來寫經，是絕不被用的。用近代同樣的一件事作例，便可以明白了。看吳大澂用尊彝銘文字寫《論語》與《孝經》二書，並且也兼採兵器、陶器、璽印、貨幣上的文字，吳氏所見古文材料之多，過於劉歆當不止十倍；而吳氏僅寫《論語》、《孝經》二書，劉歆則要寫《尚書》、《儀禮》、《禮記》、《春秋》、《論語》、《孝經》這許多書，還要寫《左傳》（《說文序》謂左丘明用古文寫《左傳》，又謂張蒼所獻《左傳》中的文字與壁中古文相似），是劉歆所需用的字應該多於吳氏者當在百倍上。

可是吳氏用那樣豐富的材料寫那麼簡少的書，還是要多多地拼合偏旁，造許多假古字，又加上許多《說文》中的篆字才勉強寫成，則劉歆用那樣貧乏的材料寫那麼繁多的書，這能不拼合偏旁，造極多的假古字嗎？壁中經用真六國文字寫的，不知有沒有百分之一，而拼合偏旁的假古字一定占了最大多數，所以說劉歆的古文源出於六國文字，是對的；若說它就是六國文字，那可大錯了。所以目壁中古文為劉歆之偽字，不但可以，而且是應該的。

　　錢玄同對小學、經學、史學都作了大膽的懷疑，三者無不牽涉「壁中古文經」的真偽問題，現在學者們基本上都不相信孔子作六經之事（少數學者相信孔子作《春秋》），這是學術的進步，但基本都不相信劉歆偽造所謂「壁中古文經」。其實關於所謂「古文經」，無論是挖出來的也好，還是獻出來的也好，不能自圓其說的地方真不少，有必要加以研究，重新認識。對於《說文解字》，現在的甲骨、金文材料十分豐富，許多不能與《說文解字》的字形與釋義相合。說明錢玄同懷疑《說文解字》是有預見性的。他在1933年《與黎錦熙先生論「古無舌上、輕唇聲紐」問題書》的末尾提到《說文》一書時說：「年來對於說文部首中獨體之字，其不見於甲骨金文及經子傳記者，都覺可疑，疑古實無此字，許君因欲分部而強立此部首也（正如康熙字典之立「宀」部）。」錢玄同對《說文解字》下過很大功夫，編過《說文部首今讀表》，全書將《說文解字》540個部首以國音為綱，以四聲為緯，並將同音字分類，上卷主聲，下卷主韻，是研究《說文解字》和中國文字學的重要參考書。另有《說文音符今讀表》，是上書的姊妹篇，全書收錄音符（即「從某聲」之聲）1300多個，體

例同上書，此外還寫過一本《說文段注小箋》，只有油印本。

錢玄同對《說文解字》既有懷疑，認為只有甲骨文、金文才是最可靠的文字。他對鐘鼎彝器銘文的研究，常說從歐陽修到郭沫若，諸家著述，往往一器而各書異名，一字而考釋殊異，摹寫款識，也不一致，應當大規模地做一次「索引式的整理」，最好是剪貼原著，成一《金文彙編》。1931年，北京師範大學成立研究院，錢玄同指導何士驥整理《說文》、金文，何士驥擬具了《編纂金文彙編計畫書》，也稱《金文集釋》，搜集了宋清兩代及近時的專書62種，錢玄同對於甲骨文的研究，說當看「四堂」的書，四堂即羅雪堂（振玉）、王觀堂（國維）、郭鼎堂（沫若）、董彥堂（作賓）。可見錢玄同研究文字形，是主張把形義與音韻結合起來的。

黎錦熙先生說，錢玄同教授北平公私立各大學，以音韻為主，本其師傳，複運以科學方法，參以新獲材料，卓然成當代大師。他治文字音韻之學的根柢，固然是從他章老師處培植得來的，但若編一部《語文學案》，《余杭學案》系統下的錢玄同，定須為另闢《吳興學案》。因為他確能自創系統，青勝於藍。王國維一度認為，清代漢學極盛，對音韻的研究登峰造極，顧、段、戴、孔、王、江研究的古音二十二部「遂令後世無可增損」，「古韻之學，謂之前無古人，後無來者，可也」。事實上並沒有這麼簡單。誠如黎錦熙所說，自章太炎、黃侃死後，音韻學已成國中唯一的靈光。錢玄同最精此學，可惜也是專著極少。他在北京大學講「古音考據沿革」，主要有下列內容：

〈一〉什麼是古音。

〈二〉最先注意古音者—宋吳棫與鄭庠。

〈三〉陳第、顧炎武諸人考證古音的方法。

〈四〉近300年來考明古韻的歷史—從陳第到黃侃的考明音韻，從錢大昕到曾運乾的考明古聲。

〈五〉古代韻文與古韻。

〈六〉形聲字與古韻。

〈七〉古韻有「四聲」嗎？

〈八〉古聲紐與古韻部有多少？

〈九〉古音，隋、唐、宋韻書之音，國音，這三者異同之比較與說明。

〈十〉古聲的音轉問題。

〈十一〉晚周、秦韻的古韻與三百篇的古韻之異同。

〈十二〉古聲韻的讀音與假定。

錢玄同講課時，他的學生白滌洲做了筆記，不久白滌洲不幸病逝，筆記自然沒有記完。所記的一點後來發表在《國語週刊》（1936年），這是一篇很寶貴的上古音韻學教材，只可惜太少，它算是白滌洲的遺著，最終又成了錢玄同的遺說。

中國傳統的音韻學，包括「今音學」、「古音學」、「等韻學」三個部分。今音學實際上是指中古時代的語音，它以《廣韻》為主要研究對象，研究隋唐時代的語音系統。古音學則是以古代韻文和文字的諧聲偏旁為對象，研究先秦兩漢時期的音韻系統。等韻學實際上是古代的語音學，它是隋唐以後的音韻學家為研究漢語語音原理和發音方

法而創立的一門分支學科。自元代以來還有所謂「北音學」。錢玄同對這幾個方面都有所涉及。他在1934年發表了一篇長文《古韻二十八部音讀之假字》，極富有創造性。他討論了歷代音韻學家對古音分部（韻類）的觀點，並試圖求其「韻值」，即假定那時代口頭上的音讀。曹述敬先生曾將錢氏古韻28部按陰、入、陽三聲排列，並注以錢氏所假定的音讀如下（其中「魚、鐸、陽」三部和「宵」部的標音與《古韻二十八部音讀之假定》原文所列的不同，是根據錢氏遺著《古韻「魚」、「宵」兩部音讀之假定》一文加以修訂的）：

（陰）	（入）	（陽）
歌a ua	月at uat	元an uan
微ɛ uɛ	物ɛt uɛt	文ɛn uɛn
	質æt	真æn
佳e	錫ek	耕eng
魚o	鐸ok	陽ong
侯u	燭uk	鍾ung
幽o	覺ok	冬ong
宵c		
咍ə	德ək	登əng
	緝op	侵om
	盍ap	談am

　　曹先生評論說，大抵分古韻為28部雖非錢氏的創見，卻是經過他精研熟慮的主張。並且由錢氏進一步確定了「異平同入」，陰陽入三聲相配的學說。28部音讀之假定，因系初定之稿，有待修訂之處，在所難免，然錢氏根據古韻的通轉關係配置韻值的母音地位，考於文

獻，證之方言，密察音理，驗諸唇舌，獨見不少。而且這篇論著是最早發表的我國學者利用國際音標系統地擬構全部周秦古韻音讀的研究成果，首創和啟後的功績都是應該受到重視的。[1]

　　錢玄同指出，古韻分部，創始於宋代鄭庠，鄭氏作《詩古音辨》，分古韻為6部，僅就《廣韻》以求古音之通合而已。明季顧炎武作《音學五書》，分古韻為10部，始根據《詩》、《易》用韻，離析《廣韻》以求古韻，清朝小學名家輩出，近世章太炎、黃侃集其成，黃侃分古韻為28部，錢玄同認為最為精當。但認為有兩點需要修正：第一，黃氏「蕭」部之入聲尚應分出，獨立為一部；關於此點，其弟子黃永鎮作《古韻學源流》，即已修正，即分「蕭」部入聲為「肅」部。第二，黃氏「豪」部，實無入聲，段玉裁已考明，黃氏則分出入聲「沃」部，錢玄同主張用黃氏28部，而分「蕭」部為二，今稱「幽」部與「覺」部；合「豪」部「沃」部為一，今稱「宵」部，這樣一分一合，還是28部，但與黃侃的分法實有不同。

　　探求古音的韻值，則是一個非常複雜的問題，不過這也正是音韻學的最高理想。正如王力先生指出：研究上古語音，「不在乎探求韻部的多少，而在於更進一步，去考定上古韻母的系統，及假定其音值」。清代小學空前繁盛，還認識不到這一點，諸大家如顧、江、段、戴、孔、王等，都只知考明「音類」，不知假定音值。段玉裁作《六書音韻表》，江有誥稱讚「其造詣深邃，真能複三代之母音，發唐宋以來未宣之秘」。錢玄同也說，該書分古韻為17部，古韻分部已

1　曹述敬：《錢玄同音學論著選輯》，太原：山西人民出版社，1988年，第165—166頁。

大致就緒。段玉裁考證「支」、「脂」、「之」三韻上古讀音有別，戴震盛讚這一創見「卓識可以千古」。可是段玉裁在口頭上並不能讀出這三韻的不同聲音來，成為一件使他死不瞑目的憾事，也是音韻學上有名的掌故，段氏在《答江晉三論韻》書中說：足下「能確知所以『支』、『脂』、『之』之分為三之聲源乎？何以陳隋以前『支』韻必獨用，千萬中不一誤乎？足下沉潛好學，當必能窺機倪。僕老耄，倘得聞而死，豈非大幸也！」錢玄同指出，古韻分部既與後世不同，則各部之音讀自亦有異，此本極應研究者。然而清代的古音學者對於古韻之音讀，多數皆以現官音讀《廣韻》之音為准，如「魚」部即讀u，「歌」部即讀o，「陽」部即讀ang；甚至明知「佳」、「微」、「哈」三部必須分析，而仍從「支」、「脂」、「之」之韻做分音，一律讀「i」；「真」、「文」雖分為二，而仍一律讀為ang；「耕」、「登」二部，雖明知古音不相通，則一律讀為en。此與古音真相必不能符合，是可以斷定的。鄒漢勳作《五韻論》，始參考方音以求古韻之音讀，頗有可採之處。黃元同的《六書通故》及章太炎的《二十三部音準》對於古韻各部的音讀皆有假定，發明甚多。黃季剛的《音略》中亦言及古韻音讀。現代汪袞甫、林語堂、魏建功、羅莘田、李方桂、王靜如諸氏，多能根據發音部位以說明聲音轉變之路徑，參考方音及外國語等等以求古音之真相，時有善言，可資研究。這是音韻學研究方法的進步和革新，錢玄同十分重視。

章太炎是借漢字譬況古代的音讀，或用聲勢來解說；黃季剛是用今韻的「韻攝」加以解說，當然都沒有使用現代的「音標」，也不知道利用注音符號。這樣不僅使人難以理解，更何況用漢字譬況，那些

字的讀法還有方音、標準音的問題。在錢玄同之前，高本漢對上古整個音系都做過假定音值。他是《廣韻》學專家，他所假定的上古音系和音值，大抵是根據隋唐去推定的，近於猜想，而且他未說明古韻應分多少部，王力給他配成24部。錢玄同對高本漢的音韻研究有很多批評，他假定古韻的音讀除重視用現代各地的方音方言來印證外，還注意到日本的「吳音」。他使用了國際音標，也盡量用當時的「羅馬字母」和「注音符號」來標記（早在《文字學音篇》中，就有專章討論注音字母與傳統音韻學的關係），便於理解。他特別注重各部母音的發音部位和「聲音拼合自然之理」，又能照顧部與部之間的通轉、對轉、旁轉關係，正如黎錦熙說，韻部、聲紐、聲調三種成分，要合起來才算一個字「音」的全體，每種成分在古音的研究上又各有「類」與「值」兩方面，錢玄同是究「類」以定「值」的，不是徒知據後推前，率爾猜想「音值」的。雖亦有承於師，有征于友，而其才力獨到處，可以自創師傳矣。假定古音的音值不是一件容易的事（李方桂先生說，絕對無法證明，其「近似值」也不過是猜想），而錢先生則因為對於古音的「音類」研究，有積久的功力，把周至漢所有「韻文」和文字「諧聲」「假借」的材料差不多都弄熟了，特根據古韻的「通轉」關係來配置這28部「韻值」的母音地位，就是說，能通轉的幾部，其母音地位必相近，否則相遠；按照這一原則，就矯正了許多舊說和新說。黎錦熙也發現錢玄同假定的古韻音讀中沒有i、e等舌前上長開、半開的母音，就對他說：「周漢時代的人，似乎都缺了門牙，還沒有鑲好金牙呢。」這是根據他們兩人常談的一個北平笑話：有一位女郎，門牙長得不好，準備換鑲金牙，把門牙都敲缺了，別人問她：「貴姓？」「十五。」「貴庚？」「屬虎。」「貴幹？」「唱大鼓。」

等到她的金牙鑲好了，又有人問她：「貴姓？」答：「姓李。」「尊住？」「京西。」「歲數？」「十七。」「貴庚？」「屬雞。」「貴幹？」「唱戲。」可見古音音讀若缺 i 韻母，那是不可想像的，錢玄同當時也表示，反正是個「假定」，總得要修正的。[2]這篇論文所涉及的問題，錢玄同研究了10多年，其成果及研究方法都很有新意。王力先生很重視這篇論文，1958年他在《上古漢語入聲和陽聲的分野及其收音》一文中說：「在入聲和陰聲關係的問題上，段玉裁和戴震形成兩大派別，可以稱為考古派和審音派，王念孫和江有誥、章炳麟是繼承段玉裁的；劉逢祿、錢玄同、黃侃是繼承戴震的。」更巧的是，戴震和段玉裁是師生關係，章炳麟和黃侃、錢玄同也是師生關係，他們師生在這個問題上分道揚鑣。王氏把他自己所定的古韻29部及假定的音讀，按照錢玄同所分韻部的名稱和排比次序列了兩個表，加以比較，觀點是大同小異。

關於古音的聲紐，錢玄同的研究方法也很新穎。清代小學極盛，正當各家忙於古韻分部之時，錢大昕則開始重視聲類，這是小學的一個值得注意的轉向。錢玄同肯定了錢大昕、章太炎、曾運乾的古音聲紐研究，此外如黃侃的成果也有可取之外，他則進一步考證古音無「邪」紐。錢大昕、章太炎等大家考定古聲類，有一個顯著的特點，就是以中古聲類為出發點以求合，凡是古聲類相通的就進行歸併，認為他們應該合成一類，例如錢氏把「非」、「敷」、「奉」、「微」四紐歸併到「幫」、「滂」、「並」、「明」四紐，章氏把「娘」、「日」二紐歸併到「泥」紐，都是用的這類方法。錢玄同的考訂方法則有新的突

2　　黎錦熙：《錢玄同先生傳》。

破，即從諧聲入手。黃侃把「邪」紐歸入「心」紐，如果從諧聲的關係看，「邪」位和「精」組字的關係並不密切，和「莊」字組的關係也不密切，卻跟「定」紐的關係很深。錢玄同研究了《說文解字》裡面的諧聲現象，得到的結論是：

考《說文》300餘字中，徐鼎臣所附《廣韻》的反切，屬邪紐的有105字，連重文共134字，就形聲字的聲母（按：指諧聲偏旁）考察，應歸定紐者幾及十分之八，其它應歸群紐者不足十分之二，有應歸從紐者不足十分之一，從大多數言，可說邪紐古歸定紐。

錢玄同自己說這篇《古無邪紐證》是應北師大《國學叢刊》索稿甚急之故而匆匆草就，這比他一貫述而不作，有說無書的情況要好一些，他表示還要進一步研究。他的學生戴君仁進一步發揮了這個論點。他認為他的老師的文章「惟屬稿忽遽，僅從諧聲考定，而於經籍異讀，漢師讀若，未遑及也」，於是寫了《古音無邪紐補證》[3]，補充了一批新的材料，例如：

尋——《爾雅·釋言》：「流，覃也，延也。」釋文：「覃本又作字。孫叔然云：古覃字同。」按：即尋字，《廣韻》：尋，徐林切。又邪紐，覃，徒含切，屬定紐。從《左（傳）·哀（公）十二年傳》「若可尋也」。服注：「尋之言重也。」重，直容切，屬澄紐，古亦歸定。又《釋名·釋兵》：「劍，其旁鼻曰鐔，鐔，尋也。帶所貫尋也。」，《廣韻》覃、尋二音。

3　戴君仁：《古音無邪紐補證》，《輔仁學志》十二卷一、二合期。

斜──《史記‧張儀傳》：「塞斜穀之口。」集解引徐廣曰：「斜，一作尋。」索隱：「尋斜聲相近。」按：尋，古讀同覃。斜，《說文》讀若荼（錢師已舉），《廣韻》：斜，以遮切，又似嗟切，似嗟切屬邪紐，以遮屬喻紐。喻古亦歸定。

徐──《易‧困‧九四》：「來徐徐。」釋云：徐徐，子夏作荼荼，翟同。荼音圓。《廣韻》：徐，似魚切，屬邪紐；荼，同都切，屬定紐。

俗──《釋名‧釋言語》：「俗，欲也。俗人所欲也。」《孝經‧廣要道章》：「移風易俗」，疏引韋昭曰：「隨其趨舍之情欲，故謂之俗。」《廣韻》：欲，似足切，屬邪紐；欲，餘蜀切，屬喻紐。

黃侃把古聲類歸為19紐，「邪」紐歸為「心」紐，戴震曾在《聲類表》中提出過。錢玄同認為「邪」紐應歸定，這一創見足以補黃侃音說之缺，值得重視，後來劉賾受此啟發，作《「喻」、「邪」兩紐古讀試探》，主要也是研究「邪」紐字的古讀，所運用的材料更加廣泛，得出的結論也與錢氏相似。

《廣韻》是現代韻書中最早的，歷來受到音韻學家的重視。錢玄同也不例外。他指出前代對於聲韻學之研究，萌芽於東漢，至魏、晉、南北朝而雙聲疊韻之說大盛。韻書始作於魏之李登，繼則有呂靜、夏侯詠、李渟、陽休之、杜台卿諸人之作，至隋陸法言撰《切韻》而集其大成。唐有王仁昫、孫愐、李舟諸人增益陸書，至宋之《廣韻》而刊為定本。魏、晉、南北朝之韻書集成於《切韻》，唐人增益《切韻》之書，勒定於《廣韻》。故《廣韻》可稱為前代韻書之

家。魏、晉、南北朝人雖亦言雙聲，而未有為聲紐作專書的。至唐末，始有守溫製成30字母，後又增為36字母。近代學者番禺陳君及蘄春黃君先後以36字母與《廣韻》中之聲紐比勘，審其未盡密合，重為考定，而後魏、晉至唐、宋之聲紐始顯。今所傳韻攝書之最古者，為南宋張麟之刊行的《韻鏡》。此書不著撰人姓氏，可能出於北宋之初，因其歸納韻部而為諸圖，與《廣韻》系統甚為密合。所以《廣韻》也是韻攝之原。反切之興，與韻書同時，上字表聲，下字表韻；一韻之中，因開合洪細而又區分為二類或四類。自番禺陳君著《切韻考》，就《廣韻》中之反切用字而歸納成的《聲類考》及《韻類考》兩篇，於是魏、晉至唐宋之聲類若干始瞭若指掌。所以《廣韻》還是反切之家。由此可見，《廣韻》一書實為前代聲韻學之總匯。周、秦兩漢之世，未有韻書；自昆山顧君及嘉定錢君以來言古音者，皆就《廣韻》併合離析，而定古韻與古聲之部目，至言及聲韻類例，更無不沿用《廣韻》之成法。《廣韻》以後，尚有《集韻》、《五音集韻》、《韻會》諸書，不過就《廣韻》而增益字數及字音罷了。（亡清之《佩文詩韻》極無價值，不足齒數）元、明、清代之韻書，自《中原音韻》至《五方母音》，就音而言，固屬於現代標準國音之系統，然就其書之體例而言，則仍為《廣韻》之支流。由此可知言前代聲韻學之名詞類例，舉無能逾越《廣韻》之範圍。是故，就《廣韻》而解釋前代聲韻學上之一切名詞及其類例，更進而說明《廣韻》前後各書中之聲紐、韻部、韻攝及等呼之異同，勒成一編，以餉學子，實今日治聲韻學者所有事也。

《廣韻》的用處，既可上推周漢古音，又可下核現代方音，趙元

任在中央研究院制定的《方音調查表格》，即全據《廣韻》。錢玄同有《廣韻之「聲紐」「韻類」及其假定的讀音》兩表，是教學時用的，每年有所改訂；其假定音值所用的音標，與古音同，有時全用國際音標，有時採用趙元任把高本漢的音標改從簡氏的「古音羅馬字」，即《方音調查表格》所用的。錢玄同曾在1934年國語委員會第二十九次常委會上提議請趙元任再添若干輔音、母音制定「方音羅馬字」，簡明曰FR，除用以調查方音外，並可以記舊韻書中一切國音所不用的音。他對於高氏所析《廣韻》「聲紐」與「韻部」的「音類」和假定的「音值」都有所糾正，這是有國際價值的，可惜除兩表外，有說無書。他早年把《廣韻》的反切，一一注出「36字母」和「等呼」來，最便考檢；後又用注音符號加注國音，名曰《廣韻》今讀，這是「致用求適」的工作。1928年，就成為中國大辭典處難字定音的標準。他的老學生白滌洲未死時，對《廣韻》、《集韻》兩書做了一番徹底的統計工作，錢先生與他討論最多。[4]

錢玄同曾給魏建功寫信，認為《廣韻》中的反切所反映的聲母應分46類[5]，這封信的主要內容是討論如何略微改變「注音字母」固有的形體，用以標記《廣韻》46字母的音值的，魏建功把這封信的內容寫成一篇短文，以錢玄同的名義發表在1925年《國語旬刊》第一卷第九期，並加了按語說，前人及近人考訂《廣韻》的聲類，都是以36母為基礎，推求古音的分合，與訂《廣韻》紐類的範圍不同，疑古先生從反切字類讀音實際情形而分做46紐，我們研究國音沿革的聲紐標

4　黎錦熙：《錢玄同先生傳》。
5　魏建功：《先師吳興錢玄同先生手簡》，臺北：臺灣傳記文學出版社，1972年。

準，36母固然可用。不過與36母同時的韻部標準卻無確證；所以《廣韻》的音既有206部，再得46聲類，然後上追三代下迄現世，其中分合變遞就容易捉摸了。這也是發表它的重要意思。曹述敬先生強調指出，錢玄同這封信的內容所以非常值得重視，一因這是很早提出的一種《廣韻》聲類學說；二因這是我國學者最早應用國際音標為《廣韻》聲紐系統地標音，而又加注了民族形式的注音符號（即略改變形式的注音字母），既便於學習研究《廣韻》音系，又可用以記錄方言，是很有學術價值的。6

等韻學是中國宋元間自己發明的「語音學」，錢玄同認為審音之進步的，是「韻攝」與「四呼」。「韻攝」即合諸韻之相近者為一攝。錢玄同很早就編過韻攝表，黃侃在《音略》中稱讚它「差有綱維，非同臆論」，他講「韻攝」即採用錢氏之說（由22攝改為23攝）。錢玄同在《文字學音篇》中說，「《廣韻》二百六韻之等呼陰陽既明，則於審音之事無疑滯矣，於是當就異韻同音者括為『音攝』」，還列表與《切韻指掌圖》13攝、《切韻指南》16攝相比較。「四呼」即開口、齊齒、合口、撮口，錢玄同講《廣韻》與古韻都用這些術語。錢玄同主張古韻沒有齊齒與撮口，有開口與合口，而且古音讀合口呼之韻實際不多。因此，他假定的古韻28部的音讀，只有三個韻部有合口呼之韻，有六個韻部為兼具開合二呼之韻，其餘皆為開口呼之韻，沒有一個韻部為齊齒呼或撮口呼之韻，黎錦熙根據這個假定，依著倫敦大學鐘斯（D.Jones）的母音舌點陣圖，再配上兩行「鼻」「塞」輔音作「聲隨」，仿章太炎《成均圖》之義，畫了一個《新成均圖》，發現錢氏

6　曹述敬：《錢玄同音學著作選輯》，第181頁。

假定的古韻音讀，舌前部上升到半開的「標準母音」全部沒有，當時就用一位女郎鑲牙的笑話提出異議。因為錢氏認為古無齊齒呼，即先秦人都不會發〔i〕音，恐怕難以想像。但是今天普通話裡讀齊齒呼的字，在方音裡讀開口呼的現象，是並不罕見的，當代有的學者也有主張上古韻母沒有介音-i的，錢玄同認為古無齊齒、撮口兩呼，合口呼亦不多的假說，倒符合現代漢藏語的情形，說明並非無據，很有研究的餘地。至於「四等」，即將開合兩呼的字名分為四等，其第三第四兩等為細音，即名為齊撮兩呼，錢玄同認為這在學理上站不住腳，不能自圓其說。恐怕是古人不如今人之有科學頭腦，一定要在整整齊齊的格子鑿四方眼兒，所以同呼而又分等的字，多說不通，有些字又配得支離凌亂，江永的《四聲切韻表》、陳澧的《切韻考外篇》，都不免上了當。

　　元明以來的「曲韻」和「通俗韻書」，這是制定標準國音的本源，錢玄同在教學時也列有精密的比較表，以元代的《中原音韻》，明以來的《中州音韻》、《洪武正韻》、《五方母音》為主，他的學生趙蔭棠專治此類韻書極瞻博，著有《中原音韻研究》，錢氏曾有評論。這類韻書歷來被認為非正統，遭到排斥，中國有尊古的惡習，小學家往往株守《廣韻》這部聖經，摒棄以後的許多韻書，錢玄同批評這種偏見。他也很重視《廣韻》，前面已有敘述；後於《廣韻》的《中原音韻》同《洪武正韻》在音韻史上都有它的價值，所以要想瞭解3000年來中國音韻的沿革，實不應軒輊於其間。他說：

　　清代學者，自然有他們的優點，不過也有缺點，就是因為他們沒

有歷史觀念。古今中外的音韻，只能有異同，不能說有好壞。至章太炎、黃季剛兩先生確認為元明以前的都好，唯有到了元明就糟了，所以自清代以來，上至於顧炎武、戴東原，以迄段玉裁、孔廣森，下面至於王念孫、章太炎，以迄黃季剛，都是專講元以前的音韻，至於元明則絕口不提。他們這種觀念，可以說是很謬誤的。」

他稱讚周德清的《中原音韻》：

周德清這個人……是很可佩服的，並不是我們故意來翻前人的案，我們拿歷史眼光去看，周德清確實是大膽，他能不管《切韻》、《廣韻》而毅然從當時北平音而作了這部《中原音韻》。

又說到《中原音韻》的命運：

至於學者則更排斥它了，不提則已，一提就大罵一頓。我們從這兒，就可以曉得清代的人，對於《中原音韻》的態度了。

他論《洪武正韻》道：

清代學者因為好古的原因，所以總是排斥《洪武正韻》的。而其實清人所以排斥《洪武正韻》的地方，正是我們所以稱讚《洪武正韻》的地方。

他稱讚《洪武正韻》的研究方法：

清代學者的學問研究，可以說是科學的而明代學者研究學問，則為文學的。清代學者因為好古的原因，所以不能不受傳統觀念的束縛。而別人正因不能做考證工作，所以能夠不受過去傳統的影響，能以自闢蹊徑，即如《洪武正韻》就是一例。[7]

　　他又強調聲韻之學與大眾密切相關，反對獵奇欺世。他在為林尹《中國聲韻學要旨》寫的序言中說，聲韻之學，本人人所當解喻者。童子入學識字，即宜傳教之審音正讀，使不歧誤。故歐文首教字母，習拼音，日本首教假名，而我國現代小學教育亦定為首教注音符號，並習拼音與聲調。蓋不能審正音讀，則或歧於方音，或誤於俗讀，甚且有望字生音，憑臆望讀者，斯大悖於國音統一之旨。自成童以上籀讀古書，宜知小學。小學包形、義、音三端，而音為首要，因形義之變遷多以音之通轉為其樞紐，故前代之聲韻學必當講求。世人不明此義，以研治聲韻為小學家之專業，與其他諸學無涉。更有橫加譏訕，稱治聲韻學者為能讀天書，一若此乃嗜奇之士故弄狡獪以惑世人者然。

　　聲韻學為什麼懂者甚少呢？錢玄同說，昔之小學家雖能窮音理，明變遷，而所用術語率多含糊，所述理論每或支離，成學尚難遽瞭，何況閭裡書師？則因此學之不明，上之不能供籀讀故書者之取資，下又不能備從事教育者之應用，固意中事，聲韻學之不行也亦久矣。以餘所知，今日舊式學者之中，其談玄學及憙華辭者，多不解訓詁，昧於聲韻；以其能考釋經詁及校記群書自詡者，往往不明聲韻轉之條

7　　任訪秋錄錢玄同『音韻沿革』講稿，見任訪秋《錢玄同論》。

理，但竊段、王、俞、孫諸家之形似以欺惑愚眾，彼等未必不知聲韻與其所學有關，而竟茫昧若此，則因聲韻之學也不通行，其條理本非所諳悉也。

接著，錢玄同說，現在既要繼承前代聲韻學的傳統，又要用現代注音符號說明音理。他說，近年以來，錮蔽之習漸移，童子識字宜知聲韻之理漸為有識者所共喻，故注音符號之推行今已見端。但願頑梗之徒不復能假借舊勢以摧殘新事業，則因注音符號之普及，而前代之聲韻學得以暗而複明，滯而複行，固可預測。或因注音符號所拼之音為現代之標準音，所用之方面為普及教育，疑其與前代之聲韻學無涉，其實不然。古今聲韻之異同，全由於自然之變遷。不習今音，不能明古音之演變。古今確實複雜：有古有而今無之音，有古無而今有之音，又有古無而後有而今複無之音；有古讀音不變者。諸如此類，一方面固宜就書冊而致力於考古，一方面又宜就唇吻而致力於審音。不能審音，雖明知某聲某韻古今不同，但僅知其有此變遷而不能知其何以有此變遷。前代學者多有此病；如金壇段君著《六書音均表》，能斷定《廣韻》中「之」、「脂」、「支」三韻在唐以前古音中必分為三，必不可合一，而終不能假定此三部為三種讀音者，則由段君雖精於考古而實疏於審音之故。注音符號雖為現代之標準音而作，然以之說明音理，作審音之用，亦可得其大凡。余在北京大學及北平師範大學等處講述古今聲韻沿革，用注音符號以說明音理者已20年，深知其不僅堪作今後統一國音之工具，且又堪作說明音理之工具。故注音符號實有助於前代之聲韻學。

錢玄同對於當時流行的《詩韻》，最看不起，因為它是由南宋平

水劉淵把《廣韻》206韻刪並的，當時金人又省去100韻，計106韻，已經弄得不古不今；而清康熙時照頒為《佩文詩韻》，又把向來韻書同音字為一組的好體例打破，每韻中凡常用字都列在前，更弄得不三不四。他主張做新詩和舊體詩，都應該依國音的韻母押韻。1919年他在《新青年》上發表過一篇《新文學與今韻問題》，專門討論這一問題。黎錦熙編《佩文新韻》時，錢玄同為他列了一個《〈廣韻〉韻目與「十八龍」的對照表》，又參據毛奇齡的《古今通韻》，約此18韻為5攝，並主張要把北平音系的「兒化韻」即「捲舌韻」附加進去，他擬定「十九蝦兒」到「廿七蟲兒」共9個韻，自告奮勇，按韻編字，後來因病未能成功，但寫了一篇《與黎錦熙論「兒化韻」書》，附印在《佩文新韻》的卷後，這就是他站在「致用求適」的立場上對於詩歌用新韻的主張。他在《新青年》上，有討論方言的文章，認為統一國音必須注重調查方言。在音韻學研究中，他也很重視尋找新材料。他晚年寫給黎錦熙先生的一封信說，泛言「古音」、「今音」本太含糊。徒因自來學者，自陳第以至黃侃，全是從書本上找證據的，且都是榮古賤今的先生，故泛言「古音」、「今音」耳。他接著說：「不但黃侃，即錢玄同與黎錦熙，雖對於前人的此種態度不滿，實則截至現在為止，錢、黎二公又何嘗能於書本外得到多少新材料？此無他，調查方音之工作未有相當之成績，斯『古音』、『今音』問題即無法得到滿意之解決也。」這還是貫穿著疑古的精神。他認為中國語言文字學應比傳統「小學」的範圍廣泛，應分四大部分：（一）聲韻（或稱音韻），（二）形體（舊所謂「六書」屬之），（三）義訓（即訓詁，又「複合詞」即「聯綿字」當屬之），（四）文法。關於音韻，已見上述。關於形體，錢玄同在師大兼任「說文研究」科目時，取《說

文》部首及各部內所列「象形」、「指事」、「會意」字之全部，及「形聲」字中古今變遷較多之字，上考甲骨刻辭鐘鼎彝器銘文以探其源，下證唐宋以來到現代的語文和俗體字等以明其變，除以形體演變為主外，「義訓」相因而闡發，「音韻」亦藉以旁參。他用歷史的態度，既不「泥古」，亦不「蔑古」，真有「疑古」之精神，「考古求真」之成績。可是他又是有說無書，連論文都沒有發表過，常與黎錦熙雅談而已。黎先生說，我眼見他日有進境，因為他見聞廣博，新發現的實物和時賢的新說，他都能得風氣之先，而又能定得失之准。他的新獲與創見實在太多。「雅」談的最後年余，我常給他作系統的歸納，遂商一種「六書新說」，一切例證，由他充實；分析條理，我任參訂，六書新說的綱要已寫進《國語辭典》的序言裡，但書終究沒有寫成。至於「義訓」與「文法」這兩部門，錢先生自謂精力來不及，尤其對於後者向無研究，因此拉我當「夥計」云。錢先生對於這兩部門雖謙虛，但他論文字「義訓」之變遷，及「複合詞」之構成，實能以音韻駕馭之，如詞形之歧異與統一，本字與假借字等；他在「致用求適」的工作上，於民國二十三年（1934年）國語委員會第二十九次常委會，提議通過與「文字學」有關的三案：一為規定「分歧」「混淆」與「未定」的詞形案，二為編制基本國語案，三為規定詳備之「詞類連書」條例案。至於「文法」，如新式標點符號，他提倡最早，用標點而又主張中文改用橫行，見《新青年》四卷二號，六卷一號、六號等；六卷二號有《文學革命與文法》。總之，他在《新青年》時代種種革新的主張，民國十年（1921年）以後漸臻成熟，提出方案，分工

合作，以迄於死。[8]錢玄同繼承中國傳統小學的遺緒，又注意吸收現代語音理論，並積極向書本外找材料，使他超出了傳統的小學家，僅以他的同門黃侃、吳承仕為例，他們還是謹守傳統小學的分野，錢玄同雖與他們並稱章門三大高足，最後無論是在治學方法還是在思想上都分道揚鑣。這一點在錢氏畢生致力的國語運動中，尤其清晰可見。這固然是本著喚醒民眾、改造中國人的思想的精神，在治學方法上卻是「不惟闡古，抑且開今」的。

8　黎錦熙：《錢玄同先生傳》。

第六章

不惟闡古，抑且開今——
漢字革命與國語運動

「國語」，顧名思義，就是指本國固有的語文，是相對於外國語而言。在中國歷史上，不少民族曾經把本民族的語言稱為國語，《隋書‧經籍志》載有《國語‧物名》等書，為北魏人所撰，記拓拔氏本部族的語言。又如《遼史‧國語解》、《金史‧國語解》等，也就是解遼、金等本族語言。清一度以滿洲語為國語，但入主北京，一統全國後，鑒於漢族占全國人口的絕大多數，實際上根本不可能把滿洲語推廣到全國，作為國語，朝野所用文字，自然非漢字莫能取代。早在錢玄同12歲時，即清光緒二十四年（1898），福建蔡錫勇、廣東王炳耀等先後提倡改革漢字，福建盧戇章所著漢文改革的書一度受到朝廷的注意。本年還發生了兩件大事，最著名的就是戊戌變法及其失敗，其次就是天津《國聞報》刊出嚴復翻譯的《天演論》，不久，單行本出版行世，風行一時。適者生存的當頭棒喝使許多人從天朝大國的迷夢中驚醒過來，共謀存國保種的良策。那難認、難寫的漢字，一度被認為是記載聖王心法的神聖之物，也受到質疑。傳說中造字的倉頡，歷來都被認為是聖人，他造成字以後，據說連鬼也哭起來，足見文字的產生是多麼重要的舉措。清末海禁大開，西國的字母文字易拼易學，中國學人便認為西國之所以國富民強，原因就在於識字的人多，民智大開。據民國四年（1915年）教育部的統計，在中國，1000人中僅有7人識字，清朝的狀況可想而知。清末文字改革家勞乃宣曾給西太后上過一個奏摺，深感當時世界上最強大的英國「百人中有六十餘人識字」，所以「民智開通，雄視宇內」，痛陳中國文字改革的必要性。錢玄同在18歲那年（1904年，光緒三十年）向同窗友人借閱梁啟超主辦的《新民叢報》，此時他不再尊清，而以排滿為唯一天職。《新民叢報》中載有梁啟超的《論中國學術思想變遷之勢》，表彰南明劉

繼莊「造新字，倡地文學」，就是這個深刻的印象把錢玄同引到國語運動中來。

黎錦熙先生說，大凡一種「運動」，總是起於先知先覺者一種有意的宣傳，跟著社會上有一班人受其影響，而相與追隨。跟著政府也受其影響而起了反應。我們根據這個運動歷程，可以把30多年以來的「國語運動」劃分為四個時期。每一個時期，就拿政府對於這種運動反應的事實作一個綱領，碰巧是每10年成一個階段：

1‧1898年（清光緒二十四年，戊戌）

本年7月28日，軍機大臣奉上諭：取盧戇章等所著之書，詳加考驗具奏。

自這年起的10年中，可定為國語運動的第一期──「切音」運動時期。

2‧1908年（清光緒三十四年，戊申）

本年7月24日，勞乃宣進呈《簡字譜錄》，奏請欽定頒行天下；奉旨：學部議奏。

這是國語運動的第二期──「簡字」運動時期。

3‧1918年（民國七年，農曆戊午）

本年11月23日，教育部公佈《注音字母》。

這是國語運動的第三期──「注音字母」與「新文學」聯合運動時期。

4‧1928年（民國十七年，農曆戊辰）

本年9月26日，中華民國大學院公佈《國語羅馬字》。

這是國語運動的第四期—「國語羅馬字」與「注音符號」推進運動時期。

黎先生說，我們只要記著，這30多年以來，西曆的末一數是「8」的，就是「國語運動」的紀念年；民國紀元逢「七」是紀念年；農曆甲子逢「戊」是紀念年。[1]

黎先生概括說，國語運動的口號不外兩句話：「國語統一」，「言文一致」。當國語運動的第一期，那些運動家的宗旨，只在「言文一致」，還不甚注意「國語統一」，「國語統一」這個口號乃是到了第二期才叫出來的。就說言文一致，也不過是要用一種「切音」的工具，來代替那繁瑣難寫之單個兒的漢字，卻往往沒注意事體的改變；變文言為白話，口號是到了第三期提倡成功的，所以我們把這一期叫做「切音運動」時期。[2]

開創切音運動的第一人盧戇章，生於1854年，31歲時到新加坡學英文，4年後回國，幫英國傳教士馬約翰翻譯《英華字典》。當時漳州、泉州一帶的基督教傳教士，已經利用羅馬字母創行一種「話音字」，用15個音（指聲母）拼切土音土語，刊行《聖經》，以廣教義。盧氏以這種話音字為基礎增改，花了10多年的心血，最後選定55個記號，製成一套羅馬字式的字母，橫行拼寫，兩音以上的詞都用連號，

1　黎錦熙：《國語運動史綱》，上海：商務印書館，1934年，第2—4頁。
2　黎錦熙：《國語運動史綱》，第10頁。

定名為「中國第一快切音新字」，時在1892年。他在這年還有一篇《切音新字序》，指出切音為字，使人易學，節省時間，是男女老少好學識理的基礎，這樣才能格物致知，落腳點還是放在國家富強上面。1894年，中日甲午戰爭爆發，天朝大國一敗塗地，朝野上下切齒外患，但也不過搬出《公羊》之類的聖經，喊喊尊王攘夷的口號而已。極少數明白人才開始探討日本之所以強大背後的文化，他們覺得日本民智早開，原因就在於人人能讀書識字，而這又歸功於他們的51個假名；加上有幾個到過西洋的，不但佩服他文字教育之容易而普及，更震驚於他「速記術」之神速，於是就產生了創造切音新字的改革家。除盧氏外，還有沈學人、王炳耀。中經戊戌變法等政治形勢巨變，加上官方的主張不同，盧氏的主張也沒實現。到了國語運動第二期，王照的《官話字母》在北方大規模推廣，盧氏想與王氏爭霸，勞乃宣則損益王氏之作，成《簡字譜》，王氏與勞氏在朝野都有不少人支持，有一定成績，但反對的也不少。反對的人總擔心變革漢文，國粹難保。民國鼎革，成立讀音統一會，規定國音，人人都想當倉頡，圍繞如何採定字母，有偏旁派、符號派、羅馬字母派等，不一而足，爭論不休，鬧了不少笑話。如王照與汪榮寶爭論最劇，王照為直隸人，汪氏則是江蘇人，某日兩冤家同坐，汪氏用江蘇白話閒談中說到「黃包車」，王照聽成「王八蛋」，於是大怒，攘臂打汪氏，說：「你罵我王八蛋，我就來揍你這個王八蛋！」嚇得汪氏趕忙逃跑，再也不出席會議了。四川代表廖平，是有名的經學大師，他說：「我到會只主張一事：漢字萬不可廢！因為六經之書都是孔子作的；孔子製作六經，就是把以前的拼音字一律改為合六書的字呢。」他異想天開地認為我國文字，本來是字母，因進化而象形！還舉了十個「證據」。最

後大會採用了章太炎創制的記音字母。錢玄同於民國二年（1913年）到北京高師、北京大學教書，看見了胡以魯教的是一門「國語學」，大怒，說：「『國語』成什麼名詞？『國語學』算什麼功課？」但民國六年（1917年）卻加入了國語研究會。民國五年，即1916年8月，中華民國國語研究會在北京成立，曾在《新青年》三卷一號上刊登徵求會員書及章程，規定該會宗旨在於研究本國語言選定標準以備教育界採用，當前要求著手的事有五項：一是調查各省區方言，二是選定標準語，三是編輯語法辭典等書，四是用標準語編輯國民學校教科書及參考書，五是編輯國語雜誌。成立這樣一個會，也是想啟發民智。當時袁世凱復辟帝制，不久「駕崩」在新華宮，共和制恢復了。教育部裡有幾個人，深感於這樣的民智太趕不上這樣的國體了，於是想憑藉最高行政機關之權，在教育上作幾項重要改革，認為最緊迫的問題，也是最普通的根本問題，還是文字問題。於是有彭鵬、黎錦熙等人極力鼓吹文字改革，主張「言文一致」和「國語統一」。在行政方面，便是請教育長官毅然下令改國文科為國語科，反對最烈的還不是林紓，而是胡玉縉。但是改革派本身的文章也還是文言，不敢用白話，擺脫不了紳士架子，總覺得「之乎者也」不能不用，而「的麼哪呢」究竟是高小以下的學生們和粗識文字的平民們用的，這年底胡適從美國寄來一張明信片，要求加入國語研究會，是用白話寫的，大家受到啟示，要提倡言文一致，非身體力行不可，於是在會員中，從五六十歲的老頭和三十歲的青年，才立志用功練習白話文，從唐宋禪宗和宋明儒家的語錄，明清各大家的白話長篇小說，以及近年來各種通俗講演和白話文字之中，搜求好文章來模仿。大家熱情很高，正趕上陳獨秀大唱「文學革命」，《新青年》上的文章主要還是用文言文，

錢玄同在《新青年》三卷六號上與陳獨秀的通信，才算是白話文。隨後他就主張既然提倡新文學，提倡者自然就不能不用白話寫文章，他自己則在清末就做過白話文。1918年，《新青年》完全用白話做文章。胡適寫了《建設的文學革命論》，提出「國語的文學，文學的國語」的口號，「文學革命」與「國語統一」呈合流之勢。文字的解放，帶來了思想的解放，到了1919年，國語研究會會員增加到9800餘人，該會的「國語統一」「言文一致」運動，與《新青年》的「文學革命」完全合作了，值得大書特書。五四運動之後，文藝與思想大改觀，像《每週評論》那樣的白話小報，突增至400多種。日報的副張，大都取消了舊式濫調的詩文或優伶娼妓的消息，改登新文藝和國語的譯著，連那時女子徵婚，也強調自己「有新思想」，再不以三從四德為美了！

錢玄同在《新青年》上痛斥「選學妖孽，桐城謬種」的舊文學，1918年3月14日寫了《中國今後之文學問題》，發表在《新青年》四卷四號，這是寫給陳獨秀的信，他說：

先生前此著論，力主推翻孔學，改革倫理，以為倘不從倫理問題上根本解決，那就這塊招牌一定掛不長久……玄同對於先生這個主張，認為是救現在中國的唯一辦法。然因此又想到一件事，則欲廢孔子，不得不先廢漢文；欲驅除一般人之幼稚的野蠻的頑固思想，尤不可不先廢漢文。

玄同之意，以為漢字雖發生於黃帝之世，然春秋戰國以前，本無所謂學問，文字之用甚少。自諸子之學興，而後漢字始為發揮學術之

用。但儒家以外之學，自漢即被罷黜。2000年來所謂學問，所謂道德，所謂政治，無非推衍孔二先生一家之學說。所謂《四庫全書》者，除晚周幾部非儒家的子書以外，其餘則十分之八都是教忠教孝之書。經不待論，所謂史者，不是大民賊的家譜，就是小民賊的殺人放火的帳簿，如所謂平定什麼方略之類。子集的書大多數都是些王道聖功，文以載道的妄談。還有那十分之二，更荒謬絕倫，說什麼關帝顯聖，純陽降壇，九天玄女，黎山老母的鬼話。其尤甚者，則有嬰兒姹女、丹田泥丸宮等說，發揮那原始人時代生殖器崇拜的思想。所以2000年來用漢字寫的書籍，無論哪一部，打開一看，不到半頁，必有發昏做夢的話。此等書籍，若使知識正確，頭腦清晰的人看了，自然不至墮其玄中；若令初學之童子讀之，必至終身蒙其大害而不可救藥。

欲袪驅三綱五倫之奴隸道德，當然以廢孔學為唯一之辦法；欲袪驅妖精鬼怪，煉丹畫符的野蠻思想，當然以剿滅道教—是道士的道，不是老莊的道—為唯一之辦法。欲廢孔學，欲剿滅道教，惟有將中國書籍一概束之高閣之一法。何以故？因中國書籍千分之九百九十九都是這兩類之書故，中國文字自來即專用於發揮孔門學說及道教妖言故。

像這樣痛快淋漓地歷數漢字宣傳封建思想為虎作倀的罪行，真是驚世駭俗。他又從學理上說：

中國文字衍形不衍聲，以致辨認書寫極不容易，音讀極難正確。這一層近20餘年來很有人覺悟，所以創造新字，用羅馬字拼音等主

張，層出不窮……除了那「選學妖孽」、「桐城謬種」要利用此等文字，顯其能做駢文、古文之大本領外，殆無不感現行漢字之拙劣，欲圖改革，以期適用。

錢玄同力主進行「漢字革命」，用心仍在於反對封建思想文化，陳獨秀曾在《本志罪案之答辯書》中說得很明白：

社會上最反對的，是錢玄同先生廢漢文的主張。錢先生是中國文字音韻學的專家，豈不知語言文字自然進化的道理？（我以為只有這一個理由可以反對錢先生）他只因為自古以來漢文的書籍，幾乎每本每頁每行，都帶著反對德賽兩先生的臭味；又碰著許多老少漢學大家，開口一個國粹，閉口一個古說，不當聲明漢學是德賽兩先生天造地設的對頭；他憤激了才發出這種激切的議論。像錢先生這種用石條壓駝背的醫法，本志同人多半是不贊成的。但是社會上有一班人，因此怒罵他，譏笑他，卻不肯發表意見和他辨駁，這又是什麼道理呢？難道你們能斷定漢文是永遠沒有廢去的日子嗎？西洋人因為擁護德賽兩先生，鬧了多少事，流了多少血，德賽兩先生才漸漸從黑暗中把他們救出，引到光明世界。我們現在認定只有這兩位先生，可以救活中國政治上道德上學術上思想一切的黑暗。若因為擁護這兩位先生，一切政府的迫壓，社會的攻擊笑罵，就是斷頭流血，都不推辭。[3]

陳獨秀的反問：「難道你們能斷定漢文是永遠沒有廢去的日子

3　陳獨秀：《獨秀文存》，第243頁。

嗎？」實在發人深省。

錢玄同不主張保留漢文，仍用舊文字來說明新學問。因為若不廢漢文，則舊學問雖不講，而舊文章則不能不讀。舊文章的內容，就是上文所說的「不到半頁，必有發昏做夢的話」；青年子弟，讀了這種舊文章，覺其句調鏗鏘，娓娓可誦，不知不覺，而將為其文中之荒謬道理所征服；其中毒的程度，不下於讀四書、五經及《參同契》、《黃庭經》諸書，況且近來之賤丈夫動輒以新名詞附會野蠻之古義，如譯Republic為「共和」，附會於「周、召共和」，附會傳統的「五倫」，可見舊瓶裝新酒之弊。原因不外兩點，一是國人的腦筋，異常昏亂，最喜瞎七搭八，穿鑿附會一陣子，以顯其學貫中西。二是中國文字，字義極為含混，文法極不精密，本來只可代表古代幼稚思想，絕不能代表拉馬克、達爾文以來的新世界文明。更何況將漢字改為拼音，其事至為困難（詳下），這樣一來，根本的解決法莫過於廢漢文。

廢掉漢文後，錢玄同認為，當採用文法簡賅，發音整齊，語根精良之人為的ESPERANTO（世界語）。惟Esperanto現在尚在提倡之時，漢語又一時難以馬上消滅，在這過渡時期，則可用外國文字，如英文、法文作為國文的補助。而國文則限制字數，多則3000，少則2000。

錢玄同後來自己說過，他主張文字改革，最早是受了李石曾、吳稚暉主編的《新世紀》通報的影響，以為一切舊的東西都應該毀棄。漢字也是舊的，也應該毀棄。《新世紀》主張廢漢文，用萬國語（即世界語），章太炎曾著文駁斥。錢玄同對世界語很熱心，北京大學的

世界語班，就是他向蔡元培建議成立的。黎錦熙先生說，錢先生鼓吹世界語，「這原是抱有世界大同之理想而改革文字之一種急進派的主張。但民國九年（1920年）以後，他就覺得這種理想太高，現代的中國，只能提倡國語，而改革傳統國語的工具使之『世界化』，故專心極力於『國語羅馬字』了」。但在《新青年》上，他有許多與人討論世界語的文章。錢玄同給陳獨秀那封信，曾引用吳稚暉的話說：「中國文字，遲早必廢。」陳獨秀在回信中說，吳先生之說，淺人聞之，雖必駭極，而循之進化公例，恐無可逃。陳獨秀考慮是僅廢中國文字呢，還是一併廢中國言語呢？這二者關係密切，但性質不同。各國反對廢國文者，都以破滅累世文學為最大理由。可是中國文字，既難傳載新事理，且為腐毒思想之巢窟，廢之誠不足惜。康有為說美國共和之盛，而與中國有七點相反，無能取法，其一即云：「必燒中國數千之歷史書傳，俾無4000年之風俗，以為阻礙。」在康氏乃故作此語，以難國人；在我們看來，則以為燒之又何妨？至於廢國語之說，則更加為眾人所疑了。鄙意以為今日「國家」、「民族」、「家族」、「婚姻」等觀念，都是野蠻時代狹隘偏見所遺留，根底很深，即使先生與我也必不能免俗，可見國語不易廢。如果這些觀念，都消滅了，連國家也沒有了，哪裡來的國語？然在現在的過渡時期，惟有先廢漢文，暫且保存漢語，而改用羅馬字母書寫。胡適贊同陳獨秀這種主張。

討論世界語，集中表現了錢玄同站在世界文明高度，吸收人類文明精華的胸懷，因而也必然與保存國粹的守舊分子打筆墨官司。因為如果聖人創制的漢字都廢除了，國粹何以保存？真是「皮之不存，毛將焉附」。阻力可想而知。針對一些人懷疑世界語，說它至少不能應

用於文學，錢玄同說得好，世人說到「文學」一詞，就以為必須堆砌種種陳套語、表像詞，刪去幾個虛字，倒裝賓主名動、效法改「在門」為「虯戶」、易「東西」為「甲辛」之類，所以寫上許多費解的怪事，以炫惑愚眾。學選體者，濫填無謂之古典；宗桐城者，頻作搖曳之醜態。此等怪物，只可稱為「事類賦」「八股文」之類，斷斷講不到「文學」二字，因為文學之真價值，本在內容，不在形式，那些追求形式者寫的所謂「美文」，說得客氣一點，像個泥美人，說得不客氣一點，簡直像個金馬桶。反對世界語者，錢玄同認為是他們全然不懂世界趨勢。世界的進化，已到20世紀，其去大同開幕之日已不遠。像世界語這樣的世界主義之事業，幸而有人創造，應竭力提倡，豈得反而遏之不遺餘力？世界語自1887年6月2日出世，至今才30年，剛開始20年中，不甚有人注意。還記得丁未戊申之間，劉師培、張溥泉在日本，請日本大杉榮教世界語，當時世界語在日本也才開始萌芽。吳稚暉、褚民誼在巴黎著論於《新世紀》週報，大力提倡，而中國內地尚無人知之。己酉秋冬間，上海始有世界語會。七八年以來，歐洲用此語出版之書籍，日新月盛，中國人亦漸知注意。中國人雖然孱弱，但也是世界上的人類，對於提倡此等事業，自可當仁不讓，如果非要放棄責任，讓人專美，誠是何心。當年吳稚暉先生著論，說中國文字艱深，應當捨棄，章太炎師著論駁之。錢玄同則認為世界未至大同，則各國皆未肯犧牲其國語，中國也不例外，所以現在馬上廢棄漢文而用世界語，未免嫌早一點。但是不廢漢文而提倡世界語，有何不可。錢玄同建議最好從高小學起，即加世界語一種，中國人喜歡閉著眼睛瞎講，頑固黨既慮有此語而國粹消亡，洋翰林又慮有此語之後，他們所操的英語或他國語失去名貴的價值，於是交口詆毀，務必

不許他人學習，此種猖狂之妙相，真欲令人笑死，Tolstoi以蓋世文豪而用世界語著書，Ostwald以科學大家而以化學所得的諾貝爾獎金充傳播世界語之用，他國學者如此熱心世界語。回頭看我國所謂學者，大言不慚，抹殺一切，以西學為末技，以世界語為粗淺，說得像「煞有介事」，其實茅塞心中，滿口胡言，中西人之雅量，相去之遠，真令人哭笑不得。

為什麼一些人一定要排斥新事物呢？他說，一月以來，種種怪事，紛現目前，他人以為此乃權利心之表現，吾則謂根本上仍是新舊之衝突。故共和時代尚有欲宣揚「辨上下、定民志」「人倫明於上，小民親於下」之學說者，大抵中國人腦筋，2000年來沉溺於尊卑名分、綱常禮教之教育。故平日做人之道，不外乎「驕」「諂」二字。富貴而驕，雖不合理，尚不足奇。最奇怪的是，當他貧賤之時，如果遇到富貴者臨於其上，則趕緊叩頭請安，幾欲俯伏階下，自請受笞。一若彼不凌踐，我便是易彼之威嚴，彼之威嚴損，則他自己也覺得沒有光彩。所以一天到晚，希望有皇帝，希望復跪拜。仔細想想，豈非至奇極怪之事。就像孔子，我也承認他是過去時代極有價值之人，可是他的「別上下，定尊卑」之學說，實在不敢服膺。有的人說，2000年以前的人，頭腦中絕不能發生平等之觀念，所以不能指責孔丘宣導「別上下，定尊卑」的學說。這是似是而非。像莊周、墨翟、宋鈃、許行諸人，同樣也是2000年以前之人，何以他們便能宣導平等之學說呢？現在的尊孔者，似專一崇拜「別上下，定尊卑」之點。我記得夏曾佑先生著《中國社會之原》，說假使讓墨子之道大行於漢晉，則中國當為共和國。只因他的學說太幫助百姓，大為君主所惡。而儒教，

則經荀卿諸人推闡，處處利便於皇帝。於是「教竟君擇，適者生存」，儒教尊卑上下之精義，遂為崇於2000年來之中國。夏先生說：「墨蹶儒興」為炎黃涿鹿之戰後一大事，這真是精絕之論。錢玄同在信中讚揚陳獨秀《吾人最後之覺悟》所陳之義，認為於今日為最要之圖，否則儘管掛起共和招牌，而貨不真、價不實，不僅欺童叟，並且欺壯丁。這種國家，固斷斷無可以生存於20世紀之理。[4]

錢玄同這些話寫於1917年，正是陳獨秀推衍文學改良而大倡文學革命之時，錢玄同斷定當時紛繁複雜的矛盾現象，本質是新舊之間的衝突，可謂一語中的。陳獨秀在1916年寫的《吾人最後之覺悟》一文中，認為現在處於新的思想大激戰之時，有待於國民在政治、倫理上的覺悟。即拋棄數千年相傳之官僚的專制的個人政治，代以自由的自治的國民政治。非有多數國民自覺與自動不可。與立憲共和政體相適應，綱常等級制度必須剷除，應以獨立平等自由為原則。錢玄同稱讚這種看法。1918年在答姚寄人的信中說：「至於有人說國語是國魂國粹，廢國語是消滅國魂國粹，國將不國：這是十六七年前，老新黨的議論，動輒引俄滅波蘭兼滅其語為言，醒先生早已駁斥，無須再說。唯我意且以為國魂國粹要是永遠保存，甚或昌大之，力行之，則國真要『不國』了。國粹中有『生殖器崇拜』的道教，又有方相氏苗裔的『臉譜』戲，遂至1900年鬧出拳匪的一種成績品，國幾不國。國粹中又有主張三綱五倫的孔教，到了共和時代，國會裡選出的總統，曾想由『國民公僕』晉封為『天下共主』；垂辮的匪徒，膽敢於光天化日之下，鬧大逆不道的什麼『復辟』把戲，國又幾乎不國。近來一班坐

4　《新青年》三卷四號。

擁多妻、主張節烈的『真正拆白黨』，又竭力的提倡『猗歟盛矣』的事業了；照這樣做去，中國人總有一天被逐出於文明人之外，第三次國將不國的日子，恐怕快要到了。所以依我看來，要想立國於20世紀，還是少保存些國魂國粹的好！」[5]

又有答孫少荊的信，錢玄同說，若說中國人用了外國文做第二國語，便不免要做洋奴，將為印度、波蘭、朝鮮之續。這種議論，是20年前的老新黨發明的，實際上初不如此。要知道人而肯做洋奴，一定是腦筋簡單，智識卑下的緣故。據我看來，有了第二國語，才可以多看「做『人』的好書」；知道該做「人」了，難道還肯做「洋奴」嗎？請看日本他自己除了幾句普通話外，維新以前，是用漢文做第二國語；維新以來，是用西文做第二國語；─日本雖然沒有「第二國語」之名，但是研究他們學問的人，幾乎無一人不懂英語德語。他究竟做了「漢奴」、「洋奴」沒有？再看那班扶清滅洋的拳匪，到了1901年以後，都要學吃番菜，學同外國人把手了。他難道是學了第二國語才變心的嗎？所以我的意思，以為我們對於世界上的各種語言文字，無論習慣的，人造的，但看學了那一種文字可以看得到「做『人』的好書」，可以表示20世紀人類的思想事物，看定了一種，我們便該學這一種，採用這一種；因為我們想做「人」，我們也是20世紀人類的一部分。[6]

1918年，錢玄同答陶孟和關於Esperanto（世界語，當時又譯為「萬國新語」）的論難（《新青年》四卷二號）。他說，中國人對於

5　《新青年》五卷五號。
6　《新青年》五卷六號。

Esperanto，簡直不知道他是個什麼東西：提倡的，是上海一班無聊的人物。他們所說的學了Esperanto的好處，就是能夠和各國的人通信，我以為若是Esperanto的用處只有這一件，那麼Esperanto真是要不得的東西。反對的方面，是洋翰林，他是不喜歡用ABCD組成的文字有如此容易學的一種，因為學ABCD愈難，他那讀了10年「外國八股」造成的洋翰林的身份，愈覺名貴。先生反對Esperanto，持之有故，言之成理，自然不可與洋翰林同日而語。先生謂各國語言有民族性，Esperanto為人造的，無民族性，以此判其優劣。關於此層之答覆，玄同與獨秀之意全同，陳先生認為：「世界語為人類之語言，各國語乃各民族之語言，以民族之壽命與人類較長短，知其不及矣。」又說：「重歷史的遺物，而輕人造的理想，是進化之障也。」陶孟和認為，將來之世界，必趨勢於大同，今日之科學思想，及他日人們之利益，皆無國家可言；惟絕不能以唯一之言語表出之。錢玄同則指出，文字不過是一種記號，記號越簡單，越統一，則使用者越便利。且學習簡易文字之時間，比較學習艱深文字之時間能縮短，如果人人用此節約來的時間在社會做公益之事業，與人人花更多的時間勞精疲神於記誦乾燥無味的生字，兩相比較，其利害得失，固不言而喻。科學與人類利益既無國界可言，則人人皆知學問應為公有，人類必當互助；公理既如此發達，則狹隘之民族心理及國民性，自必漸歸消滅，此一定之理也。玄同以為世界上若無人造公用文字，則各國文字斷難統一，因無論何國，都不肯捨己從人；無論何國文字，都絕無統一世界之資格。怎麼辦呢？若捨己國私有之歷史的文字，則有世界思想者，殆無不樂此，因為這實為適當之改良，與被征服於他種文字者絕異也。他最後強調，進化的文字，必有賴乎人為，而世界語言，必當漸漸統

一。玄同對於文字之觀念，以為與度量衡、紀年、貨幣等等相同，符號越統一，則越可少勞腦筋。玄同急於提倡Esperanto，還因為中國文字，斷非新時代所適用。無論其為象形文字之末流，不足與歐西諸國之拼音文字立於同等地位；即使一旦改用羅馬字拼中國音，而廢現行之漢文字體，可是近世之學術名語，多為我國所無，即普通應用之新事物，其新定之名詞，亦多不通，如自來火，洋燈，大菜之類。誠欲保存國語，非將歐洲文字大大摻入不可；惟摻入之歐洲文字，當採用何國呢？是一直難解決之問題。鄙意Esperanto中學術名詞，其語根即出於歐洲各國，而拼法簡易，發音有定則，謂宜採入國語，以資應用，此為玄同提倡Esperanto唯一之目的。

針對陶孟和說「未曾學過外國語音，不能示人以外國語中之新天地」，錢玄同說，他提倡Esperanto，純粹是本乎自己的良心，絕非標新立異，尤非自文其不通英法德意⋯⋯文之淺陋，玄同良心對於Esperanto，懷著兩種意見：一、對於世界方面。一切科學真理，是世界公有的，不是哪一國的「國粹」。但是現在各國人各用他私有的語言文字著書，以至研究一種學問，非通幾國的語言文字不可。如果世界語言文字統一了，那便人人都可減省時間，不去學無謂的語言文字。這樣就可以來研究有益於社會和人生的學問。二、對於中國方面。中國到了20世紀，還是用4000年前的象形文字；加以2000年來學問毫無進步；西洋人300年來發明的科學真理，更非中國人所能夢見，現在給人家打敗了幾次─如什麼「甲午」、「庚子」的外患之類─於是有幾個極少數的人略略醒了一點，要想急起直追，去學人家，意思原是很好，可是人家嶄新的學問，斷難用這種極陳舊的漢字去表

達；因此近年以來頗有人主張廢棄國語而以英語代之；我對於這種主張，也很贊成。但是英語等雖較良於漢語，可以記載新事新理，究竟是歷史上遺留下來的文字，不是用人工改良的文字，所以龐雜的發音，可笑的文法，野蠻幼稚的習慣語，尚頗不少；加以叫甲國人改用乙國的語文文字，又為富於保守性的國民所不願。——其實也沒有什麼要緊。日本從前之高文典冊，以多用漢語為好：滿洲人入關之後，漸廢其國語而習漢文：究竟是有何不利？但是這種道理，非能都讓中國人明白，國語既不足以記載新文明，改用某種外國語又非盡善盡美的辦法，則除了改用Esperanto，實無別法。況Esperanto是改良的歐洲文字。世界上既有這樣一位元大慈大悲的Zamenhof製造這種精美完善的文字，中國人誠能棄其野蠻不適用的舊文字而用之，正如脫去極累贅的峨冠博帶古裝，而穿極便利的短衣窄袖新裝。最後，他表示了不畏攻擊、奮勇向前的決心。他說：「選學家桐城派反對新文學，我們格外要振作精神去做白話文章；我們對於Esperanto，也該用做白話文章的精神去提倡！」他還認為，若有比Esperanto更為精密的（當時據說有Ido），則自然應採用後者。

錢玄同以放眼世界的氣度，用他「致用務求其適」的精神，去迎接人類文明的精華，這種膽識，直到今天，猶屬難能可貴。

本著「致用務求其適」的精神，錢玄同對漢語能否改用拼音的問題，思想上有過反覆。他本來是不贊成漢語改用羅馬字拼音的。他在1918年致陳獨秀的信中說（《新青年》四卷四號），有人主張改漢字這形式，即所謂用簡字羅馬字之類，而不廢漢語，以為形式既改，則舊日積汙，不難洗滌，殊不知改漢字為拼音，是極困難的，中國語言

文字，極不一致，一也；語言之音，各處因萬有不同，即使是文字之音，也是分歧多端，二也。製造國語以統一言文，實行注音字母以統一字音，固然是我輩積極的主張，但其最好的結果，不過能使白話文言不甚相遠，彼此音讀略略接近而已。若要如歐洲言文讀之統一，則恐難做到；即如日本之言文一致，字音畫一，亦未能遽期。因為歐洲文字本是拼音；日本雖借用漢字，然而，有行了1000年的「五十假名」。中國文字，即非拼音，又從無適當的標音符號；36字母，206韻，鬧得頭昏腦脹，充其極量，不過能考證古今文字之變遷而已，於統一音讀之點，全不相干。今欲以我等三數人在十年八年之內，告成字音統一之偉業，恐為不可能之事；而且中國文言既多死語，且失之浮泛，而白話用字過少，文法亦極不完備；欲並採言文，造成一種國語，亦大非易事。於此可見整理言文及音讀兩事，已很困難。言文音讀不統一，即斷難改用拼音。何況漢文根本上尚有一無法救療之痼疾，則單音是也。單音文字，同音者極多，改用拼音，如何分別？此單音之痼疾，傳染到日本，日本亦大受其累：請看日本四十年來提議改良文字之人極多，而尤以用羅馬字拼音這說為最有力；可是至今尚不能實行，原因正在於「音讀」之漢字不能祛除淨盡，則羅馬字必難完全實行，這也正是我認為改用拼音，至為困難的原因。

錢玄同所說的，漢語單音文字，同音極多，若改用拼音，如何分別呢？這個問題，至今的中文拼音也沒有解決，他接著說，即使上述困難都解決了，漢字完全改用拼音，然而請問，新理新事新物，都不是我們民族所固有的，是自造新名詞呢？還是老老實實寫西文原字呢？由前之說，既改用拼音，則字中不復含有古義，新名詞如何造

法？難道竟譯Republic（按：意為「共和國」）為Kung-huo，譯Ethics（按：意為「倫理學」）為Lun-li-hsüh嗎？自然沒有這個道理。由後之說，即採西文原字，則科學、哲學上之專門名詞，自不待言；即尋常物品，如match、lamp、ink、pen之類，自亦宜用原文，不當復云yang-huo、yang-teng、yang-meh-shue、yang-pih-teu；而dictator、boycott之類應寫原文，亦無疑義。如此，則一文之中，用西字者必居十之七八，而「拼音之漢字」不過像介連助歎之詞，及極普通之名代動狀之詞而已。費了許多氣力，造成一種「拼音之漢字」，而其效用，不過如此，似乎有些不值得罷！蓋漢字改用拼音，不過形式上作了變遷，而實質上則與「固有之舊漢文」還是半斤與八兩，二五與一十的比例。因此他說他要爽爽快快說幾句話：中國文字，論字形，則非拼音而為象形文字之末流，不便於識，不便於寫；論其字義，則意義含糊，文法極不精密；論其在今日學問上之應用，則新理新事新物之名詞，一無所有；論其過去之歷史，則千分之九百九十九為記載孔門學說及道教妖言之記號，此種文字，斷斷不能適用於20世紀之新時代。「我再大膽宣言道：欲使中國不亡，欲使中國民族為20世紀文明之民族，必以廢孔學，滅道教為根本之解決；而廢記載孔門學說及道教妖言之漢文，尤為根本解決之根本解決。」廢掉漢文以後，應當採用文法簡賅，發音整齊，語根精良之人為的文字—Esperanto，考慮到當時Esperanto尚在提倡之時，漢語一時也不能馬上消滅，在此過渡之短時期中，他認為補救的辦法，即採用某種外國文字，英文、法文都可，他並無成見。而國文則限制字數，多則3000，少則2000，以白話為主，而「多多夾入稍稍通行的文雅字眼」（這是胡適答錢玄同之語，見《新青年》三卷六號），期以三五年工夫，專讀新編的《白話國文教科書》，而

國文可以通順。凡講述尋常之事物，則用此新體國文，若言及較深之新理，則全用外國文字教授；從中學起，除「國語文」及「本國史地」外，其餘科目，全部讀西文原書。但不久，他的思想有了變化，他說：

中國文字不足以記載新事新理；欲使中國人智識乩進，頭腦清楚，非將漢字根本打消不可。（近日與朋友數人編小學教科書，更覺中國文字之龐雜汗漫，斷難運用）但文字易廢，語言不易廢；漢語一日未廢；即一日不可無表漢語之記號。此記號，自然以採用羅馬字拼音為最便於寫識。我一年前也有此主張（按：1917年）；後來因為想到各方面的困難之點甚多（如單音之詞太多，一義有數位，聲音之平上去入等等），恐一改拼音文字，反致意義混淆，於是改變初衷，主張仍用漢文，限制字數，旁注「注音字母」。惟以漢字一字形，形體組合，千奇百怪，這樣的文字，實在難以辨認：今見朱先生這信，證明羅馬字拼中國音之可行，並知已有此種文字撰為醫書的，於是使我一年前的主張漸漸有復活之象。朱先生所說羅馬字拼音的報紙，我尚未看見；如其確有良好的辦法，我也要來跟著提倡。中國今後果能一面採用一種外國文，作為第二國語，以求學問，一面將中國語改用拼音，以適普通說話，粗淺記載之用，則教育上可得到很好的一種工具了。7

朱我農給胡適的信是這樣說的：

7　《新青年》五卷二號。

羅馬字拼音法，我甚贊成，現在廈門汕頭臺灣等處中國人能看教會中所發行的Romonized chinese（羅馬字拼成的中國語）的人，比能看中文的人多，這就是極好的成績。十三四年前，我極不贊成此事，以為單音的中文斷不能變為拼音。1909年我與廈門雷文鐸君同訪蘇格蘭之愛丁堡，看見他的家信凡從廈門來的，都是一種非希臘非拉丁非英德的文字，我一點都看不懂。雷君告我說，這是廈門白話羅馬字拼出來的，並說這種拼音文字的如何利便，如何易學，當時我腹笑之。後來我又認識一個英國醫生高似蘭（Dr. P. B. Consland）君，此君因在汕頭多年，既懂中文，又能說汕頭話，他也極力說Romonized chinese的好處；且說「中國人欲科學進步，非改用拼音文字不可」。當時我雖未然其說，但自己一想，以前中國人費了十數年的苦功，單單學一點本國之文字，尚不能弄通，並且有「老死書鄉，一竅不通」的人，可見中文之難；當此科學時代，那有許多工夫去學這樣難的東西呢？從此就漸漸的把以前的頑固思想改了。去年有一個英國醫生名Taylor的到橫濱來印刷一部《內外科看護學》，這書全是用Romonized chinese做成的。據他說，臺灣人能看此種文字的甚多。他在臺灣所設的醫院及學堂，全然用此種文字。他又將書中文句念給我聽，我雖不大懂得廈門話—臺灣人說的是廈門話—然而其中能聽得懂處甚多。此一年來，我很研究此事，近來愈覺得此種文字利便，所以我贊成用羅馬字拼音。至於各省語言不同，可以不必慮及。若用標準的拼法，其讀法發行（胡適原按：此句似有錯字），不但不至有礙，且可以借此統一中國的語音。茲特寄上用羅馬字拼音法的報一紙，以

供先生等審查。[8]

令錢玄同失望的是，朱我農所寄的附件，不過是一本用羅馬字母拼廈門語的《內外科看護學》。錢玄同說，此等書籍，我以前也看見過，我們只要照著《五車韻府》等書，將用漢字寫的文章一個一個找出拼音，連了起來，就可做到。並且拼的是普通音，比這《內外看護學》總還容易看一點。因此，他還是回到漢字不宜改用羅馬字拼音的立場上來。理由如前所述。還有一個原因，就是他認為今後的中國人應該把所有的中國舊書盡行擱起，凡道理、智識、文學，樣樣都該學外國人，才能生存於20世紀，做一個文明人，既然如此，就該學外國文，讀外國書。那固有的漢語，因事實上不能立刻消滅，只好暫時留住一部分勉強可用的一把那不適用的都送進博物院去一作為短時期交流之用，但與學術無關。至於文字，在文章方面，既改用口語，較之舊日之言文不一致者，已可便利許多，在書寫方面，則應復用草書，或兼採古體俗體之筆劃簡單者，聲音難明者，則注以注音字母。如此將就行法，也可勉強敷衍十年廿年。至於漢字的代替物，他認為與其製造羅馬字母的新漢字，遠不若採用人類公有的Esperanto。即退一步說，亦可採用外國語來代漢文漢語，認為單用Esperanto與採用外國語，比製造什麼羅馬字母的新漢字，上算得多，有用得多。後來又說，將來若有比Esperanto更好的文字，自然當捨Esperanto而就彼。總之，我們對於Zamenhof，當於Daruin（按：指達爾文），Kropotkin（按：指克魯泡特金）同視而認他為先覺，為學者；不當於孔丘耶穌

8　　以上均見《新青年》五卷二號。

同視，而認他為聖人，為教主。[9]他一再強調不反對別人弄羅馬字拼音，「我並非要做蝙蝠派、騎牆派的人，兩面討好。因為我對於中國文字，無論如何主張，只要是存補救我或改革舊文字之弊者，我以為都是有道理的」。

針對當時提倡與反對Esperanto的人，對於Esperanto是個什麼東西知之甚少的現實，錢玄同認為，當務之急是竭力去提倡Esperanto，自己要趕快學，勸人趕快寫，還應多立團體傳播。1919年1月9日他在回答區聲白的信中說：我們既認Esperanto為適用之語言文字，可以作為中國語言文字的代替物，則更該多立團體，分頭傳播。宣傳時特別要說明這是人類公有的語言，當與本國文同視，不當以外國文視之。至於漢文改用拼音，在理論上自然可以成功的，而在事實上我以為是很難辦到，因為中國是單音語，同音字太多，我以為漢語一日未廢，則漢文只可暫時沿用。難道某人發一道命令說：「漢文漢語定於某年某月某日廢止，『愛世語』定於某年某月某日施行。」Esperanto就可通行嗎？所以現在只能暫時沿用漢文，而旁注音讀，仿日本人的辦法，此法現在最為合宜。若標準音，只可用普通音，即俗可謂「官音」，因為「官音」與方音相比，則官音實為「適者」，暫時尚可生存。[10]1919年2月，錢玄同在答凌霜的信中，強調Esperanto為人類的公共語言，中國人也是人類之一員，自然就應該提人類的公共語言。歐洲各國的國語，與Esperanto相差不很遠，就是慢慢地提倡，還不妨事。中國則自己的語言文字太艱深陳舊，絕不合於新世界之用，所以

9　　《新青年》五卷五號，答胡天月。
10　　《新青年》六卷一號。

中國人更該竭力提倡Esperanto，拿一近似的事來打比方：現在中國該用國語來做文章，用國音來標國語。那北方的聲音語言，本來較為普通，和國音國語相差不甚遠，到慢慢地提倡國音國語，還不妨事；江浙和閩廣，則土音方言，至為奇特，不能行遠使用，那就非趕緊提倡國音國語了。而且我們主張Esperanto的人，應該自己趕緊學Esperanto，勸人趕緊學Esperanto。自己學好了，該去教別人；學的人漸漸多起來，則中國知道Esperanto的好處的人也漸漸地多起來了。到那時候，提議要把Esperanto加入學校課程之中，想來也不是什麼難事了—請看，三年前中國人對於白話文學的觀念是怎樣，現在又怎樣，就可做個比較。

1918年11月23日，教育部正式公佈注音字母。同時要把普通用字的國音註定公佈—這件事，後來幾經反覆，證明是極其困難的。這年冬天，吳稚暉從上海帶著他親自編寫的《國音字典》稿本來北平，共有13000多字，是根據民國二年（1913年）教育部讀音統一會全國代表和專家多數表決的字音規定的；當時陳頌平受了教育當局的囑託，邀集錢玄同、吳稚暉、黎錦熙、王蘊山、馬幼漁在他家裡開審查會。這是中國確立國語字音標準之始，在審查過程中，是錢、吳兩人辯論。錢玄同在當時所編的《音韻學講義》中，還大大地批評注音字母諸多不好，可是當時兩夕的會議，他雖覺得有些字音規定得太俗而不合於古，但極肯降心相從，不執己見，所以能順利而迅速地通過。第二年，《國音字典》出版，東南方面的教育界大嘩，說《國音字典》不應該用多數表決之普通字音，應該一律按照北京本地人說話的字音，這就是「京音國音兩派之爭。」事實上，清末已有人主張以「北

平話」統一全國語音，以便聯合中國的人心，救亡圖存。京音國音之爭，導致了教學的混亂。如某縣的小學，京音教員和國音教員打架，把勸學所的大菜檯子推翻了；某縣開一個國語會，也是京國兩音的教員相打，是知事出來作揖勸解。某鄉的小孩子，兄弟兩人在一個學校裡，一人學了京音，一人學的是國音，回家溫習功課，很有幾個字的音不一致，他們的家長起了疑惑去質問校長，校長只好說：「都不錯！都不錯！」黎錦熙去江浙踏勘一趟回來，主意有所動搖，錢玄同堅持不可變更原則，只可逐字審查，稍加修訂，所以《國音字典》直到民國九年（1920年）12月24日才由教育部正式公佈，私家著作變成了全國文字讀音的標準達12年之久，直到民國二十一年（1932年）才正式廢止，另由教育部頒佈《國音常用字匯》。這部《國音常用字匯》是完全改用北平本地人說話的字音為標準，比民國九年（1920年）公佈的《國音字典》，更俗而不合於古了，這個轉變，錢玄同也是一個關鍵：大約在民國十年（1921年）夏天，他在黎錦熙家院子裡乘涼，討論當時小學生照多數表決公定的所謂「國音」讀國語教科書，在全國任何地方都覺得有些彆扭，聽著不是味兒，究竟要怎麼辦才好呢？他說：「前幾天我給馬衡家裡的小學生寫墨水匣蓋兒，用注音字母拼寫『國音』墨水匣兩個字，小孩子都說拼錯了，跟口裡說的『墨水匣』不對；馬衡也說這兩個字的韻母恰巧要調換，（因當時公定的『國音』是作ㄇㄜㄏㄛ，而北京的實際讀音是ㄇㄛㄏㄜ），我原是反對『京音派』的，現在成了人格問題，要毅然決然，明白宣佈，就採用『京音派』的主張，把北京的地方音作國音，你以為如何？」黎錦熙以禪語答曰：「先生！一個墨水匣，你於『言下大悟』了！」從此國語運動的語音標準問題，才確定了一條合理而有效的路線。這又可

見錢玄同實事求是、不護己見的精神。

　　黎錦熙先生說，民國七年（1918年）的兩件大事：創編白話的國語教科書；創修注音字母註定讀音的《國音字典》，乃是民國八年（1919年）五四運動以前，錢先生以生力軍參加的「國語運動」。《新青年》的「文學革命」和「新文化運動」，也是同時興起的，錢先生也是健將，因此，這兩大運動，就自然聯絡起來，團結一致。到了民國八年（1919年）五四運動起，影響政治，新的潮流在社會、教育、思想、學藝上，都添加了很偉大的勢力，所以國語運動的這件事，就很不費力地在教育法令上實施了革新的規定。這兩件事的歷史價值，黎先生在《國語運動史》（簡稱《史綱》）序言中說：「民7（1918年）公佈了注音字母，民8（1919年）令頒了《國音字典》，實行『國語統一』的政策，恰與2200年前秦始皇的『國字統一』政策遠遠相承……民9（1920年）明令廢止了全國小學的古體文而改用『語體文』，把科目的國文改為『國語』，是『文學革命』的實施，恰與2100年前漢武帝的『文體復古』政策遙遙相對。」黎先生又說，國語運動實際上比辛亥革命還難，辛亥革命把民族革命與政治革命奇妙地統一起來，而要統一國語，真是談何容易。這些還都不算什麼，國語運動的最高企圖、最終目的，乃是建設中國的新文字。錢先生對於此事的最大努力，是在民國十年（1921年）以後，民國二十三年（1934年）以前。我和他論交至今共計有23年，互相期許的中心事業，還不在民國八年（1919年）前後這幾件僥倖火速成功的事情上頭，不過這幾件事也是新時代的詛誦、倉頡的勾當中，應該具備的歷史條件而已。錢先生主張中國的新文字制定之後，只須用法令公佈，不要借政

治的力量來推行，因為這是學術問題，應該自由研究；秦始皇漢武帝那種強制的辦法就根本不對。我說研究儘管研究，但若要使新文字能夠普通地應用，總須有政治的力量才能推動，例如土耳其。因為在中國，眾人的勞動向來抵不過一紙法令。他不以為然，笑著說：「看你何時作凱末爾！」[11]

五四運動後，錢玄同漸漸專注「國語運動」的工作。1919年，教育部國語統一籌備會成立，錢玄同兼任該會常駐幹事。1920年後，他認為在中國推廣運用世界語是遙遠的理想，而當務之急是積極推進國語運動。黎錦熙先生說，從1919年錢先生兼任教育部國語統一籌備會常駐幹事，到他1939年去世，他對於國語、國音、注音符號、國語羅馬字、簡體字等的製作和推進，悉心參劃，互二十年，其效甚溥。民國七年（1918年）創編白話的國語教科書，創修注音字母註定讀音的《國音字典》，確實給教育界帶來了新氣象。經過五四運動的洗禮，文化教育更加鮮明地吸收新方法，新思想。以教科書為例，據歷屆國語統一會審查工作的報告，1920年審定的國語教科書共173冊，1921年，共118冊，1922年約100冊，1921年以後幾年間，各書坊競相出版兒童課外讀物，種類很多，還不在教育部審定範圍之內。大抵「兒童文學」這一股潮流，自周作人等提倡以來，在1922年新學制公佈時達到最高點，如這年商務印書館出版的《新學制國語教科書》，初小用的，幾乎是完全採用兒歌、童話、民謠、寓言之類作材料，教育部給審定了，並有嘉獎的批語。但舊派大罵這是「賊夫人之子」的「貓狗教育」，因為清末小學課本，第一課大都是「天地日月」，民國後第

11　黎錦熙：《錢玄同先生傳》。

一課總是「人」，而《新學制國語教科書》第一課是「狗、大狗、小狗」，第二課是「大狗叫，小狗跳，大狗、小狗，叫一叫，跳兩跳。」舊派的指責顯然是毫無道理的。事實上，經過國語運動的掃蕩，教育界的面貌煥然一新，教育內容也大大改變。例如關於經學，黎錦熙先生將它用拼音文字寫出，小學生也能讀，下面是他選的《禮記·檀弓》中的一段：

Koong-jongni shiansheng—jioansh koong—futzyy-yeou itian, ta yeanghwo de netiao goou syyle, ta jiao tade shyuesheng Tzyygong geeimaichilai, shuo: "woo tingjiann laobey shuo-guoh de ia: 'poh-manntzbyerheng la, weydesh maimaa ia; poh-chepeng yee bye rheng la, weydesh maigoou wa!'woo a, jia-lii chyong, kee meiyeou chepeng; maide shyrhowl, yee geeita i-jang pohshyitz, bye rang tade naodai aije tuu!'"

把它翻成漢字就是：

孔仲尼先生—就是孔夫子—有一天，他養活的那條狗死了。他叫他的學生子貢給埋起來，說：「我聽見老輩說過的呀：『破幔子別扔啦，為的是埋馬呀；破車篷也別扔啦，為的是埋狗哇。』我啊，家裡窮，可沒有車篷，埋的時候兒，也給他一張破席子，別讓他的腦袋挨著土！」

這是生動活潑的白話文，而《禮記》中的原文是：

仲尼之畜狗死。使子貢埋之，曰：「吾聞之也：『敝帷不棄，為埋馬也；敝蓋不棄，為埋狗也。』丘也貧，無蓋，于其土封也，亦與之席，毋使其首陷焉。」

　　三者相對照，足以顯示出白話文及字母文字在教育中的作用。1923年，由胡適、顧頡剛、葉聖陶、吳研因等編的初中國語教科書出版，將白話文與文言文合編。文言文中，第一次選入了王充、崔述等人的文章。王充是東漢的異端思想家，清代的崔述雖然也尊孔，但對傳統經學、史學提出了大膽的質疑和詳實的考訂。這些非正統思想家的文章得以入選教科書，對孩子們的啟迪是很大的，於此可見當時教育大加改革之一斑。

　　前面說過，國語運動的最高意圖和最終目的，乃是建設中國的新文字。錢玄同經過反覆考慮，認為中國的新文字，一定要用拼音制，而拼音制又一定要採用羅馬字母。他說200多年前南明的劉繼莊就有這個主張，他後來建議以劉繼莊的生年即1648年（明永曆二年，清順治五年）作為「國語紀元」。早在1918年他討論中國今後之文學問題時，雖然主張採用治本的措施即世界語取代漢文，但也強調不反對用羅馬字，這種議論見於《新青年》四卷四號的《中國今後之文字問題》，五卷五號的《漢字革命之討論》，五卷六號之討論《羅馬字與新青年》等。1922年，他與黎錦熙先生在西單牌樓一家小羊肉館雨花春樓上，共同決定，開始放一大炮，在當時的《國語月刊》裡發刊一大冊《漢字改革號》，除各同道都精寫一篇論文外，並把歷年討論這個問題的文字都綜合起來，錢玄同寫了首篇，題為《漢字革命》，那

年大家才把中國的新文字命名為「國語羅馬字」，同期載有黎錦熙寫的《漢字革命軍前進的一條大路》，趙元任寫的《國語羅馬字的研究》。黎錦熙先生稱讚《漢字革命》是一篇「斟酌飽滿」的長文，在民國七年（1918年）已有這種主張。

《漢字革命》一開頭就說，距今20年前，也就是戊戌變法時代和它的前後，中國有人感覺到漢字的難識、難記、難寫，不是一種適用的工具，應該另造拼音文字，如沈學、盧戇章、蔡錫勇、勞乃宣、王照諸人，都曾經發表過「中國該有拼音文字」的主張，並且他們自己都製造過拼音字母。但是他們卻又發一種議論：「漢字太高深了，太優美了，它只是有力治學的人們適用的文字，至於知識低下或不識字的人們，另外製造一種粗淺的拼音文字來給他們使用。」所以他們一面雖然主張中國該有拼音文字，可是一面又趕緊聲明道：「我們並不主張廢棄漢字的！」照他們這種議論，好比說：「魚肉雞鴨雖是適口養生的美品，但是它們只是有錢的人們的食物；至於那些鳩形鵠面的苦人，是沒有吃它們的福氣的，我們應該可憐他們，另外造些窩窩頭，雜合兒來給他們充饑。」錢玄同說，我想，他們要說那話的原故，或者因為社會上那些「骸骨之迷戀者」太多了，要是明目張膽地說一聲「不要漢字」，恐怕有人要來胡鬧，未免使得拼音文字的推行上發生阻力，所以姑且「虛與委蛇」，也未可知。如果是這樣；自然要算別有苦心。

錢玄同在這裡所指出的清末漢字改革家首施兩端的現象，實質上就是這些人沒有認識到溝通「精英文化」與「大眾文化」的重要性，所以錢玄同接著就指出，他們說那樣的話，是不合理的；他們那種苦

心，也是無用的。人們對於社會上的無論什麼事物，如果發現了它的毛病，非「改弦而更張之」不可，那就應該明目張膽地鼓吹革命：「對於舊的，盡力攻擊，期其破壞、消滅；對於新的，盡力提倡，期其成立、發展。」要是既想改革，又怕舊勢力的厲害，於是做出遮遮掩掩、偷偷摸摸的樣子，說上許多不痛不癢的話，對於四面八方一律討好，希望做到什麼「妥協」，什麼「調和」的地步，那是一定不會有好結果的，不但沒有好結果，而且還要發生「是非混淆」、「新舊糅雜」的壞現象！老實說，這樣「灰色的革命」，我是很反對的。更何況用那樣不正確的手段來鼓吹革命，是很難得到效果的。試拿「古文革命」這件事來作個比較，便可以明白了。對於以前所謂「古文」，覺得它不是記載思想事物的適用工具，應該改用白話來作文章，這也是20年前的老新黨所早見到的。但是他們是用不正確的手段來鼓吹革命，他們對於這件事情的論調和對於「文學革命」的論調一樣。可憐鬧上20年，得不到一些效果！必須要到1917年陳獨秀作《文學革命論》，胡適作《建設的文學革命論》，高張「文學革命軍」的大旗，掃蕩古文巢穴中的「城狐社鼠」，國語的新文學才得成立。用「古文革命」的經過來做「漢字革命」的參考，便可知道我們若認明漢字的不適用，覺得表示國語的文學非用拼音不可，則惟有響響亮亮地說「漢字應該革命！」對於那「骸骨之迷戀者」，拼個你死我活，毫無妥協的餘地。如此，則漢字改革的事業才有成功的希望。

這20多年中，也有幾個明目張膽聲討漢字罪惡的人，最早是「思想界之彗星」譚嗣同，他的《仁學》中有幾句話道：

……又其不易合一之故，語言文字，萬有不齊；越國即不相通，愚賤尤難遍曉。更若中國之象形字，尤為之梗也，故盡改象形字為諧聲，各用土語，互譯其意，朝授而夕解，彼作而此述，則地球之學可合而為一。

　　錢玄同認為，譚君這幾句話，雖然不是專論漢字，但卻是宣佈漢字罪惡的第一聲，後來《新世紀週刊》中，吳敬恒、褚民誼、李煜瀛等對於漢字，都曾施過很劇烈的攻擊。1919年，傅斯年在《新潮》發表《漢語改用拼音文字的初步談》，實是「漢字革命軍」的第一篇檄文。近兩年來，因為國語文學的勃興，注音字母的推行，教育有普及的要求，學習有提高的必要，於是大家漸漸注意到漢字革命這個問題上來了，這是極好的現象。錢玄同說：

　　我敢大膽宣言：漢字不革命，則教育絕不能普及，國語絕不能統一，國語的文學絕不能充分的發展，全世界的人們公有新道理，新學問，新知識絕不能很便利、很自由地用國語寫出。何以故？因漢字難識、難記、難寫故，因僵死的漢字不足表示活潑的國語故；因漢字不是表示語音的利器故；因有漢字做梗，則新學、新理的原字難以輸入於國語故。

　　錢玄同說，漢字應該革命的理由，說的人已經很多了，我想，除了迷戀骸骨的，保存或維持國粹的，衛道的，和那些做「鴛鴦」、「蝴蝶」、「某生」、「某翁」的文章的「文丐」、「文娼」們以外，只要是心地乾淨，腦筋清晰的人們總不至於再無理由地反對了。然而從學理

上看，「漢字能否革命」恐怕還很有人懷疑，這就是繼「漢字應否革命」應該解決的問題。所謂「漢字能否革命」的問題，換言之，就是「國語能否改用拼音文字表示」的問題，錢玄同認為應該從漢字的變遷史上來研究。

有人說：「歐洲文字是拼音文字，中國文字是象形文字。」錢玄同認為這話是大錯的，漢字中間，固然有一部分是象形文字，但這類象形文字在漢字的全體中，只占了最少的一部分，百分之一。例如《說文解字》9000餘字中，據王筠的《文字蒙求》所列，象形字264個，指事字129個，會意字1254個，剩下的都是形聲字了。象形字和指事字，都可以算作象形文字，在《說文》中只有393個，占《說文》字全體僅二十三分之一。《說文》以後的文字，形聲字占了最大多數，會意字極少，至於象形字和指事字，除了「傘」、「凹」、「凸」等三數字外，簡直是沒有了。《說文》以後，文字日見增加，經過了1600年光景，到亡清修《康熙字典》的時候，共有4萬餘字。這33個象形字在《康熙字典》和4萬餘字之中，不是占了全體一百分之一嗎？即然如此，怎麼可以用「象形文字」這個名詞來賅括漢字的全體呢？

再看漢字的造字方法，據東漢的班固、許慎、鄭玄諸人所說，共有「象形」、「指事」、「會意」、「形聲」、「轉注」、「假借」六種，稱為「六書」，這種分法不很精當，但大體不錯，六書是造字的六種方法，並不是一時成立的，而是逐漸增加的。由這逐漸增加，便可證明漢字在3000年以前早已有離形就音的趨勢了。

象形和指事的分別，大致是這樣：象形系專就一件實物依樣指畫；指事則用點、畫、圈、鉤之類來作某類事物的記號，這兩種方法鬧到「此路不通」時，於是不得不拋卻象形文字的面目來造會意字，即用兩個或兩個以上的字來合成一個字，把這兩個或兩個以上的合成義來表示這一合成字的意義。用會意這種方法造字，雖比象形指事稍微自由一點，但也很容易鬧到「此路不通」。例如那鳥獸、草木、山川的別名，固然不能用象形指事的方法，卻也不能用會意的方法。又如一種動作或一種狀態，因為有些微的不同，便須分為許多字。這豈能一一造會意字呢？只有改用表音的方法。因為未有文字，先有語言，文字本來是語言的記號，語言對於某事某物用某音表示，則文字也可以用某音表示。這時候，象形、指事、會意的字，綜計起來，已經造了1000多個了，語言中常用的音，這一千多個字中一定包含很不少了，於是就用這1000多個字來作注音字母而造成一種形聲字來（後來形聲字也作注音字母，並不限於這1000多個象形、指事、會意字）。形聲字的「聲」是表音的符號，可以稱為「音符」。實際上就是那時的注音字母，形聲字的「形」，是表義的符號，可以稱為「義符」。例如「江」、「河」二字，古語稱長江曰「工」，稱黃河曰「可」，因即用「工」、「可」兩字來作「江」、「河」兩字的音符，江和河都是水，因又用「水」字來作它們的義符，漢字自從有了這個方法，於是由表義而趨向到表音的方面來了。

意義相近而有些微不同的，固然應該分造許多字去區別。還有那一個意義因地方或時代不同而變了讀音的，這也不可沒有區別，區別的方法，自然也只有添造文字。於是形聲之外，又別有轉注這一種方

法，例如甲地讀「謀」字之音如「某」，所以用「某」字做聲符，乙地不讀如「某」而讀如「莫」，於是改用「莫」字作音符而添造「譕」字。又如「父」、「母」兩個字，在述說時讀為「fu」、「mu」，而稱呼則變為「ba」、「ma」，於是就添造「爸」、「媽」兩個形聲字（「父」、「母」都是象形字），諸如此類，都是一義化為數音而千萬的，這便是轉注（說本章炳麟）—就文字的形式看，轉注還是形聲，但就「一義數音即造數字」，這一點上看，可知表音文字的勢力一天大似一天了。

轉注雖因音變而字也跟著變，卻還未脫離義符；如「父」、「母」之音變為「ba」、「ma」不就拿「巴」、「馬」兩個字來表示，還要加上「父」、「女」作為義符，後來又覺得這種方法還不便利，因為（1）聲音轉變，層出不窮，一一制字，實在麻煩得很；（2）副詞、前置詞、持續詞、感歎詞、助詞等等，很難得適當的義符；（3）古代傳授學問，因為寫的工具不便利，大都是「口耳相傳」，這是只能記住語音，不能記住字形的，因此便毅然決然地舍義而專來表音。只要聲音對了，無論寫哪個字都行。換言之，就是對於許多同音字，不問它們象形字、指事字、會意字、形聲字、轉注字，也不問它們中間的形聲字和轉注字是什麼義符，凡同音的字，都可以任意亂寫。凡聲音略有轉變，就可以改寫他字以明其音，總而言之，對於固有的文字都作為注音字母用，這便是假借。漢字到了用假借字，便是純粹的表音文字了。

照這本書發生的次序看，可知漢字是由象形而表意，由表意而表音，到了純粹表音的假借方法發生，離開拼音，只差一間了。

假借這個方法，發生於何時呢？現在所見最古的真正古字，就是殷代的甲骨文字，這中間已經有假借字了：如借「寮」為「寮」，借「唐」為「湯」，借「果」為「媒」，借「鳳」為「風」之類。可見，假借方法的發生，至遲起於殷代。後來周代的鐘鼎文字中間，假借字更多了。中國學術的發生，萌芽於春秋，極盛於戰國，最古的文學作品是《詩經》，最古的歷史書是《尚書》，其次便是《春秋》。這幾部書，都是從那個時代流傳下來的，因為傳寫之人不一，所以彼此異文很多，這些異文，一般都是假借字，清代學者考證得很清楚，從晉到唐，這種寫假借字的風氣仍是流行。宋元以來，書籍有了刻板，一印就是幾十幾百部，大家所看的本子都是一樣的，某義寫某字，都依著書上寫，於是寫假借字的風氣漸漸不行於所謂「士人」的社會了。而且那些什麼「士人」，看見別人寫假借字，便要罵他是「寫白字」。但是這種禁令，不過是「士人」自己定了來束縛自己罷了，若就拿社會而論，這種寫假借字的風氣，直到現在還很流行，因此，錢玄同說：

　　我要奉告大家：中國從殷代以來，早已有了離形表音的文字了，早已有一種未曾統一而且不是簡便的注音字母了，這樣的注音字母行了3000多年，不來將它統一，將它改簡，已經是不圖上進了，乃況還有人來閉著眼睛，胡說八道，什麼「正字」，什麼「白字」的鬧個不休，他們連這一種粗陋不完備的注音字母都還不許人家自由使用：這真是「在時間的軌道上開倒車」的行為了！他們這種行為，若使伊尹、傅說有知，亦當竊笑於九泉之下！

漢字的變遷，由象形而變為表意，由表意而變為表音，表音的假借字和拼音文字，只差了一間，就是：（1）還沒有把許多同音的注音字母並用一個；（2）還沒有把這種注音字母的筆劃改到極簡；（3）還沒有把同聲的字歸納為一個聲母，同韻的字歸納為一個韻母，所以假借字還只是一種未曾統一而且不甚簡便的注音字母。只要「百尺竿頭，再進一步」，則拼音文字就可以出世，所以錢玄同說：「從漢字的變遷史上研究，漢字革命，改用拼音，是絕對的可能的事。」他這裡所說的漢字的注音字母，指的是注音符號，取筆劃極簡的漢字而成，雖然是拼音的字母，但和世界的字母—羅馬字母式的字母本質有別，漢字革命的任務就是衝破漢字注音符號的侷限、採用羅馬字母式的字母，這才是漢字的根本改革。

錢玄同從事國語，是從喚醒民眾，吸收現代的世界文化著眼，他說，漢字的罪惡，如難識、難寫、妨礙於教育的普及、知識的傳播，這是有新思想的人們都知道的。此外如字典非用「一、丿、丶、丨……」分部就沒有辦法，電報非用「0001、0002……」編號就沒有辦法，以及排版的麻煩，打字機的無法做得好，處處都足以證明這位「老壽星」的不合時宜，過不慣20世紀科學昌明時代的新生活，但我覺得這還不打緊，最糟的便是它和現代世界文化的格格不相入。一般人所謂「西洋文化」，實在是現代的世界文化，並非西洋人的私產，不過西洋人作了先知先覺罷了。中國要是不甘於「自外生成」，則應該急起直追，研究現代的科學、哲學等等。若要研究「國學」，尤其非懂得科學方法不行，這還是說「起碼」的話。其實不懂得現代的新文學，絕不配整理中國的舊文學；不懂得歷史學，絕不配整理中國的

經、史，其它的類推。我們今後對於「國學」，只應該做「整理國故」的事業，絕對不應該再講什麼「保存國粹」「宣揚國光」這類話了。我們要使中國人都受現代世界文化的洗禮，要使現代世界文化之光普照於中國，要使中國人都可以看現代的科學、哲學、文學等書籍，則非將它們用國語翻譯或編述不可。就翻譯而論，有人主音譯，有人主意譯，錢玄同主張老老實實地把原外國字寫進我們的國語中，如譯「Democracy」為「民本主義」便使人類聯想到什麼「民為邦本」上去了。譯為「德謨克拉西」，又很不好記，不如採用原文。直書原文，還可豐富國語。中國的語言文字中，早有採用印度詞的先例，現在的國語，詞彙太貧乏，除採納古語和方言外，尤其應該大大地採納外國的詞，而被採納的外國詞兒，都是用羅馬字母拼成的，和這四四方方的漢字很難融合，只有將國語改用羅馬字母式的字母拼音，才沒有妨礙。方法是採用「羅馬字母式的字母」，即「國際音標」（International Phonetic Alphabet）。錢玄同認為，羅馬字母有易寫、美觀、通行於全世界三大優點，但也有三大劣點：（1）音太缺乏，如同音的ㄨ、ㄕ音都沒有；（2）音有重複，如有ku，又有q；有ks，又有x；（3）音無定讀，如u，英讀i，法讀u，德讀x；ㄕ音，英作sh，法作ch，德作sch。國際音標的形式，是採用羅馬字母的，但它對於羅馬字母缺乏的音，都仿羅馬字母的形式而添造；它的讀音又很一致，所以他主張採用國際音標作國語字母。他同時強調，這是他個人的私見，提出來請同道討論，至於將來究竟採用哪樣的字母，還要經過精密的研究，才能定奪。到了1925年，他放棄了採用國際音標的想法，同意採用羅馬字母。

錢玄同認為，漢字革命需要從現在開始，趕快籌備。他於千頭萬緒中寫出了十項內容：

（1）選定字母。

（2）寫定詞兒。

（3）改造同音的詞兒。

（4）採取古語。

（5）採取方言。

（6）採取外國的詞兒。

（7）編纂詞書。

（8）改造文法。

（9）編纂文法書。

（10）翻譯書籍。

　　至於這籌備期內，既然不能完全脫離漢字，則對於漢字的補偏救弊的辦法，也應該積極去做。他主張：

　　（一）寫「破體字」，凡筆劃簡單的字，不論古體、別體、俗體，都可以採用。

　　（二）寫「白字」。這所謂寫白字，是把同音同義的字少用幾個，揀一個筆劃較簡而較通行的字體來代替好幾個筆劃較繁而較罕用的字，總期易識易寫罷了。若有人矜奇弄巧，故意寫些同音的僻字，那是與本條的用意絕不相同的。又，有些同音的詞兒在現在習慣上必不可不分析的，也不必故意混合，致啟誤解。

（三）本國語—兼國語與方言—之沒有漢字可寫，或漢字表音不真切的，都改寫注音字母。

（四）無限制的輸入外國的詞兒，最好是直寫原字，斷斷不要以「龐雜」為慮。萬不得已而要譯音，則只可用注音字母去譯，絕不要再用漢字去譯。「音譯」的字，總要設法使它減少，愈少愈好。

（五）鼓吹注音字母獨立施用，承認它和漢字同樣的文字的價值。

他最後說，我現在恭恭敬敬地捐起一面大旗，歡迎我們的同仁。這旗上寫著四個大字—兩個詞兒—道：

漢字革命！

不久，錢玄同在寫給黎錦熙的《一封最緊要的信》中，再次重申必須推翻古文，加以革命，提倡白話文，建設國語文學。一定不能再著國粹的道，而要大膽吸收外國文化。他批評蕭景忠的文章—《闢破壞國語教育的謬說》時說：「我們提倡國語文學的理由，老老實實乾乾脆脆地說：就是一因為古文貧乏，浮泛，淺陋，幼稚，不足以傳達高深緊密的思想和曲折複雜的情感，所以要對彼革命，將彼推翻，另外建立豐富，精密，深奧，進化的國語文學！絕對不是嫌古文太深奧難懂，『為通俗起見』而易創淺陋的國語文學，『使一般人易懂』，可以『由淺入深』去學古文！」

蕭景忠在文中提到「在教育結合上，原只限定國民掌握，一律要

用國語；高等小學，便言文互用；到了中學以上，便專用文言」。錢玄同反駁說：「假使結合上竟有那樣不通的話，我們就絕對的不應該去遵守彼，而且應該反對彼！我們只有服從真理的必要，絕對的沒有服從不通的結合的必要！何況本沒有那樣不通的結合，不知蕭君何所根據而說那樣的謬話。」

　　錢玄同曾在《漢字革命》一開頭就批評清末文字改革家在文人士大夫與普通民眾之間劃下一條鴻溝，他們對國語的改革是不徹底的，怎樣才能普及民眾，怎樣對待社會中存在的文化層次的差別呢？他說：

　　國語的歐化，學問的提高，不但不是普及民眾的阻力，而且非提高實在不能普及。並不提高而普及，則普及的是憑什麼呢……背叛民國的三綱五倫說……殺人不見血的貞節論……某省督軍的什麼教條……這些當然是不可普及的呀。然則非另用提高的學說來普及不可了。至於國語的歐化，更是當然的趨勢，必要的辦法。古文的傖荒幼稚，不用說了。難道《天雨花》、《施公案》……的白話行嗎？當然不行。《水滸》、《西遊》、《紅樓》、《儒林外史》這幾部書固然是很好的文學作品，但是到了現代，也只能作為重要的參考品而已；《點滴》、《隔膜》、《小說月報》（1921以來的）、《創造》……上面的文章的屬辭造句，比《水滸》等書精密得多了，可也適用得多了。固然此中有些詞兒和句法還不能片刻就普及於民眾，在這一二十年之中，應該另有一種「為民眾的文學」，文筆應該力求淺易；但若沒有高深的文學在前，則淺易的便將無所取資，我以為人各有能有不能，能做

提高工作的未必都能做普及的工作，能做普及的也未必都能做提高的，像那些能兼做兩種工作的人，世界上本來極少。我們還是各人就其性之所近，分工去做，才能得到真正互助的益處。（文學家用漢字創造或翻譯了許多好的文學作品，咱們用拼音新文字來翻譯彼等，這就是互助的辦法之一）

1923年，錢玄同在教育部國語統一籌備會第五次常年大會上提出請組織「國語羅馬字」委員會的議案，獲得通過，由主席指定錢玄同、黎錦熙、趙元任、周辨明、林玉堂（後改名林語堂）、汪怡等十一人為委員，錢玄同又提出《請組織國音字典增修委員會案》，也獲通過，當局組織了一個「國音字典增修委員會」，指定王璞、錢玄同、黎錦熙、汪怡、趙元任、吳敬恒、陳懋治、白鎮瀛、沈兼士、沈頤、陸基等二十七人為委員，但直到1925年才由委員會推舉錢玄同、黎錦熙、王璞、趙元任、汪怡、白鎮瀛等六人為起草委員，這一年，女師大學潮迭起，楊蔭榆得到教育總長章士釗的支持，氣焰十分囂張。章士釗一貫反對國語，主張小學生讀經，他大權在握後，公然廢止中小學語文教材中的白話文，從小學起增設讀經課。章士釗還把他在1914年主辦的《甲寅》月刊復刊，名《甲寅週刊》，封面上畫了一隻老虎，刊物英文譯名也作「The Tiger」，黎錦熙先生稱之為「虎陣」，是專與國語運動作對的，篇篇都是文言文。為了對付這條新文學與國語運動前進道路上的「攔路虎」，錢玄同、黎錦熙兩人以私人名義倡議創辦《國語週刊》，作為《京報》的副刊，於六月四日出版。擔任撰稿的有魏建功、蕭家霖、杜同力、白滌洲、蘇耀祖、董渭川、吳敬恒、胡適、林語堂、周豈明等，他們在《京報》上刊登廣

告，有一段說：

「引車賣漿之徒，甕牖繩樞之子」，「佢」們（按：即他們）的
「口語」，詞句是活潑美麗的，意義是真切精密的，表情達意都能得
到真自由，應該把它歡迎到中國來，跟咱們活人做伴；選學桐城之
輩，儒林縉紳之流，「他」們的「古文」，詞句是僵死腐臭的，意義
是模糊浮泛的，用字謀篇老是守著烏義法，應該把它捆送到博物院
去，與彼等死鬼為鄰：這是我們對於國語的主張，我們因為要把這個
主張發揮，宣傳，使它實現，所以辦這《國語週刊》。[12]

針對《甲寅週刊》佈告徵文，「不收白話」，《國語週刊》針鋒相
對地說，歡迎投稿，不取文言。《國語週刊》簡稱「語週」，黎錦熙
先生以諧音稱之為「宇宙」，說是和「虎陣」對抗的一支生力軍的新
陣勢。錢玄同在上面發表了數十篇文章，痛擊反國語派，同時就國語
中的許多問題展開了廣泛的討論。

1925年，錢玄同放棄了國語字母採用國際音標式的觀點，主張直
接採用26個羅馬字母。他在嵩山致豈明信的讀後記中自道其詳，並駁
斥了一些人反對國語採用拼音文字的謬見，他自稱他這篇「後記」是
「一個很長的狗尾巴」，他說：

嵩山先生從「排字困難」跟「打字不易」這兩點來主張文字改
革，我想一定有一班先生們要來反對，而且還要大肆譏嘲地說：「文

12　黎錦熙：《國語運動史綱》，第135頁。

字不是為排字跟打字而造的呀！只有叫機器來遷就文字，沒有叫文字去遷就機器的道理！」這種論調不是我臆想的，我的確聽見有人這樣說過的。這一類話，似乎是「言之成理」，其實是「大謬不然」的。我敢乾脆地說道：「叫文字去遷就機器是極應該的，是極正當的！」

　　文字本是記載語言的符號，語言是用聲音組成的，所以文字應該就是表示聲音的符號—所謂「音標」。古代的野蠻人，因為知識蒙昧的緣故，不曾分析音素，製造音標，只好要說太陽就畫太陽，要說烏龜就畫烏龜；要說「歇腳」就畫一個人靠在樹底下（休字）；要說「下山」，就畫兩隻腳向下，而旁邊再畫一座山（降字）；要說「看見」，就在身體之上畫一隻大眼睛（見字）；要說「救人」，就畫一個人掉在坑裡，兩隻手拉他出來（丞字，即拯）：都就是所謂「象形」、「指事」、「會意」之類。這種文字，不但難寫，也造不多，而且給事物的形狀束縛了，既不便於移作別用，又不易於改變一部分，只合給野蠻時代的獨夫民賊們下上諭、出告示而已。到了社會上有了學術思想，著書立說者逐漸加多，這種野蠻的文字早就不能適用了，所以有所謂「形聲」、「轉注」、「假借」種種方法，把事物的圖畫漸漸變成聲音的符號。既然把文字看作聲音的符號，自然「烏龜」的符號用不著像烏龜，「看見」的符號也無須乎有很明白的一隻大眼睛；質而言之，便是字形沒有表示意義的必要而有表示聲音的必要，沒有求像的必要而有求簡的必要。由寫本字到了寫假借字，是棄義主音的證據；由寫古文到了寫草書，是捨像趨簡的證據。這是周秦之際中國文字進化的情形。論起來，比假借字跟草書再進一步，便應該變為幾十個音標而改成拼音文字了。但是，周秦之際的人們敢於變古，把文字逐漸

改良；秦始皇能夠實行韓非「不期修古，不法常可，論世之事，因為之備」這幾句名言，把改良了的文字許可大家通用了；而漢以來的人們實在不要好，竟不會循此趨勢，再行前進，而改用拼音。他們不但不想前進，而且還要開倒車，由草書復為楷書，由隨意揮灑而復為謹守繩墨，由破體簡寫復為古體正書。一班謬人不自知其退化，不自知其拙劣，偏要強作解人，煞有介事地說道：「世界文字有『衍形』、『衍音』二系，中文衍形，西文衍音；而二者之優劣，殊未易斷言。」他們聽見有人主張要把國語寫成拼音字。有人說漢字不適於排字打字，有改用拼音字的必要，便氣炸了肺，說什麼「中國同音異義的字很多，改了拼音，便要混淆到不可究詰」嘍；又是什麼「文字不是為機器而造，沒有叫它改變了去遷就機器的道理」嘍；其尤謬者，至謂「一經如此改變以後，要讀古書就不容易」嘍。這真叫做胡說八道！試條駁之如下：

（一）所謂「文字有衍形、衍音二系」也者，完全沒有這麼一回事。現在歐洲拼音，源出於埃及的象形字，自從腓尼基人把埃及的象形字變成極簡單的形式，作為為拼音用的字母，由是漸變為希臘、拉丁，及今之英、法、德等等文字，這是大家知道的事；那麼，現在的歐洲拼音字最初也是象形字。中國的象形字，到了週末，已經不成其為象形字了。秦漢暢寫假借字，改用隸書乃至草書，正是走到音標的路子上來。那時的情形，跟腓尼基頗相似；他們把象形字寫到不象形，咱們也是這樣；他們把寫到不象形的字作為表音的符號，咱們也是這樣。所不同者，他們猛進一步，改為拼音，從此便以形式極簡而數目極少的幾十個符號拼成上千上萬的文字，分合改變既極自由，書

寫印刷又極便利；而咱們則因未達一間，誤入歧途，只知道把一個一個字的筆劃改簡，而不知約成幾十個符號，只知道把許多同音的字隨便通用，而不知道單用一個，這已經對於腓尼基望塵莫及了；重以開倒車者之再復簡為繁，復假借字為本字，於是倒退復倒退，愈走愈遠了。所以他們跟咱們都是由象形字進化到表音的。象形跟表音的不同，是古今的不同，是野蠻文明不同，哪裡是什麼中西的不同！說中國字永遠是象形字，中國人永遠用象形字，好比說中國人永遠是野蠻人，中國人永遠該做野蠻人一樣。他們自甘野蠻，原也不妨聽之。但咱們總應該努力振拔，拼命前進哪！「實迷途之『已』遠矣」，但能「覺今是而昨非」，前途總有希望的呀！

（二）「同音字多，改了拼音，便要混淆。」這是最易惑人的話。但一經戳穿，則荒謬可以立見。說到這兒，先要把中外學者常說的一句推翻，便是「中國語是單音語」這句話。這完全是一句無稽之談！中國語何嘗是什麼單音語？從現在的活語言直溯到鐘鼎款識、《尚書》、《詩經》，何嘗有通篇都是單音詞的？不過一個方塊字是只表示一個音罷了；但這話究竟是否全對，也還是問題，吾師章太炎先生曾著有《一字重音說》一文（《國故論衡》卷上），他說一個方塊字也有讀兩個音的。這且不論。即使一個方塊字都是只表示一個音，並不能說一個意義都是只用一個音表示，最顯著的是鳥獸蟲魚草木之名，往往不能一個字獨用，可見「單音語」之說之無稽也。但已死的什麼文言文，大半都是本來沒有這樣一句話的，硬把一句長短無定、合於自然的白話，用砍頭剁腳挖心去勢的辦法，做成或短促或整方或駢偶的文句，這裡面大概有許多古怪的單音語，但既非真的語言，便不足

據為典要。今且讓一百步說，古語多用單音詞，再讓一千步說，古語都是單音語，即使這樣，仍與改用拼音文字的問題，「風馬牛不相及」，「相差有十萬八千里」！咱們要寫成拼音文字的，不消說得，當然絕對的不是古語，尤其不是本無此語的什麼文言，乃是咱們現在的活語言。活語言之中，單音的詞不過占極少一部分，兩個意義用同聲同韻而又不同聲調（聲調就是平上去入）的是絕無僅有的（同聲同韻而異聲調的，在語言中不算是同音字）；有之必是在語句中所處的地位絕不同，不會混淆的。所以根據活語言做拼音字，什麼「同音字混淆」的問題，簡直可以說是不會發生的；因為若有混淆，則說話時早已發生障礙，民眾們早已把它改好了。咱們造拼音字，只須緊跟著民眾的活語言走，那是一條真正的陽關大道；若像咱們現在的白話文這樣，多用古文中那短促、整方、駢偶的詞句，則荊棘發生，卻是意中事。

（三）文字只是任意造些形式來做表示聲音的符號，這形式既然沒有客觀的標準，當然是沒有一定的；但形式雖然沒有一定，而必須簡單使用，乃是不易之理。就拿前代來作證吧。在甲骨刻辭、鐘鼎款識、《尚書》、《春秋》的時代，社會那樣野蠻，人事那樣簡陋，反正吃飽飯沒事幹，自然無妨拿起烏龜殼、牛骨頭、銅鍋子、銅臉盤、木片、竹爿等等，慢慢地雕刻那些彎彎曲曲的麻煩文字。到了諸子著書立說，秦始皇統一六國以後，雖然咱們那不要好的祖宗們沒有殺上前去的勇氣，老是按兵不動，甚而有時還要退避三舍，究竟逆不過自然的趨勢，終不能安於唐虞三代之隆，尤無法回到羲農燧人之樸。漢魏變為唐宋，唐宋變為明清，無論思想、文藝、政治，以及種種人事，

無不日見進步、日趨繁劇，所以一切使用的工具也都朝著簡單使用的方向改變。由竹變帛，由帛變紙；由刀刻變漆書，由漆書變筆寫，由筆寫變刻板：一言以蔽之曰，朝著簡單使用的方向而已矣。由古籍變篆隸，由篆隸變行草；由正體變破體，由本字變白字：亦一言以蔽之曰，朝著簡單使用的方向改變而已矣。符號跟器械都是人造的東西，人造了它們，目的在於「利用厚生」；前一個時代造了，後一個時代覺得不夠「利用厚生」，毀了改造，這是極正當的辦法。怎樣便利，就應該怎樣改造。排版比刻板便利，就應當改用排版；打字比寫字便利，就應當改用打字；排版打字都是器械，文字是符號，器械改良了，而舊符號不適用於改良的新器械，就應當改變符號；4000多個的符號比起20幾個符號來，其巧拙難易之相差，奚啻天壤！即使咱們寫的是2000年前的象形字，說的確是他們所謂單音語，改用那20幾個拼音符號，實在有極大的困難，非一蹴可就，咱們還應絞盡腦汁，挖空心思，想出怎樣達到能夠改用拼音的地位。何況現在的漢字只是象形字的枯骨遺骸，一點象形的味兒也沒有了，早就成了表音的符號呢（這實在應該感謝造行書草書跟寫破體白字的先民們，雖然他們改變得不徹底）！又何況咱們的語言本就不是什麼單音語，而現在的活語言中同音異義的字尤其是絕無僅有呢。把4000多個方塊符號改用20多個拼音字母，沒有絲毫困難，而適用於改良的新器械，在其他種種方面如學、寫、音……都是有千利而無半害的，這還有什麼不應該！須知符號不是什麼神秘的東西，符號不是什麼了不起的東西，正與器械一樣。不適於「利用厚生」了，就得要改。改了舊符號來合新器械，有什麼不對，值得那樣大驚小怪！文字不該遷就機器，活人倒該遷就死鬼嗎？

（四）「文字改變了，古書就難讀了」，這是的確的。「中國人受病之一就在容易讀古書」，「我們正要古書不容易看」，嵩山先生這個意思，我極以為然的。我認為歷史的知識是一般人都應該有的，不過這全無讀古書的必要，而且讀了古書也全得不到正確的歷史知識。古書的文字難懂，編制不當，倒還在其次；所可慮者，古書是古人做的，杜撰的事實、荒謬的議論，觸目皆是，它從今以後，只適於給頭腦清楚的專門學者作為史料看，絕對不適於一般的青年學生作為文化看；青年學生對它誤讀誤信，最容易被它拐進迷魂陣裡去的（即使不被拐，徒然耗費許多寶貴的光陰和腦力，也就損失不小啦）。所以文字改變以後看不懂古書，是不成問題，不值得討論。還有一層，古書難讀，何必等到文字改變以後？自從古文改為白話文，已經難讀了。何必等到改用白話文？八股陋儒能夠「知道『三通』、『四史』是何等文章，漢祖、唐宗是哪一朝的皇帝」的能有幾個？何必等到八股陋儒的產生？那桐城派的「太祖高皇帝」韓愈不是說過什麼「周誥殷盤佶屈聱牙」嗎？然則古書難讀，蓋自昔已然矣。至於青年學生要想得到些歷史的知識，應該讀國故學專家如梁任公、胡適之、顧頡剛等人用過「整理國故」的工夫以後，把那些史料編成的新體古史。這種新體的古史所用的文字，是跟著時代變遷的，現在自然用漢字寫白話。今後拼音字製成通用了，自然就用拼音字寫白話。一切的國故的知識，與普通的中國歷史一樣，青年學生要知道一點普通史實，自然是看新編的中國歷史教科書跟參考書，不是看「二十四史」、「通鑒」、「九通」等等；其他的國故的知識也是同例，全無讀古書的必要。

說到制中國拼音文字的工具，我現在也主張用羅馬字母。以前

《國語月刊》出「漢字改革號」的時候，我其實已傾向於羅馬字母了；不過被音理所囿，以為拼音用的字母，最好能夠用與發音密合一點的，所以又想試用標準音符（國際音標）。但是不久就覺得這個意思是錯誤的，其理由也就是嵩山先生的朋友所說的「標準音符太複雜細密，而實用上的字母不必（或不應當）如此細密繁複的」。因為文字是應該易識易記易寫的，尤其重要的便是每字要有一個乾乾淨淨的面孔，而且相關聯的字，還要看得出乙面孔上的眼睛就是甲面孔上的眼睛，丁面孔上的鬍鬚就是丙面孔上的鬍鬚，所以面孔雖在必要時也不能不改變一些，便總不可到處「易容」，尤其不可塗成三花臉的樣子。但聲音是變動不居的，不必講到數百年或千年後了；甲的眼睛裝在乙面孔上，也許因為要跟乙的眉毛鼻頭配得合式的緣故，就把眼睛修改一下，甚至於甲的眼睛在A處宜於瞪著大眼，在B處又在宜於做出俏眼，用標準音符便當各按其真相表示，而音符為數總是有限的，又不得不仰仗著種種記號，於是免不了要到處「易容」，或塗成三花臉的樣子了。注音是應該這樣的，若文字則應當有乾乾淨淨的面孔才能易識易記易寫。還有一樣，實用的字母，確是「不應當如此細密」的，因為字母粗疏一點，一母可以兼數音，不但簡便易記，即字音有小小變遷，面孔無須改易。若用標準音做實用的字母而又務求其表示粗略，則一面既失去它的的本來作用，一面終不能如26個羅馬字母的易識易記易寫，那就進退失據了。所以我那年主張有國際音標，乃是一時謬誤之見，現在理合「以今日之我與昔日之我挑戰」以自劾。

近兩個月以來，我正與趙元任、林語堂、汪一庵、黎劭西諸公討論「國語羅馬字」，在最近的將來，當可發表一個暫時試用的草案。

據我們的研究，聲調在中國語言當中占很重要的地位，其重要與聲紐韻部相同。凡同聲同韻而不同調的，在語言上是不認為同音的……所以我們認為國語羅馬字對於同聲同韻而不同調字，非用字母來表明聲調不可；換言之，便是對於同聲同韻而同調之字，認為不同音而造成不同樣的面孔……[13]。

1925年，在法國攻讀學位的劉半農攜帶許多新的語音學實驗儀器與趙元任夫婦同船從法國馬賽返國，錢玄同非常高興，認為國語運動增添了新的力量。此時《國音字典》增修委員會推舉錢玄同等六人為起草委員，劉半農回國後，發起一個「數人會」，專談語言音韻之學。每週聚餐，輪流主席，「數人會」之名，來自1370年前隋朝陸法言的《切韻序》，陸法言在序文仲介紹了他與劉臻、顏之推等八人討論撰集《切韻》的經過，其文曰：

昔開皇初，有儀同劉臻等八人，同詣法言門蒍宿，夜永酒闌，論及音韻，以今聲調各自有別，諸家取捨亦複不同……因論南北是非，古今通塞，欲更據選精切，除削疏緩，蕭顏多所決定，魏著作謂法言曰：向來論難，疑慮悉盡，何不隨口記之？我輩數人，定則定矣。法言即燭下握筆，略記綱紀，博問英辨，殆得精華……

這一段音韻學上的佳話，1000多年後類似再現於國語運動之中，成了國語運動的佳話了。當時所謂「數人」即劉半農、趙元任、錢玄同、黎錦熙、汪怡、林語堂六人。錢玄同曾寫過《記數人會》一文，

13　《語絲》五十九期，1925年。

發表在1925年11月出版的《國語週刊》第二十一期上。錢玄同主張就著「數人會」之便，專議「國語羅馬字」問題，由趙元任主稿。1925年9月5日錢玄同在北京「國語運動大會」上發表過一篇演說，他說：「當現在這種烏煙瘴氣的時候——『學士大夫』們拼命開倒車的時候，忽然有這個『國語運動大會』發生，這是極有意義的，極值得注意的，我說，這真是黑暗中放出來的一線光明！」他強調國語的建立是文字革命與思想革命的第一步，發出「打倒古文！打倒漢字！打倒國粹！」的號召。由於北洋政府反動的教育方針，使蓬勃興起的國語運動受到極大挫折，也就是錢玄同「烏煙瘴氣」所指。這種狀況一直持續了好幾年。

　　1926年元旦，中華民國國語研究會在北京中央公園舉行慶祝該會成立十周年活動，它的紀念歌是這樣寫的：

　　　十年的國語運動，
　　　到今日才算成功。
　　　今日的太陽升自東，
　　　照著國音字母一片紅，
　　　瞎子的眼睛光明了，
　　　聾子的耳朵也不再聾。
　　　我們的國語宣傳到民眾，
　　　十年的運動今日算成功。

　　這是說，國語運動已有很大的成績。但不能以此為滿足，紀念歌

又說：

> 十年的國語運動，
> 到今日還不算成功。
> 今日的太陽慢慢的升，
> 照著那國音字母淡淡的紅。
> 撞起那報曉的鐘！
> 快喚醒那沈酣的夢！
> 我們的國語普及到民眾，
> 十年的運動才算成功。

國語運動真是任重而道遠！

1926年1月，全國國語運動大會開幕，錢玄同與黎錦熙主持其事，發表宣言，宣佈國語運動的目標為「兩綱四目十件事」。2月14日，上海成立全國國語促進委員會籌備處，設徵求隊100隊，積極向各省徵求會員，錢玄同為隊長之一，真跟打仗一樣。1926年，「數人會」討論「國語羅馬字」問題，從1925年9月到1926年9月，開一年會，最後還有幾點「數人」爭執，只好票決，少數服從多數。在動亂的政局中，「數人會」的工作仍未間斷，且十分嚴肅，付出了巨大的勞動，所以公佈的佈告記述當時的情況說：「該委員會成立迄今，已逾兩載，其間搜羅材料，調查實況，凡現行制之缺點，親定制之較量，專家意見則廣事徵求，國外學者亦通函討論，計開會20餘次，參稽試驗，稿凡九易，乃于本年9月14日召集全體委員，正式通過。」

但是當時是北洋軍閥專政，凡事都開倒車，因此教育部當局不肯用部令公佈，恰巧在清華國學研究院主講的梁啟超，是教育當局的老師，梁啟超曾大加表彰南明劉繼莊—提倡國語的先驅，也很贊成羅馬字母拼漢語字音，「數人會」請他去說情，但當局不為所動。大家正急著沒辦法，錢玄同想得一計，不必用正式部令，就以教育部國語統一籌備會的名義直接佈告，把「國語羅馬字拼音法式」正式公佈，並印成《國語羅馬字拼音法式》一小冊，這是民國十五年（1926年）11月9日的事，1928年北伐成功，成立了國民政府，遷都南京，北京改稱北平，教育部改稱大學院，蔡元培任院長，7月12日大學院電請錢玄同、黎錦熙為「國語統一會」的籌備員，改組國語統一籌備會。錢、黎二人提出計畫，如增修「國音羅馬字」等。9月26日，中華民國大學院正式公佈「國語羅馬字」，所以「國語羅馬字」公佈過兩次。那時錢玄同有好幾篇關於「國語羅馬字」的重要論文，如《為什麼要提倡國語羅馬字？》、《歷史的漢字改革論》、《Gwoyeu Romatzyh的字母和聲調拼法條例》、《關於國語羅馬字母的造用及其他》，都發表在1927年的《新生週刊》。12月12日，國語統一籌備會改組完成，改稱「教育部國語統一籌備委員會」，聘請蔡元培、吳稚暉、錢玄同、黎錦熙、陳懋治、汪怡、胡適、劉半農、周作人、魏建功、白滌洲、趙元任、黎錦熙、錢稻孫、馬裕藻、蕭家霖、林玉堂等31人為委員，國民黨的元老吳稚暉為主席。這時大學院仍改稱教育部，1928年冬天，北平大學區成立，致電中央問「北平」二字的譯音，教育部在回電中說應拼作peiping，這與「國語羅馬字」不合，錢玄同大為憤激，就給教育部部長蔣夢麟寫了一封信，提出抗議，他說：「羅馬字母在學術上，文化上，早成為世界公用的字母，制定中國國民的讀法拼法，把

本國的名稱寫成拼音文字的形式，其事尤為切要，此與另譯英文名稱，用意全然相反。」他說，「國語羅馬字」早已明令由政府正式公佈，「北平」應拼作Beeipying。堂堂教育部，應當作全國運用「國語羅馬字」的典範，豈能鬧這樣的笑話？若按peiping的寫法則是漢字「胚娉」的音，豈是「北平」？他還嚴厲批評政府機關，動輒掛一個英文譯名的招牌，認為這既不必要，實際上還是市儈氣、奴才心理的表現。「國語羅馬字拼音法式」簡稱GR（即國羅兩字的首一字母），錢玄同稱讚它：「標音的分別既不厭精詳，拼切的形式尤務求平易，信可謂斟酌盡善，毫髮無憾的法式。」它把本國文字所用的符號，因利乘便就「國際化」起來，反對的人總以為是洋文，錢玄同駁斥道：「這就同50年前的學究們看見數目字1、2、3……就罵為吃洋教的一樣。」文字改革的長遠策略，就是要利用世界較通行的字母，來給本國的語言和教育服務，同時也有利於中外文化的交流，這是「吞洋」而不為洋所吞，錢玄同在《漢字革命》的長文中曾經指出，漢字本身的罪惡還在其次，最糟的是它和現代世界文化格格不入，必須將它推翻，進行革命，他曾預言100年後「國語羅馬字」將取代漢字（黎錦熙說要500年，吳稚暉說要1000年）。黎錦熙還專門就此國語羅馬字寫了《一百年也不晚》，鼓勵全社會使用羅馬字，更希望文字工作者多用羅馬字母編書寫書，以資推廣。錢玄同曾多次視察國立北師大附中、附小國語教學實況，並在國語會上作過這方面的報告。

前面說過，1920年由教育部公佈的《國音字典》，引起「京音國音之爭」，說明它不能作為全國用字、說話的準繩。早在1923年，教育部國語統一籌備會第五次常委大會，就組織了一個《國音字典》增

修委員會，直到1925年才由這個委員會推舉錢玄同與黎錦熙、王璞、趙元任、汪怡、白滌洲六人為起草委員，逐字逐音逐日開會討論。1926年10月底，《增修國音字典》的12大冊稿本大致審定了。編寫原則雖已確定於1924年的談話會決定以漂亮的北京語音為標準，但也酌古准今，多來幾個「又讀」。但因為等著《國語羅馬字拼音法式》的制定，所以直到1926年才議決體例，準備修三書（類似北宋官修《姚刻三韻》）：（一）《增修國音字典》——仍依《康熙字典》部首，稍加改善部首目次，這點像司馬光的《類篇》；（二）《國語同音字典》——按注音字母次序排列，此似丁度的《集韻》；（三）《國音常用字匯》——亦以同音字分四聲排列，專供中小學教員及編輯教科書之用，此似《禮部韻略》。此書因等著《國語羅馬字拼音法式》正式公佈，所以1928年後才著手編纂。1928年，中國大辭典編纂處成立，特設「增修《同音字典》股」於纂著部第一組中。1928年，錢玄同認為12大冊稿本所收字太多，有些不常用的字，其音一時難於決定，1929年，國語委員會第二次常務委員會議決改為《國音常用字匯》，就原稿本刪定，共得9920字，加上異體異音的，合計12220字。再由錢玄同作最後的審核，黎錦熙和白滌洲隨時提出意見，直到1931年「九一八」事變起時，全稿始定。1932年5月7日，教育部正式公佈《國音常用字匯》，同時廢止1920年公佈的《國音字典》。黎錦熙說，這部《國音常用字匯》，從民十二年（1923年）到民國二十一年（1932年），整整經過10年才成功，可以說是錢先生一手編定的。卷首有一長篇例言，題為「本書的說明」，也是錢先生一手做成的，這是他晚年最精細、簡明、切實之作，不可忽視。他還有一篇《國音略說》，也是要附在這《國音常用字匯》卷尾的，可惜沒有做成，只發表了一

段《「匼」韻的說明》在黎錦熙和白滌洲編的《佩文新韻》中，並見《國語週刊》一百五十期。他晚年關於注音符號的論著，還有《十八年來注音符號變遷的說明》、《國音聲符略說》，可以和他早年在《新青年》四卷二十三號兩期的《論注音字母》一文對著看。[14]

《國音常用字彙》的要旨，最重要的是確切指定全國標準語的地方音系，其次是使國音字母第二式，即國語羅馬字從此具體化。不過這部書只可應當時各界的急需，而作將來一切的基礎，並非其中全無缺點，所以1934年，國語會開第二十九次常務委員會時，錢玄同提出增修《國音常用字彙》的議案。早在1928年，在編纂中國大辭典的計畫書中，錢玄同就曾提出規定《說文》、《廣韻》、《集韻》的今讀以作為《新編國音字典》的初步。他說，現行《國音常用字彙》，是專為普通應用的，所以較古奧冷僻的字，大都沒有收入，但國音的用處極廣，今後讀經書、子書、《史記》、《漢書》、《說文》、《文選》等書，更上至於甲骨刻辭與彝器銘文，都應該用國音。故前代用反切或直音所記之音，都應按其聲紐、韻部、等呼、聲調，一一依國音的音系，規定國音的讀法，打算在1938年完成《新編國音字典》，可惜沒有實現這個計畫。在《國音常用字彙》的說明中，錢玄同指出「國音」就是普通所謂「官音」。這種官音本是北平音，元朝周德清《中原音韻》即用此音，明朝官書《洪武正韻》以《中原音韻》為藍本，用的當然也是北平音。它靠著文學與政治的力量，向各地推行，600年來早已成為全國的標準音了。民國二年（1913年）讀音統一會制「注音字母」及編《國音字典》，九年本會修正《國音字典》，也即根

14　黎錦熙：《錢玄同先生傳》。

據此音，但那是取決於多數，對於現代的北平話音不免忽略，故所注之音稍有龐雜之處，本書所定之音，則以現代的北平音為標準。全書用兩次公佈的兩式「國音字母」記音：民國七年（1918年）教育部公佈的「注音符號」（公佈時名為「注音字母」，1919年國民政府改為「注音符號」），這是「國音字母」第一式；民國十七年（1928年）大學院公佈的《國語羅馬字拼音法式》，這是「國音字母」第二式。錢玄同還說，今後的中國字典，應以音排列為唯一合理的辦法。現在「國音字母」已經制定，標準讀音已經規定，而國語統一與識字普及之運動已在積極進行之途中，則國民之能識普通文字且能知其標準讀法者，從此必日見其多，所以今後的中國字典必當改「據形系聯」為「依音排列」，乃是唯一合理的辦法。

在國語羅馬字經專家制定，政府公佈實行，已經深入人心的情況下，錢玄同認為：下一步的重心，應是多用國語羅馬字編書寫書，以求對社會更實際的影響。1934年，錢玄同和黎錦熙約定共同努力於現階段的急切有為的工作，「事求可，功求成」。錢玄同擔任漢字的「簡體字」，黎錦熙擔任「注音漢字」，錢玄同認為這兩件事，如車之有兩輪，推行教育，「喚起民眾」，必須從肅清文盲做起[15]。他以「喚起民眾」為己任，貫穿一生始終。1933年夏，錢玄同讀了中華書局出版的《基本英語入門》，此書由英國人奧格登（C.K.Ogden）編寫，只採用了英語中850個詞，便編成了一種「基本英語」（Basic English）。錢玄同認為也可師奧氏之意，就國語中採用1000～2000個詞，編成「基本國語」，他在1934年1月國語會的二十九次常委會上，提出這一

15　黎錦熙：《錢玄同先生傳》。

議案，建議由趙元任來具體完成，以便於普及國語。

當1933年「大眾語」論戰初發生時，附帶著有一種「手頭字」運動，錢玄同雖對「拉丁化」不感興趣，但認為「手頭字」是可以提倡的，不過絕對不可用「手頭字」這個名稱，仍舊要叫「簡體字」。早在1920年，錢玄同就有減省漢字筆劃的提議，發表在《新青年》上（本年《新青年》雜誌編輯部遷往上海）。又在《平民教育》上發表《漢字改良的第一步—減省筆劃》，單從這個標題來看，可以看出他對簡體與漢字改良的看法。在1922《漢字革命》長文中提倡寫「破體字」、「白字」。他分析了漢字的造字方法，所謂「六書」的演變過程，指出至遲從甲骨文字以來，就有大量的假借字，書籍中的例子固不勝枚舉，在社會上，更是流行，如藥方上寫「人薓」為「人參」，夥賬上「百葉」作「百叶」等等，此外如「銅圓」作「同元」，「麵包」作「面包」，「義」作「义」，「幾」作「几」。秦漢之際的草書，不少發展成宋元以來的簡體字，刊刻高文典冊也用不少簡體字，至於民間的通俗文學，刊刻時用簡體字的則更多了，明清以來被士人斥為「破體」「俗體」，還專門編了《字學舉隅》之類的書來矯正不休，錢玄同認為這是在時間的軌道上開倒車的行為。

1992年，教育部國語統一籌備會召開第四次大會，錢玄同提出《減省現行漢字的筆劃案》。他說，現行的漢字筆劃太多，書寫費時，是一種不適用的符號，是學術上、教育上的大障礙。改用拼音固是治本的事業，減省現行漢字的筆劃是治標的辦法。那治本的事業，我們當然應該竭力去進行。但現在漢字在學術上、教育上的作梗，已經到了「火燒眉毛」的地步，不可不急圖補救的辦法，我們絕不能等

拼音的新文字成功了才來改革，所以治標的辦法實是目前最切要的辦法。外面有些人反對減省漢字筆劃的辦法，有的說漢字是「象形文字」，有的說漢字是「衍形文字」。既是「象形」與「衍形」，則古人造字，字形之中具有精意，不能隨便將它減省。錢玄同認為這種議論是沒有道理的。他指出文字本是一種工具，工具應該以適用與否為優劣之標準，筆劃多的，難寫，費時間，當然是不適用；筆劃少的，容易寫，省時間，當然是適用，我們應該謀求現在的適用與不適用，不必管古人的精意不精意。從學理上看，說漢字是「象形文字」，幾乎完全錯誤，因為古今真正屬於象形文字的漢字，其數量是很少的，在《說文解字》中不過三四百字而已，後來文字衍變，數量大增，象形文字也不過占漢字總數的百分之一。「衍形文字」，也是似是而非。況且漢字從篆文變為隸書，對於字形上只求便寫，絕不被古體所拘；而且字音經歷代的轉變，那麼形聲字的音符，幾乎完全失去注音的作用，於是那所謂象形的象形字和指事字，所謂衍形的會意字，所謂半音半義的形聲字，都成了文字史上的名詞，可以道古，不可以道今。現行的楷書、行書、草書等等，即是隸書的變相，實際上只是一種毫無意義的麻煩符號罷了，要在這種符號上談什麼象形不象形，真是癡人說夢！造一個字而用了許多筆劃，以期肖形與表義，這本是古人的蠢笨計策。多種多筆劃的字，不但現在人嫌它麻煩，便是古人也未嘗不嫌它麻煩，早就有減省筆劃的舉動，如甲骨文中的「子」字作又有作，《說文》中「禮」字作，又有作，不勝枚舉。減省之後，造字的本義自然不可復見了。但文字本是語言的符號，語言是用聲音來表示思想情感的，文字就是這種聲音的符號，只要有若干簡易的形式，大家公認為某音某音的符號就行了，什麼象形，什麼表意，全是不必要

的。雖然造字的本義不可復見，在實際應用上是不受絲毫影響的，從甲骨、彝器、《說文》以來，時時發現筆劃多的字，時時有人將它的筆劃減省。殷周之古體，減為秦篆；秦篆減為漢隸；漢隸減為漢草（章草）；漢草減為晉唐之草（今草）；漢隸的體勢變為楷書；楷書減為行書。宋元以來，以減省楷書，參取行草，變成一種簡體，即所謂「破體」、「俗體」、「小寫」，這都是最顯著的減省筆劃，其中還有繁簡之不同，總而言之，漢字的字體，在數千年中是時時被減省的。可是，到了明朝，漸漸倒行逆施，走向復古，清朝則更變本加厲，不但宋元以來的簡體字全被排斥，就連漢魏碑碣上的字體也遭非議，這種毒焰，在學術界至今尚未消滅，而且大大流毒於學校，無不蒙其大害，真是冤哉枉也！

從歷史上考察進化之跡則如彼，從現在事實上證明受害之狀則如此，錢玄同問道：那麼我們還不該急起直追，來幹這減省漢字筆劃的事業，以繼續昔賢未作，減少今人無益的苦痛嗎？因此，他分析了以前的簡體字的八種構成方法，認為應讓他們登大雅之堂，不認它是現行漢字的破體，而認它為現行漢字的改良之體。因此，他希望本會（國語統一籌備會）制定這種簡體字，由教育部頒行，要求商務印書館、中華書局等大書店製造銅板鉛字，從學校教科書首先改用，次及於新書新報，以後重印古書，也應該一律用簡體字。那歷來的被尊為聖人製作的「經」，原本都是殷周古體，因為歷代字體的變遷，由殷周古體而改用秦篆、隸書、楷書，以至現在印刷用的所謂「宋體字」。從前的人那樣尊古，那樣尊聖，那樣尊經，對於這種改用，也從沒有人提出抗議，難道現在再改用一次簡體字，我們這樣不尊古，

不尊聖，不尊經的人反要來提出抗議嗎？最古的經尚可改用，則較後的書籍更不用說了。況且應該重印的古書，一定是在今後學術界、教育界中必須參考的書，我們為讀者便利起見，當然應該用那時通行的簡體字印刷。若要保存舊本的面目，則現在的刻本如此之多，將來的圖書館和博物館中到處可以保存；而且非專門研究文字學的，是不必認識它的，至於鑒賞古本書籍，那更是不重要的事了。

　　黎錦熙稱讚錢玄同「減省現行漢字的筆劃案」是一篇又痛快又充實的文章，當時議決通過，也組織了一個委員會，錢玄同是首席委員，但以後大家都去忙GR去了，沒有注意這件事。事隔十餘年，到1934年，上海印刷界居然鑄造了幾百個所謂「手頭字」印在《論語》和《文學》等等定期刊物裡。錢玄同正病假中，他就發奮動手搜集，以「述而不作」為主，想編成一部《簡體字譜》，並在1934年國語委員會第二十九次常務委員會上提出一個《搜採固有而較適用的簡體字案》，黎錦熙提出《漢字注音銅模應由國家鑄造推行案》，主張大小各號鉛字，右旁應刻定注音符號，成為一體，不須另排，名曰「注音漢字」。錢玄同認為兩件事互相關聯，應該同時進行。當時議決通過，呈請教育部施行。1925年1月，教育部開會討論，約黎錦熙和汪怡到南京出席，此時錢玄同身體狀況很不好，右目忽患網膜炎，血壓又有增高，幾乎寫字都有困難，他在寫給章太炎的信中有「以悼心失國，宿疴加劇」之語。他在病中寫了一封長信《與黎錦熙、汪怡論採選簡體字書》，條列採定簡體字的具體辦法，他到車站給黎、汪二人送行，親自把信交給他們，這封信後來發表在《國語週刊》一百七十六期。部裡對這兩件事都決定完全照辦，《簡體字譜》就委託錢玄同

起草，「注音漢字」則由黎錦熙主選，一面委託商人承鑄。到了6月，錢玄同的《第一批簡體字表》起草告成，共計2300餘字，他在給王世傑部長、張星舫的信中說明了搜集經過，並列舉了他所參考的10種主要書籍的目錄。他還寫了《論簡體字致黎、汪書》，討論「簡字之原則」，說所採的材料，草書最多，俗體次之，行書又次之，古字最少。所集之體，字字的來歷，偏旁無一字無來歷，配合之字或間有未見如此寫者，然不必一見可識，絕無奇詭之配合，可見其慎重的態度。黎、汪二人拿著錢玄同起草的《第一批簡體字表》赴南京出席教育部的簡體字會議，會同官員、學者討論了3天，通過1230餘字，最後由部裡圈定324字，於1935年8月21日先行公佈，這就是《第一批簡體字表》，錢玄同的原稿有2300餘字，這次公佈的只得其尾數。同時，教育部公佈了《各省市教育行政機關推行部頒簡體字辦法》9條，規定從1936年7月起，各學校考試答案，部頒簡體字，得一律適用。由於社會上保守勢力的阻撓，公佈的第一批簡體字不僅字數有限，而且從此以後，再也沒有公佈第二批，臺灣至今都在用繁體字。錢玄同一向很感興趣並在病中力疾從事的這一工作，就這樣收效甚微地結束了，這與他一貫的設想是相去甚遠的。與錢玄同的簡體字工作相配合，黎錦熙分擔的「注音漢字」工作，錢玄同也經常提出意見，後來經教育部認可，公佈了6788個注音漢字表。自1936年以後，雖然出版界的小學教科書和民眾讀物都是遵照教育部的法令辦的。但1937年盧溝橋事變後，日本大規模入侵，北平、上海、南京這樣的重鎮相繼淪陷，兵荒馬亂，商家承鑄的注音漢字鉛字銅模，大小各號還沒有鑄完，已鑄成的又都陷在戰區，不能運出，事實上也就無形停頓，這種情形，錢玄同養屙北平，恐怕還不甚知道，以為西南一帶，黎錦熙

等還在做有效的推行工作呢。抗戰勝利後，被日本侵佔長達50年之久的臺灣得到光復，長期受日本統治的人都不會說國語，而說的是日語，國語推行委員會刊行《國語日報》即採用注音漢字，便利學童識字讀書不少。其它一些國語運動的內容也得到恢復。但自1943年後，國語羅馬字更名為「譯音符號」，它的功用僅侷限於「譯音」，不是作為中國在漢字外的一種「新文字」，這與錢玄同等制定國語羅馬字的理想是相違背的。

中國新文字的建設工作剛剛起首，何以忽又折轉回來，專幹「簡體字」和「注音漢字」呢？黎錦熙說，固然「堅壁清野」（指不同意「拉丁化新文字」）是一時的政策，但也還有個歷史的哲學基礎。錢先生邃於《春秋》公羊之學，有時也把「三世」（按：指據亂世、升平世、太平世）來推斷當前的一切真理，《禮記·禮運》說，「大道之行也，天下為公」，世界化的「國語羅馬字」，應該是「太平世」的初步；現在中國社會還離不了漢字的環境，總須就漢字加以形體的改良和聲音的幫助，所以選定「簡體字」和鑄造「注音漢字」，普遍通行，才可以了結這個「升平世」之局。我在《大眾語短論》中也曾宣佈一個原則：「大眾語文所用的工具，第一，漢字改『良』，用『簡體字』，這是過去殘餘階段的補充工作；第二，漢字改『換』，用『注音符號』，這是現在過渡階段的緊急工作；第三，漢字改『革』，用『國語羅馬字』，這是將來必然階段的準備工作。」並說三種工作，同時要做，其間看似矛盾，並無衝突，所謂「相反而實相成」，可是必須鑄造了推動了「注音漢字」，才可以把握這三階段的進展，在現階段實際工作上，所有一切的衝突的矛盾，統一起來。錢先生說：

「你把我的簡體字工作又降下去一級，未免對它『彼哉彼哉』，簡體字難道還是『據亂世』的事情？」我說：「這三階段的工作，都在『升平世』的末期，所以同時要做；『升平世』又分三階段者，即公羊家所謂『三世之中複有三世』也。」他道：「好！不過先生那種說法未免太時髦了，現在鄙人恕不用那些字眼。」不料就在這1935年，「簡體字」公佈後，中央要人、省主席、名流都有極力反對的，南方還發起個「存文會」。1936年2月，國語委員會接到教育部一個訓令：「准行政院1月29日第六一四號訓令開：『案奉國民政府25年1月23日第一二七號訓令開：「為令飭事，案准中央委員會25年1月17日函開：『查推行簡體字辦法，前由教育部擬呈行政院轉請中央政治會議准予備案，茲本會第五次會議，認為尚須重加考慮，爰議決：簡體字應暫緩推行！相應函請政府令行政院轉令教育部遵照等』等由，准此。」等因，奉此。』……等因，奉此。除分令外，合行令仰遵照。此令。」錢先生看了之後，我對他說：「太平世固然差得遠，就連『升平世』也慢談，簡體字果然要劃入『據亂世』了！」他良久道：「倒也不在乎！」[16]中國自古以來就有政治干擾學術的惡習，這又是一個顯著的例子，反對的理由，無非是害怕簡體字失去了古人造字的「精意」，有損中國文化的尊嚴。錢玄同早在1922年《漢字革命》一文中，就批駁過這種謬見。他指出，漢字由繁而簡，是歷史進化的結果，也是將來發展的趨勢，自從造字的假借方法發生，固有的文字早已作為表音的記號，那原形中間無論有沒有「精意」，在應用上是絲毫無關的了。以隸書楷書為例，從字形上看，出現了四方的太陽（日），長方

16　黎錦熙：《錢玄同先生傳》。

的月亮（月），四條腿的鳥（鳥），一隻角的牛（牛），象形字不象形了；字作寧，字作叕，指事字不知所指何事了；字作武，字作老，會意字不知會合幾個什麼字了；字作書，字作布，形聲字的音符看不出了，這些都是文字的進化，而不是倒退。這也是錢玄同一貫奉行的文字進化觀。最近在江西省安福縣橫龍鄉翠竹寺遺址中，出土了一口清朝康熙癸亥年（西元1683年）間鑄造的鐵質古鐘，上鑄銘文323字，內含異體字9個，簡體字26個32字，占銘文全文的10％，其中師、為、門、雲、寶、謹、聲、萬、計、羅、劉、謝、許、廟等14字，與現代我國法定通用的規範簡化字完全相同。歷來被史學界認定為太平天國創造的新字「國」，在此銘文中已出現。[17]我們知道，「琢之盤盂，鏤之金石」（墨子語）在古代是極為神聖嚴肅的大事，在銘文中出現這麼多簡體字，極好地反映了漢字由繁到簡的必然趨勢。所以清宣統元年（1909年），陸費達就發表過《普通教育當採用俗體字》的文章，登在《教育雜誌》第一年第一期，為簡體字運動的先聲。本年錢玄同還在埋頭用篆字給章太炎寫四卷《小學問答》。到了民國，錢玄同是簡體字運動的健將，主張它的範圍不應侷限於普通教育，應讓它登大雅之堂。他編的第一批簡體字表，共17類，2340多字，其中便於鑄銅模者有1200多字，不僅只公佈了324字，最終還是被停用。足見改革之難。他想以此推進教育，「喚起民眾」的理想也落空了。

　　與國語運動緊密相關的還有一件大事，那就是中國大辭典的編纂。這個宏大的計畫動議於1919年，編纂處成立於1923年，直到1927年，才以錢玄同、黎錦熙與吳稚暉三人的名義，向中華文化基金董事

17　《新民晚報》，1993年6月4日。

會申請了一筆款項，著手搜集材料，作為教育部國語會事業之一。黎錦熙定了一個計畫書，分為5部15組，並各項章程。錢玄同說規模太大了，黎錦熙說這是建設中國新文字的「糧台」，規模不能不大—關於「糧台」的理論，他在《國語運動史綱》序言中有詳細的說明。的確，要在內憂外患空前嚴重的形勢下完成這一空前規模的計畫，談何容易！直到今天，中國也沒有完成過這種鴻篇巨制，倒是南朝鮮準備編一部世界最大的漢語詞典。1920年，國語統一會組織的委員會，1923年成立的編纂處，都只名「國語辭典」。忽然打算要對中國文字作一番根本的大改革，因而不能不給4000年來的語言文字和它的表現的一切文化學術等等，結算一個詳密的總帳，以資保障而便因革，則具體化的工作，惟在辭典，惟在「大」辭典！「國語」又嫌流於狹義，乾脆就叫「中國」大辭典吧！1926年便有這種打算，辦不到；1928年乃並力進行，規模務求大，材料務求多，時間不怕長，理想盡高遠，全然學術化了。1930年制定了編纂計畫書。工作程式分為收集、調查、整理、纂著、統計5部，每部下又設若干股。編纂這一大辭典還希望用正名辨物「諧聲增文」的方式，使國人的精神思想漸趨於系統化、科學化，以便為現代和將來所需要的一切文化學術等等，建樹一個基礎的新猷，以資準繩而便應用。而且改進中的新文字，形式務求其簡單，使數千年來由「象形」遞演而成笨拙、繁難、紛亂之「音標」的漢字不復永作文化進展、教育普及的障礙物，而內容又要求其豐富，凡漢字所能表達的一切固有的高深曲折、精密的觀念，絕不會消失。《中國大辭典》有了這三大任務，它的工作已大大超出了狹義的國語的範圍了。編纂者們在兵荒馬亂的歲月有這種膽識和毅力，確實讓人感到欽佩！

1928年之所以給編纂大辭典帶來了轉機，是因為這一年北伐成功，南北統一了，成立了國民政府，北京改稱北平，首都遷到南京去了。大總統府（即居仁堂）所在之中海，闢為文化學術機關區，錢玄同主張一定要在那裡頭去找房子，其他人則把眼光放到教育部，因為教育部既已南遷，雖有北平市黨部搬進去了，但大辭典編纂處盡容得下，錢玄同大不以為然，說：「既是咱們大規模的『總糧台』，豈有不和國立北平圖書館並立在中海之理？」那時候，圖書館正撥定居仁堂為館址，後來在北海岸邊蓋了新館，才搬去文津街。黎錦熙說，我只得和他兩人奔走經營，終於由戰地政委會電准國民政府劃定居仁堂西四所為編纂處址。

　　於是錢玄同在1934年的國語委員會第二十九次常委會提議通過三案：一、增修《國音常用字彙》；二、規定《說文》、《廣韻》、《集韻》的今讀以作新編《國音字典》的初步；三、編纂《國語標準詞彙》。這三部書他都想自己動手，但這年他已在病中，並有惡化的趨勢，所以第三案併入《國語詞典》，由汪怡主編，共四冊，其第一冊剛由商務印書館出版，盧溝橋事變（1937年7月7日）就爆發了，日寇大舉入侵。第一、二案併入《國音集韻》，就是黎錦熙南下而行以來隨時編寫的《十八龍》。7月29日，北平淪陷，空餘中海岸旁龐大而充實的總「糧台」，面臨亡國滅種的危險，學者四處流散，一項空前宏大的偉業就此畫上了句號。過了一年多，錢玄同就病逝於日寇鐵蹄下的北平。黎錦熙先生感傷地寫詩曰：「糧台依海岸，兵站布山隅。何邊傳星隕？哀哉勢已孤！」

　　黎錦熙說，有些人批評錢先生以章門高足，絕頂聰明，不向高處

去培養自己「語文學」專家的地位，乃費精神向低處去參加通俗教育。這種意見，是不瞭解國語運動偉大的精神和哲學的根據。只看究竟錢先生直到蓋棺時，並沒有因其少著專書而損及他「語文學」專家的聲譽，並且因其熱心從事「普及」運動，倒反比那些專做「不普及」工作的專家，感人深些。當民國十五年（1926年）開全國國語運動大會時，我們發表一篇宣言，稱國語運動的目標，為「兩綱四目十件事」，「四目」就是「統一」、「不統一」與「普及」、「不普及」，（詳見《國語運動史綱》）「國語統一」為的是全民族的精神團結，而「不統一」，為的是各地方特性的利導；「國語普及」為的是全民眾文化的發展，而「不普及」，為的是各專家創造之增進：一與二，三與四，似相反而實相成，表面上是矛盾衝突的，骨子裡卻是同時交叉滲透的，這乃是國語一種特殊的發展過程，若不認識清楚，則不能從事於國語運動。現在錢先生死了，一般人如果要瞭解他一生的精神，和學業上的貢獻，這「兩綱四目十件事」，也就可算是他的一個概括，雖然他生前只實幹「十件事」，並不像我一般喜歡這「兩個四目」「玄學鬼」的理論。一般人以為國語運動只是一種「統一」運動，不知它還含有一種「不統一」運動，這就是說全國的山阰海澨所有的方言土語，都要調查，都要利用。錢先生對於此事極感興趣，全國地方的音系，他能統籌兼顧，他和趙元任一見面，一通信，除民國十五年（1926年）前後幾年的GR外，總是討論這個方音問題，趙先生就在中央研究院歷史語言研究所主持此事。早在1919年1月9日，錢玄同在回查釗忠的信中，同意他「盡可用方言來做文章，盡可用方言來葉韻」的看法。他說，國語既然不是天生的，要靠人力來製造，那就該旁搜博取，揀適用的盡量採用。文學裡用得多了，這句話便成了一句

有價值有勢力的國語了。有人說，國語這樣製造，不是龐雜不純嗎？我說，無論何種語言文字，凡是有載思想學術能力的，都是很龐雜不純的。那純而不雜的，惟有那文化初開，思想簡單的時候，或者可以做得到；到了彼此一有溝通，則語言即有混合，學問日漸發達，則字義日有引申：一義轉注為數語，一語假借為數義，那就龐雜不純了。愈混合，則愈龐雜，愈龐雜，則意義愈多，意義愈多，則應用之範圍愈廣，這種語言文字，就愈有價值了。[18]

　　錢玄同所闡明的方言與國語的關係，至今仍很有價值。他在1926年與黎錦熙討論音韻問題時，也特別強調語音的變遷，這篇文章名叫《〈樵歌〉的跋》，是討論宋詞用韻的流變，他認為南宋朱亭的詞集《樵歌》中，已經有-ng，-n，-m三系附聲這韻混合為一的現象。他說：「我之所謂國語國音，是堅決主張古、今、中、外、雅、俗、京、方，都在擷取之列的，雖然應以中國北京現在的知識階級的普通的讀音為主體。前兩年國語統一籌備會討論增修《國音字典》，就決定以漂亮的北京語音為標準，但也應酌古准今，多來幾個『又讀』。」[19]錢玄同認為，應該叫國語國音常跟著活語活音改變，絕不可像有一班人所主張的「某字的國音一經規定，便應該永遠照它讀，不准再去遷就活語活音」那種辦法。若說現今所定之國音已經是盡善盡美，那豈不是說「天不變，語亦不變，音亦不變」[20]？他與顧頡剛合作，注《吳歌》的音；又和周作人合作，注《越諺》的音，這不僅開闢了方言研究的新天地，也是中國學者較早研究民俗學的先例。只

18　《新青年》六卷一號。
19　黎錦熙：《國語運動史綱》，第171—172頁。
20　《語絲》一百零二期。

遺憾他身體日漸衰弱，類似的工作都心有餘而力不足，沒有成功。

當1928年中國大辭典擴大工作的時候，黎錦熙對他說：「既總立『糧台』，應分設『兵站』，否則大辭典中每一個字的全國方音和日韓安南等處的讀音，難道就抄50年前蓋爾（H.A.Giles）的書嗎？每一個詞的『按史則』的轉變，難道就只憑宋元以來『小說戲曲股』的材料，而不徵驗於現代各國各地方流行的土語嗎？」意思是成立「調查部」。錢玄同說：「還不止如此！你所說的『兵站』，還只能算是各地方採辦轉運的『糧站』；『兵站』要有『兵』！」他的意思，是要注意民眾教育，制定推行「方音注音符號」（原來稱「國音字母」），作為民眾識字之助。一般人既知道國語運動含有「統一」「不統一」兩種運動，須知它更含有一種「普及」運動，可是教育「普及」和國語「統一」，有許多地方是要發生矛盾的，因為土音太遠於國音的地方，假如民眾非從國音識字不可，那就等於讓他們另學習一種語言，教育「普及」，事倍功半，何況中國幅員寬廣，人口眾多，章太炎將全國方言分為10類，黎錦熙分為12類，足以見其紛繁複雜。這是一種矛盾。怎麼辦呢？「統一」和「普及」兩種運動既發生了矛盾，就可以用「不統一」運動來統一這種矛盾，所以「注音漢字」每字右旁釘死的注音符號，是拼成標準的國音，左旁臨時偶然添上的注音符號，則為各地自拼與國音偶然不同的方音，這叫做「右國左方」政策。「右國」是國音，是「統一」運動；「左方」是方音，是「不統一」運動，「統一」與「不統一」對立，當然更是一種矛盾，那就把中間的漢字和共同的注音符號來統一這種矛盾，這不是笑話，實際的趨勢確是如此，可以說是費盡了心機。

錢玄同對於「右方」的「國音符號」，不主張各地方自由隨便亂制亂用，而要由中央統制，他在1934年的國語委員會第二十九次常委會提議通過一個「修定國音符號案」。他晚年雖在養屙，可是自己常畫成許多語音學上的表格，就趙元任的《注音符號總表》，斟酌修改，填入系統，隨時與我們打電話商量，樂此不疲。一般人只知道國語運動於「統一」、「不統一」之外，又包含著「普及」運動，須知還有一種「不普及」運動。這不是說一切辦法的決定都要倚仗專家的研究。錢玄同晚年對於「國音符號」的統籌制定，頗自負，常對黎錦熙說，非他辦不了，因為古今音韻沿革的研究即是他的專業，又暸解全國各地的方音異同。後一點更得力於高本漢（BHatlgren）的書和趙元任的貢獻，因為他沒有從事系統的實地調查，黎錦熙先生說，在別人就更要向高深的專業路上走，淨做「不普及」的工作，而錢先生則一方面在專門研究上精益求精，一方面總求適用於教育，不遺棄「普及」的工作；一方面嘉惠士林，一方面喚起民眾，「普及」和「不普及」的矛盾，錢先生可算是真能統一的了，可惜他齎志以歿！兵械未成，「兵站」也未曾廣布。通都大邑還不能依法設立，何況窮鄉僻壤呢？1928年，國語委員會仍照以前的制度，陸續約請「特務委員」約50人，分設駐京省市縣辦事處，就地籌款，以辦理此項事業為主要任務，不久，由教育部訓令取消。1930年，教育部重頒辦法：由各省市縣教育廳局各設「指導員」若干人，分赴各縣、區、鄉、鎮、鄰、閭，指導協助國音注音符號的推行，並調查方音，彙報廳局，整理審查，依次迭轉呈請上級教育行政機關及教育部國語統一籌委會複審。法令如此，但完全成了具文。

錢玄同以音韻學大家，致力於國語運動整整20多年，其理想歸結到一條，即喚醒民眾。他於1932年4月8日給周作人寫信說，我近來覺得改變中國人的思想真是唯一要義。他自稱是「中外古今派」，他對社會上一些人空談主義、不幹實事的風氣表示擔憂和不滿，他說：

我近來覺得「各人自掃門前雪」主義，中國人要是人人能實行它，便已澤及社會無窮矣。譬如一條街上有十家人家，家家自己掃了他的門前雪，則以一條街便已無雪矣。要是雪已掃完，則管管他家的瓦上霜尚可，若放著自己的門前雪，不去掃它，而忙於拿梯子去扒上他家的屋上去刮霜，無論他家討厭不討厭你，總有些無謂：因為自己的門前雪尚未掃也。而況梯子又未必確是梯子，所扒的未必確是他家的屋上，所刮的又未必確是霜乎！

自園先生努力種「自己的園地」，我極以為然。我以為比做幾條「雜感」、「短評」較有意味─而且講起功利主義來，也實在較為有用得多。我今後打算一意做「掃雪齋主人」了。我是喜歡研究「國故整理問題」的，又很喜歡研究「漢字改革問題」的，它們便是我的「雪」，我從今以後很想專心去掃它們。[21]

信中的「自園先生」即指周作人，取「自己種自己的園地」之意，錢玄同則在信末署名「掃雪齋主人」，取「各人自掃門前雪」之義。錢玄同一向自稱是個「功利主義」者，標準即為了「最大多數人的最大幸福」；他又自稱是顏習齋主義的信徒，不悲觀，不消極，不

21　《魯迅研究資料》第9輯，天津：天津人民出版社，1982年，第114頁。

信社會永遠黑暗，不信世界上沒有光明。「更篤信一個人，無論事功或學問，總得要幹，老年因桑榆暮景，更應該乘此炳燭之明去努力幹。否則無常一到，追悔何及！」這是他在1934年哀悼劉半農、白滌洲英年早逝時發出的感慨，當年錢玄同48歲，身體已經相當虛弱，有一次在師大講課時，幾乎暈倒。中國自1930年以來內憂外患空前嚴重，性情一向急切的錢玄同深為憂慮。當錢玄同等人宣導新文化運動、國語運動時，一幫守舊的傢夥總認為這種改革，損及國粹，定會「國將不國」，而且這種改革本身就是想做洋奴的表現，現在，日本帝國主義終於闖進國門，侵佔了東北三省，對全中國虎視眈眈，這真是「國將不國」了！中國人真要做洋奴了！

1933年3月14日，錢玄同給黎錦熙、羅常培寫信，主張把劉繼莊撰《新韻譜》那年作為國語運動與方言研究的紀元，即西元1692年，歲在壬申，即清康熙三十一年。劉氏的音韻學著眼於統一國語與調查方音，已由羅常培寫了專文論述，登在《國語週刊》32～34期上。錢玄同認為還不止此，照劉繼莊的思想與主張，結果一定會與方密之（以智）一樣，認為中國文字應該「如遠西因事乃合音，因音而成字」的辦法，因為必須如此辦，才能將「萬有不齊之聲無不可資母以及父，隨父而歸宗，因宗以歸祖，由祖以歸元」；必須如此辦，才能「隨地可譜，不三四年，九州之音畢矣」。質言之，必須用了音標，才能分析音素，才能標注任何地方之音。關於這一點，梁啟超在《中國學術思想變遷之大勢》一文中，稱述清初的大學者，特舉黃梨洲、顧亭林、王船山、顏習齋、劉繼莊五人。黃、顧、王是大家知道的，顏氏，到晚清時也有人知道了；唯獨劉氏，自王昆繩與全謝山以後，

除戴子高、趙叔、潘伯寅數人外，未必有什麼人知道了。梁先生特舉他與黃、顧、王、顏四氏為伍，說他「最足以豪於我學界者有二端，一曰造新字，二曰倡地文學」，錢玄同很贊同。他認為「國語」一詞，涵義甚廣，絕非「本國現行標準語」一義所能包括，最重要的有「統一國語，研究方言，製造音字」三義，還應包括「改古文為白話文」。而此三義，劉繼莊均已見到，故普及國語，當托始於他。查劉繼莊生於西元1648年，歲在戊子，明永曆二年，清順治五年，恰好西曆末一位數逢「八」，干支逢「戊」，與黎錦熙所總結的國語運動四階段的年代特徵相合，因此他主張把劉氏生年作為「國語紀年」，因為他的音韻學實能兼綜「國語」一詞之三要義，方密之也值得紀念。劉氏《新韻譜》撰於1692年，是年為壬申年，至1932年，又是壬申，而羅先生《劉繼莊的音韻學》一文適登於去年之《國語週刊》，相距240年，甲子適為四周，亦一佳話：今若以1648年劉氏生年為國語紀元，則到1933年，已有286年，再過14年，到1947年，便是國語紀元300年紀念。他希望在此14年之中，「咱們對於國語的三要義，都有很多的貢獻，則將來舉行『國語300年大祝典』之時，國語的成績一定斐然可觀，很對得起這位國語元祖劉繼莊先生了。」很遺憾，錢玄同為國語運動奮鬥20年，未及等到「國語300年大祝典」那一天，死於日本帝國主義佔領下的北平。

他在信中還談到他18歲那年，讀了梁啟超的文章而大悅劉氏之學，於是改號為「掇獻」，想「掇拾劉獻廷之墜緒」。因為那時他的號叫「德潛」，在吳興話中與「掇獻」相近。那時還是少年之感情衝動，只覺得新奇，他感歎忽忽30年以至於今，已經快到50歲了。雖平

生所志，因意志之脆薄，神經之衰弱，竟至一事無成，老大徒傷悲，然因讀書漸多，性喜雜覽，又時時得師友之啟迪，深佩劉氏之卓識，時覺國語之任重，以為如果能行劉氏之教，實現國語要義，則必能「利濟天下後世」，這是毫無疑問的。

錢玄同一生經歷坎坷，目睹改朝換代的巨變，又親身體會到外國列強給中國帶來的災難，他的心情異常悲憤沉痛，他接著寫道：

噫！國難深矣！不佞既無執干戈以衛社稷之能力，只因在過去讀了40年死書，現在靠了顏習齋所譏之「林間咳嗽病獼猴」之生涯以騙錢糊口，無聊極矣！因20餘年來陷溺之深，神經麻木久矣，對於國事蜩螗，外寇侵陵，熟視若無睹，雖遼寧「九一八」與上海「一二八」尚不足以刺激我頑鈍之神經。乃自本年獻歲發春，榆關失守，承德再陷，才感到痛楚，鎮日價「魂忽忽若有已，出不知其所在」，常常自問，「我究竟該做什麼事才對呢？」想來想去，還以從事國語為最宜。遵劉氏之教，努力於國語三要義，這是我份內應做之事，而在民眾教育方面屬行注音符號之普及，亦國語中之一義，在今日實為治標中唯一切之要事，我雖無此能力與手腕，然亦當盡搖旗吶喊之責也。故「掇獻」之舊號當複用之以自勵自警，以前將號與名合寫為「疑古玄同」，遂有人說我改姓「疑古」。今後有時或將為「掇獻玄同」，大概又有人要說我改姓「掇獻」了，但這與我毫無關係，隨他怎麼說我都不管。

寫這封信的意思，只是為了要提議以劉繼莊之生年為國語紀元而已。不料正文寫完以後，引起我的牢騷來了，於是刺刺不休，又寫了

上面一段離題萬里的廢話，卻是精神痛苦的呻吟，絕不是假話謊話。若有非笑我的，我將述王陽明之言曰：「嗚呼！是奚足恤哉！吾方疾痛之切體，而暇計人之非笑乎！」

劉繼莊曰：「人苟不能幹旋氣運，徒以其知能為一身家之謀，則不得謂之人。」吾當以此語為座右銘，此又吾欲「掇獻」之一義也。[22]

落款果然是拼的「掇獻玄同」四個字（Dwoshiann—Shyuantorng）。

錢玄同在信中特別提到要普及注音符號，認為這是推行民眾教育的關鍵。他謙稱「我雖無此能力與手腕，然亦當盡搖旗吶喊之責」。當年盧戇章寫成《中國字母北京切音教科書》，書名旁注一聯云：

卅年用盡心機，特為同胞開慧眼；
一旦創成字母，願教吾國進文明。

這種心願，是中國有良知的知識份子面對世界文化的嚴峻挑戰而奮而起行，試圖改變中國積弱不振的努力，但要夢想成真，談何容易！錢玄同試圖喚醒民眾的國語事業還沒走上正軌，自己卻在日本帝國主義佔領下的北平憂憤地死去，這實在是歷史的悲劇，也反映了改造中國的艱難歷程，比一般人想像的還要困難得多。

22　黎錦熙：《國語運動史綱》第4—9頁所引。

第七章

保護眼珠與換回人眼

談到錢玄同，周作人有一句驚人的論斷，他認為民國以來的人物，夠得上思想家之稱的，唯蔡元培與錢玄同二人而已。周作人雖然學問博洽，又是錢玄同的知友，然而他這一論斷顯然不能被近現代史研究者接受。我想周作人之所以對錢玄同作如此高的評價，可能是從教育的角度著眼的。蔡元培是一位傑出的教育家，這並沒有疑問。而錢玄同，不僅畢生致力於文化教育，而且對教育有他自己的一套看法。他從小接受的是一套陳腐的小學、經學教育。1906年當他20歲時留學日本，增長了見識。1908年他在東京參加了幾種講習會，如在社會主義講習會中聽章太炎講《莊子‧齊物論》和《理論不如實踐》，還聽人講克魯泡特金的《互助論》，托爾斯泰的《致中國人書》。聽課時間最長、受影響最大的自然首推在國學講習會聽章太炎講學。章太炎亡命東京後，在辦《民報》的同時，還開辦了「國學講習會」，在日本的中國留學生知道了太炎先生出獄來到東京，有些好學的人，常帶著問題來請教，其中最年輕的一位就是錢玄同，當時他名叫錢夏，他倡議請太炎先生採取經常性講學方式，好讓學者按時來聽講請教，太炎先生高興地同意了。一般事務是由陶（成章）先生負責安排，「聽講時錢夏對太炎先生發問和辯論最多」[1]。這種不拘一格的講課形式給章門弟子留下了深刻的印象，許壽裳回憶說：

　　章先生精力過人，博覽群書，思想高超而又誨人不倦。我們八個人希望聽講，而為校課所牽，只有星期日得空，章先生慨然允許於星期日特開一班，地點在東京小石川區《民報》館先生寓室，時間每星

1　馬巽：《光復會的點點滴滴》，《文史資料選輯》第一輯，北京：中國文史出版社，1980年。

期日上午8～12時，師生席地環一小幾而圍坐，師依段玉裁氏《說文注》，引證淵博，新誼甚豐，間雜詼諧，令人無倦，4小時而無休息，我們聽講雖不滿一年，而受益則甚大。後來這些聽課者大多成為著名的學者，在文化教育界舉足輕重。

周作人在《知堂回想錄》中也回顧了當年章太炎在東京講課的情形：

一總是八個聽講的。《民報》社在小石川區新小川町，一間八席的房子，當中放了一張小桌子；先生坐在一面，學生圍著三面聽，用的書是《說文解字》，一個字一個字的講上去，有的沿用舊說，有的發揮新義，枯燥的材料卻運用說來，很有趣味。太炎對於闊人要發脾氣，可是對青年學生卻是很好，隨便談笑，同家人朋友一般。夏天盤膝坐在席上，光著膀子，只穿一件長背心，留著一點泥鰍鬍鬚，笑嘻嘻的講書，莊諧雜出，看去好像一尊廟裡哈喇菩薩。

又說：

那時太炎的學生一部分到了杭州，在沈衡山領導下做兩級師範的教員，隨後又來做教育司（後來改稱教育廳）的司員，一部分在北京當教員，後來匯合起來，成為各大學的中國文字學教學的源泉，至今很有勢力。

錢玄同同章太炎的關係很密切，兩人經常暢談到深夜，有時錢玄

同乾脆就在章氏寓所住宿。1910年5月，錢玄同從日本回國，任浙江省海甯中學堂國文教員，曾在湖州中學任代理國文教員，茅盾當時在此就學。他回憶說，錢玄同代課時期，曾教學生以「南中向接好音，法遂遣使問訊吳大將軍」開頭的史可法《答清攝政王書》，以「桓公報九世之仇，況仇深於九世；胡虜無百年之運，矧運過於百年」為警句的《太平天國檄文》；也教過黃遵憲的「城頭逢逢擂大鼓」為起句的《臺灣行》，也教了以「亞東大陸有一士，自名任公其姓梁」為起句的梁啟超的《橫渡太平洋長歌》，那時大家覺得新鮮。現在原來的國文教員楊先生又來上課了，大家都要求他講些新鮮的，楊先生說，錢先生所講，雖只寥寥數篇，但有掃除虜穢，再造河山的宗旨，不能有其它再新鮮的了。幸而還有文天祥的《正氣歌》，還可以湊數來教。茅盾（當時還叫沈德鴻）對楊先生說，講些和時事有關的文章，不知有沒有？楊先生忽然大笑，說「錢先生教你們讀史可法《答攝政王書》，真有意義。現在也是攝政王臨朝，不過現在的攝政王比起史可法的攝政王有天壤之別」。

錢玄同當時切齒清廷，所以在教學中灌輸這方面的文章。

在轟轟烈烈的新文化運動中，錢玄同的思想日趨堅定、成熟，他極力破壞作為舊思想之載體的舊文學，主張對教育內容作根本的改革，1918年錢玄同在《新青年》五卷六號上與陳大齊互相通信：《保護眼珠與換回人眼》，就是一篇討論教育問題的出色的雜文。陳大齊在信中說：為尊重人道起見，看見有人吃糞，不可不阻止他。可是現在我們中國人苦於沒有辨別力，不知道哪種是糞，哪種不是糞，若阻止別人吃糞，須得先指點他們才好，因此請錢玄同編個「糞譜」。目

的是要喚起民眾，啟發國民的覺悟，要國民學習，提高文化，就得讓他們辨別好壞，這就需要給一本指導性的書，指出哪些東西有害，是應該避免的。錢玄同是國學專家，思想激進，入室操戈，最宜擔當此任。陳大齊講了一個日本的笑話：有位外科醫生把病人的眼珠拿出來，被鳥兒叼走了，他就給換了一個狗眼珠。於是這人便香臭不分，把糞當好東西吃。所以要辨別香臭好壞，須得換回人眼。錢玄同很欣賞這個有趣而發人深思的譬喻，他結合自己的經歷，力陳舊思想舊教育的弊害，指出了那些頑固守舊分子害人害己的事實，號召可愛可敬的支那青年做20世紀的文明人，做中華民國的新國民，撕毀19世紀以前的「臉譜」。陳大齊的原信是這樣寫的：

玄同兄：

前天和你談起：為尊重人道起見，看見人吃糞，不可不阻止他；這層意思，你也贊成。現在我們中國人苦於沒有辨別力，不知道哪種是糞，那種不是糞；若想阻止人家吃糞，須得先指點指點他們才好，《新青年》上你的《隨感錄》（二九）（按：載五卷三號295～296頁）已經指出了許多，但還沒有舉全，什麼「綱常名教」，什麼「五世同堂」，什麼「中央的威嚴」等等，都是極大的項目，應該添進去，所以我想請你抽出點工夫來，代他們詳詳細細的編一部《糞譜》，把一切糞的尊姓大名都寫出來，宣佈國內，使我們同胞見了，也可以知道糞的所在。不知道你可肯省出點貴重的功夫來做這種事情嗎？

要做一部《糞譜》，雖然可以使人家知道糞的所在，還恐怕效力不很大。因為現在的中國人大都有點眼病和鼻病，見了糞不知道齷齪，聞了糞不知道惡臭。所以做了「糞譜」之後，還得大大的努力一

番。第一，先把糞坑掏一掏，把糞的臭氣揚揚，則薰染未久的那班純潔的青年也便掩住鼻子逃走了，總不至於仍舊是戀戀不捨。但是我們社會上還有一班「入鮑魚之肆久而不聞其臭」的人，這種人害的鼻病更深，無論那糞是怎樣臭，他們總聞不到。或者反當作香的。所以對於這種人，單是揚揚糞的臭氣，是沒有功效的。我們須更進一層，想出一種方法來，用點興奮劑把他們視神經和嗅神經興奮一興奮，恢復他們正當的視力嗅力才好。從前我看一本日本文的笑話書。在上面有一段說：有一個人生了眼病，去請一個外科醫生看。那外科醫生說他的眼睛不乾淨，須挖出來洗一洗，外科醫生把病人的眼睛洗乾淨了，曬在院子裡。不料一隻老鴉飛來，竟把那眼珠銜走了。外科醫生恐怕那病人不肯干休，便挖一個狗眼睛來替代……過了幾時，那病人又到那外科醫生家裡去，外科醫生問他：「你近來眼病還發嗎？」他答道：「眼病大好了；卻有一件怪事：自從請你挖出來洗過之後，見了糞，只覺得黃黃的可愛，又香又甜。」──中國大多數人的眼珠都被那個外科醫生掉了花槍了！我們總須想出一個法子呢，把那外科醫生換去了的眼珠換回來才好，而且這個外科醫生很是可惡，在我們社會上，天天想把那些沒有掉換的眼珠換了去。所以我們一面努力想去換回那些換去了的眼珠，一面更須想法保護那些沒有換掉的眼珠，防他來換。用什麼方法來保護，用什麼方法去換回來，這真是中國社會上頂大的問題呢！

陳大齊提出的問題，確實是「中國社會上頂大的問題」。在剛從舊時代擺脫出來的中國，仍是死氣沉沉，錢玄同自雲「憂心如焚」，把社會上種種混亂的現象，歸結為「新舊之衝突」，也就是說新舊之

間有著不可調和的矛盾，要布新則非除舊不可。錢玄同從小深受舊學的毒害，一生又以研究國學為職業，對「糞譜」自然瞭若指掌，以他的個性和思想，對「糞學」又恨之入骨，因而與陳大齊唱和，抉發「糞學」之本質：

百年兄，你說的「糞譜」，我原想來編他一部。因為我的年紀，雖然只有32歲，對於「糞學」的研究，不能像那班老前輩大方家的深造。但是我在1903年以前，曾經做過八股，策論，試貼詩；戴過頂座；提過考籃；默過糞學結晶體的什麼「聖諭廣訓」；寫過什麼避諱的缺筆字，什麼《字學舉隅》的字體，什麼「聖天子」、「我皇上」、「國朝」、「楓宸」的雙抬單抬糞款式；曾經罵過康梁變法；曾經罵過章鄒革命；曾經信過拳匪真會扶清滅洋；曾經相信過《推背圖》、《燒餅歌》確有靈驗。就是從1904到1915（民國4年），這10年間，雖然自以為比1903以前荒謬程度略略減少，卻又曾經提倡保存國粹，寫過黃帝紀元，孔子紀元；主張穿斜領古衣；做過寫古體字的怪文章；並且點過半部《文選》；在中學校裡講過什麼桐城義法。所以我於「糞學」上的知識，比到那些老前輩大方家，雖望塵莫及，然而絕可比得上王敬軒君。既然如此，何妨竟來編他一部「糞譜」呢！但是言之匪艱，行之維艱；到了編譜的時候，縱然搜索枯腸，無孔不入，終恐掛一漏萬；仍望老兄和半農諸公匡其不逮，俾成全璧，幸甚幸甚！

「糞譜」雖然是個滑稽的名詞，其實按之實際，卻很確當。因為今天所指名為糞的，實是昨天所吃的飯菜的糟粕；昨天把飯菜吃到胃裡，其精華既然做了人體的營養料，其糟粕自然便成了糞，到今天自然該排泄了。所以排泄物不過是沒有用處，應該丟掉的東西，原不是

有害人體、致人生病的東西。但是若不排泄，藏在胃裡，卻要害人體致人生病。照此看來，糞的本身，原沒有什麼可惡；可惡者，在那些藏糞不泄的人。而且他們不但自己藏糞不泄，還要勸人道：「今天的糞，是昨天的飯菜變的；昨天因為吃了飯菜肚子飽了，所以才不生病；今天要是把糞排泄了，則肚子空了，就要生病了。所以你們萬不可排的」；這樣說法，是尤其可惡了。更有甚者，要想叫人學牛的「反芻」辦法，把昨天吃到胃裡的東西重新倒嘴裡，細細咀嚼；這簡直比嚼甘蔗渣還要不近人情，其思想，比起那些自己要保存牙黃，保存頂得破老布棉襪的長腳爪，終身不洗澡的古怪人，和那用油紙包了尊糞掛在牆上的幹式枚棶，還要下作，這真是可惡到了極處了。說他可惡，不是因為他自己個人的髒臭難近，實在因為他「天天想把那些沒有掉換的眼珠換了去」。你想青年和他們有什麼的九世深仇宿怨，他們竟要用這種亡國滅種的圈套來陷害青年啊！

你說我們應該努力保護眼珠，努力去換回人眼來，這確是現在中國社會上頂大的問題，也是我們做這《新青年》雜誌的唯一大目的。《新青年》出了將近30本，千言萬語，一言以蔽之曰，保護眼珠，換回人眼而已。像你的「辟靈學」，獨秀的論孔教、論政治，元期和適之的論節烈，適之和半農的論文學，這都是想換回人眼的文章。啟明譯的《貞操論》，子民和守常的提倡工作，適之和孟和的譯Zdsen戲劇，這都是想保護眼珠的文章。若玄同者，於新學問，新智識，一點也沒有；自從12歲起到29歲，東撞西摸，以盤為日，以康瓠為周鼎，以瓦釜為黃鐘，發昏做夢者整整18年。自洪憲紀元，始如一個響霹靂震醒迷夢，始知國粹之萬不可保存，糞之萬不可不排泄，願我可愛可敬的支那青年做20世紀的文明人，做中華民國的新國民，撕毀19世紀

以前的「臉譜」，（臉譜不是20世紀的東西，就是「馬二先生」也是這樣說）打破24部家譜相斫書的老例。因此，不顧淺陋，不怕獻醜，在《新青年》的「隨感錄」和答信裡，說幾句良心發現的話。卻是萬萬比不上諸公，對於保護眼珠，換回人眼的辦法，深愧毫無心得；但想就著淘糞坑揚臭氣的方面努力去做，能得「薰染未久的那班純潔的青年掩住鼻子逃走」的多幾個，那就歡喜不盡了。

百年！你從「辟靈學」以後，還沒有做過文章。我勸你也要努力做些保護眼珠，換回人眼的文章才好啊！

錢玄同激烈反對舊戲，也是強調「我們做」《新青年》的文章，是給純潔的青年看的，絕不央求得到保守派的支持。當黑幕書猖獗之時，錢玄同著文抨擊，他指出：「本志既以革新青年頭腦為目的，則排斥此類書籍，自是應盡之職務。」他相信進化論，1918年他為《北京高等師範學校十周年紀念錄》寫了序文：「希望本校同人從今以後，對於過去的，決然捨棄，不要顧戀，對於未來的，要努力前進，不可遲疑，進！進！前進！」1919年他在《北京高等師範學校週刊》三十二號、六十三號上發表《施行教育不可迎合舊社會》一文，明確提出教育的目的是教人研求真理，不是叫人做古人的奴隸；教育是教人高尚人格的，不是教人干祿的；教育是改良社會的，不是迎合社會的。可是以前的小孩子，他的父母送到書房裡去讀書，總是希望他將來能中狀元，做大官，讀書不過是做官的敲門磚而已，所以一部書中遇到考試不出題目的文章就刪去不讀。到了開筆做文章，就時刻打聽現在風往哪一路的筆墨，好拼命去學，一旦狀元大官到手，就把從前讀過的書完全去掉，不再翻閱，這是叫人讀了書為干祿之用，「高尚

人格」他們腦子裡本來沒有這四個字。錢玄同提醒說，諸公要知道，現在舊社會的思想和習慣，還是異常頑固，異常野蠻。若是主張新教育的人，沒有毅力反抗舊社會，沒有熱誠去誘導新社會，只知道敷衍舊社會，冀它不生阻力，那麼，我要奉告，舊社會將要求諸公復古的事甚多哩，諸公能夠一一低首下心去敷衍他們嗎？因此一切要以青年的前途為重。現在世界上一切新理，諸公研究了認為正當的，在學校方面應該積極提倡，冀青年學子依著去做。在社會方面，也該想法誘導其潛移默化，千萬不可「枉道而事人」去敷衍「烏煙瘴氣」的舊社會，幹那「賊夫人之子」的勾當。

　　錢玄同是在舊禮教的包圍中成長的，這種環境成長的人今後的發展方向不外乎兩種：一種是有意或無意地用舊禮教來約束下一代，甚至變本加厲，這種人在當時仍占大多數；另一種則從舊禮教的天羅地網中，深切體會到它的病毒，進而尋求變革的路徑。像林紓等人就屬於前種，而錢玄同無疑屬於後一種，並且屬於最激進最堅定的代表。他原來也是憧憬三代、一心復古的幼稚的讀書人。民國二年，也即1913年，他的哥哥已到北京就大總統府的顧問職，他也隨著辭了浙江教育司的科員視學等職來當教員。袁世凱稱帝的洪憲元年（1916）他還時常陪著他的哥哥在北京東安市場內的喜祥戲園專賞梅蘭芳的表演，不久袁世凱失敗，共和恢復。民國六年（1917年）又經過張勳擁廢帝宣統在故宮復辟一幕，後來共和再度恢復。當時歐洲大戰正酣，俄國大革命了，德國漸漸支援不住了，中國也作「宣而不戰」式的參戰了，日本自提出「二十一條」又佔領青島後，又和中國的「安福系」政府連通一氣了，安福大將徐世錚要以一部《古文辭類纂》「治

天下」了。種種淩雜矛盾的刺激，就把錢玄同弄得終夜彷徨，對於以前環境和教育所賜予的一切舊觀念，意識上又起了一個大反動，首先打破「吃人的禮教」，20年之鬱積，一朝發洩，自然劍拔弩張，不顧一切，今天想來，確實是有原因的。果然，民國八年（1919年）4月間，巴黎和會中國外交失敗的消息傳來，五四運動的「大時代」到了！「新文化」運動登時普遍全國，全國青年們的意識大轉變了，老頭子們吃不住了！錢玄同也就成了青年們的領導，這也可算是錢玄同第二次的「時代勝利」。黎錦熙先生感慨地說，又過了20年到現在，我們中央才議定「五四」為「青年節」，放假一天，而錢先生死了！師大在西北聯大給他開追悼會，正是過第一次「青年節」的時候。[2]

周作人先生也指出，經過民國初年的政教反動的空氣，事實上表現出來的是民國四年（1915年）的洪憲帝制，民國六年（1917年）的復辟運動，錢玄同所有復古的空氣乃全然歸於消滅，結果發生了反覆古。這裡表面是兩條路，即一是文學革命主張用白話；一是思想革命，主張反禮教，而總結於毀滅古舊的偶像這一點上，因為覺得一切的惡都是從這裡發生的。當時發表這派論調的是《新青年》雜誌，首出胡適之、陳獨秀兩人開始，玄同繼之而起，最為激烈，有青出於藍之概。[3]

作為語言文字學專家，錢玄同認為漢文是一切舊思想的軀殼，必須堅決廢除，而當今可行的，就是廢除選學妖孽、桐城謬種所推崇的古文，提倡白話文，對這場新舊之間的激烈衝突，錢玄同有著清醒的

2　黎錦熙：《錢玄同先生傳》。
3　周作人：《錢玄同的復古與反覆古》。

認識：

一月以來種種怪事紛現眼前，他人以為此乃權利心之表現，吾則謂根本上仍是新舊之衝突，故共和時代尚有欲宣揚「辨上下，定民心」，「人倫明於上，小民親於下」之學說者，大抵中國人腦筋2000年沉溺於尊卑名分綱常禮教之教育，故平日做人之道，不外乎「驕」「諂」二字。富貴而驕雖不合理，尚不足奇，最奇者，方其貧賤之時，苟遇富貴者臨於吾上則趕緊磕頭請安，幾欲俯伏階下，自請受答，一若彼不淩踐我，便是損彼之威嚴，彼之威嚴損則我覺得沒有光彩者然。故一天到晚，希望有皇帝，希望復拜跪，仔細想想，豈非至奇極怪之事。

錢玄同的這番話發表於1917年三卷四號《新青年》，文章還在排印，竟發生了張勳復辟的奇事，更堅定了錢玄同反覆古的立場。他勸說魯迅開始寫作，魯迅的《狂人日記》寫於復辟事件後的一年（1918年）的4月，錢玄同則在前一個月討論中國今後的文字問題，讚賞陳獨秀推翻禮教，改革理論，否則共和招牌一定掛不長久的觀點，認為這是挽救現在中國的唯一辦法。錢玄同更進一步，乾脆要求連漢文一起廢除，「欲廢孔教，不可不先廢漢文，欲驅逐一般人之幼稚的野蠻的頑固的思想，尤不可不先廢漢文」，原因就在於漢文為推行孔教推波助瀾，以此教育人，必然貽害無窮。

周作人說，玄同的主張看似多歧，其實總結歸來只是反對孔教，廢漢文乃是手段罷了。他這意思以後始終沒有再改變，雖然他的專攻

仍舊是中國文字學中的音韻部分，對於漢文漢字的意見隨後也有轉變，不復堅持徹底的反對的意見了。[4]

經過文學革命的衝擊，白話文的地位終於得到了承認。錢玄同在給胡適新詩集—《嘗試集》的序文中說：「我們現在認定白話是文學的正宗，正是要用質樸的文章，去剷除階級制度裡的野蠻款式……對於那些腐臭的舊文字，應該極端驅除，淘汰淨盡，才能使新基礎穩固。」晚清以來的有識之士也有提倡白話文的，但他們認為這不過是開發下層民眾之民智的權宜之計，對於古文的正統地位，並不敢動搖，而且認為文人士大夫理所當然應該運用古文。這樣把社會分成高下兩等，只有到了文學革命時期，才確立白話文非但是普通人交流的工具，而且認它是文學創作的正宗，這樣徹底推翻了以前橫亙在「精英文化」與「大眾文化」之間的壁壘，它對教育的影響是不言而喻的。

錢玄同因鼓噪文學革命而聲名大振，以至有一家新月書店出版胡適的《國語文學史》，在廣告中說，此書錢玄同先生曾經在北京印行過一千部，欲研究文學史者，不能不研究此書；欲研究國語文學者，不可不讀此書。實際上，錢玄同並未在北京印行過此書，書店不過想借錢玄同的聲望做廣告，鼓勵別人買此書而已，胡適看到廣告後曾寫信給錢玄同解釋這件事。錢玄同長於散文，文言似梁任公的「筆鋒常帶感情」，發揮盡致，吐瀉無餘，而無一句「含糊語」。白話則也始終推重胡適之的如「並剪哀梨」，他益以淋漓痛快，而不帶一點「紳

4　周作人：《錢玄同的復古與反覆古》，參考本書第六章。

士」氣。凡朋友偶做舊體詩詞，他見了總稱之曰「歪詩」、「歪詞」，其實做得好的他也喜歡，他自己也非完全不做，大都俳體，如和周作人50壽詩即是。他雖是「文學革命」的先驅者，但一生沒有做過一首新體詩，他認為「新詩」還未成體，對於初期《嘗試集》卻始終贊成，新詩變到第三期，他就說莫名其妙了。他也不甚愛看新的小說戲劇等作品和譯品，對於白話舊小說的提倡和批判，對於舊戲的反對，在「文學革命」初期，他很具有見解和力量。《新青年》中，他的《通信》實以評論舊小說戲劇者為多。後來對於宋元平話諸體，如孫楷第、魏建功先生等的擬作和研究，都極激賞。對於魯迅作風的深刻冷峭，以及後來「小品文」和「幽默」文學的提倡，他都有微詞，說容易引導青年走上「冷酷」或「頹廢」的路（民國八年，即1919年曾給新式標點的舊小說《儒林外史》作序，即已提到青年教育的關係）。[5]

經過新文化運動、五四運動的激蕩，保守勢力受到衝擊，但由於積重難返，政局動盪，反動當局甚至幾次妄圖再讓學生讀孔經。各種主義層出不窮，但往往輸入到中國，已失去了原來的旨趣。1923年7月1日，錢玄同給周作人寫信，特別注明這天是張大帥復辟紀念日，他感慨地說：

我近來很動感情，覺得2000年來的國粹，不但科學沒有，哲學也玄得利害，理智的方面毫無可滿足之點，即感情方面的文學除了那頌聖、媚上、押韻、對仗、用典等等「非文學」以外，那在藝術上略有地位的，總不出乎—

5　黎錦熙：《錢玄同先生傳》。

ａ・歌詠自然。

ｂ・發牢騷。

ｃ・怡情酒色。

三種思想。自然a似乎高些，但崇拜天然，菲薄人為，正是老莊學說的流毒，充其極量，非以穴居野處茹毛飲血結繩而治等等為人類最正當之生活不可。b則因為沒有人給他官做，給他錢用，（其實就不過如此而已，並沒有怎樣的虐待他）便說他如何如何的痛苦，如何如何的受人欺侮，世界上除了他以外，別人都是王八蛋，都是該千刀萬剮的；何以故？因為對不起他故。c派更不足道，一言以蔽之，不拿人當人，並且不拿自己當人而已─我近來很有「新衛道」的心理，覺得彼等實在不宜於現在的青年，實在也是一種「受戒的文學」。因此覺得說來說去，畢竟這是民國五六年間的《新青年》中陳仲甫的那些西方化的話最為不錯，還是德謨克拉西和賽恩思兩先生最有道理。「新孔夫子」我們固然不歡迎，「新黃仲則」我們也不歡迎。我是一個功利主義者，這個意思你以為然否？」[6]

他所謂的「功利主義」，就是「最大多數的最大幸福」之功利主義，墨家的人生觀，是他一生安身立命之處。[7]他自己「拼著犧牲，只救青年，只救孩子」[8]，對2000年來腐朽不堪的國粹深惡痛絕，那些歌詠自然，發牢騷，怡情酒色的思想，「實在不宜於現在的青年」。錢玄同指出中國文學中的三種傾向，是富有洞見的。中國文化中有著

6　周作人：《錢玄同的復古與反覆古》。
7　黎錦熙：《錢玄同先生傳》。
8　黎錦熙：《錢玄同先生傳》。

濃厚的自戀主義傾向，中國緩慢地在血緣宗法社會中掙紮進入文明時代，比西方（到古典希臘）差不多落後1000年。氏族制度沒有徹底清除，反而在秦漢以後的社會中保存下來，文人士大夫留戀上古，憧憬當一個羲皇上人，然而秦漢以降的封建專制制度，使他們無所逃於天地之間，歌詠自然，自然也要發發牢騷，甚至怡情酒色之中，往往就是人一生的三部曲。中國的積重難返，錢玄同認為非採取激烈的革命不可，他於1923年7月9日又給周作人寫了一封信，對中國的前途表示擔憂：

　　近來的怪論漸又見多，梅光迪諸人不足怪，最近那位落華生忽然也有提倡孔教之意，我未免有「意表之外之感焉」。我因此覺得中國古書確是受戒的書。這些書不曾經過整理就緒（即將它們的妖怪化、超人化打倒）以前，簡直是青年人讀不得的東西。我近來犯動感情，以為「東方化」，終於是毒藥。不但聖人道士等等應與之絕緣，即所有一切，總而言之，統而言之，總非青年人血氣未定時所可研究者。老實說吧，至少也要像錢玄同這樣宗旨醇正的人才可看得。這話你道可笑嗎？但我自己覺得我的見解和識力比起這班「老頭子的兒子孫子」來，確乎要高明些也矣。

　　昨晚寫到這時，便睡了。今天早晨看報（7月7日《時事新報》），又發現好的復古的材料，即徐志摩忽然大倡廢止標點符號之論，竟說什麼「無辜的聖經賢傳，紅樓水滸，也教一班無事忙的先生，支離宰割」。又說，「在國際文學界的名氣恐怕和藍寧在國際政治界上差不多」的愛爾蘭人James Joyce做的Ulysis是——

　　「那真是純料的Prose，像牛酪一樣潤滑，像教堂裡石壇一樣光

澄，非但大寫字母沒有，連『，？！』等可厭的符號一齊滅跡，也不分章句篇節，只有一大股清利浩瀚的文章，排纍而前，像一大匹白羅披瀉，一大卷瀑布倒掛，絲毫不露痕跡，真大手筆！」

你看這話妙也不妙！原來「大手筆」的長技就在會不用標點，不分章。我才恍然大悟，中原文章非外夷所及，文治派如是之多的原故，原來如此。

我近來耳聞目睹有幾件事，覺得梁啟超壬寅年的《新民叢報》雖然已成歷史上的東西，而陳獨秀1915年～1917年的《新青年》中的議論，現在還是救時的聖藥，現在仍是應該積極去提倡「非聖」，「逆倫」，應該積極去劃除「東方化」。總而言之，非用全力來「用夷變夏」不可，我之燒毀中國書這褊謬精神又漸有復活之象，即張勳敗後，我和你們兄弟兩人在紹興會館的某院子中槐樹底下所談的偏激話的精神又漸有復活之象焉。[9]

錢玄同還是從教育著眼，那些中國古書，在沒有將它們的妖怪化、超人化打倒之前，他認為是萬萬不能讓青年人去讀。事隔好幾年，他認為新文化運動急風暴雨的精神仍是掃除中國暮氣深重的良藥。周作人指出，在新文化運動中間，主張反對孔教最為激烈，而且到後來沒有變更的，莫過於他了，這一論斷是符合史實的。以新文化運動的喉舌《新青年》來說，它刊行了二十三年，贊成者固然並不很多，可是反對者卻實在不少，逐漸地顯示了出來。這班熱心於擁護舊禮教的衛道的人，以清室舉人林紓為代表，乃於民國七年（1918年）

9　周作人：《錢玄同的復古與反覆古》。

春間發起進攻，其形式為質問當時的北京大學校長蔡元培，意思是要大學來撤換文科學長陳獨秀、文科教員胡適和錢玄同等人。這是有名的林蔡論爭事件，但是很輕易地被蔡校長擋過去了。可是林紓不甘失敗，變更方針，在《新申報》上登載小說，肆意謾罵諸人以洩憤。這是所謂「蠡叟叢談」事件。林紓所攻擊的兩點，即是「盡廢古書，行用土語為文字」和「覆孔孟，鏟倫常」，實在都是玄同的主張；陳獨秀雖主反孔，卻還沒有說到廢漢文；至於胡適之，始終只是主張白話文學，沒有敢對於綱常名教說過什麼不敬的話。但是林紓卻始終注重陳、胡，最初在《荊生》這篇小說裡，設陳其美和狄莫影射他們，雖然也有一個金心異，卻在第三位了。至於隨後在《惡夢》裡，寫陳恒與胡亥正在談非聖無法的話時，被怪物吞吃了，則專說他們，卻把首要反而放過了。因為據我所知道，在所謂新文化運動中間，主張反孔教最為激烈，而且到後來沒有變更的，莫過於他了。[10]

思想既然如此「偏激」，這是他自己所承認的，那麼他的脾氣一定很是怪癖吧？可是事實乃大大不然。周作人接著指出，他對人十分和平，相見總是笑嘻嘻的。誠然他有他特殊脾氣，假如要他去叩見「大人先生」，那麼他聽見名字，便會委實不客氣地罵起來，叫說話的人下不了臺。若是平常作為友人來往，那是和平不過的。他論古嚴格，若是和他商量現實問題，卻又是最通人情世故，瞭解事情的中道的人。我曾經在沈尹默離開北京（那時還叫北平）以後，代理孔德學校校務委員會主席好幾年，玄同也是一個委員，同事很多。和他商議學校的事，他總是最能得要領，理解其中的曲折，尋出一條解決的途

10　周作人：《錢玄同的復古與反覆古》。

徑。他常詼諧地稱為貼水膏藥，但在我實在覺得是極難的一種品格，平時不覺得，到了不在之後方才感覺可惜，卻是來不及了，這是真的可惜。[11]

錢氏畢生致力於教育，桃李滿園，他不喜歡學生們對他的態度言詞太拘謹了，更討厭青年人頭戴瓜皮小帽，說這種人有「遺少」氣，他寫給學生們的信，每稱對方為「先生」，自己稱「弟」。說「先生」，只是男性的通信，猶英文的「Mr」，但有些學生倒起了誤會，說錢先生不認他為弟子，是屏之門牆之外，所以他後來就改稱某某「兄」了。[12]他的學生魏建功說，先生的確使我佩服，在於他能超脫流俗而表裡如一地安素務新、名如其分。先生是一位極守禮法的人，所以我說他「安素」；先生又是一位極求進步的人，所以我說他「務新」。安素不是守舊，務新不是炫奇。他自己對他的哥哥念劬先生和老師章太炎、崔觶甫兩位先生，都是很恭敬的；但對我們學生們卻又很客氣的，從沒有擺出一點老師架子來。這便是我說他「安素務新、名如其分」。記得太炎先生最後到北平的那一次，先生給我向太炎先生介紹說：「這是魏某某，北京大學的同事。」他並不說「小門生……」我雖可附於門牆引以為榮，先生倒絕對不肯對我們行這一套把戲。先生的偉大在「循循善誘」而「無拘牽墨礙」地引導後輩。只有我相隨10多年才曉得先生這一點美德，是若干舊或新的為人師者所不及！中國學問，往往只許老師包羅了一個大圈子，他的學生只算是大圈子裡的若干小圈子，如此，學生的學生一輩一輩傳下去，不應該

11　周作人：《錢玄同的復古與反覆古》。
12　黎錦熙：《錢玄同先生傳》。

也不敢向圈子外延長一點兒，學術何以得進步呢？這現象自古有之，於今猶烈！我的先生，他從來不對人說他有哪一個學生的：這，我懂得，他不輕易承認是誰的先生就是不輕易許可哪一個配當他的學生。例如他對人的稱呼：凡是大學裡的學生，他一概稱「先生」；等相處熟，才改稱「兄」，插刊手跡裡對我最後的稱呼，「道兄」，先生在這些小節上，不知者以為很脫略，實際是極嚴肅的。一面保持嚴肅，一面酷好自由；所以先生對我的論學，不但不遏抑我們的玄想，並且還從而助長。我是狹隘地研治了先生所長的學問的一部分，文字語言之學，他並不求全責備，偶而關於經學史學的，也對我談及。當我注意某些問題，提向先生請益，往往接著的回答都是：「這問題呀，我曾經注意過。」這樣以後，他敘述了自己一段意見。我有時把我不同的意見說出，先生多半說他不以為然的理由，之後又說：「不過照你的講法……」以下就完全站在我的觀點上替我加解釋，替我想證據。如此成就了我若干學說的取捨信念。這樣，學問的進展，師徒相承正似許多圈鏈上下相聯著，可以延引至於無窮。我慚愧：治學既無以繼先生，教人亦不能如先生；願將先生如此盛德傳告國人！[13]

魏建功所深情回憶的錢玄同對待學生的態度，在當時難看到，在今天卻是非常可貴的。試看當今學術界，不外乎兩種傾向：一種是類似侯外廬先生評論兩漢經學所說的學術基爾特制度，師生各樹朋黨，黨同伐異，從職稱的評定、學會的交椅，到科研專案、科研經費的獲取，都有人從中運作；另一種是老師對學生漠不關心甚至壓制不遺餘力，能帶學生，尤其是能帶博士研究生不過是顯示他們在學術界地位

13　魏建功：《回憶敬愛的老師錢玄同先生》，轉引自曹述敬《錢玄同年譜》。

的標誌而已，以至常有博士生導師記不清自己「指導」的博士生的名字。魏建功先生盛讚錢玄同「循循善誘」而「無拘牽墨礙」地引導後輩，願將他的這種盛德傳告國人，真讓人發思古之幽情。他之所以能如此，是出於對青年的熱愛。他經常對別人說：「我自己拼著犧牲，只救青年，只救孩子！」[14]在轟轟烈烈的新文化運動中，保守力量強大，反對《新青年》的不止老一輩，「一班略讀唐宋古文的」年青一代也不例外。錢玄同在《新青年》通訊欄（五卷一號）中說：

老兄，你說「全國中小學生現仍在倒懸之狀態中」，我看那班老不死的廢物拿青年來「倒懸」，青年不但不覺得不舒服，遇到我們要想去解他下來，他還用嘴咬我們的腿，用腳踢我們的手，大罵我們不該頭向天，腳踏地，說非倒立不可呢？唉……《新青年》同人不過目睹青年界之消沉，本一己之良心，講幾句極和平的勸告話，即以文學革命而論，不過略略說了幾句舊文學的歷史，然而已招來了一班略讀幾篇唐宋古文，全不懂得舊學的青年反對了，說：「照這樣講法，非將數千年的文學完全打消不可，這還了得嗎？」老兄，你想這班暮氣甚深，呻吟垂斃的青年，該用什麼法子去救濟他？

在這裡，錢玄同對青年的熱愛從字裡行間清晰可見。他死後，他長期工作的國立北平師大有如下的祭文，盛讚他「鼓吹學子」之功：

編《新青年》，滿紙瑤林，作獅子吼，發海潮音：鼓吹學子，一

14　《錢玄同先生傳》。

掃陰沉；五四運動，賴有指針；文藝復興，匪異人任。[15]

　　錢玄同畢生致力於教育，把引導青年積極向上看作自己「份內的事」，因而對戕害青年的國粹派、靈學派、黑幕書，他無不痛加批判。1923年，商務印書館於較進步的刊物《小說月報》之外，又加辦一個保守無聊的《小說世界》，錢玄同決定著文批評，希望青年們不要去看。1923年1月8日錢玄同日記：「……對於《小說世界》，還想做一篇文章，名曰《介紹〈小說世界〉》給拖辮子和纏小腳的人們消遣消遣。今晚略略做了一些，尚未做完。」同月11日日記：「……《小說世界》要是能夠因我們這一場大罵，青年們少許多人去看它這就好了，我對於青年別的事情的拯救或者沒有這能力，這勸他們別看壞書的警告我們一定是能做的，我那篇未定之稿日內如能寫全，當送《晨報副鐫》登載。」1月10日《晨報副鐫》登載了錢玄同寫的《出入意表之外》。他在文章中說，這個刊物雖然沒有發刊詞，沒有體例的說明，但撰譯人有包天笑、林琴南等，他們專在《禮拜天》、《星期二》等雜誌上發表文章，提倡三綱五常、嫖賭、納妾、畫臉譜的戲劇，殺人不眨眼的大俠客；反對女人剪髮、生育限制、自由戀愛，他們自命為「國學家」而專做虛字欠通的文章。一言以蔽之，是「在時間的軌道上開倒車」。而「出人意表之外的是：沈雁冰和王統照兩個名字亦赫然寫在裡面！」錢玄同希望沈、王二人「愛惜羽毛」，並摘引了魯迅寫的《他們的花園》一詩。15號《晨報副鐫》上發表了魯迅的來信，評論《小說世界》，他說：「……昨天看見疑古君的雜感中提起

15　《錢玄同先生紀念集》鉛印本。

我，於是忽而想說幾句話：就是對於《小說世界》是不值得有許多議論的。」「現在的新文藝是外來的新興的潮流，本不是古國的一般人們所能輕易瞭解的，尤其是在特別的中國。許多人渴望著『舊文化小說』（這是上海報上說出來的名詞）的出現，這不足為奇；『舊文化小說』之大顯神通，也不足為怪。但小說卻也寫在紙上，有目共睹的。所以《小說世界》是怎樣的東西，委實已由他自身來證明，連我們再去批評他們的必要也沒有了。」[16]錢玄同抨擊《小說世界》的目的很清楚，就是要他們不要再幹毒害青年的勾當。他謙虛地說，「我對於青年別的事情的拯救或者沒有這能力，這勸他們別看壞書的警告我們一定是能做的」，愛護青年之殷，於此可見。他畢生致力於教育，致力於語言文字之學，就是希望最終讓新鮮活潑的語言文字能夠傳達新思想，1925年9月5日，錢玄同在北京的「國語運動大會」上發表了一篇演說。他說：

當現在這種烏煙瘴氣的時候—「學士大夫」們拼命開倒車的時候，忽然有這個「國語運動大會」發生，這是極有意義的，極值得注意的！我說，這真是黑暗中放出來的一線光明！

錢玄同再次強調他的一貫看法：死文字不能載運新思想。咱們中國人真可憐！咱們中國人真倒楣！明明是鮮靈活跳的人，可是，不許用現在的語言做成活潑自由的文學，逼著摹擬2000年前僵硬桎梏的文學；不許照今語的聲音寫簡體明白的文字，逼著塗抹2000年前繁雜晦

16　魯迅：《集外集拾遺》。

澀的文字；不許依自己的理智組成清楚精密的思想，逼著遵守2000年前糊塗疏漏的思想。逼著活人假扮死屍。我們是現代的活人，應該創造現代的新思想，絕對的不應該因襲陳死人的舊思想！不但立國於今世，非單新思想不足以圖存；從進化真理說，咱們做子孫的人對祖先，應該「幹父之蠱」，應該「強爺勝祖」，應該「跨灶」，應該「不肖」，這才是做人的正當道理！所以思想革命，尤為今日當務之急！他認為發表新思想的最適用的工具，便是國語的文學跟拼音的文學，國語的建立是文字革命跟思想革命的第一步，他最後說：

　　我要趁今天這個國語運動大會喊出三句口號：打倒古文！打倒漢字！打倒「國粹」！[17]

　　從這裡可以看出錢玄同的戰鬥精神不減新文化運動時期，也可見很多魯迅研究者，認為新文化運動後，錢玄同「消沉」了，這是不合事實的。事實上他激進的改革精神絲毫未變。當時有人擔心對受傳統毒病很深的人似乎不宜抨擊過甚，應該可憐他。錢玄同不同意這種溫和的看法，因為他們閉目塞聽，不知世界已發展到哪一步去了，卻還固守國粹，害人害己。他說，受病深的人應該可憐他，這話固亦有理，那是那班舊人物以前用了他們的舊道理來「治國平天下」，竟把中國「治平」到這樣糟法；到了19世紀的末一年，還會利用那「崇拜生殖器」的道教的餘孽，剪了紙人，念了符咒，來擋外國人的槍炮，以至國幾不國，民窮財盡，這已經夠糟的了。國人自從那年吃了這當

17　轉引自曹述敬：《錢玄同年譜》。

苦頭，漸漸有幾個明白人知道舊法不可不變，於是來講求革新的辦法，那時這班「治平」大家，既然鬧了這麼一個大亂子，要是有良心的，就該幡然改圖，懺悔以前的罪過，從此革面洗心幫幫新人物的忙，以圖「晚節」，要不然，也該自知沒臉，回到府上去吃老米飯，度盡殘年而止。不料此輩還是豬油蒙了心，還要倒行逆施：到了民國時代，還要祀什麼孔，祭什麼孔，祭什麼天，還要說什麼綱常名教，還要垂辮裹腳，還要打拱叩頭，甚而至於還要保存講什麼叫忠孝節義的舊戲，保存可以「載」什麼「道」的古文，講求什麼八卦拳，講求什麼丹田，現在是什麼時世了？人家是坐了飛機向前直進，我們極少數的人踱著方步地向前跟走，那班「治平」大家還氣不過，還要橫拉直扯地把這少數人拉扯上哪吒三太子的風火輪，向後直退。他們退得實在真快，但他們是痛恨所謂「洋鬼子」的，坐的不是飛行機，大概總是哪吒的風火輪了。這是什麼景象？本志同人大半氣量狹小，性情直率，所以對於這等現狀，往往「這臉色聲音，沒有妓女的眉眼一般好看，唱小調一般好聽」，這是沒有法子想的。這也就鮮明地表達了他不能與舊勢力妥協的立場。他又說，至於「對於尚未受傳染的小國民，別叫他再受傳染病」，這話倒是一點不錯，編新文學教科書的事，國人都有此意，現在正在著手進行，但此事不甚易做，不但文章要改，思想更要改，所以不能一時三刻就拿出許多成績品來。錢玄同說「文章要改，思想更要改」，這是他的卓見。他一生的教育活動無不是在圍繞「思想改革」在轉，否則新瓶裝舊酒有什麼實質意義呢？[18]

18　《新青年》六卷二號。

關於信中所提到的編教科書一事，是在1918年進行的一也即在發表與陳大齊的通信「保護眼珠與換回人眼」的那一年，錢玄同特別重視。當時全國小學兒童用的教科書都是文言文，「國語科」還是「國文科」。教育界的人們還不相信白話文真有一天能夠當教科書讀的，第一次破天荒開國語教科書編輯會議，是民國七年（1918年）的事，地點在廠甸北京高師校長樓上，主席是陳寶泉，黎錦熙先生說，錢先生於諸問題中，「尤注意到編國語教科書」，大家推他擔任編輯主任，打算編成了就在高師附小實驗。這是中國創編「國語」教科書之始。編好後就在中法合辦、為紀念法國社會學家孔德而命名的孔德學校試用。錢玄同擅長書法，頭兩冊就是他親自書寫的石印本，十分珍貴。第一冊供一年級小學生讀的國語課本是錢玄同與馬裕藻、陳大齊、沈尹默合編，插圖為徐悲鴻所畫。課本不但全用白話文，每個字旁都加以注音符號一當時叫注音字母，注音符號尚未正式公佈。課本選入許多歌謠、童話、故事，孔德學校五六年級用的國語課本，多半是由錢玄同選編的。他選編之後字字注音，把它抄好後交給書記去摹寫油印。其中關於外國字之應譯音的，一律改用注音符號來譯。孔德學校還試行過對一年級學生不教漢字，就用注音符號拼寫口語及歌謠的教學方法，在錢玄同等人的宣導和推動下，孔德學校的語文教學完全是一派嶄新的氣象。[19]

為什麼改革國語一定要從小學抓起呢？當時就有人懷疑於「初年級的小學生改授注音字母，有何困難，而要如此力爭？」錢玄同說，這種懷疑，是由於不明白現在社會的情形。現在改革國文教科，最感

19　曹述敬：《錢玄同年譜》。

困難的就是小學，中學已經比較好商量些了。至於大學，幾乎不成問題。可是小學生的父兄的腦筋中，大都是佈滿了傳統思想，而小學生自己還沒有自動的能力，一切都由父兄支配，改革小學的國文教科，不啻是對於這班傳統思想極深的人們宣戰，所以最感困難，到了中學以上，則學生漸具自動的能力，往往不受父兄的支配了。但看現在中學和大學的學生，為了新舊問題，對於家庭起衝突的事情，常有所聞，這便是證據。我們因為改革小學的國文教科最為困難，所以非力爭不可。他又說，我們是主張廢除漢字的，尤其主張對於以後的兒童，應該使他們逐漸減輕識漢字之苦痛。我們自己都是被葬送在「廿載芸窗」中的人，即以我錢玄同而論，我當「志學之年」，曾經做過八股、試帖、經義、策論，研究過《字學舉隅》，臨寫過「臣對臣聞」……如此這般的胡鬧，才勉強算是少寫幾個白字，少做幾句不通的文章。可是到了現在，年紀還不滿40，而神經已經異常衰弱，學識卻極其淺薄，老實說，竟是等於零。何莫非拜漢字之賜！因為自己是過來人，所以對於後輩，更覺得非用全力來拯救他們不可！這便是我們主張改革小學國文教科的唯一的理由。我們確認這是我們唯一的天職。這案（指黎錦熙提議，黎錦熙、錢玄同等連署的「廢除漢字、採用新拼音文字案」）如此修正，固然很好。但即使不通過，或通過而官廳不肯採用，我們還是這樣主張，我們的字典當中沒有「屈服」、「投降」、「妥協」、「調和」這些詞兒。[20]這是他一貫要救孩子、救青年的精神，這一思想他在1919年給新式標點的《儒林外史》作的序文中，已明白提到青年教育問題，並且貫穿於他的一生。

20　《廢除漢字採用新拼音文字案·附志》，《國語週刊》一卷七期。

改革教育牽涉到社會各階層人的思想實際，說起來容易，做起來難，歸根結底，許多人還在迷戀於過去的僵屍，非保持中國所謂5000年文明的古色古香不可。在1919年1月15日發表的《新青年》六卷一號卷末，錢玄同收集了林紓等文人的一些立論，足以窺見當時學術界、教育界陳腐的空氣。如一個叫陳衍的人寫了一本《古文講義》，他說，古人不盡勝今人，今人不盡不如古人，可是，人們為什麼一定要託名於古呢？原來，據他的研究，《說文解字》上說「古」字從十口，不待三十年為一世。古文「古」，從天覆形；川，天垂象，日月星也；，古文「厚」，地也，莫古於天地；合從十口之義，則通天地人三才為儒也。這種套用《易傳》「天垂象」的所謂經典，發揮「通天、地、人三才為儒」的鬼話，就像董仲舒所謂「一貫三為王」一樣荒謬絕倫，讓這樣搖頭晃腦腹中空空的人來教學，其貽害可想而知了。諸如此類的胡言亂語，錢玄同收集過許多條，以《什麼話？》為題，發表在《新青年》上。又有一個叫李定夷的，吹噓自己著的《小說講義》的根據是：

吾聞之，王者之跡熄而《詩》亡，詩亡然後《春秋》作，《春秋》一書，其旨隱，其詞微，而大要則歸於懲惡勸善。尼山（按：指孔子）歿而微言絕，《春秋》之旨，終不能曝白於天下，扶持絕續，厥惟小說。蓋無論何種小說，必含有懲勸之意味，所謂音淺理精，體陋用大者，即以此也，夫如是，可確明小說之意義，實非詹詹之小音，而為炎炎之大音。腐儒何可輕視小說耶？

這顯然是想要用從小說中發掘微言大義，當作存亡絕續的工具

了，這樣的大道理，腐儒怎麼知道呢？

魯迅也輯過林傳甲《福建鄉談》中的言論，林傳甲在振振有詞地論證了「足徵吾族之盛於東亞者也」之後，又說：「日本維新，實賴福澤諭言之小說。吾國維新，歸功林琴南畏廬小說，誰曰不宜？」[21] 這位林傳甲竟發昏到把一國的興衰，歸結於小說，真讓人瞠目結舌。而他崇拜的小說，不過是桐城派大家林紓刻意追求的舊小說，林紓自己做的、「翻譯」的小說無一不是舊式小說的翻版。而林傳甲竟說中國的維新變革應歸功於林琴南的小說，大概是跟孟子學的「一言可以興邦，一言可以喪邦」，要以半部小說治國了。小說是文學的正宗，不得以齊東野語視之，錢玄同的呼聲很高，但遺老遺少們還是要以此作扶持綱倫、治國興邦的憑藉，已表明這幫人的思想在新時代沒有本質的變革，他們以此混飯吃，騙名聲，全然不管社會責任。不但自己吃了糞，而且還要鼓勵甚至強迫別人去吃。例如：桐城派古文學者姚叔節在正中學校一二班學生畢業之時，做了一篇文章，開宗明義地說，「鄙人四年講授經學，臨當分手，不得不將經術最適宜於宇宙五大緣因揭出，諸君其悉心以聽」，看來是很慷慨地授以心法了。他說，國之在天地，以「於是聖人本天然固有之理而立五倫以合之」。不獨中國有五倫，其實「五洲之民」也都有。一個國家，尤其不可沒有君臣，如果沒有了君臣，那麼像法國、美國就沒有總統了，它就沒有各部各省的官長了。所以因三綱之說，疑五倫為壓制，是不好的，因為「綱者，領眾目之稱」。韓愈說：君者，出令者也；臣者，行君之令而致之民者也，這「最得君臣之本義」。人們自己不肯讀經，反

21　《新青年》六卷二號。

而發狂瞀之說，「經」有什麼對不起人的地方呢？若去五倫，中國無君，國而無君，國不國矣，此其一。此外，若沒有了六經，也就沒有了禮樂、政刑、歷史、文字，無一不是國將不國的滅頂之災。就拿歷史來說，《尚書》記唐虞以來，何其彬彬乎？因為有「禮」，此乃中國極榮之事，「至可寶也」。現在你們就要離開學校，社會上有那麼多惑世誣名之說，可能會污染改變你們的初心，因此鄙人謹以四言相告，曰「長毋相忘」。所謂「毋忘」者，非陳勝所云：「苟富貴，毋相忘。」不過是「相勉以讀經而已矣」。

姚叔節對他的宏論深信不疑，竟發狂到這地步：

嗟呼，吾之為此言也，非一人之私說也。聚中國之通人學士而試質之，知其不我非也。即聚五洲之通人之學士，譯言以質之，取六經而讀之，知其必傾心於我孔子也。

因此：

諸君生於中國，有此精金美玉，何忍棄如土苴邪！須知讀一句有一句之益，讀一經有一經之益；而通之，乃大儒矣。

於是他吹噓他的心法是「切實可行，新奇不腐」。

《新青年》六卷二號的編輯是錢玄同，所以他把姚叔節的文章發表出來，加以批駁，原文是一位署名S.F的人於1919年2月11日提供的，原先發表在《公言報》上，每字之右都有小圓圈，沒有標點。錢

玄同指出，共和與孔經是絕對不能並存的東西。如果要保全中華民國，惟有將自來的什麼三綱、五常、禮樂、政刑、歷史、文學「棄如土苴」，若要保存這些東西，惟有請愛新覺羅溥儀復辟，或請袁世凱……稱帝。中國人如果不有安於做「臣」，做「奴才」，做「小民」的本分，而要做「人」，則惟有「速」變初心，速「飲狂泉」（按：皆姚氏攻擊改革者之語），信仰所謂「惑世誣民」之說；若人人「相勉以讀經」，寶之為「精金美玉」，則復辟之事彈指可現，何去何從，惟吾國民自擇之。他最後說，今日（2月12日）是清帝國滅亡，中華民國完全成立的紀念日，我恰好接到S.F君寄來的信，我看了以後，忽然想起7年前的今日（錢玄同寫此信是1919年）北方的國民和官吏如無從善之心，要實行孔經之訓，則到了今年今日「尼志」「大定」「逸志」全「收」，任那「聖王」去「行吾教」，大概已經「國不國矣」。

這股尊孔讀經的逆流並沒有就此停止。姚叔節兜售讀經心得是個人的主張，代表著民間的復古勢力。官方對此也多次提倡，1925年北京北洋政府提出廢止中學校白話文，小學增設讀經課。1926年，軍閥混戰，中國處於無政府狀態。在這年，復古勢力興風作浪。軍閥孫傳芳「雅慕高風，興複禮樂」，並令江蘇省教育廳宣佈讀經，設立總部，行「投壺古禮」，以古為樂。湖北省省長陳嘉謨，要「保文武未墜之道」，「以崇正黜邪為宗」，下令恢復「存古書院」。旅鄂的無錫人楊鐘鈺、曹啟文呈請孫傳芳禁止男女同校，命令小學讀經，禁用白話。遼寧省已嚴令小學讀經，山東的小學也嚴令禁止白話文，河北省長褚玉璞訓令自小學以上，一律加讀經一科。吳佩孚南下親征，經過

邯鄲，在烈日中領導士兵及前來歡迎的學生、民眾同唱自己作的《關聖訓世真經歌》四章，《關聖伏八魔王歌》八章，《嶽聖勸軍人八德歌》八章，持續40多分鐘，據說無倦色。1929年，國民黨中央宣傳部長葉楚傖鼓吹「中國本來是一個由美德築成的黃金世界」。1934年2月蔣介石發起「新生活運動」，所謂「新」，其實不過復古，從他的鼓吹的「八德」、「四維」中可知其中的消息。所以下半年陳立夫發起中國本位文化建設運動，乾脆直接亮出「中國文化本位」的牌子。本年，國民黨政府明令規定孔丘生日為「國定紀念日」。在南京、上海等地舉行了盛大的「孔誕紀念會」。1936年，蔣介石宣揚《四書》《五經》的道理是「永久不變」的原則。中國人向來有很大一部分是善於揣摩政治風氣的，現在官方如此提倡，自己焉有不為黨國效犬馬之勞之理？於是上下齊手，把學術、教育弄得烏煙瘴氣，在當時就有胡適這樣的當年新文化運動的鬥士予以抨擊揭露。對這般源遠流長的封建復古逆流，錢玄同向來攻擊不遺餘力。1936年，錢玄同在《我對於周豫才君之追憶與略評》[22]一文中，強調他所研究的學問是經學與小學，所反對的是遺老、遺少、舊戲、讀經、新舊各種八股等，二十年如一日，今後還是如此。

《新青年》四卷六號載有錢玄同的通信，他說：「鄙人雖擁有改良文學之願，然因受周圍不新不舊之惡濁空氣壓迫之故，經覺持論不免『涵蓄』，不能斬釘截鐵，『以盡誘導青年之天職』；今得足下之『忠告』，此後主張，自當益求『進銳』，切戒『退速』，以副雅意。若一班『古今中外派』之涼血動物，以鄙言為『激烈』，為『駭人聽聞』，

22　《師大月刊》30期，1936年10月。

或『斥』，或『詬謾』，則鄙人不但不以為忤，且甚為歡迎；因此輩『古今中外派』之涼血動物，本與純潔之青年為絕對不能相容之一物，此輩若以鄙言為非，則鄙言或於青年尚不無裨益也。至於『桐城派』與『選學家』其為害於文學之毒菌，更烈於八股、試帖及淫書穢畫。八股、試帖，人人但以為騙『狀元』、『翰林』之敲門磚，從沒有人當他一種學問看待；淫書穢畫，則凡稍具腦筋之人，無不痛斥為不正當之玩意，故雖有人中毒，尚易消除。至『桐城派』與『選學家』，則無論何人，無不視為正當之文章，除了謾罵，更有何術？鄙人雖不才，亦何至竟瞎了眼睛，認他為一種與我異派之文章，而用相對之論調，反曰『不贊成』而已哉？」在這裡錢玄同還是著眼於不要讓惡濁的空氣污染純潔的青年，他這樣教育自己的孩子：「你們將來學什麼，我不包辦代替主意，由你們自己去選擇。但是一個人應該有科學的頭腦，對於一切事物，應該用自己的理智去多分析，研究其真相，判斷其是非、對錯，然後定改革的措施。其次，對於古書要用歷史的眼光去分析，這樣對於制度的由來，文化的變遷才能弄明白，弄明了有兩個好的結果：一是知道現在不適用的，在過去某時代是很需要的，這樣便還它在歷史上的價值，一是知道在前代很有價值的，到了現在，時代變了，早已或為僵屍了，無論它在歷史上有怎樣的大功效，今天總是要不得的。這樣便不至於貽害今人。第三，對於社會要有改革的熱誠。時代是往前進的，你們學了知識技能就要去改造社會。」[23]

錢玄同在1919年1月9日答陳望道的信中，談到了改革的難處。他

23　秉雄等：《回憶我們的父親—錢玄同》，《新文學史料》第3輯。

說，《新青年》雜誌本以滌蕩舊汙、輸入新知為目的。依同人的心理，自然最好是今日提倡，明日即有人實行。但理想與事實，往往不能符合，這是沒有法想的。同人心中，絕無「待其時而後行」之一念。就像漢字橫排問題，我在《新青年》三卷三號和六號，五卷二號通信欄中屢論此事，陳獨秀先生亦極以為然，原來準備從本冊（六卷一號）起改為橫排，只因印刷方面發生許多困難的交涉，所以一時改不成，將來總是要想法的。句讀符號也還不統一（按：到了本年12月1日《新青年》七卷一號出版時，已對標點符號及行款作了統一規定）。若說除惡務盡，這話原是不錯的。但舊日之惡，今日縱然除盡，然今日所以為善者，明日又見為惡，則在今日便提倡，到了明日又應排除，進化無窮盡，則革命亦無已時，所以「時過境遷，此過渡的遺跡又須用猛烈劑去醫他」，是當然如此的，不必以「拔毒種黴」為慮。

錢玄同一生不做政治工作，他是自由主義的堅定信仰者，主張各種政治思潮，以學術的角度加以探討，反對用權力推行或壓制某一種政治主張。他一生認為中國頭等重要的事是改造中國人的思想，只有當中國人都有一定辨別能力了，才有資格談政治，也才能保證政治不走樣。對西方民主、科學、道德的景仰，他與其他啟蒙思想家和陳獨秀、胡適一樣，有著不可動搖的信念，故對傳統文化的批判不遺餘力。直到今天，我們還可以看出錢玄同等人驚人的預見性。

第八章

打倒綱倫斬毒蛇

錢玄同自述：「幼歧嶷而謹願。」他生於清末腐朽的專制社會（光緒十三年即1887年生），雖然自1840年鴉片戰爭以來，清王室已不絕如線，但封建綱倫的天羅地網勢力依然十分強大，不少極端保守分子竟把清季的式微歸結為沒有宣傳弘揚堯舜、周孔幾千年來的心法。錢玄同從小就被逼著讀「聖賢書」，他父親最大的希望是自己的兒子長大後考中舉人，光宗耀祖，所以督責甚嚴，不容絲毫懈怠，在這種奴化教育下，道德貫輸的是尊君思想，所謂「天地君親師」。「天」和「地」是空架子，實際上只有皇帝才是至高無上的，何況他們無一不是宣稱「奉天承運」的。錢玄同從小就被告知，連皇帝的名字也是有特別的寫法的，非同尋常，如「玄」字要缺末點，「寧」字要借用「甯」，「顒」字要割去「頁」字的兩隻腳，「琰」字要改第二個「火」字作「又」，諸如此類，不勝枚舉。總之無非是為了顯示真命天子與小民百姓有天壤之別。面對內憂外患，錢玄同像許多國粹分子一樣，用《春秋公羊傳》為自己打氣。公羊學主張大一統，三科九旨，以夏變夷，這不正可作為挽清室於既倒的神力嗎？錢玄同後來回憶說：「我從十三四起，就很相信《春秋公羊傳》，《公羊》對於齊襄公滅紀，褒他能復九世之仇。這個意思，那時的我，是極以為不錯的。」因此他看到譚嗣同反抗清廷、非聖無法的言論，曾撕毀過一本《仁學》！[1] 即使像當時轟動全國的「蘇報案」，錢玄同也認為章太炎、鄒容等人與皇朝作對是不對的。但沒過多久，具體說來是1903年冬天，這時錢玄同17歲，他讀了章太炎的《駁康有為論革命書》、鄒容的《革命軍》，思想來了一百八十度的大轉變，認為《公羊傳》中所謂

1　錢玄同：《三十年來對於滿清的態度底變遷》，《語絲》第八期，1925年1月5日。

「復九世之仇」正可用來激勵漢族復九世之仇，消滅清廷，因此非革命不可。遂認定滿清政府是我唯一的仇敵，排滿是我們唯一的天職。1907年他21歲在日本早稻田大學學習時，把名字也改成了「夏」，以示反清排滿，因為東漢許慎《說文解字》對「夏」字的解釋是「中國之人也」，這裡的「中國」，指以漢族為主的中原地區。1908年10月光緒皇帝和西太后死去，錢玄同極為暢快。他的兄長錢恂，歷任清朝多國公使，後奉旨歸休，辛亥革命時，他也在家鄉贊助「光復」，兄弟倆居然成了「同志」，黎錦熙先生認為這是錢玄同對於家庭第一次的「時代勝利」。民國二年（1913年），錢恂已到北京就大總統顧問職，錢玄同也隨辭了浙江教育司的科員視學等職到北京教書，目睹袁世凱稱帝、張勳復辟的醜劇，加深了對封建專制政體毒害性的認識，同時看到他們最終自取滅亡，成為千古罪人，也增加了他改造「千年積腐的舊社會」的勇氣，於是在新文化運動中振臂一呼，為天下唱，「首先打破吃人的禮教」，「20年之鬱積，一朝發洩，自然劍拔弩張，不顧一切……」「五四運動的『大時代』到了，新文化運動登時普遍全國，全國青年們的意識大轉變了，老頭子們吃不住了！錢先生也就做了青年們的領袖，這也可說是錢先生第二次的『時代勝利』」。[2]錢玄同從小飽受綱倫束縛之苦，所以要決心「打倒綱倫斬毒蛇」，他認為自己是「綱倫壓迫下的犧牲者」，不忍再看到新一代人喪身綱倫之下。在十惡不赦的綱倫中，首惡元兇莫過於皇帝制度了。1924年歲末，錢玄同寫了《三十年來我對於滿清的態度底變遷》一文，第二年發表在《語絲》第八期上，這篇文章詳細記述了他從1895年至1924

2　　黎錦熙：《錢玄同先生傳》。

年，即從9歲到38歲這30年間的經歷及政治思想的變化。他一度極端
「尊崇本朝」，對清朝「奉天承運」的神聖地位不敢有絲毫的懷疑念
頭。後來因受大變革時代的激盪，大受刺激。那些振聾發聵的反清排
滿書刊，雖然往往十分偏激，但迎合了人們對幾千年皇帝專制制度的
仇恨，現行的王權更是眾矢之的，更何況有著悠久的歷史文化傳統，
人口占絕大多數的漢族受制於少數民族政權，這對於向來是「以夏變
夷」、「未聞變於夷」的華夏民族的自尊心、自豪感來說，是斷然不
可接受的。像1903年以前至1906年的出版物，包括《國粹學報》，還
有陳佩忍的《清秘史》，陳煥章的《中國民族發達史》，這些書的內
容都是「提倡保存國粹以發揚種姓，鼓吹攘斥滿洲以光復舊物」的。
同時有汪精衛、胡漢民、朱執信、宋漁父主撰的《民報》，對於所謂
「三民主義」，惟「民族」「民權」兩義有所發揮，而關於「民主」之
議論則極少。後來由章太炎、陶煥卿編輯，更偏重於「民族」了。章
太炎是史學大師，對中國歷代攘除蠻夷的史實瞭若指掌，信手拈來都
是宣傳反清復漢的證據。錢玄同在日本留學時，章太炎給他寫過不少
信。有一次在信中談到向來被視為華夏民族的始祖「黃帝」的問題，
章氏對此是很有保留的，他說，關於黃帝的記載，各書眾說紛紜，都
不可靠，而現在清廷大敵當前，大家都拿黃帝來激發漢人反清的熱忱
（如當時流行黃帝紀年就是很好的一例），章太炎也就睜一隻眼閉一
隻眼，不從學術上去追究黃帝的有無及時代，可見那時凡有助於反清
排滿的，無不可用作輿論工具。當時為《民報》撰文的都是重要革命
黨人，如陳天華、宋教仁等，辛亥革命前發揮民權共和之議論者，首
推《民報》，影響是巨大的。它作為中國同盟會的機關報，把革命綱
領概括為民族、民權、民生三大主義，即著名的「三民主義。」錢玄

同當時也是同盟會員，對此深表贊同。他後來沒有加入由同盟會改組成的國民黨，但一生對孫中山及其三民主義有好感。如果說《民報》等還很注意保存「國粹」以「發揚種姓」的話，那麼吳稚暉、李石曾主辦的《新世紀》，對舊的一切絕對排斥，主張全盤歐化。錢玄同說，他對那時《新世紀》的其他主張，反對的很多，但吳稚暉用穢褻字樣醜詆滿廷，卻增加了他對於滿廷輕蔑鄙夷之心不少。吳稚暉於1903年「蘇報案」發生後，亡命香港、倫敦，後加入同盟會，並與李石曾、張人傑在巴黎成立「世界社」，創辦《新世紀》雜誌，宣傳無政府主義。吳稚暉在《蘇報》上抨擊清廷已非常激烈，這時更加沒有顧忌了。錢玄同當時也視清廷為不共戴天之敵，認為凡漢族的都是好的，凡滿族的都是壞的，辛亥革命後，以為光復漢族舊物的時代到了，作《深衣考》，並自製「深衣」穿著去上班，說明他那時的民族意識還很強烈，很幼稚，但很快通過自我反省，思想上起了嶄新的變化，成為新文化運動的領袖，對清廷的認識也比較開通了。

他說：

這幾年來，我常常對朋友們說，1912年2月12日以前的滿族全體都是我的仇敵。以這一天以後，我認滿人都是朋友了，但溥儀（他「下人」和「三小子」即所謂「遺老」也者也都包括在內）仍是我的仇敵，因為還要保持偽號，使用偽元，發佈偽諭……但我又常對朋友們說，我雖認溥儀為仇敵，可是我絲毫不想難為他，只希望他廢除偽號，搬出偽宮，儕於民國國民之列，我便宿恨全消，認他為朋友。我並且承認他到這適合的年齡，一樣有被選為中華民國大總統的資格。

今年11月5日，我的希望居然達到了，所以我高高興興地做了那篇《恭賀愛新覺羅溥儀君升遷之喜並祝進步》的文章。……我方且以為從今以後，我們對於愛新覺羅氏竊位268年的事實，應與劉淵、石勒、拓跋珪、李存勗、石敬塘、阿骨打、忽必烈等的竊位同等看待，還他歷史上的地位，不必再存仇視之心了。

關於那篇《恭賀愛新覺羅溥儀君升遷之喜並祝進步》就發表在1924年創刊的《語絲》第一期上。文章一開頭就深刻指出，一個人要是淪為強盜、瘋三、青皮、痞棍、土豪、地主、王爺、皇帝等等，他們的生活方面雖大有貧富苦樂的不同，但其喪卻人的地位則完全一致。這些人不能完全享有人權，於是常常要做出許多沒有人格的事來，好好的人們便要遭他的損害，於是他便被好人們所敵視了。據說一千幾百年以前有一個木廠裡的少掌櫃的叫人們要愛敵人，他的理由怎樣，且不去管它，我用斷章取義的辦法，很贊同這句話，但我以為在敵人的武器沒有毀滅的時候是不應該愛他的，到了敵人的武器毀滅以後便應該愛他的。愛他的第一步便是要恢復他固有的人格和人權，對於一度享受九五之尊的宣統皇帝也不例外：

北京城裡有一位19歲的青年，他姓愛新覺羅，名溥儀……原來他的祖宗在300年以前不幸淪入帝籍，做了皇帝，不克廁於編戶齊民之列。他家父傳子，子傳孫，傳了好幾代，經了300多年，幹了許多對不住人的事體。到了13年前，有的人起來向他家奮鬥，居然把他家底武器毀滅了，但是還給這位青年留下那個極不名譽的名目叫做什麼「皇帝」的，而且還任他住在不是住家的房子裡，還任一般不要臉的

東西，常常彎了腿裝矮子去引他笑，低下腦瓜兒扮成叩頭蟲的模樣去逗他玩，以致於把這位年齡已到了應該在初級中學畢業的時候的青年，弄得他終日如醉如癡，成了一個傻哥兒。他在六年前還被那班不要臉的東西簇擁到外面來胡鬧了一回，險些又要恢復了那毀滅了的舊武器，再來做對不住人的事體。他弄到這樣的地步，真是他的大不幸……他家自從1644年到北京以來，到現在整整地280年了，為什麼他還得不到北京市民的參政權？他這樣的不幸，不消說得，便是「皇帝」這名目害了他……由此可知13年以前毀滅他的武器而留下「皇帝」這個名目給他，真是不徹底的辦法，不但他有時要借此胡鬧，弄得咱們受累，並且使他因此而不克恢復他固有的人格和人權。咱們也實在對不住他。

這幾年來，我常常對人家說，我很希望這位19歲的青年力圖向上，不甘永淪帝籍，自動的廢除帝號……上廁於民國國民之列。但我這希望終於是希望而已。

現在愛新覺羅溥儀君自己雖然還未覺悟，未能自動的超越自己，而有馮玉祥君，黃郛君，鹿鐘麟君，張璧君，居然依了李石曾先生等明白人的建議，於1924年11月5日，派了人去勸告愛新覺羅溥儀君：「大清宣統帝從即日起，永遠廢除皇帝稱號。與中華民國國民享受同等之權利。」「清室應按照優待條件第三條，即日遷出宮禁，以後自由選擇住居。」愛新覺羅溥儀君一一照辦，立刻搬出那「不是人住的房子」而且到他的本生的老太爺底府上去住了……從此超出帝籍，恢復他固有的人格和人權了！愛新覺羅溥儀君！我很誠懇的向您道喜：「恭喜，恭喜！恭喜您超升啦！」

錢玄同以他那暢達幽默的文筆，刻畫了那一幫在主子面前叩頭作揖的奴才們的醜惡嘴臉，更揭露了腐朽的帝制害人害己的本質。既然恭喜愛新覺羅得到了新人格，希望他看《新青年》雜誌和《晨報副鐫》等報刊，好好補習這些初中程度的科學常識。選讀幾部白話文學的作品，過了兩年之後大可去考高中或大學預科，將來更可到外國去留學。把自己造就成一個知識豐富、學問深厚的人，幸福就不可限量啦。對於這位19歲的青年，錢玄同在文章的最後還勸溥儀正確對待婚姻問題，不要去看二十四史的皇后外戚傳。

　　錢玄同心裡明白，那些一旦上了皇帝癮的人，要他自動除去帝籍，簡直是與虎謀皮。溥儀也屬於「不辨菽麥」的那一類，雖然懾於馮玉祥等人的武力，不得不委曲求全，但一有機會，是不會不夢想東山再起的，果然：

　　豈知近一月以來，溥儀竟白晝見鬼，躲到日本公使館去，而某某兩國的無聊人，死不要臉，長垂豚尾的遺老，以及想偷偽宮古物的流氓，他們「三位一體」，捏造謊言，陰謀搗亂……我於是把對於亡清的武裝已經解除了的，現在又重新要披掛起來了，看他們那些勾結外人來搗鬼，說不定仇恨之心比以前還加增些。

　　錢玄同在新文化運動中那種叱吒風雲的戰鬥精神絲毫未減。在提倡文學革命之時他特別強調，獨夫民賊與文妖上下齊手地把中國語言、文學都弄壞了，必須進行徹底改造，使他們不再成為舊思想、舊制度的軀殼。1924年他在《語絲》第二期發表了《隨感錄》，共有五

個題目，其中第四個是《〈尚書〉和〈易經〉為祟》，他指出：故宮神武門內的扁額，對聯上面的名目字句十分之九出於儒家經典《尚書》和《易經》，《尚書》尤多。這兩部書幫助了2000多年的獨夫民賊，給他們大搭其臭架子，居然壓服了2000多年的忠臣賤儒，叫他們扁扁服服地恪守其奴才之本分。第一個題目是《不通的外行話》，批評報紙上發表的關於「清室善後」的消息中「散氏盤系清初阮文達公所獻，系上古三代時物」這句話是個病句。第二個題目是《清室溥儀》，批評國務院令中「清室」稱謂有語病，不應加上「清室」，使用「清」字。他說，取消「清帝」的稱謂，乃是把「帝」和「清」同時取消。有「帝」而後有「清」，「帝」之不存，「清」將焉附？對這位脫離了帝籍的青年，對他應該或單稱曰溥儀，或連名帶姓稱愛新覺羅溥儀。第三個題目叫《清君側》，不同意報紙上報導馮玉祥把總統曹錕的下屬李某捉去是「清君側」。諸如此類的細節問題，錢玄同都注意到了，反映了他對各種封建社會的遺毒是從不放過的。針對那些中國文化本位主義論的遺老遺少，他在第五個題目《「持中」的真相說明》中予以譏諷：

有些人們說，歐洲人「向前」，印度人「向後」，都不如中國人「持中」的好，我因此想起某書上記著一幅挖苦葉名琛的對聯：
不戰、不和、不守；
不死、不降、不走。
我覺得這大概可以作為「持中」派真相之說明了。

魯迅看了此文，在《語絲》第五期上發表《我來說「持中」的真

相》。他說，中國人的「持中」是「騎牆」或是極巧妙的「隨風倒」，如果改了那副對聯來說明，就該是：「似戰，似和，似守；似死，似降，似走。」都揭穿了那些高頌《中庸》之「中庸之為德也。其至矣乎，民鮮久矣」之徒首鼠兩端的本質，暴露了傳統文化的痼疾。

　　1919年新年第一天，陳大齊寫了《恭賀新禧》一文，登在《新青年》六卷一號首篇，他說地球的運行，本來沒有始終，所以並沒有天然註定的元日。今天是民國八年（1919年）的元旦，那班講「夏正」的先生們定要說他是戊午年十一月三十日，其實我們拿了「六月六狗生日」來做元旦，也未嘗不可。我們任意選定了一天當作元旦，便互相恭賀起來，似乎也太沒意義了！即使有天然註定的元旦，這也不過是一種自然的現象，對於人生毫無意義，有什麼可賀的價值？假使有可賀的價值，則「野日頭吃家日頭」的時候，衙門的大堂上咚咚地敲起鼓來，也是極有意義、極有價值了。他認為應當廢了那無意義的恭賀去找一樁有意義的恭賀來代替，而一年之中，在我們中國人的生活上看起來，比那元旦有可賀價值的日子也有好幾天，其中最該恭賀最該紀念的日子，那就是10月10日。

　　民國前一年的10月10日，不是我們中華民國的國民第一天抬起頭來做人的日子嗎？我們國家幾千年的國民，雖然有了人的身體，卻沒有人的資格。被獨夫殺了，還要說「臣罪當誅」；被獨夫姦淫了，還要說「天恩高厚」；被古人閉塞了聰明，還要說「道貫古今」。做皇帝的奴隸，做家庭的奴隸，做古人的奴隸，層層的奴隸，真是暗無天日。到了民國前一年的10月10日那一天，武昌起了革命，雖然沒有把層層的奴隸完全擺脫了，卻因此生出一種覺悟來：從此不做奴隸了，

要做人了—這一天實在可以算得我們國家更生的日子或是做人的生日。從民國建設到如今，足足的過了7年有零，雖然是積重往返，依舊做皇帝—名稱自然已經換了一家庭古人的奴隸，但是自覺的萌芽已經出了。從此培養起來，便有做人的希望了，正如一個小孩子初出娘胎，雖然還沒有成人，卻已有了成人的希望。但是現在的國民，明白這可樂日子的有幾人？所以我們總須想法把這可樂日子印到一般國民的腦裡去才好。況且做人的萌芽才7年，整日地風吹雨打，兩三次幾乎沒性命，現在雖然還吊住一口氣，早已是奄奄一息的了。所以我們更應該把這可樂的日子印到一般國民的腦裡去，使他們知道雙十節是最可樂，做人的萌芽是最可寶貴，好讓人家齊心努力培養這萌芽，使子孫將來享做人的幸福，不要被雨把這初出的萌芽糟蹋了。最後他提議，從今年的雙十節起，寫個帖子，大家恭賀幸福。

錢玄同在這篇文章的後面加了按語，他很贊成陳大齊的主張，即把1月1日的祝賀新年廢止，改為10月10日祝賀中國國民做「人」的紀念。他說，365日算一年，每年有個第一日，實在沒有該配祝賀的理由。有人說：我們民國國民，應該和那些遺老遺少不同；現在是我們的民國八年（1919年）1月1日，不是他們的夏正戊午年—或宣統十年—十一月三十日，我們遇到自己的正朔，應該特別喜歡，所以要祝賀。我以為這話似新實舊，要知道「改正朔」這件事，是那獨夫民賊的野蠻應用，我們為改良起見，所以用世界公用的文明陽曆，這陰曆並非中華民族國專有，不過改曆之初，止改月日，將來如能改用西曆紀年，那就更便利了。若從中華民國自身說，他是西曆1911年10月10日產生的，那一日才是中華民國的真紀元，就中國而論，這日是國民

做「人」的第一日；就世界而論，這日是人類全體中有4萬萬人脫離奴籍，獨立做「人」的一個紀念日，這真是我們應該歡喜，應該祝賀的日子。像《民國曆書》，所謂「春節、夏節、秋節、冬節」這些不倫不類的規定，一來陰曆已經陳舊，二來這些自然現象有何可賀？規定這4個節日是荒謬絕倫。若說一年之中要有幾個規定的日子快樂快樂，則除10月10日外，最有價值的就是1915年12月25日，那是中華國民第二次脫離奴籍，抬頭做「人」的紀念。此外如1912年1月1日的共和政府成立，同年2月12日的皇位推翻，也是可以紀念的。就是1917年7月12日京津一帶除下龍旗，再掛五色旗，也可以算作一種紀念。但進一步想，這陽曆過年，掛掛國旗，寫寫賀年帖子，說說「恭喜恭喜」，也可以使那一班現用陰曆的國民知道民國改用西曆已經實行，所以也不能算全無用處。但是這種用處，是一時的，再過幾年之後，國民漸知陽曆比陰曆要便利，改用陽曆的人，一天多似一天，那些遺老遺少漸漸死盡，不能復為禍祟，什麼「夏正」、「夏曆」的鬼話，沒有人講了，到那時候，這西曆歲首的「恭賀新禧」帖子，真正覺得沒有一點意思了。

錢玄同並不是說說而已，他一向力主與世界文明的一致，採用西曆，他給別人寫信，日期寫的是西曆多少年，或寫20世紀多少年。他所選定的幾個有紀念意義的日子，無不是從反對封建帝制，提倡共和政體，啟發國民做「人」的意義上考慮。

民國建立了好幾年，竟有一些極端頑固分子，對清廷天朝大國戀戀不捨，視辛亥革命為叛亂，反動文人葉德輝就是一個典型代表。這位光緒進士，以反對康有為、梁啟超變法著稱，揚言寧可以明朝大臣

官魏忠賢配享孔庭，也不可讓康有為攪亂時政。1910年（宣統二年），湖南因水災鬧米荒，他囤積穀萬余石，激起饑民搶米風潮，被清削籍，他失去了靠山。緊接著辛亥革命爆發，1912年他只好出遊。錢玄同摘抄了葉德輝編《觀古堂書目》自序，云：「……17祖和靖山長佰昂公以元故臣，明祖屢征不起，子孫承其家聲，不以入仕為榮，故終明之世，各房皆以科第顯達，炫赫一時；獨余茆園房世以耕讀相安，丁男亦不繁衍，至國初（按：清朝，原文「國」字抬頭寫）始有登仕版者……」錢玄同評論道，原來此公家法，專以「入仕」異族之姓「為榮」者，所以此序末段有「辛亥鼎革避難縣南朱亭鄉中」之語，又序末署「乙卯」之年。考乙卯為中華民國四年（1915年），其時此公尚稱清初曰「國初」，敬依程式，抬頭書寫，且稱革命曰「亂」，但是何以民國三年（1914年）在北京時致黎宋卿之信，寫「副總統鈞鑒」字樣，又於民國四年（1915年）之冬，在湖南做籌安會支部的部長呢？前者似與「亂」字有些衝突，後者又似于家法有些不合罷。[3]

　　錢玄同一再強調，中華民國的建立，完全不同於封建時代的政權轉移，他在《新青年》五卷三號發表隨感說：

　　既然叫做共和政體，既然叫做中華民國，那麼有幾句簡單的話要奉告國民。

　　民國的主體是國民，絕不是官，絕不是總統。總統是國民的公僕，不能叫做「元首」。

3　《新青年》六卷二號。

國民既是主體，則國民的利益，須要自己在社會上費了腦筋費了體力去換來。公僕固然不該殃民殘民的，卻也不該仁民愛民。公僕就是有時僭妄起來，不自揣量，施其仁愛；但是做國民的絕不該受了他的仁愛──什麼叫做仁民愛民呢？像貓主人養了一隻貓，天天買魚腥給他吃，這就是仁民愛民的模型。

　　既在20世紀建立民國便該把法國美國做榜樣；一切「聖功，王道」「修、齊、治、平」的鬼話，斷斷用不著再說。

　　中華民國既然推翻了自五帝以後清廷四五千年的帝制，便該把4000年的「國粹」也同時推翻，因為這都是與帝制有關係的東西。

　　民國人民，一律平等。彼此相待，只有博愛，斷斷沒有什麼忠、孝、節、義之可言。

　　錢玄同要重新披掛上陣，討伐帝制，並不是多餘的擔心。溥儀雖然被武力趕出了皇宮，但他圓皇帝夢的企圖從來都沒有放棄，那些失去了主子，丟掉了烏紗帽，砸了飯碗的遺老遺少也時刻引頸而望，試圖再沾沐聖恩。錢玄同在《語絲》第四期上發表《告遺老》，警告遺老們，不要妄圖復辟，應該滿意於溥儀舒舒服服地升為「一品大百姓」。遺老們也只有洗心革面，做共和制下的國民才是出路。錢玄同親自參加了清室善後委員會的故宮文物檢點工作，親眼目睹了封建帝王的排場，而如今終於把皇帝趕出了皇宮，意義確是非同尋常。他在乾清門「清室善後委員會」發表了演說，曾經各報報導，他說：「去年溥儀出宮之日，雖然不敢說比雙十節更重要，然至少亦與雙十節同樣重要，民國紀元前一年雙十節為數千年來奴隸站起做人之日。然共和招牌下尚留此末代皇帝，則共和未完全，自從溥儀出宮那一天起，

不但清『皇帝』名號取消了，就是中國數千年『皇帝』的名號也都消滅了，所以溥儀出宮的那一天，雖然不敢說是中華民國最光榮之一日，然而也可以算同雙十節一樣光榮。所以我提議以後年年此日，全國國民亦應當同雙十節一樣的慶賀……」雙十節即指1911年（辛亥年）10月10日武昌首舉義旗，各省回應，推翻了清王朝，結束了2000多年的封建君主專制統治，但隨後出現袁世凱稱帝、張勳復辟事件，說明想倒行逆施的人並未死心，而現在溥儀被逼出宮，實際上是帝制不得人心、走向絕路的標誌，所以錢玄同特別重視。本年（1925年），他寫了《中山先生與〈國民之敵〉》，標題是由易蔔生戲劇《國民之敵》而集，文章各方面肯定孫中山一生「喚醒民眾」的功績，並指責某些人對孫中山的咒罵，可是咒罵過他的人卻在他死後頌揚他：

　　最奇妙者，竟如一位姓「清」名「室」的人，居然送花圈到社稷壇去，居然對於13年前他想拿來處以極刑的「孫文」稱起「孫中山先生」來！（豈獨令人「肌膚起粟」，簡直要「毛骨悚然」）這是什麼緣故？

　　錢玄同對溥儀的警惕性後來證明是很有預見性的，這位19歲的青年，並沒有聽從錢玄同的勸告去看《新青年》等，去補習些初中程度的科學知識，恐怕正相反，去看錢玄同勸他不要看的二十四史皇后外戚傳，夢想重新「奉天承運」。日本帝國主義正是看到這個人奇貨可居，把他找去建立偽滿洲國，雖然是個傀儡，但比「一品大百姓」要高級得多，竟睜著眼看著中國人民被屠殺，國土被瓜分，這就是一向高唱愛民如子的皇帝的真面目！日本奇貨可居的用意是很早的，1924

年11月28日《晨報》曾譯錄一節日文《北京新聞》的紀事：

　　日本京都帝國大學教授佐佐木亮三郎、狩野直喜、矢野仁一等三
博士，以中國廢棄清帝號，實為顛覆王道根基之暴亂行為，將與各方
接洽之後，向中國當局提出恢復清室帝位之勸告云。

　　當時帝國主義在中國各霸一方，大好河山大多重鎮，竟成了「華
人與狗不得入內」的禁區，而帝國主義屠殺中國人民的暴行則從來沒
間斷過。1925年發生的「五卅慘案」，就是著名的一例，事件發生
後，錢玄同寫了一篇立論高遠、說理透徹的政論文，表現了一位元啟
蒙學者的清醒認識。在這篇論文裡，錢玄同把反帝與反封兩項鬥爭結
合起來考慮，主張一面積極反抗帝國主義的侵略，一面要用民主、科
學思想和現代的文化知識「喚醒國人」，使他們脫離奴性，才有愛國
的意識和衛國的能力。他指出「五四」以來有兩個革命運動的口號，
那就是「內除國賊，外抗強權。」外抗強權，指反抗帝國主義，帝國
主義對於我國施行政治和經濟的侵略，無所不用其極，我們絕對地應
該反抗，這是天經地義，不容絲毫疑惑的。他進而追究帝國主義之所
以能橫行霸道的更深一層的根源，帝國主義豈止製造「五卅慘案」的
英、日？侵略的行為豈僅這回殺了我幾十幾百個人？政治、經濟的層
層壓迫，若沒有億兆人的努力反抗，而妄想輕輕鬆鬆地解除，天下沒
有這樣便宜的事！所以「喚醒國人」反抗帝國主義，簡直是咱們中國
人今後畢生的工作。但這被喚醒的應該是國人全體，並非限於一般所
謂民眾，喚醒者自己亦當在被喚醒者之列。應該是互相喚醒，無論何
人，絕不應自居為全善全聖之上帝又超然於一切人們之外。「高調」

有唱的必要，而「低調」也要唱一下，譬如，易蔔生和托爾斯泰諸人的學說應該介紹，而放腳、剪辮的話也得要說。「人必自侮而後人侮之，家必自毀而後人毀之，國必自伐而後人伐之。」孟老爹這三句話，真是顛撲不破的至理名言。帝國主義者侵略咱們，咱們固然應該反抗，但同時也應該自己反省一下，為什麼他們不侵略別國而來侵略咱們呢？為什麼咱們以前稱為「洋鬼子」的，一旦他們兵臨城下，咱們竟會有人不生心肝，不要臉皮，乖乖地高呼「洋大人」，雙膝跪倒，搖辮乞憐呢？「為是者，有本有原」！咱們的不肖祖先編纂了許多《婢僕須知》，使家弦戶誦者2000年於茲矣！這種奴才教育浹髓淪肌，自然異族侵入甘為洋奴西崽而不敢辭。是個國民，才有處理政治的天職，奴才配有嗎？2000餘年以來之中國人，既束身於《婢僕須知》之中，則受帝國主義的侵略，固其所也。辛亥革命推翻帝制，只喚醒極少數人。大多數人表面上也算是中華民國的國民，骨子裡還是清帝國的遺奴（他們之中有反對清廷者，則是唐宋明之遺奴）。奴才本沒有處理政治之天職和抵禦外侮之義務，所以不管這些國家大事，所以像這回慘案發生，極少數人嚷得力竭聲嘶，而多數人不是置若罔聞，便是莫名其妙。這固然令人氣破肚，但實在也不能怪他們，他們原是讀《婢僕須知》出身的呀！所以「喚醒國人」是有腦筋的人唯一的工作，甚至是他們的「救命」工作，否則，這極少數人將會跟那人多數人「送死」，而「喚醒國人」，無論唱「高調」或「低調」，基本觀念只有一個，便是將《婢僕須知》撕破，踐踏，焚毀。錢玄同說，這就是我所說的「內除國賊」（按：「內除國賊」之「國賊」原指章宗祥、曹汝霖等人），編「內除國賊」這句口號的人所謂「國賊」，當是指軍閥政蠹而言。但我覺得，他們固然是「國賊」，卻不值得特

別去提他們，因為他們一旦倒了運，與普通人固無以異，而普通國人一旦走了運，還不是十足道地的軍閥政蠹嗎？那麼不「喚醒國人」，不改良國人，而徒沾沾焉惟軍閥政蠹之是詈，真捨本逐末之論也。總之，凡與中華民國政體和一切組織抵觸，都是「國賊」，都應「除」它，而且除惡務盡！試舉數例：綱常名教，忠孝節義，文聖武聖，禮教德治，安分守己，樂天知命；天下有道，則庶民不議；民可使由之，不可使知之；各人自掃門前雪，莫管他人瓦上霜，濟人利物非我事，自有周公孔聖人……種種屁話，都刻在《婢僕須知菁華錄》，有一於此，國將不國！錢玄同還特別強調，打倒帝制後，沒有及時清除人們的舊思想，所以共和制也走了樣。只因辛亥革命時這些「國賊」沒有被清除，以致14年來所謂中華民國也者，僅有一張空招牌，實際上是掛羊頭而賣狗肉。大多數的國人都是死守帝國遺奴本分，不能超升為國民。夠得上算國民的，只有那極少數的幾個覺醒者，單靠他們來保國，來反抗帝國主義，絕對是不夠的。所以覺醒者必須「喚醒國人」，喚醒教育，消極方面是「除國賊」，積極方面是請德先生（Democracy民主），賽先生（Science科學），穆姑娘（Moral道德）來給咱們建國。大多數的國人受過這個教育，奴性逐漸消失，人性逐漸發展，久而久之，人人都明了自己有處理政治天職和抵禦外侮之義務，則國才有保得住的希望，帝國主義才有反抗得成的希望。錢玄同又強調兩個方面，即保國不是「保存國粹」，反抗帝國主義是反抗侵略咱們的強權，絕對不是「排外」，凡是現代的世界文化，咱們的國家也應該受它支配。相反，拒絕現代的文化國必亡。[4]

4　《語絲》第三十一期。

錢玄同主張反封並反帝，尤其要改造國民的思想，這在當時反對帝國主義暴行的一個譴責聲中可謂是當頭棒喝。直到現在，把中國落後的現狀指責為帝國主義侵略造成的後遺症的人大有人在，在錢玄同的時代，這種論調一直占上風。錢玄同早在1921年1月11日給魯迅、周作人的信中就談到必須花大力氣改造國民，他說：

初不料陳、胡二公已到短兵相接的時候，照此看來，恐怕事勢上不能不走到老路伯所主張的地位。

我對於此事，絕不願為左右袒。若問我的良心，則以為適之所主張者較為近是。（但適之反對談「寶雪維幾」，這點我不敢以為然）（1）我們做了中國百姓，是不配罵政府的；中國的社會決計不比政府好。（2）現在社會上該攻擊的還多得很。（3）中國辦人和皇帝一樣的該殺。（4）要改良中國政治，須先改良中國社會。（5）徐博士固然是天老七的令弟，但若使「五四運動」的「主人翁」來做哩，也未必高明、因為佢們的原質是一樣的，蓋將白雲鵬遊街，固與將「賣劣貨的奸商」遊街，等耳，何以異哉！……所以一天到晚罵政府，罵什麼峰，什麼揆，什麼帥，真是無聊；若罵他們而恭維「該辦的人」，更是不合，馬克思啊，「寶雪維幾」啊，「安那其」啊，「德謨克拉裡」啊，中國人一概都講不上。好好地坐在書房裡，請幾位洋教習來教教他們「做人之道」是正經，等到略有些「人」氣，再來推翻政府，才是正辦。

這封信有兩點值得注意：第一，錢玄同一向主張各種思潮都可以討論，不同意胡適反對談「寶雪維幾」（「寶雪維幾」即當時對「布

爾什維克」的譯名）。第二，與胡適一樣，錢玄同認為改造中國社會是改良中國政治的前提，而根本在於提高國民的素質，這正是現代啟蒙思想家最偉大之處，在最後一章我們還將作進一步分析。

誠如錢玄同所說，辛亥革命雖然推翻了帝制，建立了中華民國，但也僅有一張空招牌，實際上是掛羊頭而賣狗肉。河清無日，一向以激進著稱的錢玄同，內心是非常痛苦的。1925年《語絲》第二十期發表了在法國留學的劉半農寫的《巴黎通信》，表示他對國內錢玄同、周作人發表專文討論溥儀離開故宮後的身份、前途問題不甚理解，信中回憶國內的老戰友，「那竟是個個都到了面前了。啟明的溫文爾雅，玄同的慷慨激昂，尹默的大棉鞋與眼鏡……」錢玄同讀後在《語絲》同一期發表了《寫在半農給啟明的信底後面》，他說：「我要璧還『激昂慷慨』四個字的考語，實在慚惶無地。鄙人向不激昂慷慨；今日尤不激昂慷慨，非不願也，是不能也。5年前的錢玄同，已經夠頹廢了……至於在頹廢無聊之時，忽然瞪眼跳腳拍桌子者，無他，只是『張脈僨興』罷了，哪裡配得上說『激昂慷慨』呢？」這顯然是他的自謙，因為就在這一年，他與黎錦熙創辦的《國語週刊》，抨擊國語反對派，寫了《關於反抗帝國主義》的名文，提議溥儀出宮之日為第二個國慶日，反對章士釗等迫害學生，討論《春秋》、《莊子》、《說文》等書的性質與真偽，無一不是慷慨激昂。

但當時政局反動、動盪，錢玄同十分憤怒，就在他寫這篇《寫在半農給啟明的信底後面》之前不久，即3月12日，孫中山在北京協和醫院病逝，北京女師大學生要求去參加追悼會，竟遭到校方的無理阻攔，楊蔭榆竟無恥地罵孫中山主張共產共妻，不准學生參加追悼會。

錢玄同則著文高度評價了孫中山「喚醒民眾」的一生，後又表示：「我對於孫中山先生的思想，久已想研究他了。」又寫了《介紹戴季陶先生的〈孫中山先生著作及講演紀錄要目〉》一文，戴季陶所舉的孫中山的著述，本是由錢玄同把吳稚暉轉請他寫出來供研究孫中山的思想的，這時公開發表。楊蔭榆阻撓師大學生參加孫中山的追悼會，引起學生的強烈抗議，女師大學生風潮驟起波浪，驅逐楊蔭榆的呼聲越來越高，但是1925年4月，章士釗以司法總長兼教育總長身份，支持楊蔭榆。5月，楊蔭榆宣佈開除許廣平、劉和珍、張平紅、鄭德音、蒲振聲、姜伯諦六名學生。錢玄同與魯迅、馬裕藻、沈尹默、李泰棻、沈兼士、周作人七人在《京報》上聯名發表《對於北京女子師範大學風潮宣言》，支持女師大學生。錢玄同認為《宣言》還應進一步揭露章士釗之流汙穢卑劣的本質。他在《猛進》雜誌上與徐旭生發表《通訊》，信中說，日前發言表示願在《宣言》上簽名，後來仔細將《宣言》看了一遍，覺得數章氏之罪，未免有捨本逐末之病。錢玄同認為章士釗的根本罪惡乃是無恥（討好段祺瑞）與復古（反對新文化與國語），從這點出發，見諸行為，則有用武力驅逐女師大學生之事。其解散女師大，若單就什麼「囂張」等而論，雖頑舊，尚可恕；而彼則不然，自做解散女師大之呈文起，直至劉百昭侮辱女生，處處著眼於什麼貞操問題，此輩思想與國光不出屎卵之交涉，真可謂汙穢卑劣之至，此實最不可恕者。鄙意擬直將此數點敘入，庶幾有當於扼要據源。不過如此一說，有許多舊的、新的君子們，又不願簽名了，所以或者不加也好。錢玄同所說的章士釗的復古，是指他1925年4月當上教育總長後，復刊他在1914年主辦的《甲寅》月刊，曰《甲寅週刊》，在封面上畫了一隻老虎（按：寅屬虎），譯名定為「The

Tiger」，章士釗一貫反對白話文和注音字母，主張小學生應讀經。為了對付這條新文學與國語運動前進道路上的「攔路虎」，錢玄同與黎錦熙兩人以私人名義倡議創辦了《國語週刊》。果然，11月份，章士釗操縱的北洋政府教育部竟倒行逆施地決定廢止中小學語文教材中的白話文，從小學起增設讀經課。重新樹起孔子教主的偶像，錢玄同十分氣憤，當時不少人著文痛擊章士釗。1926年，章士釗去職。3月，段祺瑞政府殘酷鎮壓反帝反封建的遊行示威群眾，釀成「三一八慘案」，劉和珍等人壯烈犧牲，魯迅曾寫了《紀念劉和珍君》予以追憶。北京師大為范士榮烈士建立紀念碑，錢玄同寫了碑文。

反動的北洋軍閥政府不僅經常鎮壓屠殺學生，而且還隨意干擾教育。1923年5月31日，錢玄同在《晨報副鐫》上，發表《「五四」與「遊園」與「放假」》，批評當局在「五四」那天讓學生遊園而隨意放假一天。他說，學校「五四」本不放假，卻為總統府開遊園會讓學生佩徽章結隊由職教員率領前往而停課一天。而且現在總統府佔據中南海，那個「園」本是公共的地方，無論什麼人，無論什麼時候都可以去遊的。不料那個什麼「府」不顧公德地將它霸佔了去！霸佔了去也罷了，偏偏還要效法前代獨夫民賊「子惠元元」、「與民同樂」的意思，說什麼「開放」，什麼「遊園」！哼！

隨著「九一八」事變、「一二八」事變的爆發，外患日益嚴重，而反動政府卻仍在為爭權奪利鬥個不休，每一個有良知的中國人無不感到痛心疾首。錢玄同給黎錦熙、羅常培寫信，感歎自己沒有執干戈以衛社稷的能力，簡直不知究竟該做什麼事才對！想來想去，感到還是從事國語是分內應做之事。他建議以劉繼莊的生年，即西元1648

年，作為「國語紀年」，以表彰他探索新文字的首創之功。錢氏一生都把劉繼莊的名言「人苟不能幹旋氣運，徒以其知能為一身家之謀，則不得謂之人」作為座右銘，眼看國難日深，錢玄同感到「百無聊賴，而又滿腔孤憤，抑鬱難語」。曾辭謝別人約他到飯館吃飯，他說：「緣國難如此嚴重，瞻念前途，憂心如，無論為國家為身，一念憶及，便覺精神不安，實無赴宴之雅興也。」又曾給胡適寫信說：「我從熱河淪陷以後，約有三個月光景謝絕飲宴之事。我並非以國難不吃飯為名高，實緣彼時想到火線上的兵士以血肉之軀當坦克之炮彈，渾噩的民眾又慘遭飛機炸彈之厄，而今之東林黨君子，猶大倡應該犧牲糜爛之高調，大有『民眾遭慘死事極小，國家失體面事極大』之主張，弟對於此等慘像與新宋儒，實覺慘傷與憤慨。因此對於許多無謂之應酬實不願參與，蓋一則無心談宴，一則實不願聽此等『不仁的梁惠王』之高調也。自塘沽協定以後，至少河北民眾及前線士兵總可以由此少慘死許多乃至全不遭慘死，故現不再堅持不飲宴之主張了……弟年來百無聊賴，而又滿腔孤憤，抑鬱難語，因談到吃飯問題，不禁又刺刺不休地寫了這許多廢話，其實也無聊得很，不再寫下去了。」此信寫於1933年6月6日，正是國民黨政府與日本侵略者簽定賣國的「塘沽協定」沒幾天，這年春天，他曾把家眷送到上海去住，自己也想離開北平南下。《塘沽停戰協定》簽訂後，他誤認為華北或可苟安一時，故和黎錦熙一起約請胡適到廣和莊吃飯。但對日本帝國主義的仇恨日益加深。日本是中國清朝以來的重大敵人，錢玄同雖在日本留學，但向來不喜歡日本人。（但他的大兒子錢秉雄高中畢業後，他讓其到日本留學）「九一八」事變以前，有時朋友介紹日本人來訪問國語和音韻之類，他還勉強敷衍，以後就拒絕來往，凡宴會有

日本人在座就不赴席。民國二十二年（1933年）《塘沽協定》以後，看見日本人就遠遠地躲開，和我們談話時只名之曰「我們的敵人」[5]。1933年5月，華北傅作義的部隊正在懷柔與日本侵略軍苦戰之際，南京國民黨政府和日本侵略軍簽訂了《塘沽停戰協定》，以致華北前線的作戰部隊遭受慘重的傷亡。當時胡適作了《中華民國華北軍第七軍團第五十九軍抗日戰死將士墓碑》的碑文，由錢玄同書寫。墓碑建立在綏遠大青山下的公墓。而墓碑建立之後，屈辱的《停戰協定》簽字人又有命令說，一切抗日的紀念物都應隱藏。於是傅作義在碑上加了一層遮蓋，上面另刻「精靈在茲」四個大字。後來胡適有《大青山公墓碑》詩紀念這事。[6]

　　1936年，日寇加緊進攻華北，北平文化界徐旭生、顧頡剛、黎錦熙等70餘人簽名發表宣言，對國民黨政府提出抗日救國的七條要求，錢玄同也簽了名。1937年7月7日，發生盧溝橋事變，抗日戰爭全面爆發。但由於國民黨政府的妥協退讓，7月29日，北平淪陷，北京師範大學準備遷到陝西，錢玄同因病未能成行，他也很想到南方去，無奈已經鬧了好幾次高血壓病，弄得不敢走動。錢玄同是在他父親62歲時出生的，自幼體質很差，從小嚴厲的舊式教育也損害了身體，他曾感慨地對他的學生魏建功說：「我這雙腿一點力都沒有，實在吃虧大了，全是小時候念書站壞了！當我父親在蘇州住家的時候，我在家裡跟先生念書，整天上午站在『腳踏』上，等放學到內宅裡去，腳麻腿軟，走都不能走，奔到一張小凳子坐下好半天還不能立起來。現在走

5　　黎錦熙：《錢玄同先生傳》。
6　　曹述敬：《錢玄同年譜》，濟南：齊魯書社，1986年，第118頁。

一步路都駭怕！」他的眼睛也很近視，所以林紓在《荊生》的小說中，以金心異影射錢玄同，說那位剷除新文化運動的偉丈夫「取其眼鏡擲之」。魯迅在給許廣平的信中，以「金立因」指代錢玄同，「金」字為錢字的左邊一半，「立」的草書近似「玄」字，「因」與「同」望之形似，似乎是諷刺錢玄同近視。[7]他個子矮小，很早就發胖，也是魯迅諷刺的對象，在給許廣平的信中，稱「金立因」為「肥胖有加，而嘮叨如故」，又有《教授雜詠》一首影射錢玄同：「作法不自斃，悠然過四十。何妨賭肥頭，抵當辯證法。」（著重號為引者所加）

1925年，他繼續擔任北京大學、北京師範大學、北京女子師範大學國文系教授，一次乘人力車外出，在西四被一輛土車撞倒，傷了右臂。此後，雨雪天出門，便有戒心，他40歲以後就用手杖。他從青年時代起就患神經衰弱，每天早晨以冷水沖頸。從1929年以後，患高血壓症，血管硬化，神經更加衰弱。1934年冬，有一次在師大講課時，頭暈目眩，幾乎暈倒。1934年，他的好友劉半農去世，終年僅44歲，不久他的學生白滌洲去世，終年僅30歲，使錢玄同十分傷感。1935年10月，他的右眼忽患網膜炎，血壓又有增高，幾乎寫字都有困難。在給章太炎的信中說：「以悼心失國，宿屙加劇。」又給魏建功寫信說，未能按時給他的《古音學研究》作序，原因是「頭目眩暈，息偃在床」，又云「本年1月22日，忽罹目眚，精神疲憊，伏案不及一小時，輒覺頭重，心悸手顫，暫時不能用腦」。這一年，黃侃去世，第二年，他敬愛的老師章太炎去世。1937年，錢玄同病困淪陷的北平，第二年，恢復舊名「錢夏」。魏建功南下之前，錢玄同對他說：「我

7　　吳奔星：《錢玄同研究》，南京：江蘇古籍出版社，1991年，第142頁。

要你替我刻一方圖章，現在我恢復我的舊名了—就刻『錢夏玄同』四個字。」這是他從事革命反對清廷時候的名字，自從8月8號（1937年）日本兵進了北平，他又再拿來表示一個新的民族分野。[8]北平淪陷以前，他認為凡去偽滿和冀東偽組織謀求職業或受聘教課的都叫「汙偽命」。日寇一佔領北平，就開始邀請、籠絡文化界的人士，錢玄同拒絕見面，多次寄語西遷的友好人士，表示絕不「汙偽命」，「汙偽命」是他的常談，他認為凡是從敵偽組織謀到職業，或應聘教課的，都叫「汙偽命」，曾向從西北聯合大學來北平的前北平師大秘書汪如川說：「請轉告諸交放心，錢某絕不作漢奸！」表現了崇高的民族氣節。

烈士暮年，病體難支，目睹國難深重，錢玄同的內心是十分痛苦的。他恢復「錢夏」之名，以明敵愾之意；又改「疑古」為「逸穀」或署「逸叟」，又號「憶菰翁」。或稱幼名「師黃」，也間稱「德潛」，又欲稱「鮑山病叟」之號，刻「病叟」、「逸谷老人」之印，都寓困居思舊，無可奈何之意。他在逝世前兩年，具體說是1937年8月20日，曾給周作人寫信云：

苦雨翁：多年不見了，近來頗覺蛤蜊很應該且食也，想翁或亦以為然乎？我近來頗想添一個俗不可耐的雅號，曰鮑山病叟，鮑山者確有此山，在湖州之南門外，實為先六世祖（再以上則是逸齋公矣）發祥之地，歷經五世祖高祖曾祖，皆宅居此山，以漁田耕稼為業。逮先祖始為士而離該山而至郡城，故鮑山中至今尚有一錢家浜，先世故墓

---

8   魏建功：《回憶敬愛的老師錢玄同先生》。

皆在該浜之中。我近來忽然抒懷舊之蓄念，發思古之幽情，故擬用此二字。至於病叟二字，系用說文及其更古（實是新造偽託）之義也。考《說文》，广，倚也，人有疾痛，象倚著之形。古甲骨文，象人手持火炬在屋下也。蓋我雖躺在床上，而尚思在室中尋覓光明，故覺此字甚好。至於此字之今義，以我之年齡而言，雖若稍僭，然以我之體質言，實覺衰弱已甚，大可以此字自承矣。況宋有劉義叟、孫莘老、魏了翁諸人，古已有之乎？（此三公之大名恐是幼時所命也）對病叟二字合之為一瘦字。瘦雅於胖，故前人多喜以膄字為號，是此字亦頗佳也。且某壓（按：指血壓）高亢之人，總宜茹素使之消瘦，則我對於「瘦」之一字亦宜渴望之也。因憚於出門，而今夕既想談風月，又喜食蛤蜊，故遣管城子作鱗鴻，（天下竟有如此之俗句，安得不作三日嘔乎！）以求正於貴翁，願貴翁有以教之也。又《易經》中有「包有魚」一語，又擬援叔存氏之高祖之先例，（皖公山中之一人，稱為完白山人）稱為一包魚山人，此則更俗矣。

誠如他自己所說，他雖躺在床上，而尚思在室中尋覓光明，然而國難一發而不可收，在敵人的注意之下，與外界失去了聯繫，寫信也只能用隱語。他於日軍入北平城之日，因禁街被困在中海，深夜回家，血壓突高，病臥旬日。他的學生在南方的，寫信與他，內中隱語太多，幾乎弄得他也要被「優待」。黎錦熙先生說，似此種種情形，他的病如何能好？而民國二十七年（1938年），西北聯大還排著他的音韻功課，給假一年，由我代理。[9]1939年1月17日下午時3刻，錢玄

9　　黎錦熙：《錢玄同先生傳》。

同終因腦溢血病逝於北平德國醫院，終年53歲。他的同事、學生多已離開敵偽統治下的北平，所以他死後是非常的冷落。直到5月5日，國立北平師範大學在陝西城固的西北聯合大學內舉行「錢玄同先生追悼會」，後有《錢玄同先生紀念集》鉛印本問世，由許壽裳題簽，內容以黎錦熙先生寫的《錢玄同先生傳》為主，扉頁印有國民黨政府的褒揚令曰：

　　國立北平師範大學教授錢玄同，品行高潔，學識湛深。抗戰軍興，適以宿病不良於行，未即離平；歷時既久，環境益艱，仍能潛修國學，永保清操。卒因蟄居抑鬱，切齒仇讎，病體日瘁，齎志長逝。溯其生平致力教育事業，歷20餘載，所為文字，見重一時，不僅貽惠士林，實亦有功黨國，應予明令褒揚，以彰幽潛，而昭激勵，此令。

　　國立北平師大的祭文是：

　　嗚呼先生，一代名師；學出余杭，不囿藩籬。文字音韻，博采群規；金石甲骨，剖難折疑。不惟闡古，抑且開今；編《新青年》，滿紙瑤林，作獅子吼，發海潮音；鼓吹學子，一掃陰沉；五四運動，賴有指針，文藝復興，匪異人任。

　　國立西北聯合大學國文系同人深知錢玄同一生推行國語，不喜文言，因而祭文是用白話寫的，這在祭文中是不多見的，也很好地概括了錢玄同的一生，特別說到他「用歷史的眼光，結算2000年的『經今古文』的糊塗賬；用科學的頭腦，推定顧炎武、江永、段玉裁以來不

能確知的古韻音讀；用甲骨金文疏證說文的錯誤；用考辨方法釐定古書的真偽」。

顧頡剛的挽詩有「宗師歎零落」之句，同門許壽裳更感傷：「滯北最傷心，倭難竟成千古恨。游東猶在目，章門同學幾人存？」錢玄同的知友——他親切稱呼的「劭西夥計」，即黎錦熙先生（錢氏任師大國文系主任時，黎先生為文學院院長），所寫的挽聯是：

去歲咱們應當紀念獻廷，誰知三百年間，挺生的文字革命專家，又成騎鶴！
昨春先生仍復改名錢夏，那料二千里外，正是這漢水發源區域，便與招魂！

在淪陷區的北平，《燕京學報》第二十五期發表了容媛《悼錢玄同先生》一文，有簡略的著作系年。錢玄同除了批評周作人太注重享受外，也把他看作知交。錢玄同死時，周作人尚未變節。錢氏死後，周作人的悲痛是真摯的。他作了四副挽聯，其一云：「戲語竟成真，何日得見道山記。同遊今散盡，無人共話小川町。」上聯自注云：「前屢傳君歸道山，曾語之曰，道山何在？無人能說，君既曾遊，大可作記以示來者。」下聯自注云：「余識君在戊申歲，其時尚號德潛，共從太炎先生聽講《說文解字》，每星期日集新小川町民報社。同學中龔寶銓、朱宗萊、家樹人均先歿，朱希祖、許壽裳現在川陝，留北平者唯余與玄同而已。每來談常及爾時出入民報社之人物，竊有開天遺事之感，今並比絕響矣。」錢玄同去世後百日，周作人說他破

了2年多不說話的戒，下了很大的決心，寫了文章紀念錢玄同，對他寫作雜文的能力非常欣賞，極口稱讚他的人品、性格，認為「民國以來號稱思想革命，而實亦殊少成績，所知者惟蔡子民（元培）、錢玄同二君子可當其選。」評價是極高的。有像黎錦熙、周作人這樣的知音真切的懷念，錢玄同若地下有知，也足以寬慰了。

錢玄同死後，留下三個兒子：長子錢秉雄，北京大學哲學系畢業，長期任中法合辦的孔德中學教師，教務主任；新中國成立後孔德中學改為北京市第二十七中學，錢秉雄任校長，現早已退休。三子錢三強幼名秉穹，北京大學理預科畢業，入清華大學物理系學習，畢業後在北平研究院物理研究所工作，後考取中法教育基金委員會公費留學生，1937～1948年在巴黎鐳學研究所居裡實驗室學習、工作，獲博士學位元，為著名核子物理學家，曾任中國科學院副院長，前幾年去世。五子錢德充，幼名秉充，輔仁大學生物系畢業，任北京鐵路二中化學教師，現已退休。

錢玄同常引譚嗣同之語「少遭綱倫之厄」，自稱是「綱倫壓迫下的犧牲者」，晚年詩中還有「切齒綱倫斬毒蛇」之句。後來大概覺得光「切齒」還不夠，於是改為「打倒綱倫斬毒蛇」，對綱倫的痛恨可知。他以一個啟蒙學者的良知，一生都在做打倒綱倫的工作，具體說來，不外乎兩大任務，第一就是捍衛共和制，防止封建主義的復辟和以任何改頭換面的方式出現；第二就是喚醒民眾，剷除東方化。所依據的學理就是請出西方的德先生（民主）、賽先生（科學）和穆姑娘（moral道德）。黎錦熙先生讚揚他抨擊綱倫不遺餘力，而自己的人格十分偉大，「術業專一而識解宏通，議論激昂而持躬謹介」。一般人

聽到他對綱倫的攻擊，認為此君身於「舊禮教」之解放自不待言，至少總有點兒「浪漫」的舉動了，殊不知竟大謬不然，錢先生自己一生在綱常名教中，可真算是一個「完人」啊！他的「喜怒哀樂」雖然未必「中節」，可是「子臣弟友」已辦到完全「盡分」。只說他民國七年（1918年）提倡「新文化」，打破「舊禮教」以後：他對於他哥哥，還是依舊恭順，他總怕他哥哥看到了《新青年》，他哥哥後來還是看見了，對他並沒有說什麼；他極端反對陰曆，絕對不再行拜跪禮，但他哥哥逝世前幾年，他還是依舊於陰曆年底帶著妻子到他哥哥家裡去跟著拜祖先；他常陪著他哥哥和嫂嫂同到德國飯店去吃飯，因為他哥哥是愛吃西餐的。他到晚年，他嫂嫂80歲了，著有關於清代閨媛詩文的目錄書若干卷，他給付印，親自校對，並給她編了一個依著「廣韻」排列姓名的索引。他對於和他「年相若」的侄兒錢稻孫與其弟稼孫，雖宗旨很有些不同，可是在家庭中總是極友愛的，見面時十分客氣。他對於青年男女婚姻問題，主張絕對自主，做父母的絕對不可干涉，所以他的大兒子秉雄到30歲才訂婚，直到民國二十六年（1937年）「七七」事變後一星期，他才柬請「舊雨」、「今雨」們約百餘客，在中山公園的來今雨軒給他們舉行訂婚儀式，他自己致辭，主要的意思是子女的婚姻，父母管不著。「管不著！」這三個字用極強調的國音喊出來。還有壯烈的呼聲：「我是向來反對包辦式的婚姻的！」周作人、魏建功等人都在場，黎先生說，只此一句，頗有20年前《新青年》時代的風味。黎先生南下前，錢玄同帶著保留訂婚的紀念冊到中海，請他必須用注音符號題一首白話詩，黎先生寫道：

從友誼到戀愛，

如同相諧登寶塔。

今天我祝你們倆，

果然就成了「伊和他」。

還得努力往上爬！

　　黎先生說，只看此一事，可知錢先生在家庭方面，是要努力貫徹「新文化」運動的主張，而又極篤於天性的。至於「君臣」一倫，現代民治國當然改到國家政府與人民或公務員的關係上，錢先生平常雖有名士的脾氣，但在學校裡辦公，很能重視法令，不越規矩，而且忠義耿耿，即如在師大，一遇波瀾，力與維護。「朋友」一倫，錢先生常引譚氏「有樂無苦」之說，自不在其「切齒」之列，而他天性誠懇，特別重氣誼，講厚道，對於老朋友雖有時鬧意氣，對於「遺少」式的學生們雖有時要痛罵一頓，但終於還是幫助他，維護他，惟有和他宗旨太違反的或行為乖謬，被他發現的，他就「望望焉去之」了。魏建功說，我印象最深的是先生極不以「首鼠兩端」反覆於絕不相容的理想中的人為然。周作人說，錢先生對人十分和平，相見總是笑嘻嘻的，誠然他有他的特殊脾氣，假如要去叩見「大人先生」，那麼他聽見名字，便會老實不客氣地喝罵起來，叫說話的人下不來台。若是平常作為友人來往，那是和平不過的。他論古嚴格，若是和他商量現實問題，卻又是最通人情世故，瞭解事情的中道的人，他常詼諧地稱為貼水膏藥，但在我實在覺得是極難得的一種品格。尤其是對於「夫婦」一倫，黎錦熙說，錢先生自己的操守，竟非揎拳努目要維持「舊禮教」的老頭子們所能及其萬一，他的太太徐夫人，當然也是「舊禮教」下成立的婚姻，在前清舊家庭的子弟，何曾夢想到什麼「從友誼

到戀愛」？他的太太於民國十三年（1924年）就大病，經過幾次危險，長期都未復元。錢先生盡力醫藥，「大世兄」親自服侍，十年如一日，有些朋友勸他納妾，因為那時候法律上並無明文禁止，在他家庭環境之下又是能許可的，但他拒絕說：「《新青年》主張一夫一妻，豈有自己打自己嘴巴之理？」他向來不作狹斜遊，說如此便對不起學生。他一輩子沒有交過女朋友，說他自己最不喜看電影，難於奉陪，又不貫替人家拿外套。他有時和我「雅談」，說他感到有些「鵝絨」（這又是他的常語，新文學作品中「天鵝絨的悲哀」的省略），有時報告我：「今日我又掉了車輪子」—這是古典「脫幅」二字的白話翻譯，因為他有時回家和太太言語彆扭。可是他對於夫婦一「倫」，始終如一。如此看來，錢先生這種言論與行動的矛盾，究竟應該怎樣解釋？教育家必曰：因為他少時的教育與環境，被「舊禮教」拘束得太緊，所以環境一改，意識一變，言論上的反動就一發不可收；也就因為他少時被「舊禮教」拘束慣了，成了個人的第二天性，加以他的第一天性一定也是拘謹的，所以環境雖改，意識雖變，言論雖激，而行為上究竟拗轉不過來。這種解釋，自然也說得通，然還是知其一而不知其二。錢先生這種矛盾的統一，他早有他的學說，他確能咬緊牙關來實踐他的這種學說，這是他偉大的精神，而一般人應該取法，卻還苦於不知道的，我今特表而出之。他說：「『三綱』者，三條麻繩也，纏在我們的頭上，祖纏父，父纏子，子纏孫，代代相纏，纏了二千年，『新文化』運動起，大呼『解放』，解放這頭上的三條麻繩！我們以後絕對不得再把這三條麻繩纏在孩子們的頭上！孩子們也永遠不得再纏在下一輩孩子們的頭上！可是我們自己頭上的麻繩不要解下來，至少『新文化』運動者不要解下來，再至少我自己就永遠不會解

下來，為什麼呢？我若解了下來，反對『新文化』維持『舊禮教』的人，就要說我們之所以大呼解放，為的是自私自利，如果借著提倡『新文化』來自私自利，『新文化』還有什麼信用？還有什麼效力？還有什麼價值？所以我自己拼著犧牲，只救青年，只救孩子！」這段話，是錢先生時常對我說的，他不是拿來解嘲，他確有信仰，他確能實踐，籲嗟乎先生！你真成了「綱倫壓迫下的犧牲者」了！籲嗟乎先生！你又成了「新文化」運動揭幕後的犧牲者了！[10]這種殉道者的精神確實悲壯感人。

黎先生又分析說，錢先生的思想和人格，若照先秦諸子的舊說法，是「逃楊而歸儒，逃儒而歸墨」，他晚年寫給我和羅常培先生的信末，還引了劉獻廷的幾句話：「人苟不能斡旋氣運，徒以其知能為一身家之謀，則不得謂之人。」他把這幾句話當座右銘。他平常總是個「功利主義者」，所謂「功利」，謂「最大多數人之最大幸福」。他曾讓我用鐵線篆的注音符號寫一副對聯：「打通後壁說話，豎起脊樑做人」，我讚歎此兩句正是矯時俗之弊，蓋一般人是「豎起脊樑說話，打通後壁做人」也；他不虛偽，肯犧牲，只看前面所敘的事實就可以知道，「豎起脊樑」這一層，他在工作上著述上可謂完全辦到。他常說：「心有餘力而不足」，胡適批評他：「玄同議論多而成功少。」他自己說：「豈但少也，簡直是議論多而成功無」！我因此戲贈他一聯：「心有餘而力不足，議論多而成功無。」話雖如此，他以一個「考古求真」的專家，而時時要為「致用求適」的貢獻，清末一轉變就「逃楊」而做革命黨人，民4（1915年）再一轉變就「逃儒」而倡新

10　黎錦熙：《錢玄同先生傳》。

文化，致力國語運動，他矢志「斡旋氣運」，不「徒以其知能為一身家之謀」，這一點墨家精神，也就算成功了。

　　錢玄同自述，「我研究學問是小學，經學」，小學和經學是國學的大宗。他與黃侃、吳承仕並稱章門三大弟子，從這一方面看，無疑是個典型的國學大師。後來又「不惟闡古，抑且開今」，致力國語運動，表現出追求真理、鍥而不捨的精神。人們一提到國學大師，總不免想到他們都是些學究氣很濃的人，確實有不少國學大師是這樣。錢玄同則是一個不為世俗所拘、有鮮明個性的國學大師。他連自己的姓也不在乎，說「要像扔掉破鞋那樣扔掉！」又說，和尚沒有姓，滿洲有姓而不用，中國有一位劉師複，廢姓而單稱師複，日本有一位宮武外骨，廢姓而稱外骨，或稱半狂堂外骨。夫我，亦行古之道也。我是漢字的叛徒，那麼，不等到拼音字通行，先把名字加長一下子，或者玄同算作名，疑古算作號，疑古玄同算是名號並稱，也使得，使逆跡更加昭著些，也好。疑古玄同是全寫了的正式名字，平常書寫，自可從簡；或簡稱疑古；有時也許要掉弄筆頭，疑古改寫音同的夷罟，逸楛，易古……或單寫音標。晚年給人寫信，有用羅馬字母拼的「掇獻玄同」四個字，表示要繼續南明劉繼莊的遺緒，致力國語運動。他善於談天，也喜歡談天，常說上課很困倦了，下來與朋友們閒談，便又精神振作起來，一直談上幾個鐘頭，不復知疲倦。其談話莊諧雜出，用自造新典故，說轉彎話，或開小玩笑，說者聽者皆不禁發笑，但生疏的人往往不能索解。他稱到朋友家談天叫「生根」，說是到了不走，屁股生了根了。「生根」的地方，有沈士遠、胡適之、單不庵、周豫才、劉半農、馬隅卿、馬幼漁、馬叔平、黎劭西、周作人、魏建

功等人的家。「生根」的習慣,是早在下午4時,晚或6時,先生提了他的皮包手杖進了各家的客廳(多半就是書房),坐下了以後,海闊天空地談起來。魏建功回憶說,他得益於錢師的「知人論世」、「言道治學」種種方面,全是在這些時間裡。黎錦熙先生回憶說,與錢先生見面必有問題要討論,他的新見解至多,通通要說完,當然時間不夠,於是相約去「雅」,指上館子去找「雅座」吃晚飯,或到我家去「騙」,他說凡到朋友家去吃便飯為「騙飯吃」;如有飯吃,則說「某人賞飯吃」:他的恒言中似此類的字眼和成語很多,因為他離家遠,以不回家吃飯為常,又不吃學校的包飯,20年來,「食」的生活,每天都如此。除個人獨上小館子吃飯外,所謂「騙」的地方,在我家的次數最多;周作人家次之,馬氏弟兄家又次之,後來又去魏建功家;此外則「恕不」——他凡對於某事不肯照辦都謂之「恕不」。民國二十三年(1934年)患病以後,漸漸轉變,食和住都以在家為常,但和我「雅」的時候還不少。天氣暖熱時,我總主張他同往中山公園,他謂之「大雅」,但他一入茶座,便不起身,我則散步,遇友攀談,久始歸座吃飯,他譏我為「惹草拈花」,飯後必喝濃茶(普洱為上,次則香片,不喝龍井),談鋒轉健。除要討論的問題(關於國語的當然最多,但也有其他的學術問題,如他看書忽有新解,待我辯證,或擬有文字,互相斟酌等等),彼此盡量分析辯論然後決定外,同時必雜談所見所聞,天南地北,無所不說;古今中外,愈引愈長。他熟於戊戌(1898)以後迄於當代的秘聞軼事,多從其曾任清朝駐多國大使的兄長錢恂處得之。性情之隱微秘密,言行之滑稽突梯,凡其所知,突數十年,無不罄述。我常隨手記其有關近代掌故及辭意雋永者,每事為一紙,在「雅」的地方,即用擦碗筷的紙片,有時候他自己也乘

興寫了一些，十餘年來，計約得千條，雜置公私抽屜中，原擬為分類編為《世說燕語》一書，現在可就不知道被毀滅或遺失的有多少了。錢先生與我夜談，每次必過10點鐘始散，來時斜日掛樹，散時皓月當空；有時或至深夜，無車可雇。最近幾年有病，又怕覆車，往往電叫汽車，乘月鳴鳴而去。若是多人席散，出門分手時他必道一聲：「各鳥獸散！」他不慣留宿友人家，除在民國十八年（1929年）因大雨在我家留宿一宵外，雖更深必歸寓所。錢先生愛訪友談天，但向來不歡迎朋友們到他家裡去，所以我20年之久，只到過他家裡一次。[11]

　　錢玄同作為一名國學大師，保留著中國知識份子安貧樂道的傳統。與他有過十多年交情的著名上古史專家徐旭生先生回憶說，錢先生對於生活態度的謹嚴，是使他最不能忘懷之點之一。徐先生說，自從戴東原把天理打下寶座，自從近20年來，大家提倡戴學，自從西洋嗤我國固有淡泊樸素風氣為退步的物質文化，挾著他們的國力，以壓倒的形勢，震盪我們，而後我國的士大夫頗不少以享受為第一乘義，以至於有時任何理想原則，任何名節大端，均可犧牲，而獨個人的享受，未必改換！我們雖然也承認戴學有相當的道理，就是淺陋物質文化也自有它的自然的根基，並不敢學道學家及苦行僧，死板著臉，拿自己還不容易做到的道德理想以糾責他人。但是，凡有一個時期享受升為第一義，總是民力衰，民德怯，國力萎，常常受異族的壓迫，而無能自振拔，卻是歷史裡而很重要的一條規律。錢先生治學從漢學入手，惟素不言張門戶，對於宋學也有很公平的見解。制行和易而不峻厲，但繩墨自嚴，自有其絕不能逾越之界域。對於偏重享受的人，雖

11　黎錦熙：《錢玄同先生傳》。

很好的朋友，也常表示不滿的意思，我們的老朋友周作人，錢先生多次向我談起，深表不滿，指出他除了個人享受以外，幾無餘事。[12]錢玄同去世以後，周作人很痛心喪失了這一位「畏友」，他說：「老朋友中玄同和我見面時候最多，講話也極不拘束而且多遊戲，但他實在是我的畏友。浮泛的勸誡與嘲諷，雖然用意不同，一樣的沒有什麼用處。玄同平常不務苛求，有所忠告必以諒察為本，務為受者利益計算，亦不泛泛徒為高論。我最覺得可感，雖或未能悉用，而重違其意，恒自警惕，總期勿太使他失望也。今玄同往矣，恐遂無複有能規誡我者。這裡我只是少講私人的關係，深愧不能對於故人的品格、學問有所表揚。但是我於此破了2年不說話的戒，寫下這篇文章，在我未始不是一個大的決意，姑以是為故友紀念可也。民國二十八年（1939年），4月28日。」[13]

自明季西學東漸，讓閉塞已久的天朝大國大開眼界，面對眼花繚亂的西洋文明，許多頑固分子口頭上斥為「奇巧淫枝」，而在個人享受上卻是恨不得把西國的洋貨一股腦兒搬來，這就像現在有些人整天高喊抵制資產階級腐朽思想的侵蝕，而在個人消費上無不以追求外國貨為先一樣。錢玄同曾發表過這樣一篇隨感：

有一位留學西洋的某君對我說：「中國人穿西裝，長短，大小、式樣、顏色，都是不對的，並且套數很少，甚至有一年365天，天天穿這一套的：這種寒酸乞相，竟是有失身份，叫西洋人看見，實在丟

12　徐旭生：《我所認識的錢玄同先生》，《國文月刊》41期，1946年。
13　周作人：《知堂回想錄一天五‧十二下》。

臉。」我便問他道：「西洋人的衣服，到底是怎樣的講究呢？」他道：「什麼禮節，該穿什麼衣服，是一點也不能錯的；就是常服，也做上十來套，常常更換不可；此外如旅行又有旅行的衣服，避暑又有避暑的衣服，這些衣服，是很講究的，更是一點不能錯的。」我又向他道：「西洋也有窮人嗎？窮人的衣服也有十來套嗎？也有旅行避暑的講究衣服嗎？」他道：「西洋窮人是很多的，窮人的衣服，自然是不能很多，不能講究的了，但是這種窮人，社會上很瞧不起，當他下等—工人—看待的。」我聽完這話，便向某君身上一看，我暗想，這一定是上等人—紳士—的衣服了。某君到西洋留學了好幾年，居然學成了上等人—紳士—的氣派，怪不得他常要拿手杖打人力車夫，聽說一年之中要打斷好幾根手杖呢！車夫自然是下等人，這用手杖打下等人想必也是上等人的職務；要是不打，也是「有失身份」罷！[14]

像錢玄同所嘲諷的那種「洋兄」，直到今天，何其多也！人類文明史暗示了生存手段競爭的慘烈，而競爭條件的不平等，造成了高低、貴賤的烙印，錢玄同一生的安身立命之處，還是「最大多數的最大幸福」之「功利主義」的墨家的人生觀（黎錦熙先生語）。1939年元旦，也就是在他逝世前半個來月，錢玄同從淪陷區的北平寫給正在法國留學的三子錢三強的家書中說：「吾家三世業儒，故料量田產及經營米鹽之事非所諳悉。我才尤短，更絀於治生之道，以致近年生活日趨貧困。」[15]他從1913年來北京教書，當了20多年大學教授，但卻沒有買下一間房子，也沒有個固定的租賃的住處。1913年他初到北京

14　《新青年》五卷一號。
15　轉引自曹述敬：《錢玄同年譜》，第114頁。

時住在他兄長家裡。1914年，他的家眷來北京後，在東安門北河沿北頭叫北箭亭子的地方租民房居住。1916年春，袁世凱稱帝，他同一家人曾去天津暫住；夏天回到北京，住在宣武門外香爐營頭條。1917年初，遷居琉璃廠西北園。1921年初，又遷居東城趙堂子胡同。1922年秋，又遷居景山東街大學夾道。1930年春，又由大學夾道遷居沙灘。1933年9月移東四豬市大街雙輦胡同37號，在這裡住到他逝世。所有他家這些住處，都是租賃的。錢玄同個人，1934年患病前，常單身住在師大的寄宿舍或孔德學校，他的生活是很簡單的。16

周作人說，玄同所寫的文章沒有結集過。這是很可惜的事，民國十七年（1928年）的2月裡，曾有一度計畫編刊文集。因為在《語絲》週刊上寫過些文章，名曰廢話，所以假定文章集的名稱是《疑古廢話》，並且討論編輯的方法，他在2月5日信裡說：

我現在對於它想定辦法，便是所收之文用「歷史的」的辦法，即中季兄時代夢想三代之謬論與夫錢玄同時代夢想歐化之謬論，均如其實相而登之。覺得太糟粕者全篇不存，自然存者有些地方也不能不略加刪改，然總以不背時代精神（這四字說得阿要肉麻介！）為職志。故所以連黃帝紀元四千六百零九年到中華民國6年之際在湖州所做的《深衣冠服說》及民6主張中國用萬國新語之文，兩皆揭載，藉可證實「今日之我與昔日之我挑戰」豈不懿歟！卷首擬冠以《廿廿一自述》一篇，報告鄙人之歷史。17

16　曹述敬：《錢玄同年譜》。
17　周作人：《錢玄同的復古與反覆古》。

這個計畫並沒有實現，過了兩年，他和黎錦熙先生相約出版文集，黎先生寫道：

　　他和我於民20相約各結集所作為《文存》，我說我的可存者多化作或引入自著的專書，所餘無多，如結集後，當定名為《錦熙文存》，他則定名為《疑古廢話》。於是他先從《新青年》搜輯起，一天對我說，可存者太少了！隔了幾天，又說，簡直完全要不得，他常引梁任公語自評：「以今日之我與昔日之我挑戰」。實因人太聰明，學識易進，前頭的既說到「十二分」，後來一看，自然更不滿足了。這年他44歲，他說要出版一本《四四自思辭》，五個字都是迭韻，因見有于君與虞君共業的唱和詩。書名《于虞籲嘔集》也。我問他到55歲又叫什麼。他說當作《五五吾悟書》，而66歲則叫《六六碌碌錄》，77歲則叫《七七戚戚集》，其善於滑稽，多類此。[18]

　　文集沒有編成，這固然是憾事，但是他那震鑠一時的言論豐采，並不會因此而淹沒。黎錦熙先生盛讚錢玄同富於墨家的犧牲精神，2000多年前墨家弟子豪邁地說：

　　天下無人，子墨子之言猶在！

　　我們完全可以說，在中國現代思想史，必將永遠鑴刻著「打倒綱倫斬毒蛇」的啟蒙思想家錢玄同的名字！

18　黎錦熙：《錢玄同先生傳》。

第九章　中外古今派

錢玄同晚年有一封致周作人的信說：

我近來覺得改變中國人的思想真是唯一要義。中國人「專制」、「一尊」的思想，用來講孔教、講皇帝、講倫常……固然是要不得，但用它來講講德謨克拉西，講布爾什維克，講馬克思主義、講安那其主義，講賽因斯……還是一樣的要不得。反之，用科學的精神（分析條理的精神），容納的態度來講東西，講德先生和賽先生等固佳，即講孔教，講倫常，只是說明它們的真相，也豈不甚好。我們從前常說「在四隻眼的倉神菩薩面前剛剛爬起，又向柴先師的腳下跪倒」，這實在是很危險的事。我在近一年來時懷杞憂，看看「中國列寧」的言論，真覺害怕，因為這不是布爾什維克，真是過激派，這條「小河」一旦「洪水橫流，氾濫於兩岸」，則我等「粟樹」，「小草」們實在不免膽戰心驚，而且這河恐非賈耽所能治，非請教神禹不可的了。

但是—錢玄同—個人的態度，則兩年來早已變成「中外古今派」了。可是我是絕對的主張「今外」的，我的「古中」，是「今化的古」和「外化的中」—換言之，「受過今外洗禮的古中」。我不幸自己不懂「今外」，但我總承認「古中」絕非今後世界之活物。[1]

錢玄同告訴沈尹默已經回國的消息，並談了一些感想：

尹默回國了。他近來的議論，我頗嫌他過於「篤舊」，不甚贊

1　1932年錢玄同致周作人，引自《魯迅研究資料》第9輯，天津人民出版社，1982年。

成，但我認為這完全是他的自由，應該讓他發展。況且他對於「舊」是確有心得的，雖他自己的主張似乎太單調了，但我還覺得他今後的「舊成績」總有。部分供給「新的」為材料之補充。我們以後，不要再用那「必以吾輩所主張者為絕對之是而不容他人之匡正」（引者按：陳獨秀論文學革命語）的態度來作「池池」之相了。前幾年那種排斥孔教，排斥舊文學的態度狠應改變。若有人肯研究孔教與舊文學、鯤理而整治之，這是求之不可得的事。即使那整理的人，佩服孔教與舊文學，只是佩服的確是它們的精髓的一部分，也是很正當、很應該的。但即使盲目的崇拜孔教與舊文學，只要是他一人的信仰，不波及社會—波及社會，亦當以有害於社會為界—也應聽其自由。[2]

　　錢玄同寫這封信時46歲，代表了他對中西文化的成熟看法。早在1918年，錢玄同就指出：「我對於一切學問事業，固然不『保存國粹』，也無所謂『輸入歐化』，總之，趨向較合真理的去做，那就不錯。」（《新青年》五卷五號）1932年，日本進攻上海，發生「一二八」事變，錢玄同自己的身體也越來越差，內憂外患的逼迫，使他感到十分痛苦。他自恨沒有執干戈以衛社稷的能力，只能做國語工作，批判整理傳統文化。他一生堅信，欲改良中國政治必先改良中國社會，多次強調改造中國人的思想為治本的辦法，要做到這一點，必須老老實實承認中國的落後不僅表現在物質方面，而且也包括思想方面，他說：

2　1932年錢玄同致周作人，引自《魯迅研究資料》第9輯，天津：天津人民出版社，1982年。

適用於現在世界的一切科學、哲學、文學、政治、道德，都是西洋人發明的，我們該虛心去學他，才是正辦。若說科學是墨老爹（按：指墨子）發明的；哲學是我國固有的，無待外求；我國的文學，既有《文選》，又有「八家」之世界之冠；周公作《周禮》是極好的政治；中國道德，又是天下第一，那便是發昏做夢。請問如此好法，何以後有什麼「甲午一敗於東鄰，庚子再敗於八國」的把戲出現？何以還要講什麼「中學為體，西學為用」的說話？何以還要造船制械，用「以夷制夷」的辦法？[3]

　　1918年，《新青年》第四卷二號上登載了劉半農翻譯的英國威爾德（P.L.Wilde）的悲劇《天明》（Dawn），錢玄同特地在後面加了「附志」。他指出，無論譯什麼書，都是要把他國的思想學術輸到己國來，絕不是拿己國的思想學術做個標準，別國與此相合的，就稱讚一番；不相合的，就痛罵一番，這是很容易明白的道理。中國的思想學術，事事都落人後，翻譯外國書籍，碰著與國人思想見解不相合的，更該虛心去研究，絕不可妄自尊大，動不動說別人國裡道德不好。可歎近來一班做「某生」「某翁」文體的小說家，和與別人對譯哈葛德迭更司等人的小說的大文豪，當其選譯外國小說之時，每每說，西人無五倫，不如中國社會之文明；自由結婚，男女戀愛之說，流毒無窮；中國女人重貞節，其道德為萬國之冠；這種笑得死人的謬論，其所謂「坐井觀天」「目光如豆」了。即如此篇，如使大文豪輩見之，其對於穆理（按：與下文醫生，迪克部是劇中人物）之評判，必曰：

3　　《新青年》五卷三號。

「夫也不良,遇人不淑,而能逆來順受,始終不渝,非嫻于古聖人之三從四德之教,子輿氏以順為正之訓者,烏克臻此?」其對於醫生之評判,必曰:「觀此醫欲拯人之妻而謀斃其夫,可知西人不明綱常名教之精理。」其對於迪克之評判,必曰:「自由平等之說興,於是亂臣賊子乃明目張膽而為犯上作亂之事。近年以來歐洲工人,罷工抗稅,時有所聞;迪克之轟礦,亦由是也。紀綱凌夷,下陵其上,致社會呈擾攘不寧之現象,君子觀于此,不禁怒焉傷之矣。」這並非我的過於形容,閱者不信,請至書坊店裡,翻一翻什麼「小說叢書」、「小說雜誌」和「封面上畫美人的小說」,便可知道。第二,文字裡的標點符號,是最不可少的。在小說和戲劇裡,符號之用尤大;有些地方,用了符號,很能傳神;若改為文字,便索然寡味,完全失去了說話的神氣。然而如大文豪輩,方且日倡以古文筆法譯書,嚴禁西式樣入中國,恨不得叫外國人都變了蒲松齡。外國的小說,都變了《飛燕外傳》、《雜事秘辛》,他才快心。若更能進而上之,變成「某生」、「某翁」文體的小說,那就更快活得了不得。

王闓運說,耶穌教的十字架,是墨家「鉅子」的變相,鉅子就是「矩子」。錢玄同質問道:就是不論矩的形狀和十字架的形狀是否一樣。就算是一樣,有什麼憑據知道是從中國傳出去的呢?就算查到了傳出去的憑據,又有什麼大道理在裡頭?近來中國人常說,大同是孔子發明的;民權議院是孟夫子發明的(這是康有為的話),此外如電報、飛行機之類,都是「古已有之」。這種瞎七搭八的附合,不但可笑,並且無恥。請問:就算上列種種新道理、新事物,的確是中國傳到西洋去的。然而人家學了去,一天一天的改良進步,到了現在的樣

子，我們不但不曾改良進步，連老樣子都守不住，還有臉來講這些話嗎？這好比一家人家，祖上略有積蓄，子孫不善守成，被隔壁人家盤了去；隔壁人家善於經理，數十年之後，變成了大富翁，這家人家的子弟已經流為乞丐，隔壁人家看了不善，給他錢用，給他飯吃，他還要翹起大拇指對別人說：「這隔壁人家的錢，是用了我們祖宗的本錢去孳生的，我們祖宗原來是大富翁哩！」你們聽了這話，可要不要罵他無恥—何況隔壁人家的本錢是自己的，並不是盤了這位乞丐的祖宗的錢呢？

這篇雜感載於1919年2月15日發行的《新青年》六卷二號中。在這一期中，他還發表過一篇專門駁斥「大同是孔子發明的，民權議院是孟子發明的，飛機電機都是『古已有之』一類謬論」的文章，另一篇是諷刺「中國派的醫生」排斥西醫的，文章說：

有一位中國派的醫生說：「外國醫生動輒講微生蟲，其實哪裡有什麼微生蟲？就算是微生蟲，也不要緊。這微生蟲我們既看不見，想必比魚蝦還要小。我們天天吃魚蝦還吃不死，難道吃了比它小的什麼微生蟲倒會死嗎？」錢玄同說，這位醫生的話講得還不好，我代他再來說一句：「那麼大的牛，吃了還不會死，難道這麼小的微生蟲，吃了倒還死嗎？」那位醫生自己愛拿微生蟲當魚蝦吃，我們原可不必去管他。獨是中國這樣的醫生，恐怕實不少。病人受了他的教訓去放量吃那些小的「魚蝦」，吃死的人大概也就不少。我想中國人給「青天老爺」和「丘八太爺」弄死了還不夠，還有這班「功同良相」的「大夫」來幫忙，也未免太可憐了。但是「大夫」醫死了人，人家不但死

而無怨，還要敬送「仁心仁術」，送「三折之良」、「盧扁再世」的招牌給他，也未免太奇怪了。

這裡所謂「中國派的醫生」，指的是中醫，錢玄同對中醫以及夾雜不少中醫的道教抨擊相當激烈。緊接著的一篇隨感，他諷刺說，中國人自己說自己身體的構造，很有些特別，心在正中，一面一個肝，一面一個肺，這三樣東西的位置，和爐臺的擺法一樣，這已經很奇怪了。此外還有什麼「三焦」，什麼「丹田」，什麼「泥丸宮」，什麼「氣」。身體裡還有等於金、木、水、火、土的五樣東西，連絡得異常巧妙。所生的病，有什麼「驚風」，什麼「傷寒」，什麼「春濕」、「冬溫」，還有什麼「痰裹火」、「火裏食」這樣的怪身體，這樣的怪病，自然不能請講生理學的醫生來醫了。[4]

像這樣對「國粹」的揭發抨擊，貫穿了錢玄同的一生，而且比其他人更激進，更大膽。1918年，一位署名Y、Z的讀者給《新青年》記者來信說：「錢玄同先生，我最佩服他，他是說話最有膽子的一個人。」劉半農在覆信中說，錢玄同誠然是文學革命裡一個「衝鋒健將」，但是光有少數幾個人還不夠，有賴於大家的共同努力。[5]新文化運動過後，錢玄同與胡適、顧頡剛一道引發了古史辨運動，對經學、小學、上古史進行了廣泛的討論和研究，從學術上揭開了蒙在傳統文化上的神聖面紗，解放了學術，也解放了思想。1923年，錢玄同致信周作人，認為現在仍應積極去提倡「非聖」、「逆倫」，應該積極去剷

4　《新青年》六卷二號。
5　《新青年》五卷三號。

除「東方化」，總而言之，非用全力來「用夷變夏」不可，意謂要引進外來文化。1924年，錢玄同寫了三篇文章批評吳虞，署名「Ｘ、Ｙ」發表在《晨報副鐫》上。吳虞過去在《新青年》上發表過許多文章，攻擊封建禮教，胡適稱讚他是只手打倒孔家店的四川老英雄，其實吳虞的思想並不先進，他後來發表的那些庸俗的詩，受到一些人的批評，並不足奇，但是有一些人說他畢竟有打孔家店的功績，替他辯護，錢玄同寫了《孔家店裡的老夥計》一文。他說，孔家店是中國昏亂思想的大本營，真是千該打、萬該打的東西，不打倒則不能接受新思想、新科學。但是，孔家店又有「老店」和「冒牌」之分，這兩種都應該打，而冒牌的尤其應該大打特打，打得它一敗塗地，片甲不留！不過，打手卻有問題，簡單地說，便是思想行為至少要比冒牌的孔家店裡的人們高明一些的人才配得做打手。若與他們相等的便不配了。至於孔家店裡的老夥計，只配做被打者，絕不配來做打手！真正老牌的孔家店內容怎樣，這是很不容易知道的—近來有些人，如胡適、顧頡剛等人，他們正在那兒著手調查該店的貨物—他們可以做打手。因為他們自己的思想是很清楚，調查貨物的方法是很精密的。冒牌的孔家店的貨物，光怪陸離，什麼都有，例如古文、駢文、八股、試帖、扶乩求仙、狎優狎娼等等。這一類孔家店，近來有好幾位打手來打它，如陳獨秀、易沙白、胡適、吳敬恒、魯迅、周作人諸公。

吳虞看了這篇文章很生氣，寫信給副刊記者，為自己辯解，錢玄同寫了《「吳虞先生的來信」的「讀後感」》予以批駁，並指出，玩相公、逛窯子的文人作「綺豔之詞」，盡可「尋芳」，盡可「尋美人憐」，至於「芳」是什麼東西，「美人」是什麼東西，那些人和自己

是否同人類，是否同有人權，這些問題，本非孔家店裡的夥計的腦子所有的。錢玄同的批評是很有預見性的。吳虞曾因反禮教名噪一時，背後則去嫖妓，抽大煙，在成都死去，證明他確是「孔家店裡的老夥計」，像這樣首施兩端的人直到現在尚不知有多少。錢玄同又分析為什麼一些罵禮教的人最後還是要重新用禮教來束縛別人呢？他說，有一種人，他從前因為自己受父母的管束，便氣得不得了，痛罵禮教之害人。現在看了自己生的兒女不受管束，便覺得這都是中了外國的新學說的毒，同時又覺得中國「有特別的國情」，如漢宣帝所謂「漢家自有制度」，這些「國情」與「制度」實非保存不可，但自己仍不得不藉口破壞禮教以便私圖，這便叫做「陰護禮教」。錢玄同是攻擊禮教最烈者，自己又在生活品德上一絲不苟；他「少遭綱倫之厄」，立志要讓下一代擺脫舊禮教的束縛，絕不借提倡新文化運動來自私自利，這種咬緊牙關來實踐自己的學說的偉大精神（黎錦熙評語），正好與吳虞形成一個鮮明的對比。

錢玄同、吳虞的這場論爭，有人認為錢玄同對吳虞批評「太過」，當時有一個署名「浿生」的人就給《晨報副鐫》編輯部寫信，表達這種看法，錢玄同寫了《答浿生君》，他說，以現在的眼光斥從前的著作為毫不足取，是應該的，毫不太過。第二年，他打「章老虎」之反對國語，措詞也相當嚴厲。黎錦熙比較了他與錢玄同的性格，說他自己是「韋」，而錢玄同則是「弦」。錢玄同的言論一向以激進著稱，這使我們想起近現代史上一個傳奇式的人物劉師培，他比錢玄同大三歲，所寫的《攘書》、《中國民族志》，宣傳「攘除清廷，光復漢族」，在社會上影響很大。他甚至改名光漢，以示排滿之志。

錢玄同一度十分尊清，1903年讀了章太炎《駁康有為論革命書》、鄒容《革命軍》，思想轉變到排滿上來。第二年讀了章太炎的《訄書》、劉師培的《攘書》，更堅定了「義不帝清之志」，並剪了辮子。過了一年，他還讀了劉師培的一些學術著作，1907年在日本留學時，於章太炎的住處認識了有世誼的劉師培。劉師培年輕時以激進號稱，1904年在《中國白話報》上，他寫過一篇《論激烈的好處》云：「現在有一種的人，天天說平和，天天說待時，說天下的事情，都要慢慢的一步一步做起來，斷不可不顧事情的成功，只曉得亂鬧，唉呀！這話便說錯了，現在說這話的人，他心裡有幾種想頭：一種是看見康有為變法，唐才常勤王，都是因為做事匆促敗大事的，所以遇見這激烈的人，就引起康有為、唐才常的幾樁舊事來：說你斷斷鬧不得，就是亂鬧斷斷是無濟於事的。一種是看見現在平和黨的人，有的開學堂，有的興實業，倒也覺得有幾份效驗，說他們宗旨雖不好，還能辦兩件實實在在的實情。你們除亂鬧以外，就沒有一樁事情能辦了，可不是和平的好處麼！這兩種人由我看來，都說他是趨利避害。因為什麼原因呢？天下惟有這種平和黨的人，又獲名，又獲利，又能保全身家妻子。這維新的人既說他開通，那守舊的人又不說他悖逆。他既能在守舊的面前討好，又要在維新的面前做名，所以他所做的事業都是平穩不過的。人看見他做事情平穩，大家就都要學他的法子，所以從前激烈不過的人，一個都沒有了，可不是平和黨的為害，也像洪水猛獸夷狄一樣的麼？你們既曉得平和的壞處，我就把激烈的好處，一樁一樁的講出來。」

劉師培認為，激烈的第一樁好處便是無所顧忌。因為中國人做

事，是最遲緩不過的，懷有恐怖心，罣礙心，希戀心，互相觀望等待。其實大凡「機會」兩個字，都是我們做出來的，只要無所顧忌，自然天下沒有難事了。第二個好處是實行破壞。天下的事情，沒有破壞，就沒有建設。中國的人民不實行革命，斷斷不能立國，就是「破壞」兩個字，也是斷斷不能免的了。況且中國的事情，沒有一樁不該破壞的，家族上的壓抑，政體上的專制，風俗、社會的束縛，沒有人出來破壞，是永遠變不好的。中國、歐洲都有不少破壞家，沒有這種激烈派的人，就不能作空前絕後、驚天動地的大事業。第三樁是鼓動人民。法國的盧梭、孟德斯鳩，日本的高山正之、蒲生秀實，都善於鼓動。這一種著書、出版、演說的人，宗旨也激烈。劉氏最後強調說，「大約中國亡國的原因」，都誤在「平和」兩字，這平和原因，又誤在「待時」兩字。哪曉得現在還有一種治學的人，看了幾部《群學肄言》等書，便滿嘴的說平和的好處，看見這激烈的人，不說他不曉得進化的層次，也說他不曉得辦事的條理。現在的人感於這等議論的，也很不少。我恐怕再過幾年，連一個做事情的人都沒有了，可不是把中國弄得滅亡麼！所以我把幾樁的好處，一層一層地說出來，教中國的人民都快快地出來辦事，不要遲疑，中國的事情，就可以一天一天的好起來了。[6]

　　劉師培對這篇文章的署名是「激烈派第一人」，可以看出他「激烈」之一斑。我們還可以舉出一個例子，即在名噪一時的長文《攘書》中，劉師培對少數民族極盡醜詆之能事，以示急宜攘除，他竟說

6　轉引自李妙根編：《劉師培論學論政》，上海：復旦大學出版社，1990年，第335—338頁。

漢族興起帕米爾高原，這還不奇，更奇的是他說那些不能與「夏」人同日而語的「夷」人；其中有一句：

吾觀四川番民生毛，臺灣生番有尾，非洲黑人近于猿猴。

這樣，二十世紀竟還存在有毛、有尾、與猿猴同類的民族！劉師培恐怕還不至於沒有這樣的常識，而他振振有詞地說「吾觀」云云，究竟是如何「觀」出來的呢？恐怕是「激烈」出來的吧！無非是想增加人們對清廷的厭惡情緒。當時還有吳稚暉用穢褻的文字醜詆清廷，錢玄同後來回憶說，讀後增加了不少對清廷的鄙夷心理，劉師培的用意與吳稚暉是一樣的。劉師培在日本宣傳過社會主義、無政府主義，回國後非但不「激烈」了，反而被清兩江總督端方收買為幕僚，充當暗探，後又追隨楊度參與發起臭名昭著的「籌安會」，任理事。又作《君政復古論》，擁護袁世凱稱帝，任署理參政院參政。袁世凱事敗後，劉氏倉皇出逃，蔡元培、章太炎奇其才，聯名登報，要求與劉師培通信，劉氏置之不理。蔡元培一貫主張「人才至為難得」，聘他為北京大學教授。正當錢玄同等人鼓吹新文化運動時，劉氏卻參加組織「國故月刊社」，任《國故月刊》總編輯，與新文化運動對抗，不久病逝，年僅三十六歲。錢玄同在逝世前兩年抱病整理編輯《劉申叔先生遺書》，把他推為自清末戊戌維新以來中國學術思想界有代表性的十二位啟蒙人物之一，表彰這位清末革命家和國學大師應有的歷史地位。劉師培畢竟是一位才學非凡的學者，雖然他的曾祖劉文淇，祖劉毓崧，伯父劉壽曾，均以治《左氏春秋》名於清道咸同光之世，列傳於國史，其父劉貴曾在東南學界上很有名，但是知識份子不在政治上

圖謀，永遠也擺脫不了貧賤的地位，劉師培在政治上的大起大落，是極希望擺脫這種代代沿襲的處境，他反清排滿，當然是激烈；投靠端方、袁世凱，顯然是倒行逆施，而在他自己，未嘗不是想再激烈一番。他的弟子追述說：「先生精力兒文於著述，世變紛紛，匪所能悉，而以貧病故，不能亡情爵秩，時時為僉壬牽引致不退，不遂入於坎陷。非深知先生者，孰能諒之。」這確實道出了劉師培不安於貧賤的苦衷，不能完全看作是對其師的辯護。政治鬥爭無不需要知識份子當工具，作炮灰；知識份子依附政治也是在下賭注，即使找准了對象，往往等著的就是「良弓藏，走狗烹」的下場；若是找錯了對象，則要共當敗者為寇的惡名。知識份子的三難處境，劉師培不過是無數的犧牲者中的一員而已。

錢玄同也是出生於一個典型的封建知識份子的家庭，他自己既不能治產業，又不願從政。這並不是說他對政治不關心，他親眼目睹他所處的時代還是強權政治，各實力派的你爭我奪在那些記載帝王家譜、殺人放火的帳簿─中國史書的主體中隨處可見，他痛感要培養中國人的「人」氣，改造中國人的思想，才是治本之方。這意味著他一開始就與他有世誼的劉師培，選擇了不同的道路。在暮氣深重的民國初年，錢玄同呼喚西方的德先生、賽先生、穆姑娘，鼓吹新文化運動。黎錦熙先生說，在《新青年》上，唯有錢先生的說話，最大膽，最無畏，最痛快淋漓，最使人興奮，所以要推他為新文化運動揭幕的一人。周作人說，玄同的主張看似多歧，其實總結歸來只是反對禮教，在所謂新文化運動中間，主張反禮教最為激烈，而且到後來沒有變更的，莫過於他了，可見錢玄同是最「激烈」的健將。1918年，他

在答孫少荊的信中說：

> 先生所說的「不要『人』還沒有弄清楚，便去胡亂談政治、法
> 律、愛國、救國」，這實在是極精當的議論，我佩服得很。那些聖人
> 賢人，要是專門吃飯，我們盡可任他去。所可恨的，他於吃飯之外，
> 還要逼著我們去做那先王的留聲機器；我們要是偶然良知發現，想要
> 做「人」，他便說我們大逆不道，「宜正兩觀之誅」，那我們自然不能
> 不竭力的反抗了。[7]

　　錢玄同後來給魯迅、周作人兩兄弟寫信，認為培養中國人的
「人」氣比什麼都重要。晚年致信周作人，「覺得改變中國人的思想
是真義」。在新文化運動中，錢玄同發現了人的主題，所以加入國語
研究會，畢生以一個國學大師的身份，致力於「喚醒民眾」的國語運
動。有了這樣的認識，在1925年「五卅慘案」後，在一片對帝國主義
的唾罵聲中，錢玄同卻強調孟子的名言「人必自侮而後人侮之，家必
自毀而後人毀之，國必自伐而人伐之」是顛撲不破的至理。他說，帝
國主義者侵略我們，我們固然應該反抗，但同時也該自己反省一下，
為什麼他們不侵略別國而來侵略咱們呢？這實在是因為國人受奴化教
育影響太深，所以「喚醒國人」是有腦筋的人唯一的工作，甚至是他
們的「救命工作」，否則那些極少數奔走呼籲的人將會跟那大多數人
「送死」。軍閥政蠹固然是國賊，錢玄同認為卻不值得特別去提他
們。因為，他們一旦倒了運，與普通人固無以異，普通國人一旦來了

7　《新青年》五卷六號。

運，還不是十足地道的軍閥政蠹嗎？那麼，若不「喚醒國人」，不改良國人，而徒沾沾焉惟軍閥政蠹之是罵，真是捨本逐末之論。總之，凡與中華民國政體和一切組織抵觸者，如綱常名教等，都是「國賊」。只因辛亥革命對這些「國賊」沒有加以清除，以致十四年來所謂中華民國也者，僅有一張空招牌，實際上是掛羊頭而賣狗肉。大多數的國人都是死守帝國遺奴本分，不能超升為國民。夠得上算國民的，只有那極少數的幾個覺醒者，單靠他們來保國，來反抗帝國主義，絕對是不夠的。所以覺醒者必須「喚醒國人」。怎樣喚醒？消極方面是「除國賊」，積極方面是請德先生（Democracy）、賽先生（Science）、穆姑娘（moral）來給咱們建國，大多數的國人受到這個教育，奴性逐漸消失，人性逐漸發展，人人都明了自己有處理政治天職和抵禦外侮之義務，則國才有保得住的希望。但保國不是「保存國粹」，反抗帝國主義是反抗侵略咱們的強權，絕對不是「排外」，凡是現代的世界文化，咱們的國家也應該受它支配。相反，拒絕現代的文化國必亡。

錢玄同在前幾年的《漢字革命》一文中，批評清末文字改革家設置「精英文化」與「大眾文化」的障礙，他畢生致力於國語運動，做的是普及與不普及、統一與不統一的工作，在這篇《關於反抗帝國主義》中，他強調「喚醒國人」，所要喚醒的應該是國人全體，並非限於一般所謂民眾。喚醒者自己亦當在被喚醒者之列。應該是互相喚醒，無論何人，絕不應該自居為全善全聖之上帝而超然於一切人們之外。胡適也曾說過，反帝是一回事，學習他們背後的文化又是一回事。而在中國，則是讓由反帝進而排斥外來文化，至今仍有不少對傳

統文化眷念甚深的人，他們與那些迎合當今文化復古風氣的揣摩之士有區別，實因民族自尊心太強，不管他們怎樣宣稱是「辯證的」，對待中西文化，實質上總擺脫不了「中體西用」的框框。

改造中國人的思想，是近現代啟蒙思想家的共識，如梁啟超、陳獨秀、胡適等人。在《新青年》雜誌上，還有人討論改造中國人人種的問題，介紹了國外改造人種的經驗，可見確有不少清醒的人心裡明白中國人的素質已低劣到什麼程度。陳獨秀尖銳地批判空喊愛國的「愛國主義」，一針見血地指出，中華民族公德私德之墮落，是招來獨夫與強權的總禍根；要救亡，根本措施在於改造國民，這比為國捐軀更重要。他說：「中國之危，固以迫於獨夫與強權，而所以迫於獨夫與強權，乃民族之公德私德之墮落，有以召之耳。即今不為拔本塞源之計，雖有少數難能可貴之愛國烈士，非徒無救於國之亡，行見吾種之滅也。」他列舉了國內的一些現象，如武人亂政、府庫空虛、產業凋零、社會腐敗、人格墮落、官吏貪墨、遊民盜匪充斥、水旱疫癘流行，等等。凡此種種，無一不為國亡種滅之根源，又無一而為獻身烈士一手一足之所可救治。外人譏評吾族，而實為吾人不能不俯首承認者，如「好利之恥」、「老大病夫」、「不潔如豕」、「遊民乞丐國」、「賄賂為華人通病」、「官吏國」、「豚尾客」、「黃金崇拜」、「工於作偽」、「服權力不服公理」、「放縱卑劣」，凡此種種，無一而非亡國滅種之資格，又無一而為獻身烈士一手一足之所可救治一國之民，精神上、物質上如此退化，如此墮落，即人不我伐，亦有何顏面、有何權利生存於世界。因此根本的救亡措施，乃在於國民性質、行為之改善。他總結說：「故我之愛國主義，不在為國捐軀，而在篤行自好之

士為國家惜名譽，為國家弭亂源，為國家增實力。」這才是持續的治本的愛國主義，具體來說，有勤、儉、廉、潔、誠、信之數德的提倡。[8]這絕不是乞靈「國粹」所能做到的，相反，必須輸入西方思想，驅除用國粹反對德賽兩先生的臭味。陳獨秀在1919年答寧波孤兒院王禽雪詢問怎樣使青年擺脫奴隸性時說得好：

　　國果有粹，未始不可保存。乃國人於一切事物，無論好歹，凡是古代遺留者，均以」保存國粹「為前提，不許自由思想者加以非議，其弊將不可勝言。足下既從事貧民教育，當教以勞工之尊嚴，擺脫一切奴性，不但國粹一端已也。[9]

　　終於，一批立志「新民」的啟蒙思想家彙集在北京大學，以《新青年》為喉舌，掀起了新文化運動。這在很大程度上，應歸功於蔡元培對北大的改革。在此之前，北大既有古代太學舊遺氣，又有食洋不化之弊。1912年嚴復任北大校長，十分重視外語，課堂上除國學課程外，都用外語講授，課外活動，如開會、講演討論也多用外語，尤其是教員。一些教員講課，一開口就說「我們西國」如何如何。姚永概任文科教務長，桐城派的學風在北大文科居優勢。桐城派自康熙中葉由其始祖方苞開始，直至辛亥革命前夕，勢力很大，如吳汝綸、王先謙、曾國藩、嚴復、林紓都是桐城派的典型代表。該派信仰「文以載道」，崇尚宋明理學，以孔、孟、韓、歐、程、朱的「道統」自任，標榜「因文見道」，自詡文道合一，即與漢學對立，又與西學抗衡，

8　　陳獨秀：《我之愛國主義》，《新青年》二卷二號。
9　　《新青年》六卷一號。

林紓還曾在北大任教。1916年夏錫棋代替姚永概主持北大文科後，引進章門學者，如黃侃、馬裕藻、沈兼士、錢玄同等先後到北大文科教書，成為師資的主流。錢玄同和沈尹默向蔡元培介紹陳獨秀，陳獨秀擔任了北大文科學長，北大面貌煥然一新。錢玄同在新文化運動中就拿綿亙有清一代的桐城派及胡謅駢文、刻意仿古的選學派開火，提倡白話文，反對國粹。當時革新派與保守派同在一個學校，甚至一個系，如革新派刊物《國民》、《新潮》與《國故月刊》的編輯人員同在中文系，《新潮》、《國故月刊》的社址都在紅樓。因此雙方成員接觸時經常唇舌相譏，筆鋒相對，上班時冤家相見，分外眼紅，有的甚至懷揣小刀子。拖著長辮子、主張保皇的辜鴻銘在北大英文系講外國詩選，一年只講了六首零十幾行詩，一上臺則滿口「春秋大義」。梁漱溟於1917年到北大哲學講授《印度哲學》，1918年打出「研究東方學」的旗號，一連幾天在《北京大學日刊》上刊登啟事，說北大是「中國僅有之國立大學，世之求東方學不於中國而誰求，不於吾校而誰求」，指責革新派「皆深昧於歐化而無味乎東方之文化」，他表示要「為研究東方學者發其端」。不久，他在北大成立孔子研究會，說「往世的思想之最圓滿者無逾於孔子」，對孔教「嘆服之無窮」。1919年劉師培、黃侃、陳漢章等發起成立國故月刊社，「以昌明中國固有之學術為宗旨」，「慨然於國學淪夷，欲發起學報，以圖挽救」，攻擊輸入西方文化，反對科學和民主，說「功利倡而廉恥喪，科學尊而禮義亡，以放蕩為自由，以攘奪為責任，斥道德為虛偽，詆聖賢為國願，滔滔者皆是也」。林紓發誓要「拼我殘年」，極力衛道，攻擊新文化運動領導人是「人頭畜鳴」。除了對他們以影射小說謾罵外，還指使北大學生張厚載（後被開除）多次給京、滬兩地報刊寫通訊，散

佈陳獨秀、錢玄同等被政府逮捕，被驅逐出北大的謠言。同時，北洋軍閥政府指使議員在國會提出彈劾教育部的議案，實則矛頭對準蔡元培，為其武力鎮壓新文化運動，鎮壓北大作輿論和組織的準備。對於新舊兩派的較量，錢玄同尖銳地指出，一般人還以為是名利心之爭，實際上是新舊思想的鬥爭，是不可調和的。

1918年《新青年》四卷五號發表了李大釗《新的！舊的！》一文。他說，宇宙進化的機軸，全由兩種精神運之以行，正如車有兩輪，鳥有兩翼，一個是新的，一個是舊的。但這種精神活動的方向，必須是代謝的，不是固定的；是合體的，不是分立的，才能於進化有益。可是，中國人今日的生活，全是矛盾生活；中國今日的現象，全是矛盾現象。矛盾生活，就是新舊不調和的生活，就是一個新、一個舊。如我國現已成了民國，仍然還有什麼清室；制定憲法，一面規定信仰自由，一面規定「以孔教為修身之本」。因此，我希望我新青年打起精神，於政治社會文學思想種種方面開闢一條新徑路，開創一種新生活，以包容覆載那些殘廢頹敗的老人；不但使他們不妨害文明的進步，且使他們也享受新文明的幸福，嘗嘗新生活的趣味，進！進！進！新青年！錢玄同在李文後面加了按語說，要打破矛盾生活，除了征服舊的，別無他法。那些殘廢頹敗的老人，似乎不必請他享受新文明的幸福，嘗新生活的趣味；因為他們的心理，只知道牢守那笨拙迂腐的東西，見了迅速捷便的東西，便要「氣得三屍神炸，七竅生煙」，「狗血噴頭」地罵我們改了他的老樣子，我們何苦辛辛苦苦創造成功的幸福去請他們享受，還要看他們的臉，受他們的氣呢？

李大釗的在《新舊思想之激戰》一文中義正詞嚴地寫道：

我還告那些頑固鬼祟、抱著腐敗思想的人⋯⋯想抱著那位偉丈夫的大腿（按：指林紓攻擊新文化運動領導者的小說《荊生》），拿強暴的勢力壓倒你們所反對的人，替你們出出氣，或是作篇鬼話妄想的小說快快口，造段謠言寬寬心，那真是極無聊的舉動，須知中國今日如果有真正覺醒的青年，斷不怕你們那偉丈夫的摧殘。你們的偉丈夫，也斷不能摧殘這些青年的精神！[10]

李大釗在《新的！舊的！》一文中，指出新文化運動領導人是超前於時代而生，而舊派則是大大落伍於時代，這樣兩種人碰在一起是不能不產生矛盾的，他說：

最近又在雜誌上看見獨秀先生與南海聖人（按：指康有為）爭論；半農先生向投書某君棒喝（按：指王敬軒），以新的為本位論：南海聖人及投書某君，最少應生在百年以前；以舊的本位論：獨秀、半農最少應生在百年以後，此等「風馬牛不相及」的人物思想，竟不能湊合在一處，立在同一水準線上來講話，豈不是絕大憾事？中國今日生活現象矛盾的原因，全在新舊的性質相差太遠，活動又相鄰太近。[11]

正因為新舊之間不可調和的矛盾，錢玄同不僅與林紓等頑固派展開筆墨之戰，而且還與他的同門黃侃、吳承仕分道揚鑣了。錢玄同在《新青年》上發表文章，不點名地批評黃侃復古，黃侃遂對錢玄同不

10　李大釗：《李大釗選集》北京：人民出版社，1959年，第156頁。
11　《新青年》四卷五號。

滿。1932年，黃侃在章太炎面前責備錢玄同不繼續研究傳統的音韻學，要弄注音字母、白話文，說：「二瘋，你可憐啊！」錢玄同聽了大怒，說：「我就是要弄注音字母！要弄白話文！混帳！」章太炎急忙從中調停，說：「你們還吵什麼注音字母、白話文啊！快要念『アイウエオ（日文字母）』了啊！」意謂日寇入侵，國難當頭，應團結救國才是。黃侃死後，《立報》登載過一些黃侃遺事，第一則副題是《錢玄同講義是他一泡尿》，原文說：

　　黃以國學名海內，亦以罵人名海內，舉世文人除章太炎先生，均不在其目中也。名教授錢玄同先生同黃同師章氏，同在北大國文系教書，而黃亦最瞧不起，嘗於課堂上對學生曰，汝等知錢某一冊文字學講義從何而來？蓋由余溲一泡尿得來也。當時錢與余居東京時，時相過從。一日彼至余處，余因小便離室，回則一筆記不見。余料必錢攜去。詢之錢不認，今其講義，則完全系余筆記中文字，尚能賴乎？是余一尿，大有造於錢某也。此語北大國文系多知之，可謂刻毒之至。

　　周作人將這段文章寄給錢玄同看，錢玄同置之一笑，回信說：

　　披翁（按：黃侃別號）軼事頗有趣，我也覺得這不是偽造的，雖然有些不甚符合，總也是事出有因吧。例如他說拙著是撒尿時偷他的筆記所成的，我知道他說過，是我拜了他的門而得到的。夫拜門之與撒尿，蓋亦差不多的說法也。[12]

12　　周作人：《錢玄同的復古與反覆古》。

1933年，錢玄同堅持要廢除吳承仕教的「三禮名物」課，因為他不滿意吳承仕專據《三禮》注疏，不辨古文家說之疑偽而一律認為真實。吳承仕常說這門科目，可改稱為「封建時代的衣食住行」，錢玄同說還要加上幾個字叫做「封建時代鄭、孔、賈所說的衣食住行」。錢、吳二人合編《章氏叢書續編》，章太炎督促甚急，很顯然，由於吳承仕在覆信中說錢玄同「思想蛻化」，章太炎在1935年2月25日的回信中委託吳承仕一人承擔編印事宜，不讓錢玄同參與；又說「《三體石經考》系玄同手書，後附跋尾，亦玄同屬為之。如其思想蛻化，於前跋又有不愜，不妨將前跋刪去，但謝其寫校之勞而已」。幸虧章氏對錢玄同知之甚深，並且又收到了錢玄同的信，所以章氏又寫信給吳承仕，說：「得玄同來書，其辭平正而哀委，非蛻化，實緣病因。且刻以陰曆三月之杪，必可出書。如是自堪慰藉，已復書止其哀痛矣。玄同以半農、晦聞雲亡，時時出涕，不可謂非有情人。其得病亦頗類中風，所謂神經性者是也。始慕秬阮，亦為增病之藥，今慕顏之推，庶幾得侯氏黑散矣。」吳承仕死後，吳玉章在挽聯中有「受軍閥壓迫，受同事排擠，終受敵寇毒刃摧殘」之句，人們認為「受同事排擠」，指的是吳在師大受錢的「排擠」，其實黎錦熙先生早就指出，錢玄同要廢除吳承仕的「三禮名物」課，人家以為是因為兩人當時宗旨不合，實則是錢玄同不滿吳承仕太信古。1926年，吳承仕任北師大國文系主任，錢玄同因事請假半年，吳承仕請黃侃來任教，黃侃因為在講堂上說話隨便，引起女同學不滿，並向吳承仕反映，吳承仕婉言勸黃侃，黃遂對吳不滿，並懷疑錢玄同作梗，乃作詩譏諷，內有「芳湖聯蜀黨，浙派起錢瘋」之句。這樣，章門三大弟子先後反目，分道揚鑣了。

錢玄同與魯迅的分手，則既因性情不合，又思想旨趣有別。錢玄同鼓勵魯迅起來推翻「鐵屋子」，魯迅自述：「初做小說是1918年，因為我的朋友錢玄同的勸告，做來登在《新青年》上的。這時才用『魯迅』的筆名。」這篇小說就是《狂人日記》。錢玄同力主廢漢文，寫了《中國今後之文字問題》一文，其中許多話是將他與魯迅的主張合而為一寫出的，所以文中露出「友人周（豫才）君」四字。1924年錢玄同等人成立語絲社，魯迅分擔過印刷費，他與錢玄同都是長期撰稿人。魯迅後來還回憶說：「從此市場中的茶居或飯鋪的或一房門外，有時便會看見掛著一塊寫『語絲社』的木牌，倘一駐足，也許就可以聽到疑古玄同先生的又快又響的談吐。」1926年7月顧頡剛受聘為廈門大學研究所導師和大學教授，因6月《古史辨》第一冊出版，轟動一時，顧頡剛的學術地位大為提高，8月改聘為史學研究教授兼文科名譽講師，此時魯迅也在廈大任教，他不贊成古史辨中的觀點，並對之進行了抨擊。古史辨是胡適、錢玄同、顧頡剛宣導的，以顧頡剛的成績最大，他比錢玄同小6歲，成名也比錢玄同晚，但是錢玄同對顧頡剛的才識極為賞識，並引為自己最好的朋友之一。魯迅抨擊《古史辨》，當然不止顧頡剛一人，還包括胡適、錢玄同。這一年也就成了魯、錢二人裂痕的起點。1929年的一天，魯迅到孔德學校，訪馬隅卿，「先傳達一個名片，仍是『周樹人』，錢先生適在座，老朋友久別重逢，初不寒暄，錢先生拿著這個名片笑著問他：『你的姓名不是已經改成兩個字了嗎？怎麼還用這三個字的名片？』魯迅先生正色而莊嚴地答道：『我從來不用兩個字的名片，也不用四個字的名片！』錢先生不悅，適有一客來，是錢先生最要好的而魯迅先生最不喜歡的（按：指顧頡剛），因此兩人更愣住了。不久魯迅匆匆離開，

以後兩人更無說話的機會了」[13]。

這次會面，魯迅在給許廣平的信中有論述，說他「途次往孔德學校，去看舊書，遇金立因，胖滑有加，嘮叨如故，時光可惜，默不與談。少頃，則朱山根即門而入，見我即躊躇不前，目光如鼠，終即退去，狀極可笑也」。這裡的「金立因」，即指錢玄同，「朱山根」即指顧頡剛。錢玄同回憶此事時說：

從15年秋天他上廈門直到現在，這10年之中，他於26日到孔德學校訪隅卿（隅卿那時是孔德學校的校務主任），要看孔德學校收藏的舊小說，我也在隅卿那邊談天，看見他的名片還是「周樹人」三字，因笑問他「原來你還是用三個字的名片，不用兩個字的。」我意謂其不用「魯迅」也。他說：「我的名片總是三個字的，沒有兩個字的，也沒有四個字的。」他所謂四個字的，大概是指「疑古玄同」吧。我那時喜效古法，綴「號」於「名」上，朋友們往往開玩笑，說我改姓「疑古」，其實我也沒有這樣四個字的名片。他自從說過這句之後，就不再與我談話了，我當時覺得有些古怪，就走了出去。後來看見他的《兩地書》中說到此事，把「錢玄同」改為「金立因」，說，「往孔德學校，去看舊書，遇金立因，胖滑有加，嘮叨如故，時光可惜，默不與談」（原注：第二四四頁），我想，「胖滑有加」似乎不能算做罪名，他所討厭的大概是嘮叨如故吧。不錯，我是愛「嘮叨」的，從2年秋天我來到北平，至15年秋天他離開北平，這13年之中，我與他見面總在100次以上，我的確很愛「嘮叨」，但那時他似乎並不討厭，

13　黎錦熙：《錢玄同先生傳》。

因為我固「嘮叨」，而他亦「嘮叨」也。不知何以到了18年我「嘮叨如故」，他就要討厭而「默不與談」。但這實在算不了什麼事，他既要討厭，就讓他討厭吧⋯⋯

接著，錢玄同闡述了他是一貫主張思想自由的，見仁見智，不能強求：

我所做的事是關於國語與國音的，我所研究的學問是「經學」與「小學」，我反對的是遺老、遺少、舊戲、讀經、新舊各種「八股」，他們所謂「正體字」、辮子、小腳⋯⋯二十年如一日，即今後亦可預先斷定，還是如此。我讀豫才的文章，從《河南》上的《破惡聲論》等起，到最近（25年10月）「未名書屋」出版的《魯迅雜文集》止，他所持論，鄙見總是或同或異，因為我是主張思想自由的，無論同意或反對，都要由我自己的理智來判斷也。

最後，是錢玄同對魯迅的評論，他稱讚魯迅治學最為謹嚴，絕無好名之心，他讀史與觀世，有極犀利眼光，能抉發中國社會的痼疾，如《狂人日記》、《阿Q正傳》、《藥》等小說及《新青年》中他的《隨感錄》所描寫所論述的皆是。這種文章，如良醫開脈案，作對症發藥之根據，於社會改革是有極大的用處的。同時他指出魯迅的三點短處：第一是多疑。他又往往聽了人家幾句不經意的話，以為是有惡意的，甚而至於以為是要陷害他的。於是動了不必動的感情。第二，輕信。他又往往聽了人家幾句不誠意的好聽話，遂認為同仁，後來發覺對方的欺詐，於是由決裂而至大罵。第三，遷怒。譬如，他本善甲而

惡乙，但因甲與乙善，遂遷怒於甲而並惡之。[14]

　　1936年10月17日錢玄同日記：「未記，此兩周中又未記。可記者為十九日周豫才死（1881～1936，56歲）。我因為青年們吹得他簡直是世界救主，而又因有《世界日報》訪員宋某電約吾家，未見我而杜撰我們談話。我極不願，因作《我對於周豫才君之追憶與略評》一文，登入該報及轉載於師大之《教育與文化》第一期中。」可見錢玄同寫這篇文章是要批駁《世界日報》記者杜撰的報導：《錢玄同昨表示—始終敬仰魯迅天才》。錢玄同對此發表了聲明：「記者先生：頃見今日（按：1936年10月21日）貴報《教育界》關於魯迅君逝世之記載中有『錢玄同昨表示』一段，甚為驚異，貴報方面雖有人於19、20兩早，以電話向舍間詢問此事，但我並不在家（彼時非在師大文學院，即在中國大辭典編纂處），始終未晤貴報記者，何來此『表示』？必系傳聞有誤，此應請更正者一；又此『表示』中所記，尤與事實及僕之意見均不符，此應請更正者二。茲特專函請求，乞即更正。」針對報導所說，及魯迅轉變之後，彼此各奔前途，分道揚鑣，即音信亦不通矣，錢玄同說：「……且何謂轉變，實在不解，若指『我現在是左翼作家聯盟中之一人』而言（此語見於他的《兩地書・自序》中所云，故引之），我卻更鄭重聲明，他此序作於1932年，即民21，而他對我『默不與談』尚早在民18。且此態度是他對我，非我對他也。我即非作家（前已聲明我絕對不懂文學），又未與右翼聯盟，自無所謂右翼（假使有所謂右翼的話），對於豫才有什麼『各奔前途』之可言呢？」

14　錢玄同：《我對於周豫才君之追憶與略評》，《師大月刊》第30期。

錢玄同的日記我很遺憾沒有見到，上面那則日記及下面要用的一則日記我是轉引自一位魯迅研究者的專著（已被編輯刪去）。錢玄同一生是一個學者而不是一個職業革命家，他在性情及思想方面比較接近陳獨秀、胡適而與魯迅有別。舉一個簡單的例子，錢玄同評價章太炎，著重章氏學術的博大和人格的崇高，魯迅則認為章太炎的革命貢獻遠勝過學術，他自己說以前聽過章太炎講《說文解字》，連一句也記不得了，他評價章太炎，是很看重政治標準的。魯迅後來轉變到共產主義立場上來，正是他熱心政治的必然發展，也是他受到後人讚揚的地方。與此形成對比，錢玄同的書卷氣很濃，他一生不做政治工作，不加入任何黨派，認為只有改造中國人的思想，才是談政治的條件，他畢生從事的國語運動，就是「喚醒民眾」的工作。他對於中國自宋以來的學派，最佩服是有四派：一是宋之永嘉學派，二為清初顏李學派，三為清中葉浙東學派，四為自歐陽修以來到康有為的疑古辨史的學派，因為他們都注重事功，實事求是。所以他最推重顏習齋。顏李學說在康熙、雍正初的一二十年間，影響很大，朝廷一度想聘李塨作皇太子的老師，到了顏元的再傳弟子程廷祚的時代，清朝對思想控制加劇，當時就有不少人圍攻程廷祚，自然包括顏、李，他們甚至說「詆宋儒如詆天」，極力為顏、李所批評的宋儒理學作辯護。一直到同治年間，才有曾國藩的幕僚戴望廣求顏、李遺著，於1869年撰成《顏氏學說》十卷。接著，一些改良派思想家如陳虯、宋恕、梁啟超，推崇顏李學派，但也受到保守派，如宋一新、葉德輝、程仲威等人的攻擊。梁啟超稱讚顏李學派是清初思想界的大炸彈，認為他們摧陷廓清了朱陸漢宋諸派的憑藉，對於20年來思想界為極猛烈極誠摯的大革命運動。在錢玄同的影響下，胡適也開始重視顏李學派，他給錢

玄同寫信說：

　　你願意整理的四類書[15]，我都贊成。已選定的三部，即請早日動工。近年多讀顏習齋、李恕穀的著作，覺得他們確是了不得的思想家，恕谷尤為可愛。你說我「不甚愛顏習齋」，那是「去年的我」了！近作《東原的哲學》，開端即敘顏、李。

　　錢玄同由於重實學，自稱對玄學深惡痛絕，但並不是一概排斥哲學之類的東西，他曾請求胡適開幾種禪宗書看，胡適答應了他的請求，並用佛教中救世的言論勉勵這位反玄學的實幹家。錢玄同的信說：

　　適先生：
　　我要請你開幾部禪宗書給我。
　　上面這句話太籠統了，非把我的意思說明幾句不可。老實說，我並沒有研究佛學的心思，也沒有單研究禪宗的心思。我固然不懂得哲學是什麼，但我卻頗盲目地反對佛學哲學，我絕不想在此中求出可信仰的人生觀，我也不信經書中可得到值得信仰的人生觀來。但我平常卻有一個謬見，我覺得一切宗教和「玄學的哲學」都可以作文學觀。文學本是將一個人的「胡思亂想」來「胡說八道」一下子，可是這種「胡思亂想」和「胡說八道」，看起來是很有趣味的，而文筆美妙者尤其耐讀，宗教書亦由（注：古「由猶」字通）是也。

15　指《習學記言》（永嘉學派）、《顏氏學記》（顏李學派）、《新學偽經考》（辨偽學派），第一類為浙東學派的著作，未列。

上面許多題外生枝的廢話，自然要惹得你這位學者笑掉了牙齒，現在不再說了，且入本題吧。

　　因為我愛讀文筆美妙的宗教書，於是想到禪宗的書了。禪宗的思想，雖然是超等玄學鬼發明的，但實在乾脆得有趣，這且不論。我前年見你的《文學史》中所引義玄和宗杲的語錄，覺得文章真好極了，豈獨幹「支離事業」的朱老爹（按：指朱熹）的語錄遠比它不上，就是那幹「簡易工夫」的王老爹（按：指王守仁）的《傳習錄》等也比它不上（實在說，「禪宗的儒家」的思想本來就不及「禪宗的禪宗」）。因此，我便想多讀些這樣的好文章。所以什麼禪宗的源流變遷，雖然我也很想懂得，但是我知道過去的書籍中絕無一部便於看的「禪宗史」，我只想等到老人家的大作出版了，給我快讀一過就是了。現在想讀的便是「文筆美好的禪宗文章」是也。我要請你開示的便是此類書籍。還有一層，凡不是單行和不易購得者都可無庸開示。

　　話雖如此說，但是如有書焉，能由此得到一些關於禪宗的知識的——如「禪宗是什麼」？「禪宗的源流變遷」，「禪宗大師的傳記」之類，自然也要請你順便開示，但請以一些門徑也沒有知道的人容易看得懂的為限。

　　胡適在回信中給錢玄同開的書目有以下幾種：六祖《壇經》，宗杲《宗門武庫》、圓悟、勤祖《語錄》五冊，雍正《禦選語錄》十四冊，《景德傳燈錄》十四冊，《禪林僧寶傳》三冊，《宗範》二冊，胡適還強調，為文學起見，《法華經》不可不看。

　　1937年，錢玄同向胡適詢問一些佛經的出處，胡適於4月8日回信說，它們大致都出於《華嚴經》的《回向品》。此品文句甚繁冗複

澀，但確有很精采的地方，如云：

菩薩悉能施頭目，
手足肌肉及骨髓，
一切身分盡惠施，
其心未曾生中悔。

其散文部分云：

我當為一切眾生受無量苦，令諸眾生悉得免出生死沃焦。我當為一切眾生於一切剎一切地獄中受一切苦，終不捨離……何以故？我寧獨受苦，不令眾生受諸楚毒……

胡適還說，明代宰相張居正得力的正是這些。佛教是一種消極的人生觀，但積極的人，如王荊公、張江陵之流，也可以從佛教中尋出積極的人生觀來。錢玄同大概在信中有一些感傷的話，胡適勸他說：

尊恙正需一種弘毅的人生觀作抵抗力，切不可一「苟延殘喘」悲觀，我曾聽丁在君說一句英國名言，我曾替他譯為韻語：
Ready to die to morrow，
But work as if you live forever！
明天就死又何妨，
只努力做工，就好像永遠不死一樣！

你看如何？[16]

　　錢玄同的性格以直率、激進著稱，章太炎晚年在致錢玄同的信中說得好：

　　足下始慕嵇阮，蓋亦激於時事，龍性難馴，誠未易驟擬，曾為我寫《三體石經考》，於嵇生可謂相似者。自今以後，薊門一道，恐在堯封之外，彼在位者，唯有作夷甫排牆而死；在野亦難容嵇阮矣。[17]

　　嵇康、阮籍都是封建專制高壓下掙紮出來的異端思想家，他們敢於「非湯武而薄周孔」，主張「越名教而任自然」，不為禮法所拘，嚮往能「超世絕群」，「遺俗獨往」，可是面對秦漢以降的封建天羅地網，實在是「無所逃於天地之間」！嵇康生前就有人提醒他「君性烈而才儁，其能免乎？」果然，他終究被冠以「言論放蕩，非毀典謨」的罪名被殺。這是有良知的中國知識份子普遍的悲劇，即使能保全性命，那內心受壓迫的煎熬之苦，是難以訴說的。錢玄同一生處於內憂外患空前嚴重的環境，社會上沉滯的局面讓人「憂心如焚」。他痛感中年以上的人多固執而專制，便憤然道：「人到40就該死，不死也該槍斃。」1927年9月12日他滿40周歲，他有幾個喜歡「幽默」的朋友和他開玩笑，說他已屆槍斃的年齡，打算在《語絲》週刊裡發刊一期《錢玄同先生成仁專號》，訃號、挽聯、挽詩之類也預備了一些稿

16　上面幾封信，轉引自中國社會科學院近代史研究所編的《胡適論學來往書信選》。

17　轉引自《魯迅研究資料》（20），北京：中國文聯出版公司，1988年。

子，都是「幽默」的作品。這個專號最終沒有刊行，因為當時張作霖在北京自稱大元帥，怕惹起誤會。胡適作了《亡友錢玄同先生成仁周年紀念歌》曰：

該死的錢玄同，怎會至今未死！
一生專殺古人，去歲輪著自己。
可惜刀子不快，又嫌投水可恥，
這樣那樣遲疑，過了九月十二，
可惜我不在場，不能來監斬你！

今年忽然來信，要做「成仁紀念」。
這個倒也不難，請先讀《封神傳》。
回家挖下一坑，好好睡在裡面，
用草蓋在身上，腳前點燈一盞，
草上再撒把米，瞞得閻王鬼判，
瞞得四方學者，哀悼成仁大典。
年年九月十二，處處念經拜懺。
度你早早升天，免在地獄搗亂。

1920年，蔡元培為北京英文《導報》增刊寫了一篇文章，胡適認為這篇文章是現在很重要的文字，很可以代表許多人要說而不能說的意思，故把中文原稿刊登在《新青年》七卷五號，題目是《洪水與猛獸》：

2200年前，中國有個哲學家孟軻，他說國家的歷史，常是「一亂一治」的，他說第一次大亂，是4200年前的洪水，第二次大亂，是3000年前的猛獸，後來說到他那時候的大亂，是楊朱、墨翟的學說。他又把自己的距楊墨，比較禹的抑洪水、周公的驅猛獸。所以崇奉他的人，就說楊墨之害，甚於洪水猛獸。後來一個學者，要是攻擊別種形說，總是襲用「甚於洪水猛獸」這句話。譬如唐宋儒家攻擊佛老，用他；清朝程朱派攻擊陸王派，也用他；現在舊派攻擊新派，也用他。

　　我以為用洪水來比新思潮，很有幾分相像。他的來勢很勇猛，把舊日的習慣衝破了。總有一部分人感受痛苦，仿佛水源太旺，舊有的河槽，不能容受他，就氾濫岸上，把田廬都掃蕩了。對付洪水，要是如鯀的用湮法，便愈湮愈決，不可收拾。所以禹改用導法，這些水歸了江河，不但無害，反有灌溉之利了。對付新思潮，也要舍湮法，用導法，讓他自由發展，定是有利無害的。孟氏稱「禹之治水，行其無所無事」，這正是舊派對新派的好方法。

　　至於猛獸，恰好作軍閥的寫照，孟氏引公明儀的話：「庖有肥肉，廄有肥馬，民有饑色，野有餓莩，此率獸而食人也」。現在軍閥的要人，都有幾百萬，幾千萬的家產，奢侈的了不得，那種好好作工的人，窮的餓死，這不是率獸食人的樣子麼？現在天津、北京的軍人，受了要人的指使，亂打愛國的青年，豈不明明是猛獸的派頭麼？

　　所以中國現在的狀況，可算是洪水與猛獸競爭，要是有人能把猛獸伏了，來幫同流導洪水，那中國就立刻太平了。

蔡元培指出舊派攻擊新思想為洪水的伎倆，並歌頌「洪水」滌蕩

舊汙的力量，用意深刻，有助於理解錢玄同陳舊布新、喚醒民眾的一生。

　　錢玄同晚年重申中國的根本問題在於改造中國人的思想，他聲稱自己是「中外古今派」，絕對地主張「今外」，他相信「古中」絕非今後世界之物，他的「古中」，是「受過了今外洗禮的古中」。這是他一貫厚今薄古、洋為中用的態度，他一方面講授、研究國學，一方面身體力行去做那「喚醒民眾」，為「最大多數人」謀「最大幸福」的平凡工作，可惜他齎志以歿，而且是客死在日本帝國主義鐵蹄之下的北平！

▌附錄　錢玄同學術行年簡表

1887年（光緒十三年）　1歲

錢玄同生於1887年9月12日，浙江吳興人。原名師黃，字德潛，又曾名怡，辛亥革命前，改號漢一，又改名夏，別號中季，亦稱季。五四運動前，改名玄同。後在古史辨運動中，號疑古，自稱疑古玄同。

1901年（光緒二十七年）　15歲

在已熟讀五經、《說文解字》、《史記》、《漢書》的情況下，讀莊存與、孔廣森、劉逢祿等人研究《春秋》的著作，服膺今文經學。

1903年─1904年（光緒二十九至三十年）　17─18歲

讀章太炎、鄒容、劉師培、梁啟超的著作，由尊清到主張排滿革命。梁啟超稱讚南明有劉獻廷造新字，倡地文學的主張，錢玄同深服劉獻廷的遠見，因改號為「掇獻」，取「掇拾劉獻廷之墜緒」之意。

1906年（光緒三十二年）　20歲

在上海與浙江紹興徐婠貞女士結婚，並赴日本早稻田大學留學，結識古文經學大師章太炎並師事之。

1907年（光緒三十三年）　21歲

加入同盟會，立志反清排滿，改名為「夏」。

1908年（光緒三十四年）　22歲

聽章太炎講學，並結識章派弟子黃侃、魯迅、周作人、馬裕藻、朱宗萊、許壽裳、沈兼士等。

1910年（宣統二年）　24歲

從日本回國，在浙江省海學堂任國文教員。

1911年（宣統三年）　25歲

春，任浙江省嘉興中學堂國文教員。暑假後，在故鄉吳興的浙江第三

中學做教員。

拜訪今文經學大師崔適，後師事之，並讀其《史記探源》和康有為著《新學偽經考》，專宗今文。

1913年（民國二年） 27歲

任國立北京高等師範學校歷史地理部及附屬中學國文、經學教員，兼北京大學預科文字學教員。

1917年（民國六年） 31歲

投稿《新青年》，支持文學革命，參加國語研究會，主張文化教育改革，打破今古文經學的家法。

1918年（民國七年） 32歲

任《新青年》輪流編輯。提倡世界語，主張廢除漢字。

勸告魯迅寫文章，即《狂人日記》。

為胡適白話詩《嘗試集》作序。

與人審查修訂吳稚暉《國音字典》，這是我國確立國語字音標準之始。

編成兩冊《音韻學講義》，即後來排印的《文字學音篇》，是我國高等學校最早的漢語音韻學教材。

1919年（民國八年） 33歲

兼任教育部國語統一籌備會常駐幹事，從此獻身國語運動，並成為主將之一。

推動民俗學研究，徵集全國近世歌謠，並與顧頡剛合作注《吳歌》的音，與周作人合作注《越諺》的音。

與學生魏建功合作整理出蘇州方音的聲韻部類，開方音研究之新紀元。

1920年（民國九年） 34歲

發表《減省漢字筆劃的提議》。

1921年（民國十年） 35歲

發表文章，主張辨偽，開古史辨運動之先河。

1922年（民國十一年） 36歲

發表《漢字革命》。

1923年（民國十二年） 37歲

提請組織「國語羅馬字」，後任委員。

多次與顧頡剛通信，稱讚他「層累地造成的中國古史」的觀點，強調要敢於疑古，推動了古史辨運動。

1924年（民國十三年） 38歲

與人創辦語絲社。

發表《恭賀愛新覺羅溥儀君升遷之喜並祝進步》、《三十年來我對於滿清的態度底變遷》。

發表《雜感·零碎事情》、《給「夏」和胡適的〈通信〉》，揭露北洋軍閥政府製造文字獄。

批評吳虞並不身體力行反禮教，是孔家店裡的老夥計。

1925年（民國十四年） 39歲

任《國音字典》增修委員會委員，也是「數人會」成員。

與黎錦熙創辦《國語週刊》，反對章士釗復古的《甲寅週刊》。

五卅慘案後發表《關於反抗帝國主義》，指出反帝不是排外，要虛心地用德先生（Democracy）、賽先生（Science）、穆姑娘（Moral）來洗刷國恥，喚醒民眾。

1928年（民國十七年） 42歲

任國立北平師範大學國文系主任，講授說文研究、經學史略、周至唐及清代思想概要、先秦古書真偽略說等科目。

1931年（民國二十年） 45歲

發表《重印劉逢祿左氏春秋考證書後》、《重論經今古文問題》，對經學進行了全面總結。

1932年（民國二十一年） 46歲

教育部公佈《國音常用字匯》以取代《國音字典》，《國音常用字匯》是錢玄同一手編定的。

發表《古音無「邪」紐證》。

1933年（民國二十二年） 47歲

發表《與黎錦熙、羅常培書》，建議以劉繼莊的生年，即1648年為「國語紀元」。

編成《說文部首今讀表》，北大印行。

1934年（民國二十三年） 48歲

發表《古韻二十八部音讀之假定》的長文，其結論及研究方法都富有新義。它是我國語言學家最早利用國際音標系統地構擬古韻音讀的專著。

1935年（民國二十四年） 49歲

病中起草簡體字2300餘字，後由官方公佈的僅為其中的324字。

1937年（民國二十六年） 51歲

整理劉師培遺書，撰《左盦年表》、《左盦著述系年》。

序林尹《中國聲韻學要旨》，發表《古韻「魚」「宵」兩部音讀之假定》。

1938年（民國二十七年） 52歲

病困於被日本佔領的北平，恢復舊名「夏」，拒絕偽聘。

1939年（民國二十八年） 53歲

1月17日，逝世於北平。

後 記

　　大概我們幹歷史這一行的，總離不開要品評人物。中國在魏晉時代還盛行過品評人物的風氣，那是有濃厚玄學思想的清談，我們現在則要用歷史的方法對歷史人物作出客觀的評價。然而評價人物也非易事，往往「一人則一議，十人則十議」（墨子語），本書所評述的錢玄同其人，按其所研究的小學、經學來說，是一個典型的國學家。清代國學空前，名家輩出，流風所被，影響近現代甚巨，錢氏承清季國學之遺緒，卓然名家。而他入室操戈，抉發傳統文化的痼疾，呼喚西方的德先生（Democracy）、賽先生（Science）、穆姑娘（Moral），以「改造中國人的思想」為「第一要務」，並為之奮鬥一生，則錢氏已遠遠超出了一個國學家的範圍，這正是本書將他與陳獨秀、胡適、李大釗等人並列為現代啟蒙思想家的原因。現在的人寫評傳，往往像評獎金一樣，總有一種拔高被評者的心理。筆者常以此自戒，但限於水準，對錢玄同的評價是否符合實際，還望廣大讀者不吝指正。

　　過去丁惟汾序錢玄同編集的《劉申叔（師培）先生遺書》曰：「近數十年來，學者根柢不及前人，而求功利則欲駕乎其上，於是挾私見異聞附會穿鑿，莫可究詰……」作為一名史學工作者，我深感根柢不及前人，所幸承師友的幫助，不作揣摩之徒，讓功利湮沒學術。在這方面我要特別感謝西北大學中國思想文化研究所劉寶才先生、西北大

學化工系郤麗蘭老師的影響，他們高尚的人格令我終生難忘，寶才師是先秦史專家，對我的指導、啟發尤其多。當代國學大師楊向奎先生曾聽過錢玄同的課，他在病中口述了對錢玄同的看法，讓人覆信於我，後來我又多次當面向楊向奎老先生請教近現代國學的許多問題，我非常感謝楊先生的指教。責任編輯關小群先生細心審閱修改，付出了大量心血。錢宏先生對本書的寫作十分關心，並給予了不少幫助。錢玄同先生哲嗣錢秉雄先生為本書提供了封面照片，謹在此向以上各位先生表示衷心的感謝。

　　錢玄同沒有出過文集，對他的研究也很少。他經常發表文章的刊物如《新青年》、《語絲》、《國語週刊》等，現在均已不易查找，所以本書有意保留了很多引文。對現代人物的評價常有分歧，而原文的保留，有助於讓事實說話，這也是本書多引用原文的考慮，但這樣可能使本書顯得有些臃腫了，特此說明。錢氏生前知友黎錦熙先生之《錢玄同先生傳》篇幅不長，卻是研究錢玄同極為重要的第一手資料；曹述敬先生是錢玄同研究的開創者，所成《錢玄同年譜》是拙著的重要參考書，得以引用他們出色的研究成果，我十分感謝。

吳銳
1994年9月於北京

四寫錢玄同——《錢玄同評傳》
2014年重印後記

　　這本年少之作歷經多家電子書商盜版之後，就要由原紙質出版社重印，我因為深受盜版之苦，加上時間關係，無意修改；謹記下四寫錢玄同的淵源，向讀者致歉。

　　第一次寫錢玄同是1993年。當時我還在讀博士學位，策劃「國學大師叢書」的編輯找到我，說別的國學大師都找到人寫了，單單錢玄同沒有合適人選。我感到很悲哀。中國只聞有造原子彈的錢三強先生，未聞錢三強先生有一個曾經叱吒風雲的父親。因為我從大學時代就喜歡古史辨學派，就答應下來。錢先生性情之激烈、立場之堅定、為文之幽默、生活之嚴謹，在他的同代人中，都是罕見的。林紓筆下的金心異，魯迅筆下的金立因、肥頭，矛頭對準的無不是這位驚世駭俗的錢先生。從「孔夫子的便壺」到復古派的「放屁」，再到「洋大人的卵脬」，無不在錢先生猛烈的批判火力之下。不少人認為此等俗字，頗與錢先生名門正派的出身、名牌大學教授的身份不合，他則我行我素。特別是錢先生力主廢漢文，被認為簡直是成心挖中國人的祖墳。可恨我沒有生花妙筆，將錢先生獨特的個性展現出來。筆者歷史學出身，總感覺一句話沒有出處即違反職業道德，因此書中羅列的材料頗多，可讀性差。加之編輯刪除太甚，更加上氣不接下氣，久欲寫

成《吳興學案》專書彌補。

　　1994年，我來到中國社會科學院歷史研究所工作，同時給楊向奎先生當助手，與劉起釪先生、王煦華先生游，我才深入理解到古史辨。楊先生出生於辛亥革命前一年，經歷了20世紀大部分時段。楊先生1929年入北大預科，第二年轉入歷史系，教過他的如顧頡剛、傅斯年、錢穆，都是20世紀重要的學者。楊先生還聽過錢玄同、胡適、熊十力的課。1999年4月，楊先生對我說，他打算寫一部「當代名家學案」，從他熟悉的或接觸過的開始，比如胡適、傅斯年、顧頡剛、錢穆、蒙文通諸先生做起，命我寫錢玄同。等我寫好之後，研究所審查沒有通過。因為錢先生號「疑古」，恰巧學術界有人在1992年提出「走出疑古時代」，我當然要分析一下。古史辨運動是在論辯中產生的，所以1926年論辯文章結集時，顧頡剛先生有意選擇了一個中性的書名—《古史辨》。不過歷史所的某些同仁認為我書中的觀點與當時的「研究主調」相悖。所裡派了一位副所長找我談稿子的問題，稱我的稿子不宜出版。「當代名家學案」向歷史所申請出版補助，也未獲通過。感謝遼寧人民出版社劉中平先生的幫助，「當代名家學案」於2003年以《百年學案》之名出版，《錢玄同學案》未能同時出版。我

第二次寫錢玄同歸於失敗。

2003年是古史辨運動80周年，在湖北民族學院的支持下，我們合編了《古史考》九卷，第一至四卷紀念胡適先生，第五卷紀念錢玄同先生，第六卷紀念顧頡剛先生（後因顧先生家屬反對，改為紀念王獻唐），第七卷紀念陳獨秀先生，第八卷紀念楊向奎先生，第九卷為劉起釪先生祝壽。我寫了一篇《論錢玄同先生在古史辨運動中的地位並原廖名春先生的「難言之隱」學習第十三批判筆記之二》，收入《古史考》第五卷，34000字。這是我第三次寫錢玄同。《古史考》是學術界第一次正面回應「走出疑古時代」口號，聯繫了好幾家出版社，都不予出版，最後海南出版社接下了。在此向海南出版社致以深切的謝意和敬意。

在編輯《古史考》的過程中，我結識了錢玄同的孫子錢端偉先生。他傾其所有，提供了本來就不多的錢玄同照片。我深感錢氏是一個很有教養的家族，決心將《錢玄同學案》增補為一本書。這是2006年底的事。也就在那個時候，我得知我寫的書和我編的書被北京世紀超星家族連鎖公司盜版一空，無一倖免。由於全國性的擴大招生，三本以及專科、職業學院遍地開花，幾乎都沒有像樣的圖書館，只好買

些電子書充數。2001年開始，教育部開始對高校實施本科教學評估檢查，很多學校由於歷史原因紙介質圖書存在嚴重不足，難以達到本科教學評估對藏書量的具體要求，為了在短期內花費較少資金解決這一難題，電子圖書成了救命草，帶動了我國網路盜版狂潮。電子書無論厚薄和品質好壞，一律按幾塊錢一本銷售，有的低至兩塊錢一本。以本書為例，明明是初出茅廬之作，卻有好幾家公司盜版。

超星盜版受害者遍佈中國大陸和香港、臺灣地區以及美國、日本等國，遂推舉本人為召集人，於2007年開始狀告超星、讀秀等盜版公司，在北京、山東、貴州立案近百起，《人民日報》、《方圓法治》、《每日經濟新聞》、《中國經濟週刊》、《北京晨報》、《新京報》、《法制早報》、《中國消費者報》、《IT時代週刊》、《中華工商時報》、《南方都市報》等二十多家媒體跟蹤報導，新聞界把這次大規模群眾性維權活動稱之為「400專家訴超星」，被評為2007年度中國八大出版熱點之一，但遭到一系列荒唐的判決：法院判決超星盜版成立，賠償金額卻不足以負擔受害者的調查費、公證費、律師費、交通費等。也就是說，盜版無風險，維權反而要賠本。

2012年，有一位記者要採訪我，先提了62個問題。等我回答完62

個問題，記者從此杳無音信，寫作也無從談起。也許紀念錢先生，時機尚未成熟。

　　錢先生因為激進的「疑古」，因而也感到「國中老年、中年、少年欲食我者甚眾」。其實疑古的天性並不是後腦殼長有反骨的少數派，而是人類普遍的本能。我在《古史考》第五卷扉頁轉載了一幅畫，畫面是人類的祖先亞當和夏娃在伊甸園受到狡猾的蛇「遊說」時的情形。下面有一行字：「進化心理學（一門研究人類起源與本質的學科）的研究結果表明，識破騙局、避免被愚弄是人類最強烈的心理情感之一。」這說明懷疑是人類的本能。既然「疑而後考」，疑古必然辨偽。現在很多人對「偽」字的反感，一如對「批判」一詞的反感。所謂「辨偽」，有意假造的當然要辨，不自覺的先入之見也要辨。「辨偽」之「偽」，應當多從「人為」上理解。

　　顧頡剛先生的助手王煦華先生指出，有人認為疑古思想改變了人們的古史觀，有進步意義，但也有副作用，導致了對古代歷史文化認識上的空白。王先生指出這個評價是似是而非的。前人把古代流傳下來的神話傳說視作真實的歷史，這就造成一種假像，似乎人們對古代的歷史文化有豐富而深入的認識；可是一旦剔除了這些神話傳說，剩

下的真實的古史知識就寥寥無幾了，可以說在用實物材料建設真實的古史以前，人們對它的認識，實際上是個空白。因此這種認識的空白，不是疑古思想造成的，而是疑古思想揭穿了原先對古史認識的假像而顯現出來的真相。所以這不是它的副作用，而恰恰就是它改變人們古史觀的進步意義。

實際上古史辨派的「疑古」是剔除偽史、顯現真古史的稀少，是對中國上古史的偉大貢獻，傑出的考古學家夏鼐先生也給予充分肯定。他說，古史辨派「對於封建主義的舊史學的摧陷廓清的功績仍是不可抹殺的。他們除了建立『科學的中國古史』的道路上一切障礙物，同時使人感到中國上古史科學的考古資料的極端貧乏」。關於古史辨派和近代考古學的關係，夏先生指出，中國近代考古學的第一個來源是西方資本主義國家的科學，其中一個特別有關的科學是地質學；另一門學科是狹義的歷史學，古史辨派便是當時這種史學的代表。[1]可見古史辨派對中國的考古學起的是推動作用，而非阻礙作用。

吳銳

2014年10月

1　　夏鼐：《五四運動和中國近代考古學的興起》，《考古》1979年第3期。

昌明文庫·悅讀人物 A0603035

錢玄同評傳

作 者	吳 銳	
版權策畫	李 鋒	
發 行 人	陳滿銘	
總 經 理	梁錦興	
總 編 輯	陳滿銘	
副總編輯	張晏瑞	
編 輯 所	萬卷樓圖書股份有限公司	
排 版	菩薩蠻數位文化有限公司	
印 刷	百通科技股份有限公司	
封面設計	菩薩蠻數位文化有限公司	

出 版 昌明文化有限公司

桃園市龜山區中原街 32 號

電話 (02)23216565

發 行 萬卷樓圖書股份有限公司

臺北市羅斯福路二段 41 號 6 樓之 3

電話 (02)23216565

傳真 (02)23218698

電郵 SERVICE@WANJUAN.COM.TW

大陸經銷

廈門外圖臺灣書店有限公司

電郵 JKB188@188.COM

ISBN 978-986-496-133-7

2019 年 7 月初版二刷

2018 年 1 月初版一刷

定價：新臺幣 560 元

如何購買本書：

1. 劃撥購書，請透過以下郵政劃撥帳號：

帳號：15624015

戶名：萬卷樓圖書股份有限公司

2. 轉帳購書，請透過以下帳戶

合作金庫銀行 古亭分行

戶名：萬卷樓圖書股份有限公司

帳號：0877717092596

3. 網路購書，請透過萬卷樓網站

網址 WWW.WANJUAN.COM.TW

大量購書，請直接聯繫我們，將有專人為您

服務。客服：(02)23216565 分機 610

如有缺頁、破損或裝訂錯誤，請寄回更換

國家圖書館出版品預行編目資料

錢玄同評傳 / 吳銳作.-- 初版.-- 桃園市：

昌明文化出版；臺北市：萬卷樓發行，

2018.01

面； 公分.-- (昌明文庫. 悅讀人物)

ISBN 978-986-496-133-7(平裝)

1.錢玄同 2.傳記

782.885　　　　　　　　107001504

本著作物經廈門墨客知識產權代理有限公司代理，由百花洲文藝出版社授權萬卷樓圖
書股份有限公司出版、發行中文繁體字版版權。